Heiterkeit und Härte

Inhalt

Heiterkeit und Härte

Walter Scheel in seinen Reden und im Urteil von Zeitgenossen

Festschrift zum 65. Geburtstag
herausgegeben von
Hans-Dietrich Genscher

Deutsche Verlags-Anstalt
Stuttgart

CIP-Kurztitelaufnahme der Deutschen Bibliothek

Heiterkeit und Härte: Walter Scheel in seinen Reden u. im Urteil von Zeitgenossen; Festschr. zum 65. Geburtstag / hrsg. von Hans-Dietrich Genscher. – Stuttgart: Deutsche Verlags-Anstalt, 1984.
ISBN 3-421-06218-8

NE: Scheel, Walter [Mitverf.]; Genscher, Hans-Dietrich [Hrsg.]; Scheel, Walter: Festschrift

Redaktion: Ulf Böge
Typographische Gestaltung: Günter Saur
Gesamtherstellung: Wilhelm Röck, Weinsberg
Printed in Germany

Geleitwort

Vom Stadtverordneten zum Bundespräsidenten – Walter Scheel hat immer Erfolg gehabt, und stets schien ihm der Erfolg leichtzufallen; eine gefurchte Stirn ist nicht seine Sache. Seine Biographie liest sich wie die Geschichte vom Hans im Glück. Aber nichts ist ihm einfach zugeflogen. Sein Glück war das Ergebnis von wacher Intelligenz, Voraussicht und Mut zu Verantwortung.

Immer war er seiner Zeit ein Stück voraus. Als nach dem Krieg allerorten die Straßenbahnen wieder eingeführt wurden, schaffte er sie in Solingen ab. Als junger Abgeordneter im Europäischen Parlament setzte er auf Europa, als das keineswegs überall selbstverständlich war. Er erkannte früher als viele andere die Bedeutung der Entwicklungspolitik. Und so wurde er der erste Minister für wirtschaftliche Zusammenarbeit. Während der Großen Koalition skizzierte er die Grundlinien der späteren »Ostpolitik«, die er als Außenminister so erfolgreich verwirklichte. Als Bundespräsident wies er auf die Chancen und Gefahren der wissenschaftlich-technischen Zivilisation hin, die erst heute die öffentliche Diskussion bestimmen. Sein Verdienst ist es, daß der jungen Bundesrepublik Deutschland der erste demokratische Regierungswechsel gelang. 1969 ist sie erwachsen geworden. Und auch den zweiten Regierungswechsel hat er unbeirrt mitgetragen, weil er seine Notwendigkeit erkannte.

Walter Scheel wurde zunächst fast immer unterschätzt. Nur wenige trauten ihm anfangs zu, Entwicklungsminister, Oppositionsführer, Außenminister oder Bundespräsident zu sein. Immer wieder fielen oberflächliche Beobachter auf ihr eigenes Klischee von der »rheinischen Frohnatur« herein. Er belehrte sie immer eines Besseren. Jedes Amt, das er übernahm, hat er ausgefüllt und geprägt.

Sicher, Walter Scheel ist ein fröhlicher Mensch. Jeder, der ihn kennt, weiß das. Aber er ist auch ein sehr ernster Mensch. Nur selten läßt er etwas davon sehen. Wer die Fernsehbilder seiner Rede vor dem Mißtrauensvotum 1972 und bei dem Staatsakt für Hanns-Martin Schleyer im Gedächtnis hat, weiß, was ich meine.

Walter Scheel blieb nie bei dem Erreichten stehen. Er hat auf allen Stufen seiner Karriere Erfolg gehabt. Nichts ist gewöhnlich dem Denken in die Zukunft gefährlicher als der Erfolg. Es ist so leicht, sich auf seinen Lorbeeren auszuruhen. Aber der Erfolg schläferte Walter Scheel nicht ein. Sobald die großen Fragen der Zeit – Europa, die Dritte Welt, Osteuropa, die modernen Zivilisationsprobleme – am politischen Horizont auftauchten, wandte er sich ihnen zu. So kann man von ihm das Beste sagen, was man über einen Politiker überhaupt sagen kann: Er hat immer gelernt. Er gab sich nie zufrieden, er war nie mit seiner Weisheit am Ende.

Natürlich hat er den Zweifel gekannt, hat er abgewogen, hat er sich mit Freunden und Experten beraten. Bis er klar sah, was zu tun war. Was er einmal als richtig erkannt hatte, ließ er nicht mehr los. Hatte er sich einmal entschieden, dann gab es kein Schwanken mehr. Unbeirrt behielt er sein Ziel im Auge. So überzeugte er die Zweifler und ermutigte er die Ängstlichen. Auch wenn die Wogen um ihn hochgingen – er behielt die Ruhe.

Diese Sicherheit, das Richtige zu tun, machte ihn zur politischen Führerfigur und gab ihm eine Autorität, die alles autoritäre Gehabe überflüssig machte.

Statt dessen hatte er Stil. Er ging nicht unter sein Niveau. Auch der härteste Wahlkampf verführte ihn nicht dazu, seine Gegner zu verunglimpfen. Freilich, witzig war er. »Seit Caligula seinen Esel zum Konsul gemacht hat...« Er ging nicht mit dem Kopf durch die Wand. Er suchte lieber die Tapetentür – und meistens fand er sie. Er war nicht nur der politisch entscheidende Kopf des Auswärtigen Amtes – er war auch der beste Diplomat seines Landes. Seine Fähigkeit, sich auf andere Menschen, andere Länder einzustellen und sich vollkommen unverkrampft und mühelos in fremder Umgebung zu bewegen, wurde viel bewundert und nie erreicht. Auch dies ist ihm nicht in den Schoß gefallen.

Auch wenn er Schmerzen hatte – seine Umgebung bemerkte nichts

davon. Er scherzte und lächelte. Und hier stoßen wir wohl auf den Kern seiner Person: seine große Selbstbeherrschung. Er läßt sich nicht gehen.
Walter Scheel hat kein Staatsamt mehr. Aber es gibt wohl kaum ein Land auf der Welt, in dem er nicht auch heute noch hochwillkommen wäre, in dem man sich nicht freute, ihn zu begrüßen. Und wir sind froh, daß Walter Scheel – wach, mutig, vorausschauend wie eh und je – unter uns weilt. Immer wieder hat er Freunde und politische Gegner zur Anerkennung seiner Leistungen und seiner Person gezwungen. Dieses Buch ist ein schöner Beweis dafür. Ich hoffe, es wird ihm Freude machen.

Hans-Dietrich Genscher

Helmut Kohl

Walter Scheel zum 65. Geburtstag

Walter Scheel, dem diese Festschrift zu seinem 65. Geburtstag gewidmet ist, setzt auf die Macht der Vernunft. Er wirbt für Toleranz. Sein politisches Denken gilt der »Zukunft der Freiheit«, wie der Titel eines seiner Bücher proklamiert. Es hat seine Mitbürger beeindruckt, wie sehr er sich gerade als Bundespräsident für ein politisches Handeln engagiert hat, das die menschlichen Zusammenhänge mitbedenkt.
Unvergessen ist sein unbeirrtes Eintreten für den starken, die Bürgerfreiheiten schützenden Staat: »Nicht darauf kommt es an, den Staat zu schwächen und ihn ins Unrecht zu setzen, sondern ihm und den Bürgern zu größerer Klarheit zu verhelfen«, lautet sein Credo. Und ich will ein weiteres Zitat in Erinnerung rufen, weil es so wegweisend den Kern unserer nationalen Frage beschreibt und zugleich jenen Mut vermittelt, der für das politische Denken Walter Scheels wesentlich ist. In seiner Ansprache zum 25. Jahrestag des 17. Juni 1953 sagte Walter Scheel: »Wenn dieser Staat beharrlich der Freiheit nach innen und außen dient, wenn er seine geistigen, politischen und wirtschaftlichen Mittel einsetzt, nicht um zu herrschen, sondern um zu helfen; wenn er konsequent auf der Seite der Gerechtigkeit gegen die Ungerechtigkeit steht – dann wird sich auch die Angst vor einem vereinigten Deutschland verlieren, dann könnte es sein, daß eines Tages unsere Nachbarn ein vereinigtes Deutschland wünschen, weil es, auch in ihrem Interesse, sein größeres Gewicht auf die Waagschale des Friedens legen könnte.«
Walter Scheel hat sich nie als ein Fach-Politiker verstanden. Sein Interesse und sein Wirken galt und gilt auch heute noch der Politik als Ganzem. Er hat es stets verstanden, seine politische Arbeit dort anzusetzen, wo eine fundamentale Erkenntnis in politische Praxis

umgesetzt werden mußte. So ist sein frühes Engagement für die Idee der Einigung Europas zu verstehen, so sein ebenso frühes Engagement für eine breite Vermögensstreuung zu erklären, das ihn lange Jahre in einer fruchtbaren Zusammenarbeit mit Alfred Müller-Armack verbunden hat, einem der Väter der Sozialen Marktwirtschaft. Den Anstoß für diese elementare Anreicherung unserer Wirtschaftsordnung gab seine Herkunft aus einer Handwerkerfamilie und seine berufliche Existenz als mittelständischer Unternehmer. Gemessen an den Grundsätzen eines ideologisch reinen Manchester-Liberalismus wäre die Idee einer Beteiligung der Arbeitnehmer an den Produktionsergebnissen der Wirtschaft fast ein Verrat an Grundsätzen gewesen. Aber Walter Scheel war nie ein Ideologe. Jeden Versuch, die Welt aus einer einzigen Idee heraus zu erklären, hat er stets zurückgewiesen. Er ist offen für Ideen, er ist fähig, auch die Spannungen zwischen Ideen zu ertragen und sie als politische Kraft zu nutzen. Liberalität war und ist für Walter Scheel mehr als ein Schlagwort. Sie kennzeichnet seine geistige Offenheit und betont seinen Willen, die Interessen und Rechte der anderen zu respektieren.

So engagierte er sich für Entwicklungshilfe schon in einer Zeit, als viele in Europa noch gar nicht den schon damals heraufziehenden Nord-Süd-Gegensatz als prägendes Problem des letzten Drittels unseres Jahrhunderts erkannt hatten. Die Verträge von Yaoundé sind seiner politischen Gestaltungskraft mitzuverdanken, später hat er noch die Vorbereitungen für die Vereinbarungen von Lomé vorangetrieben. Walter Scheel wurde so ein Mitbegründer der Politik der Partnerschaft mit den Ländern der Dritten Welt, die für ihn auch bei seiner heutigen Arbeit auf diesem Feld immer eine Politik für die Schwächeren und weniger Beachteten geblieben ist. Vielleicht läßt sich seine Zielsetzung auf diesem Gebiet am besten beschreiben mit einem Maßstab, der von Robert Schuman stammt. Es komme in erster Linie darauf an, den angehäuften Zündstoff zu beseitigen, der da heißt: Haß, Mißgunst und Mißtrauen, Größenwahn und Machtgelüste jeder Art. Die Abrüstung der Geister müsse der Abrüstung der Waffen vorausgehen. Walter Scheel entwarf und betrieb eine solche Politik, denn er war und ist sich bewußt, daß nur auf dieser Grundlage die Bundesrepublik Deutschland zur Bewahrung der Freiheit und zur Festigung des Friedens in der Welt ihren Beitrag leisten kann.

Wenn wir Deutsche heute Freunde und Partner in vielen Regionen der Welt haben, mit denen wir gut und vertrauensvoll zusammenarbeiten können, dann ist dies nicht zuletzt ein wichtiges Verdienst von Walter Scheel.

Die politische Wirkung eines Politikers ist nicht nur an abgeschlossenen Verträgen und erfolgreich initiierten Gesetzen zu messen. Sie zeigt sich in gleichem Maße auch in seiner Glaubwürdigkeit und seinem Einfluß auf die politische Kultur einer Gesellschaft. Walter Scheel hat Pessimismus und Resignation stets bekämpft. Optimismus und Humor haben ihn auch in schwierigen Situationen nie verlassen. Dies hat ihn davor bewahrt, sich zu den Politikern zu gesellen, für die die Überbetonung politischer Probleme der Beweis für ihre eigene Unersetzbarkeit ist. Sein Ausspruch: »Miesmacher haben in der Politik noch niemals etwas bewegt«, war für ihn auch Programm. Es muß auch in seinem Leben Momente gegeben haben, in denen er niedergeschlagen war und dies auch zeigte. Aber sie haben seine Grundsubstanz nicht verändern können, seine Liebenswürdigkeit und seine Zuversicht.

»Mir kommt nichts beschwerlicher vor, als nicht Mensch sein zu dürfen« – diese Erkenntnis von Goethe ist eine treffende Charakterisierung auch für Walter Scheel. Sein Wirklichkeitssinn verbindet sich mit politischer Phantasie, seine Bürgernähe mit Toleranz; sie waren die Grundlagen des hohen Ansehens, das sich der Bundespräsident Scheel bei Anhängern aller politischer Richtungen erworben hat.

Walter Scheel verfügt über die Gabe, schnell und leicht Kontakt mit Menschen zu gewinnen. Diese Fähigkeit verringert keineswegs seine politische Wirksamkeit. Er kann hart verhandeln und spricht auch unbequeme Wahrheiten offen und ungeschminkt aus. Doch überschreitet er nie die Grenze zur persönlichen Verletzung. Der Respekt und die Achtung vor dem politischen Gegner sind ihm ein zu hohes Gut. Freundschaft trotz politischer Gegensätze, das ist für ihn kein Widerspruch, das ist für ihn ein Überlebenselixier der Demokratie. Das Ansehen unseres Landes in der Welt und die Entwicklung unserer demokratischen Kultur verdanken ihm viel. Diese Festschrift ist nur ein kleiner Dank dafür. Aber für einen Politiker liegt der Dank ohnehin in dem, was er bewirkt, nicht in dem, was über ihn geschrieben wird. Und Walter Scheel hat in der Bundesrepublik Deutschland und für unser Land viel bewirkt. Meine herzlichen Glückwünsche zu seinem 65. Geburtstag verbinden sich ebenso mit meinem Dank für sein politisches Lebenswerk wie mit meiner Hoffnung, daß er seine Kraft noch lange für unser Land einsetzen kann.

Arnulf Baring

Diplomatie, Politik und Zeitgeschichte

Mr. Bundesrepublik: Walter Scheel

Niemand verkörpert so wie Scheel die Erfolgsgeschichte dieser Bundesrepublik, ihre Aufstiegsphase der ersten Jahrzehnte. Überdies läßt sich an seinem Lebensgang ablesen, was schon vor 1945 an Voraussetzungen für das Spätere geschaffen, was an sozialer Energie freigesetzt wurde für die rasche Entstehung einer modernen, mobilen, tendenziell egalitären Industriegesellschaft. In seinem Einzelfall, in der Biographie eines wohlhabend und politisch prominent gewordenen Mitbürgers, der es am Ende bis zum Bundespräsidenten brachte, obwohl sein Vater nur Handwerker, ja Arbeiter gewesen war, läßt sich ein Beleg für die Behauptung finden, daß das Dritte Reich – oder zumindest sein Krieg – für Deutschland eine soziale Revolution bedeutete. Für Scheel wie für viele seiner Altersgenossen legten die Jahre 1939/45 das Fundament für alles Spätere. Sicherlich wird man bei ihm darüber hinaus auch frühere, tiefere Schichten seines Werdeganges, nämlich familiäre, auch lokale Elemente einer gewissen Liberalität und Weltläufigkeit im Auge behalten müssen. Aber bedeutsamer wurde der Zweite Weltkrieg. Er ermöglichte Scheel den Sprung nach vorn – nach oben. Offizier zu werden, war die erste Stufe seines Aufstiegs, ermöglichte (erleichterte zumindest wesentlich) die Eheschließung mit der Tochter eines kleinen Solinger Fabrikanten.

Von da an und über Jahrzehnte hinweg entsprechen der Lebensweg und die Lebensart dieses Mannes so vollkommen dem märchenhaften materiellen Aufschwung unseres ganzen Landes und der Mentalität, die ihn ermöglichte, daß man Scheel, Vergleiche mit Amerika im Kopf, geradezu als Mr. Bundesrepublik bezeichnen könnte. Waren nicht früher die Vereinigten Staaten das einzige Land dieser Erde, wo jeder, wenn er große Fähigkeiten, Energie und Glück hatte, alles werden konnte? So hieß es, und die Präsidentenwahlen zeigen es noch immer. Jetzt sind wir selbst, zu unserem eigenen Erstaunen, in den Augen zahlloser Menschen in aller Welt, zu einem Land unbegrenzter Möglichkeiten geworden. Von draußen gesehen sind wir ein Ziel der Sehnsucht, der Einwanderung von überallher.

Das ist etwas ganz Neues, vorher nie Dagewesenes in unserer Geschichte. Es dauerte auch nach 1945 noch lange, bis es soweit war. Jene westdeutschen fünfziger Jahre gehören noch in eine ganz andere Zeit. Sie standen in vielem den dreißiger Jahren, die sie, besser, zu wiederholen versuchten, weitaus näher als den Siebzigern. Der Bewußtseinswandel der sechziger Jahre, die Revolution der Werte, liegt zwischen uns Heutigen und der Ära des ersten Kanzlers. Während Konrad Adenauer (dieser »Zuchtmeister«, wie Herbert Wehner in seinem Nachruf gesagt hat) noch tief in frühere Epochen unserer Geschichte hineinreicht, von dorther geprägt war und seinerseits prägte, ein Stück guter Kontinuität des alten Deutschland verkörperte, nämlich Elemente des bescheidenen, akkuraten Beamtenstaates in die fünfziger Jahre hinüberrettete, gehörte Walter Scheel, der 1945 nach heutigen Begriffen gerade erst seine Jugend hinter sich hatte, ganz und gar in die Nachkriegswelt. Er symbolisierte den hart erworbenen materiellen Erfolg der fünfziger Jahre ebenso wie die lockere Weltläufigkeit, die unsere Bundesrepublik in den sechziger Jahren gewann – aber vielleicht auch deren innere Grenzen, die mangelnde Tiefe ihrer Verwurzelung. In den siebziger Jahren endlich ließ er als Präsident immer wieder seine Sorgen um unsere Zukunft erkennen; auch darin war er typisch für ein sensibles Gegenwartsbewußtsein. Die Zeiten hatten sich eben geändert – und er mit ihnen.

Dabei ist kaum ein Politiker der Bundesrepublik Deutschland über lange Strecken seines öffentlichen Wirkens hinweg derart gleichbleibend stereotyp beschrieben worden wie Walter Scheel. Eine rheinische Frohnatur. Ein beschwingter Handlungsreisender. Düsseldorfer Schickeria. Ein Leichtfuß, ein Spieler. Ein unbeschwerter Besitzbürger, ja ein Genußmensch. Am liebsten im Frack, ein Sektglas in der Hand. Jedenfalls immer in Champagnerstimmung, immer gut, ja glänzend gelaunt. Wenn Reporter Menschen auf der Straße ansprachen und nach Walter Scheel fragten, lauteten die Antworten immer gleich: »Ein netter Mensch.« »Ein freundlicher Mann.« »Sehr nett und freundlich.« »Mir sehr sympathisch.« Einer sagte: »Ein Mann, der andere nicht verletzt.«

Das stimmte sogar. Walter Scheel war stolz darauf, daß er zwar Gegner hatte (es ist in der Politik nicht zu vermeiden, wenn man auch in seinem Falle hinzufügen muß, daß Scheel am Ende nicht mehr viele Gegner besaß), jedoch keine persönlichen Feinde. Seinen Weg an die Spitze säumten nicht zerstörte Karrieren, gebrochene Menschen wie oft bei anderen Männern in vergleichbaren Positionen, ganz zu schweigen von anderen Ländern, von anderen Zeiten. Da lagen keine politischen Leichen. Was Scheel auch durchsetzte: er hat es mit leichter Hand getan. Er hat sich seinen Weg mit Heiterkeit gebahnt, mit Liebenswürdigkeit – von der er selbst meinte, daß sie Kräfte spare, einen »ökonomischen Einsatz der Energie« gewährleiste. Erst mal versuchen, ob es nicht so geht, wie Thomas Dehler von ihm gesagt hat: dieser Scheel renne nicht mit dem Kopf gegen die Wand, sondern suche eine verborgene Tür hinter der Tapete. Was eine feine Witterung voraussetzt. Mit seinem Gespür dafür, daß Menschen, wenn sie freundlich angesprochen werden, häufig ohne weiteres tun, was der andere erwartet, hat sich Scheel sicherlich seinen Weg erleichtert, hat deshalb auch bei anderen wenig Verbitterung hinterlassen.

Aber natürlich ging es *nicht nur* mit Heiterkeit; damit allein kommt man in der Politik nirgendwohin. Sondern Heiterkeit *und* Härte – das ist es, was Scheel ausmacht, was ihn charakterisiert. Rolf Schroers, der Schriftsteller und Publizist, der seit Mitte der sechziger Jahre die F.D.P.-Monatsschrift *liberal* herausgab und seit 1968 die Theodor-Heuss-Akademie in Gummersbach leitete, also Scheel seit langem kannte, sprach bei ihm von »einer unnachahmlichen Mischung von Härte und Heiterkeit«.

Diese Mischung ist in der Öffentlichkeit selten bemerkt worden. Um so auffälliger ist, daß Spitzenpolitiker aus allen Parteien des Bundestages, wenn sie in den siebziger Jahren auf ihn angesprochen wurden, immer wieder diese Mischung von Härte und Heiterkeit hervorhoben – seien sie nun damals politische Gegner, also Politiker der Opposition, der CDU/CSU, oder seien sie politische Freunde und Weggefährten wie der Vorsitzende der SPD, Willy Brandt, oder der Vorsitzende der F.D.P. und Nachfolger Scheels, Hans-Dietrich Genscher, gewesen. Brandt hat Scheel einen »Menschen mit sehr viel Freundlichkeit« genannt, aber sofort hinzugefügt: diese Freundlichkeit umschließe einen harten Kern. Und Genscher sagte von seinem Vorgänger: »die sympathische Art« Scheels lasse leicht »den eisenharten Willen übersehen«, den er besitze. Scheel sei eben kein Rheinländer, wie man immer höre, sondern stamme aus dem Bergischen Land.

Ähnlich äußerte sich Rainer Barzel, der als Minister und Parlamentarier immer einen engen Kontakt zu Scheel hatte: »Im Innern« sei dies »ein ganz harter Mann«, was sich »hinter Eleganz« verberge; man müsse »hinter seinen Charme« blicken. Scheel zeige »rheinische Fröhlichkeit vorn«. Aber »hinten« stecke eine »bergische Dickschädeligkeit«. Ein anderer CDU-Politiker, Helmut Kohl, der Vorsitzende der Union, meinte ähnlich: Scheel habe einen »sehr harten Willen, sich durchzusetzen«. Aber seine Freundlichkeit verberge dies den Blicken.

Genscher und Barzel haben beide auf die rheinisch-bergische Mischung in ihm hingewiesen. Sie spielen also auf die Herkunft dieses Mannes an. Scheel stammt aus einem Grenzraum zwischen dem Bergischen Land und den Rheinlanden. Was bedeutet für Scheel seine Heimat?

Man muß die Lebensgeschichte eines Menschen vor Augen haben, um ihn begreifen zu können. Man muß, wenn irgend möglich, die Geschichte seiner Familie kennen, also die Reihe der Vorfahren vor dem inneren Auge sehen, um die Prägung zu ermessen, die er von dorther erfahren hat.

Scheels Vater, Albrecht Scheel, ist im Jahre 1883 in Daaden geboren. Wo liegt dieses Daaden? Und welchen Platz hatte es im Leben Scheels?

Daaden ist ein kleines Städtchen im Landkreis Altenkirchen, der im Westerwald liegt, jenem rechtsrheinischen Mittelgebirge zwischen der Lahn und der Sieg. Der Landkreis gehört, übrigens seit eh und je, zum Regierungsbezirk Koblenz. Man kommt also heute, wenn man Daaden besucht, in den äußersten Nordosten des Landes Rheinland-Pfalz. Doch mit dem, was man sich so unter dem Rheinland vorstellt – ein offenes Land mit weiten Flächen, breiten Tälern, großen Städten und heiteren Menschen, auch Weinbergen –, hat diese Gegend hier nichts gemeinsam. Das Wort Westerwald ist wörtlich zu verstehen: viel Wald. Eine waldige Hochfläche. In den »Gipfeln«, wenn man sie so nennen darf, etwa im Fuchskauten in einiger Nähe von Daaden, kommt der Westerwald auf eine Höhe von 600 bis 700 Metern; sonst bleibt es bei 400 Metern. Mittelgebirge, mit tief eingeschnittenen, oft engen Tälern. Die Landwirtschaft tritt hier fast völlig zurück. Die Industrie, in diesem Zipfel, auch. Daher gibt es eine starke Abwanderung, seit langem schon. Große Wälder bedecken dieses Daadener Land, und die einzige größere Siedlung hier ist dieses kleine Daaden mit seinen kaum über 3000 Bewohnern.

Der Landkreis ist ein stark religiöses Gebiet, aber mit einer sehr eigensinnigen Prägung: im Landkreis Altenkirchen sind 39 verschiedene Sekten ansässig. Allerdings kann man nicht sagen, daß diese freikirchliche Vielfalt etwas Enges, Finsteres, etwas Eiferndes oder Verbissenes an sich hätte, wie in anderen, vergleichbaren Gebieten, etwa dem Wuppertal. Die Menschen hier machen, wie ja Walter Scheel auch, einen freien, aufgeschlossenen, tolerant-offenen Eindruck. Sie zeigen jene Liberalität des Tons und des Umgangs, die nicht angelesen ist, nicht aus Büchern und Manifesten stammt, sondern die handfeste Lehre der historischen Erfahrung der Jahrhunderte des Glaubenskrieges widerspiegelt. In diesem (historisch gesehen: territorial zersplitterten) Teil des Westerwaldes hat es nach der Reformation ein heftiges Hin und Her der religiösen Orientierung gegeben. Mehrfach hat diese Gegend den Glauben gewechselt, ehe sie dann, endgültig sozusagen, von den Jesuiten rekatholisiert wurde – was seinerseits später, als Reaktion, die Gegenbewegung des Sektenwesens auslöste. Außer in Daaden, das protestantisch blieb. Das nach drei Seiten abgeschlossene Tal, das nur nach Nordwesten, dem Laufe des Daaden-Baches folgend, einen einzigen Zugang besitzt, bis heute, blieb in der Gegenreformation unbehelligt und damit evangelisch, auch bis heute.

In dieses Daadener Land, eine abgelegene Gegend Gott weiß wo, kam zu Anfang des 18. Jahrhunderts der Zimmermeister Johann Scheel, und zwar aus der Gegend von Olpe, nicht so sehr weit von dort, von Norden her: Ursprünglich stammt die Familie Scheel aus Westfalen, aus dem Ravensberger Land. In Theenhausen, das heute Werther heißt, nahe bei Bielefeld, befindet sich jedenfalls der Stammhof der Familie, des Familienverbandes Scheel (oder Scheele), Ravensberg, dem auch der spätere Bundespräsident als Mitglied angehörte.

Die Familie läßt sich in dieser Gegend bis ins Mittelalter hinein zurückverfolgen, ist also über Jahrhunderte hinweg sehr seßhaft gewesen. Wie die meisten früher. Man kam aus dem südlichen Westfalen und blieb. Man zog, als der Raum dort knapp wurde, ins Gebirge hinein. Eine weitverzweigte Familie der Bauern und Handwerker. Etwas sehr Bäuerliches, Bäurisches ist ja bei Walter Scheel unübersehbar: der gesunde Menschenverstand. Die nüchterne, sachliche Beobachtungsgabe. Das Verhältnis zum Besitz; das offensichtliche Bestreben, das Seine zusammenzuhalten, Hab und Gut zu vermehren. Auch die genaue Beobachtungsgabe – viel Zurückhaltung, vorsichtiges Mißtrauen hinter einer freundlichen Fassade. Man weiß doch nie. Lieber abwarten. Scheel hat von sich selbst gesagt, er sei menschlich scheuer, als die meisten Menschen vermuteten. Er schließe sich schwer auf. Es dauere bei ihm sehr, sehr lange, bis er sich mal mit jemandem duze.

Aber wir waren beim Zimmermann Johann Scheel. Warum kam er gerade nach Daaden? Das wissen wir genau: die baufällige, alte Kirche dort wurde abgerissen und durch eine neue, eine modische im Stil der damaligen Zeit ersetzt. Das Dachgestühl schuf jener Johann Scheel. Als sein Nachfahre als Bundespräsident Daaden besuchte, überreichte man ihm ein Stück jenes Dachstuhls, den sein Vorfahr gezimmert hatte. Das Dach war gerade renoviert worden; es hatte immerhin mehr als 300 Jahre lang gehalten. Vielleicht kommt von daher die Neigung Scheels zur Schreinerei, die Neigung zum Holz; er hat die alte Werkstatt der Familie, als sie abgerissen wurde, ausgeräumt, das Handwerkszeug mitgenommen, um selbst damit zu arbeiten. So, wie er mit der Sense umgehen kann wie seine Vorfahren auch. Wenn man ihn fragte, ob er auch eine Sense »schärfen« könne, berichtigte er sofort: eine Sense werde erst gedengelt, dann gewetzt – nichts von schärfen. Das sitzt, glaube ich, tief drin in diesem Walter Scheel: der Bauer und Handwerker aus dem Westerwald. Ein zutiefst konservatives Temperament. Ein Sinn fürs Solide.
Also der Urahn blieb in Daaden. Und warum? Weil er die Tochter des Dietrich Löhr aus Daaden heiratete, Elisabeth Margarete Löhr, »wohnhaft im Mühlenhof«, im Jahre 1722. Das damalige Haus steht bis heute – wenn auch natürlich immer wieder erneuert und umge-

baut. Aber immer im gleichen Stil, an der gleichen Stelle: Ein bergischer Fachwerkbau mit weiß verputzten Wänden, die Balken schwarz bemalt, die Läden der Fenster grün. Wenn Walter Scheel – als Kind oder später – nach Daaden kam, besuchte er das gleiche Haus, wohnte oft dort, in das Johann Scheel 1722 eingezogen war. Dieser Urahn war übrigens katholisch, weil man katholisch war, wo er herkam. In Daaden war er der einzige Katholik im Dorf. Und er blieb katholisch, obwohl der neue, barocke Kirchenbau, für dessen Dachgestühl man ihm den Zuschlag erteilt hatte, doch einer evangelischen Kirche galt. Seine Frau war ebenso evangelisch wie der ganze Ort. Das machte ihm nichts. Johann Scheel war in seinen Grundüberzeugungen dickschädlig wie sein Nachkomme; beharrlich hielten beide an ihrer Linie fest. Bei Eintragungen in zeitgenössischen Kirchenbüchern wird daher Johann Scheel mit respektvoller Freundlichkeit als »unser römischer Nachbar« bezeichnet. Erst seine Nachkommen sind evangelisch geworden – und sie sind es dann auch geblieben bis auf den heutigen Tag.

Walter Scheel ist als Kind immer wieder in Daaden gewesen. Bis 1935 hat er alle Schulferien dort verbracht. Dann war er 16 und ging mit Gleichaltrigen aus Solingen auf Fahrt. Es gibt alte Fotos aus Daaden von ihm: auf den Höhen, über den Wäldern, mit wehendem Haar. Auch später, bis in die Präsidentschaft hinein, ist er oft wiedergekommen. Zu Familientreffen, zu Festen, an Geburtstagen, etwa jener Tante Ottilie, die erst 1974 im Alter von fast 88 Jahren gestorben ist. Sie war die Frau des älteren Bruders seines Vaters. Scheels Vater Albrecht war der zweite. Richard Scheel, der Älteste, hatte den Hof bekommen und war außerdem von 1920 bis 1933 in Daaden Gemeindevorsteher – auf der sozialdemokratischen Liste gewählt, obwohl er gleichzeitig Vorsitzender im Kyffhäuserbund war, im Spitzenverband der Teilnehmer am Ersten Weltkrieg. Man findet also bei Richard, dem Onkel Walter Scheels, das Soldatisch-Nationale neben einer Neigung zur Sozialdemokratie. Richard gehörte ihr zwar nicht an. Aber er fühlte sich der SPD doch immerhin so nahe, daß er ohne weiteres auf ihrer Liste kandidieren konnte. Das ist, für die Weimarer Zeit, eine große Spannweite der Positionen, die nebeneinander für vereinbar gehalten wurden. Später wird man, bei Richards Neffen Walter, diese selbstverständliche Breite wiederfinden. Wenn Scheel pathetisch wäre (was er nicht ist), hätte er als Präsident wie Charles de Gaulle von sich sagen können: In mir habt ihr einen, der niemandem – und damit allen gehört.

Darin wird eine gemeinsame Eigentümlichkeit von Richard und Walter Scheel sichtbar: Die Neigung und die Fähigkeit zu öffentlichen Ämtern ist ein Familienerbe, von dem auch Walter Scheel zehrt. Jetzt schon in der fünften Generation findet man in dieser Familie Scheel aus Daaden neben dem Beruf des Bauern, des Handwerkers, die ehrenamtliche Tätigkeit als Schöffe, als Ortsvorsteher, als Bürgermeister.

Mit der Landwirtschaft in Daaden war es nicht weit her. Ich sagte es schon: Wie überall im Westerwald warf sie einfach nicht genug ab. Das Klima ist zu rauh. Onkel Richard ging daher, als er noch jung war, nebenher »zum Berg«, wie man damals sagte, zu Fuß, morgens, viele Stunden lang. Der Westerwald birgt Eisenerze. Oder man betrieb als Bauer außerdem noch ein Handwerk, zumal man die Werkstätten, die zum Hof gehörten, als Ersatzlösungen für nachgeborene Söhne benötigte. Der zweite Sohn wurde bei den Scheels in Daaden immer Stellmacher, der dritte Bäcker. Albrecht, der Vater Walter Scheels, wurde also Stellmacher: ein Handwerker, der Fahrzeuge aus Holz herstellt und ausbessert.

Da Albrecht in Daaden nichts werden konnte, wurde er vom Sog der Industrialisierung nordwestlich an den Rand des Bergischen Landes und des Ruhrgebietes gezogen. Er kam nach Solingen, in eine aufstrebende Industriestadt, in der Absicht, dort sein Glück zu machen. Doch daraus wurde nichts; es ist ihm völlig mißlungen.

Die drei alten, klassischen Berufe der Schneidwaren-Industrie, die den Weltruhm der Stadt ausmachten, waren die Berufe des Schmieds, des Härters und des Schleifers. Alle drei Tätigkeiten waren in Solingen überall in festen Händen. Da war also für einen – insoweit ja auch ungelernten – Ankömmling wie Albrecht Scheel, diesen Hinterwäldler, nichts zu machen. Man brauchte Zugewanderte nur für Hilfstätigkeiten: als Schlosser, als Elektriker, auch als Stellmacher. Aber Albrecht kam nicht in seinem Beruf unter. Er ging für einige Jahre als Industriearbeiter in *Henckels Zwillingswerk,* dessen Messer man damals in allen Haushalten fand, die sie sich leisten konnten, weit über Deutschland hinaus. Nach dem Ersten Weltkrieg, den er als Soldat mitgemacht hatte, wurde er Altgeselle in einer Stellmacherei. Aber die Konjunktur in diesem Gewerbe ging zurück, weil Pferdewagen allmählich aus der Mode kamen. Zu Anfang der dreißiger Jahre wurde Albrecht Scheel arbeitslos. Erst als sich nach der Machtergreifung Hitlers die wirtschaftlichen Verhältnisse wieder besserten, konnte Scheels Vater eine neue Beschäftigung finden. Er kam zum ältesten, hochangesehenen Solinger Schneidwaren-Unternehmen, der inzwischen 250 Jahre alten Firma *Friedrich Herder Abraham und Sohn,* wo er in der Betriebsschreinerei arbeitete. Er fertigte zum Beispiel Hefte, also Griffe, für Stahlmesser an, auch Holzformen für Gesenkschmiede. Während des Krieges half er mitunter in der Pförtnerei des Betriebs aus. Denn der früher hochgewachsene, stattliche Mann kränkelte lange, vergrämte auch. Er litt an einem chronischen Bronchialkatarrh, kein Wunder bei dem Klima in dieser Gegend, und starb bald nach dem Kriege, 1953, als Rentner, an einem Lungenemphysem.

Wie man sieht: keine Erfolgsgeschichte. Zumindest psychologisch ein Abstieg: vom Bauernhof, vom Handwerker, zum Unselbständigen, zum Arbeiter. Dieser Vater war ein fleißiger, sparsamer, treuer, fürsorglicher Mann. Grundsolide. Unfähig, etwas Unrechtes zu denken oder gar zu tun. »Von der Notwendigkeit einer festgefügten Ordnung überzeugt«, wie sein Sohn von ihm gesagt hat, quälte es Albrecht Scheel bis in die letzten Lebensjahre, als junger Mann, vor dem Ersten Weltkrieg, einmal an einem Streik teilgenommen zu haben. Scheel hat seinen Vater geliebt, mehr geliebt als seine Mutter, wie er berichtete, weil er glaubte, daß dies notwendig sei, der Vater es also nötig brauchte. Scheel hat seinen Vater nicht bewundern können. Er konnte kein Vorbild für ihn sein.

Walter Scheel hat sicherlich sehr viel mehr von seiner Mutter, Helene Scheel geborene Geffgen, deren Familie aus Thüringen stammte, aber seit drei Generationen in Solingen saß. Schon äußerlich, im Gesicht, sieht er wie seine Mutter aus: die Nase, die Augen, die lockigen Haare. Von Statur war sie, anders als ihr Mann, anders als ihre Söhne, eher klein. Aber sie war energisch; sie wußte, was sie wollte. In ihrer Ehe war sie die stärkere, die bestimmende Figur; ihr Mann tat, was sie sagte. Sie war auch die tüchtigere der beiden Eltern. Nicht nur, daß sie bis spät in die Nacht nähte, damit Walter auf der Schule bleiben konnte; denn fleißig war ihr Mann auch. Aber anders als Albrecht Scheel besaß sie Organisationstalent. Sie hatte eine Begabung zum Chef. Mehrere andere Frauen arbeiteten unter ihr, nähten für sie, nach ihren Anleitungen. »Helene schwang das Zepter«, sagte mir einer schmunzelnd aus der Erinnerung.

Helene Scheel wußte genau, was sich gehörte und was nicht. Wenn die spielenden Kinder hinaufriefen: sie solle ihnen doch bitte ein Butterbrot auf die Straße hinunterwerfen, weil sie beim Essen weiterspielen wollten, dann kam das überhaupt nicht in Frage. »Draußen wird nicht gegessen!« Das wußte sie, das sagte sie. Punkt. Schluß.

Die Ordnungsliebe seiner Mutter prägte Scheel ein Leben lang. Auch als Bundespräsident putzte er jeden Morgen selbst seine Schuhe – obwohl er doch in den letzten Jahren selten zu Fuß ging und seit langem Hilfskräfte im Hause hatte. Und wenn Scheel beim Aufwachen in der Frühe seine Hosen unordentlich irgendwo liegen sah, weil er es spät in der Nacht unterlassen hatte, sie auf einen Bügel und in den Schrank zu hängen, so wie sich das gehört, dann sagte er, leicht beschämt und gleichzeitig in der Erinnerung amüsiert, zu sich selbst: »Wenn das Helene sähe!« »Wenn das Helene wüßte!«

Vor allem war Helene Scheel zielstrebig. Sie hat ihren Sohn dahin erzogen, daß er sehen müsse, im Leben vorwärts zu kommen. Die finanziellen Verhältnisse der Eltern waren zwar geordnet, aber schmal, wie Schulfreunde Scheels berichten. Er selbst hat gesagt: er stamme aus einem »sehr einfachen Elternhaus«; Vater und Mutter hätten »darben« müssen, damit er eine gute Schulbildung erhalten konnte. Man wohnte, wie damals dort und anderswo unter den gegebenen Verhältnissen üblich: eine Küche, ein Wohnzimmer, ein Schlafzimmer für die Eltern, eins für die beiden Kinder. Kein Bad. Samstags wurden die Söhne in der Küche gebadet, später in der Zinkbadewanne in der Waschküche. Das Wasser erhitzte man mit Holz und Kohlen im Waschbottich. Das Klo war auf halber Treppe. Die Firma *Gruba* (von »Gruben-Entleerung«) kam regelmäßig, um die Kübel auszuwechseln. Das war ja in vielen Orten der Bundesrepublik noch bis in unsere Zeit hinein so. Das gab es bei uns noch in den sechziger Jahren: Man konnte an bestimmten Wochentagen die Kübel auf der Straße warten sehen.

Schon als Junge wollte Walter Scheel hinaus aus den beengten Verhältnissen, in denen er aufwuchs. Die Mahnung, der Wunsch seiner Mutter fiel bei ihm auf fruchtbaren Boden. Ganz von allein wollte er es zu etwas bringen. Als Zwölfjähriger sagte er zu einem gleichaltrigen Vetter: »Ich will später im Leben nicht so dastehen wie meine Eltern. Ich will weiterkommen!«

Diese Eltern lebten zurückgezogen und harmonisch. »Wer mit den Scheels Krach bekommt, hat selbst schuld«, sagte man damals in Höhscheid, wo sie wohnten – in einem Ort, der seit fünfzig Jahren ein Stadtteil Solingens ist. Beide Eltern zusammen haben auf ihre stille Weise eine wichtige, vorbildliche pädagogische Leistung erbracht. Sie haben frühzeitig ganz realistisch ihre eigenen Grenzen erkannt und sich von da ab in der Erziehung zurückgehalten, haben sich aus einer Rolle zurückgezogen, die sie nicht weiter füllen konnten. Er sei, berichtete Scheel, »in sehr jungen Jahren aus der Ebene herausgewachsen«, auf der Eltern einen intensiven, einen prägenden Einfluß ausüben können. Als Walter Scheel noch keine vierzehn Jahre alt war, sagte seine Mutter zum Vater: »Den Jungen müssen wir laufen lassen!« Dieser eine Satz allein beweist schon, wie klug diese Frau war.

Walter Scheel sollte, er mußte sein Glück auf eigene Faust suchen. Und gerade indem sie ihn rechtzeitig losließen, gewannen und behielten diese Eltern seine Zuneigung. »Die stärkere geistige Entfernung vom Elternhaus« – fuhr Scheel nämlich fort – habe eine »enge persönliche Bindung« zwischen ihm und den Eltern ermöglicht.

Viele Eltern, damals und heute, verpassen häufig den richtigen Zeitpunkt, zu dem sie ihre Kinder innerlich loslassen, sie frei werden lassen müßten. Albrecht und Helene Scheel waren anders, waren hier beide schlicht beispielhaft. Sie hörten rechtzeitig auf, ihrem Walter in alles und jedes hineinzureden. Sie nörgelten nicht, wie so viele Eltern heranwachsender Kinder, hilflos oder bitter an ihm herum. In seiner Dankrede bei der Verleihung des Solinger Ehrenbürgerrechts gedachte der Bundespräsident auch seiner Eltern in diesem Zusammenhang. Sie hätten – sagte er – »mit einer geradezu traumwandlerischen Sicherheit ... aus Liebe das rechte Maß zwischen Fürsorge und dem notwendigen Raum der freien Entfaltung gefunden«, den der Heranwachsende wie jeder Mensch dieses Alters brauchte.

Die Schule muß das ihre dazu beigetragen haben, Walter Scheel zu dem werden zu lassen, der er war, der in ihm steckte. Die Schule in der Schwertstraße, auf die er ging, das *Städtische Realgymnasium und Oberrealschule Solingen,* die nach 1933 *Moeller-van-den-Bruck-Oberschule für Jungen* genannt wurde, war noch unter dem Nationalsozialismus als eine der besten des Rheinlandes bekannt. Sie galt als eine sozialdemokratisch und liberal bestimmte Schule, wobei man die Erwartungen, die sich heute mit solchen Kennzeichnungen verbinden würden, für die damalige Zeit sicherlich nicht überdehnen darf. Die Schule sei, heißt es, von der üblichen Aufsässigkeit der Solinger gegen die Obrigkeit geprägt gewesen, von ihrer rebellischen Mentalität.
Richtig daran ist, daß Solingen schon im Kaiserreich, also schon im vergangenen Jahrhundert, rot gewesen war. Ein im Grunde auf vorindustrielle Zeiten zurückgehendes Sektenrot kennzeichnete diese Stadt. Bereits 1867, bei den Wahlen zum damaligen Norddeutschen Reichstag, hatten die Lasalleaner in dieser Gegend ihre ersten Wahlsiege errungen. Solingen besaß in der Weimarer Republik eine starke KPD. Es hatte mehrfach kommunistische Bürgermeister. Wenn zunächst die USPD, dann die Kommunistische Partei hier so stark waren, dann hing das mit der großen Krisenanfälligkeit der Solinger Industrie zusammen – und gleichzeitig mit einem besonderen Arbeitertyp, der hier vorherrschte. Man hatte hier kein Industrieproletariat, ebensowenig wie Großindustrie und Großkapital. Statt dessen fand man häufig den Typ des Heimarbeiters, der sein eigenes Haus hat, zumindest teilweise sein eigener Herr ist: in seinem Bewußtsein. Die energische Form seines politischen Engagements erklärte sich nicht nur durch die immer wieder aufbrechende Not, sondern ebenso durch eine individualistische, bergisch-trotzige, kämpferisch-selbstbewußte Gesinnung.

Dabei war der Übergang zwischen Arbeiterschaft und Kleinbürgertum fließend – wie bei den Scheels. Auch ein kommunistischer Arbeiter trug in Solingen kleinbürgerliche Züge. Allen hier war die Liebe zum Garten wie zum Hahneköppen gemeinsam, allen gemeinsam die Neigung zu Kegel- und Gesangvereinen. Solingen wurde – und wird – getragen durch eine breite Mittelschicht; es war und ist eine Stadt der kleinen Leute. Hier gab es nie einen Adel, hier war nie die Rede von einem Patriziat. Selbst ein Großteil der sogenannten

Unternehmer Solingens war von kleinbürgerlich-handwerklichem Zuschnitt. Die meisten Betriebe hatten zwischen 20 und 200 Beschäftigten, wobei sehr viele an der unteren Grenze dieser Zahl lagen. Häufig stand – und steht – der Unternehmer persönlich im Betrieb, steht neben seinen Leuten, legt patriarchalisch-familiär selbst mit Hand an, etwa in der Schleiferei. Sein Wohnhaus liegt vorn an der Straße. Dahinter die Werkstätten, die sich, wenn das Unternehmen florierte, inzwischen zu großen Hallen ausgewachsen haben mögen. Scheels Schule war dementsprechend nie eine Schule der Reichen, da es sie in Solingen ohnehin kaum gibt. Soziale Unterschiede spielten in der Klassengemeinschaft keine Rolle; alle Jungen sprachen in den Pausen, auf dem Schulhof, Platt miteinander. Da Solinger Stahlwaren in alle Erdteile gingen, besaß die Stadt insgesamt eine exportbezogene, eine weltoffene Komponente, die man vielleicht liberal nennen könnte. Auch dies teilte sich der Schule atmosphärisch mit. Sie muß in jener Zeit eine Reihe ausgeprägter Persönlichkeiten unter den Lehrern gehabt haben. Alle Schulkameraden Scheels, mit denen ich auf den jährlichen Klassentreffen sprechen konnte, erinnerten sich dankbar an einige Namen. Besonders wichtig, vorbildlich, soll Dr. Ludwig Brauns gewesen sein. Er kam offenbar dem kritischen Geist dieses Alters entgegen, war besonders für Scheel wichtig, weil er Deutsch, Geschichte und Erdkunde unterrichtete – also Fächer, die ihm lagen. Außer den Fremdsprachen, mit denen er hinaus wollte in die Welt, in die Weite. Wenn Walter Scheel beim Abitur als Berufswunsch »Journalist« angab, so wußte er schon genau, in welche Sparte es ihn zog. Er wollte Auslandskorrespondent werden. Man kann also den späteren Außenminister in gewisser Weise als die Erfüllung eines Jugendtraumes sehen.

Wie seiner Mutter fiel auch ihm das Lernen leicht. Dabei war er kein Streber. Seine Leistungen in der Schule (wie später im Leben) schwankten. Aber er hatte (und behielt) immer die Fähigkeit, sich voll zu konzentrieren, sich mit ganzer Kraft dann einzusetzen, wenn es wirklich darauf ankam. So hat er sich erst im letzten Jahr vor dem Abitur wirklich angestrengt – und die Reifeprüfung dementsprechend mit *Gut* gemacht.

Scheel besaß – und bewahrte – lebenslang immer etwas Lässiges, das den anderen in der Schule frühzeitig auffiel. Er war immer schon redegewandt. Bei Schulfesten machte er den Conférencier. Er sei der geborene Diplomat gewesen, sagte mir einer aus seiner Klasse. Scheel habe immer gewußt, wie man jemanden ansprechen mußte, habe nie den Zorn der Lehrer auf sich gezogen. Er habe sich nie in den Vordergrund gespielt, sei nicht tonangebend in der Klasse gewesen – das meinten alle. Walter sei verhalten gewesen. Er habe immer einen gewissen Abstand gewahrt. Scheel brauchte niemanden – das blieb so, über die Jahrzehnte hinweg. Wenn man vom bergischen Menschen sagt, er warte ab, er halte sich Fremden fern, er schließe sich schwer gegenüber anderen auf, schließe sich selten an, gehe also schwer Freundschaften ein – dann ist Scheel wirklich typisch für diese Gegend des Bergischen Landes, das sich bis an den Westerwald zieht. Die Landschaft hier hat etwas seltsam Unklares, hat einen unentschiedenen Zug in sich: Meist weder Berg noch Tal, weder Stadt noch Land. Schon in seiner Schulzeit war Scheel ein freundlicher, aber kühler Einzelgänger, der keinem weh tat, aber die Nase im Wind hatte. Er wußte, was er wollte, konnte aber seinen beträchtlichen Ehrgeiz immer gefällig verbergen. Er war nie so unbeholfen-knorrig wie seine Solinger Mitbürger. Scheel war und ist eine Spur alerter, eine kräftige Nuance fröhlicher als Solinger sonst sind. Das Rheinland beginnt erst einige Kilometer weiter westlich von seinem Höhscheid, wenn auch durchaus noch innerhalb der Grenzen der Stadt, die sich von den bergischen Hügeln hinunter bis in die rheinische Ebene dehnt.

In dem wenigen, was bisher über Scheel geschrieben worden ist, findet man immer wieder erwähnt, er habe seine spätere erste Frau kennengelernt, als sie 11 und er 13 Jahre alt waren. Auf dem Schulweg habe er ihr in diesem Alter versichert, daß er sie eines Tages heiraten werde. Das ist natürlich eine Legende. Denn was kann das überhaupt in diesem Alter, damals, zu Anfang der dreißiger Jahre, heißen: sich kennenzulernen? Nicht viel. Die Schulwege kreuzten sich, liefen, wenn man wollte, einige Zeit nebeneinander her. Man kannte sich vom Ansehen, wußte, wer der andere war, wie er hieß. Manchmal rief man sich etwas zu. Das aber war auch alles. Erst Jahre später ging man, vielleicht, nach der Schule in ein Eiscafé, wo es auch Pilsner gab. Zu einer näheren Bekanntschaft, die aber für heutige Verhältnisse sehr förmlich blieb, kam es, als beide, zusammen mit seiner ganzen Klasse,

Mitte der dreißiger Jahre die Tanzstunde besuchten. Sie wurde von der 150 Jahre alten, renommierten und gesellschaftlich wichtigen *Casino-Gesellschaft Solingen* veranstaltet, die auch den Tanzlehrer aussuchte. Genauso, wie Scheel zur Schicht mittlerer Unternehmer in Solingen gehören wollte, lag ihm auch viel daran, Mitglied dieser »Casino-Gesellschaft« zu werden. Das gelang ihm indessen erst mehr als ein Jahrzehnt später, gegen Ende der vierziger Jahre, und nur über Kontakte und Bürgen, die man dafür brauchte.

Zur Zeit der Tanzstunde war Scheel 17, Eva Kronenberg – so hieß das Mädchen – 15. In seiner unbewußten Art, voranzukommen, sich selbst halb spielerisch voranzubringen, war er vielleicht nicht ganz zufällig auf eine solide Bürgertochter aus gutem Hause verfallen, auf die Tochter eines Solinger Rasierklingenfabrikanten.

Die Verbindung mit ihr war, im Rückblick gesehen, sicherlich der Anfang seines Aufstiegs. Eines bescheidenen Aufstiegs. Denn es handelte sich bei der Firma Kronenberg um nicht mehr als einen größeren Handwerksbetrieb. Vorn auf dem Grundstück stand ein altmodisches Mietwohnhaus aus dem Jahre 1899. Im Parterre befanden sich die Packstube und das Büro, während in den Stockwerken darüber zwei Etagenwohnungen lagen, deren eine die Eltern Kronenberg bewohnten, die andere, später, Walter und Eva Scheel. Auf dem Hof hinter dem Haus stand die eigentliche Produktionsstätte: eine zweistöckige Werkstatt, in der zwanzig Beschäftigte arbeiteten. Also nichts Imponierendes.

Dennoch war der Sprung für Scheel gewaltig. Und es ist zweifelhaft, ob er ihm überhaupt gelungen wäre, wenn nicht der Zweite Weltkrieg ihm selbst unerwartet neue Chancen beruflichen Fortkommens und gesellschaftlichen Prestiges verschafft hätte.

In den letzten Jahren – es wurde eingangs schon angedeutet – ist unter Historikern, Soziologen und Politikwissenschaftlern bei uns heftig darüber diskutiert worden, ob das Dritte Reich von Anfang an und bewußt eine braune »Sozialrevolution« mit sich gebracht habe oder ob erst der Krieg, ungewollt, nämlich durch seine Zerstörung traditioneller Besitzstände und Machtpositionen, etwa im Großgrundbesitz, diese gesellschaftliche Umwälzung, eine soziale Revolution, bewirkt habe. Wenn wir das Leben Walter Scheels als Beispiel nehmen, war es erst der Krieg, der ihn vorankommen, aufsteigen ließ.

Die Chance war nicht gerade glänzend, die er bekam. Aber immerhin. Es war ein Start.

Denn zunächst waren die Eltern Kronenberg gegen eine Eheschließung zwischen den beiden jungen Leuten gewesen. Man kann sich die Gründe denken: Als Sohn eines Arbeiters schien ihnen dieser Walter Scheel keine Partie für ihre Tochter zu sein. Seinen Wunsch, Journalist zu werden, hatte er begraben, weil dafür eine Schulungszeit in einem Ausbildungslager unerläßliche Voraussetzung war. Anders konnte man damals nicht zu einer Zeitung kommen. Das schreckte Scheel ab. Erst recht dachte er nicht im Traume daran, sich wie die meisten seiner Schulkameraden nach dem Abitur 1938 freiwillig zur Wehrmacht zu melden, was damals bedeutete, daß man zunächst für ein halbes Jahr zum *Arbeitsdienst* kam. »Arbeitsdienst« – das war doch das Letzte! Immerhin haben sich damals von den 16 Abiturienten seiner Klasse 14 freiwillig gemeldet. Als sie gemeinsam abfuhren, kam Scheel, leutselig lächelnd, auf den Bahnhof, um sie zu verabschieden. »Hallo, boys, keep together!«, rief er ihnen in verballhorntem Englisch zu und winkte ihnen heiter nach.

Er selbst trat statt dessen in eine Bank ein und schloß die Lehre dort anderthalb Jahre später mit Prädikat erfolgreich ab. Nach dieser Bankausbildung wollte der junge Scheel studieren; er war bereits immatrikuliert. Er strebte damals an, leitender Angestellter zu werden. Es konnte also durchaus sein – mochten seine späteren Schwiegereltern denken –, daß am Ende etwas Ordentliches aus ihm würde. Aber das war noch offen, als der Krieg ausbrach. Im Oktober 1939 wurde Scheel eingezogen. Nachdem er drei Jahre später, am 1. September 1942, Leutnant geworden war, also Offizier, ließ sich auf dieser Grundlage an Heirat denken. Im Dezember des gleichen Jahres 1942 fand die Hochzeit statt.

Diese Eva Scheel geborene Kronenberg, mit der er fast ein Vierteljahrhundert lang verheiratet blieb, nämlich 24 Jahre, ehe sie 1966 an Krebs starb, war in allen jenen Jahrzehnten der einzige Mensch, von dem ich wohl sagen würde: er war damals wichtig. An dieser Frau, so scheint mir, hing Walter Scheel wirklich. Sie bedeutete ihm viel. Noch mehr als ein Jahrzehnt nach ihrem Tode sagte er, nicht ohne innere Bewegung: Ohne seine erste Frau wäre er nie geworden, was er geworden ist.

Das ist mittelbar, indirekt, schon daran abzulesen, daß ihr Tod eine schwere gesundheitliche Krise bei ihm auslöste. Dann, in einem zweiten Stadium, setzte der Schmerz gewaltige Energien in ihm frei. Im Herbst 1966 fühlte sich Scheel derart verlassen und leer, daß er seinen eigenen Namen und Geburtstag gleich mit auf den Grabstein meißeln ließ, den er seiner Frau setzte. Es muß also, eines Tages, nur noch sein Sterbedatum dazugesetzt, sein Sarg an ihre Seite gelegt werden. Scheel wurde krank, quälte sich monatelang, mußte im April 1967 operiert werden. Erst danach wurde es besser; allmählich kam er über den Verlust Evas hinweg. Dabei spielte sicherlich eine Rolle, daß er bei einem Genesungsaufenthalt im *Alpen-Sanatorium* von Bad Wiessee zu jener Zeit die Kölner Röntgenärztin Dr. Mildred Wirtz kennenlernte, die er dann zwei Jahre später, im Juli 1969, kurz vor den Bundestagswahlen, die ihn zum Außenminister machten, heiraten sollte. Vor allem aber half ihm nach dem Tode seiner Frau, daß er sich mit einer Energie wie nie zuvor jetzt in die Politik stürzte. Wenn auch immer noch zögernd, denn er zweifelte an seiner Eignung zum Parteivorsitzenden, ließ er sich im Sommer 1967 dafür gewinnen, in der Nachfolge Erich Mendes den Vorsitz der F.D.P. anzustreben. Wenn seine erste Frau damals noch gelebt hätte, sagte er im Rückblick, wäre er niemals in dem Ausmaß politisch aktiv geworden, wie das für eine erfolgreiche Bewerbung um ein solches Parteiamt erforderlich sei. Er schaffte es bekanntlich. Im Januar 1968, auf dem Freiburger F.D.P.-Parteitag, trat Walter Scheel an die Spitze der Liberalen, womit er das Signal für ihre Wendung nach links gab und damit für eine Zusammenarbeit mit den Sozialdemokraten. Von da ab lag das sozialliberale Bündnis von 1969 und alles weitere in der politischen Luft dieser Bundesrepublik Deutschland.

Aber wir waren im Krieg und bei Eva Scheel. Warum war diese Frau im Frühstadium seiner Karriere für ihn so wichtig? Sie gab ihm Sicherheit, den häuslichen Hintergrund, bürgerliche Geborgenheit, frauliche Wärme. Sie war keine Schönheit. Aber sie sah hübsch aus, war weich und anschmiegsam, zurückhaltend und fröhlich – mit einem Wort: eine liebenswürdige Frau. Sie war vielleicht nicht sehr intelligent, was sie halb und halb selbst wußte. Humorvoll-souverän pflegte sie zu sagen: so dumm, wie sie aussehe, sei sie nicht. Sie besaß also weibliche Klugheit. Sie hatte daher Einfluß. Scheel hörte auf sie.

Sie führte ihn behutsam, wozu manchmal gehörte, daß sie ihn zur Ordnung rief. Sie war mütterlich ehrgeizig für ihren großen Jungen. Sie bewunderte ihn, verwöhnte ihn. Immer schon sah sie in ihm den Staatsmann, der er eines Tages tatsächlich werden sollte. Eva Scheel war der Fels für ihn, auf den er unbedingt bauen konnte – und den er damals noch brauchte. Sie war sein ruhender Pol.

Und der Krieg? Er war hart, auch für Scheel. Nachdem er in unzulänglich ausgebildeten und ausgerüsteten sogenannten Luftwaffen-Feldeinheiten, praktisch als Infanterist, in den ersten Kriegsjahren gedient und vor allem den Winterfeldzug 1941/42 in Rußland mitgemacht hatte, bekam er im Frühjahr 1942 Flecktyphus. Und zugleich eine Rückgrat-Phlegmone, ein schwer vereitertes Geschwür. Den ganzen Rücken hinunter behielt Scheel lebenslang die Narben der Schnitte, durch die man, in Kanülen, ihm damals den Eiter abgezogen hatte. Im Lazarett war er schon aufgegeben. Seine Bahre wurde auf den Flur geschoben, weil man das Bett bereits mit einem anderen belegen wollte. Aus Äußerungen der Ärzte untereinander entnahm er, daß er abgeschrieben sei. Das mobilisierte seinen Lebenswillen, und zähe, wie er war und ist, kam er durch. Aber ein ganzes Jahr lang laborierte er an seiner Gesundheit. Und auch danach war er nur noch begrenzt leistungsfähig. Aus jener Zeit ist Scheel eine geradezu altrömische Härte gegen sich selbst geblieben. Auch bei großen Schmerzen – die er öfter hatte, als man öffentlich wahrnahm oder privat beobachten konnte – erlaubte er sich nie eine Nachlässigkeit. Man sah ihn dann munter, so scheinbar unbeschwert plaudern wie sonst immer. Niemand in der Runde konnte ahnen, daß er vielleicht nach solchen beschwingten Unterredungen sofort ins Krankenhaus mußte. Vielleicht war dies überhaupt seine größte Leistung, erst als Minister, dann als Bundespräsident, und hier ganz besonders: immer gut gelaunt aufzutreten. Er hielt das für seine Pflicht, hält es für die Pflicht aller Repräsentanten in einer Demokratie, zumal in einer so freien, erfolgreichen und angenehmen wie der unsrigen. Und wenn es einmal schlecht komme: dann sei erst recht wichtig, Zuversicht zu verbreiten. Scheel verabscheute Sauertöpfe in hohen Ämtern – in denen er meist Heuchler zu erkennen meinte. Und Heuchelei war für ihn, schon aus Solinger Zeiten, die schlimmste menschliche Fehlhaltung. Nichts störte ihn bei Mitmenschen so sehr wie Heuchelei. Er

fand, daß zumal führende Positionen nicht nur mit Würde (also ohne alle burschikose Hemdsärmligkeit), sondern auch mit Anmut wahrgenommen werden sollten. Mit ruhiger Selbstsicherheit ebenso wie mit erwärmender Liebenswürdigkeit. Man müsse sich zumindest immer den Anschein zu geben verstehen, als mache alles Repräsentieren Spaß. Denn durch solche Haltung werde unter den Bürgern dieses Staates fröhliche, vertrauensvolle Zustimmung zur Demokratie vorgelebt, werde beispielhaft die Auszeichnung öffentlich sichtbar gemacht, in einem freien Lande leben, in seinem Namen sprechen zu dürfen. (Er würde das übrigens in schlichteren Worten sagen.)
Und daneben eben die Härte. Keine Furcht vor dem Tode – was im Herbst 1977, während der Wochen, in denen Hanns-Martin Schleyer entführt war, eine Rolle gespielt hat. Und nicht nur damals. Diese Gelassenheit gegenüber dem eigenen Sterben, dem eigenen Tode gegenüber, ist bei Scheel wohl vor allem ein Erbe aus den letzten Kriegsjahren, als er Gruppen-Adjutant in einem Nachtjagdgeschwader war, in *dem* berühmten Nachtjagdgeschwader 1. Jeder, der flog, sah sich dort täglich dem Tode konfrontiert. Die Verluste waren sehr hoch. Niemand wußte das besser als er, dem als Gruppen-Adjutant, bürokratisch ausgedrückt, »die verwaltungsmäßige Abwicklung des Todes« in seiner Einheit »oblag«. Alle Toten waren Freunde – wie eben die beständige Nähe des Todes Menschen, zumal so junge, einander nahebringt. Scheel mußte, in seiner Stellung, an sich nicht fliegen. Ja wegen seiner gesundheitlichen Beeinträchtigung hätte er an sich gar nicht fliegen dürfen. Aber er sagte sich: er müsse mit. Sonst bekomme er keine Autorität in seiner Einheit. Also war er mit dabei, neben Flugzeugführer und Funker als Dritter in der Me 110, als Bordschütze. Aus freien Stücken.
Neben dem Tod, seiner Grausamkeit und Härte, auch hier die Heiterkeit, der Plauderton des Offizierskasinos – eine Prägung fürs Leben. Scheel war praktisch der Personalchef seiner Gruppe, war sehr selbständig darin. Er besaß Autorität; mit seinen 24, 25 Jahren galt er als alter, erfahrener Offizier. Er schlug dazwischen, wenn er es für erforderlich hielt. Aber er glättete auch Wogen, je nachdem. Meist ging es mit leichter Hand, die er nun einmal hat. Scheel lockerte auf, führte zusammen, ließ ein Gefühl der Zusammengehörigkeit wachsen. Fast ohne Zutun. Er hatte bei jedem Zeit für ein Gespräch, hatte

immer einen dummen Schnack, immer Döhnkes auf Lager. Nach außen hin, als Person, war er umsichtig, gereift; innerlich völlig unabhängig. Ohne Furcht. Und ohne Nerven, wie es den anderen schien. Wenn Walter Scheel Jahrzehnte später, als Bundespräsident, den Parteien ins Gewissen redete und die Politiker an ihre Aufgabe erinnerte: man dürfe nicht alles abschieben und irgendwelchen Gremien überlassen, einer müsse am Ende immer die Verantwortung übernehmen; dann war diese Haltung ein Echo jener Zeit als Soldat.

Scheels beruflicher Anfang in der Nachkriegszeit war eher dürftig. Wenn sein Lebenslauf ihn von 1945 bis 1953 als »Geschäftsführer einer Stahlwarenfabrik« ausweist, so gibt das einen irreführenden Eindruck. Während des Krieges hatte sein Schwiegervater einen Ausweichbetrieb im Siegerland eingerichtet. Als der Krieg zu Ende war, gab es also innerhalb der einen Firma Kronenberg zwei Produktionsstätten: in Morsbach und in Solingen. Während Hermann Kronenberg den Betrieb in Morsbach leitete, kümmerte sich Scheel um den Solinger. Man hatte die Kunden unter sich aufgeteilt. Zunächst ging das Geschäft auch ganz gut, Rasierklingen waren Mangelware, wie alles. Das Berliner Unternehmen *Rotbüchner GmbH,* das vor dem Kriege zwei Drittel des Marktes beliefert hatte, war zerstört. Ehe es wieder hochkam, jetzt als *Gilette-Rotbüchner,* hatten Solinger Klingen bis etwa 1951/52 durchaus eine Chance. Aber Scheel sah den Niedergang kommen, fühlte sich in diesem Kleinbetrieb seines Schwiegervaters auch nicht am richtigen Ort.

Frühzeitig versprach er sich etwas von der Politik. 1946 war er der F.D.P. beigetreten. 1948 wurde er Stadtverordneter in Solingen. Zwei Jahre später zog er, als *gemeinsamer* Direktkandidat von CDU *und* F.D.P., was damals noch ging, also als Abgeordneter des Bürgerblocks, den es noch gab, in den nordrhein-westfälischen Landtag ein. CDU und F.D.P. hatten sich untereinander über die Aufteilung kritischer Wahlkreise verständigt.

Drei Jahre später, 1953, saß er im Bundestag, wo er im gleichen Jahre Willy Brandt kennenlernte. Beide Männer, Brandt wie Scheel, waren viel zu früh am Platze. In Bonn gaben andere, Ältere, ganz Alte, den Ton an – und noch auf lange Zeit. Junge Leute wie Scheel, der 1953 gerade 34 war, aber auch wie Brandt, der immerhin schon 40 Jahre zählte, hatten vorerst nicht viel zu melden.

Im übrigen ist auffällig beim Vergleich der beiden, daß Brandt damals eindeutig als junger Mann Ernst Reuters, geradezu als politisch zu seiner Nachfolge berufener Adoptivsohn und Erbe galt. Scheel hingegen hat nie einen vergleichbaren politischen Ziehvater gehabt. Er hatte zeitweilig ältere Ratgeber. Er kannte auch Männer, die ganz gerne seine Protektoren oder Promotoren geworden wären. Scheel verzichtete. Er brauchte das nicht. Er hörte sich gerne viele Leute an. Das genügte ihm, sich eine eigene Meinung zu bilden. Es kam ihm nicht in den Sinn, sich irgend jemandem fest anzuschließen. Als mitten in den Auseinandersetzungen um die Naumann-Affäre 1953, um die nationalsozialistische Unterwanderung der F.D.P. in Nordrhein-Westfalen, der dortige Landesverbands-Vorsitzende, der Verleger Friedrich Middelhauve, in einer Sitzung Scheel ansprach und fragte: »Er sage ja gar nichts. Ob er denn nun zur Gruppe um ihn, Middelhauve, gehöre oder zur Gruppe um Erich Mende und Willi Weyer?«, da antwortete ihm Scheel entwaffnend offen und ganz richtig, so wie er das in den verschiedensten Situationen seines politischen Lebens immer wieder getan hat: »Weder noch. Meine Richtung heißt Scheel.«

So war es, so blieb es. So blieb er. Scheel vermied es geschickt, sich Flügel anbinden zu lassen. In allen Gremien bewahrte er sich persönliche Unabhängigkeit. Wenn es schwierig wurde, war er es, der Vermittlungsvorschläge machte, die improvisiert schienen, aber vorher diskret mit beiden Seiten abgesprochen waren – leise, unter oder hinter der Hand. So gut wie nie legte er sich im Vorhinein unwiderruflich fest. Aufgrund seines kühlen Klarblicks besaß Scheel die Fähigkeit, Entscheidungen erst im exakt richtigen Augenblick zu treffen. Hatte er sich allerdings einmal entschieden, dann ganz und gar. In solchen Fällen, die selten waren, setzte er alles auf eine Karte. Er ging dann große, aber gut kalkulierte Risiken ein. Zweimal, in der Spiegel-Krise 1962 und dann noch einmal beim Sturz des Bundeskanzlers Ludwig Erhard 1966, war Scheel es, er ganz allein, der die Regierungskrise auslöste, der alle und alles ins Rutschen, die Verhältnisse in Bewegung brachte. Plötzlich schob er nämlich alle taktischen Raffinessen und listigen Winkelzüge resolut beiseite und erklärte schlicht: »Er drohe nie mit Rücktritt. Er trete zurück. Und zwar hiermit, auf der Stelle!«

Alle waren sprachlos. In beiden Fällen – und das beweist, wie richtig er die Gesamtsituation für sich selbst analysiert haben muß – konnten die anderen F.D.P.-Minister, mit seiner einsamen Entscheidung konfrontiert, gar nichts anderes tun, als ihrerseits mitzumachen und gleichfalls zurückzutreten. Der Eklat war da. Und damit war der Weg zu neuen Konstellationen und Lösungen offen.

Diese Rolle konnte Scheel aber erst in den sechziger Jahren spielen. Über weite Strecken der fünfziger Jahre hinweg hatte er, im eigentlichen Sinne, noch nichts zu sagen. Außerdem war damals für ihn vordringlich, sich eine unabhängige finanzielle Grundlage zu schaffen. Das war gar nicht so einfach, wie es im Nachhinein aussieht.

Scheel war 1953 zusammen mit seiner Frau und ihrem einzigen Kind nach Düsseldorf gezogen. Er hatte damit die kleinen, engen Verhältnisse Solingens hinter sich gelassen. Bis 1969, bis zum Umzug nach Bonn als Brandts Vizekanzler und Außenminister, bezog er seinen Wohnsitz in Düsseldorf. Sechzehn Jahre lang. Scheel wurde also ein Düsseldorfer. Er versuchte zugleich, ein Großbürger zu werden – was erst allmählich gelang. Diese Stadt war für ihn die neue, die große Welt. Düsseldorf begann damals mit geradezu spielerischer Leichtigkeit, wie es schien, sich zur wirtschaftlichen Metropole am Rhein zu entwickeln. Anders als das irgendwo volkstümlich-derbe, verhaltene, auch katholisch-kleinbürgerliche Köln wurde Düsseldorf eine Stadt des sichtbaren Geldes, der Eleganz und Lebenslust, auch der Schickeria: Düsseldorfer Gründerjahre. In denen Scheel mitschwamm.

Wenn seine Solinger Wohnung in allem sehr bescheiden, fast ärmlich gewesen war, so lag die neue Wohnung in Düsseldorf-Benrath, einem gepflegten Villen-Vorort. Allerdings war sie zunächst weitgehend leer. Das Geld fehlte. Lange Jahre war Scheels finanzielle Grundlage eher wacklig. Er wollte unter allen Umständen etwas werden. Aber das klappte nicht gleich. Er versuchte vieles, mit wechselndem Glück. Dabei nutzte er auch die Möglichkeiten, die seine Partei ihm bot. Bei diversen Unternehmen half die F.D.P. ihm mit Aufträgen. Das ist nicht negativ zu bewerten, wenn es ihn auch zeitweilig in die Gefahr zu bringen drohte, Politik und Geschäft zu verquicken.

1952 war Scheel Landesschatzmeister der F.D.P. geworden. Das hatte ihm Kontakte zu Industriellen geschaffen. Aber man nahm ihn dort damals noch nicht wirklich ernst, hielt ihn nicht für ganz seriös. Auch

Bundespräsident Walter Scheel besucht Daaden (Westerwald), die Heimatstadt seiner Eltern.

Der Vater Albrecht Scheel.
Die Mutter Helene Scheel mit dem einjährigen Sohn Walter.

Schulanfang 1925.

Der Abiturient.

Abiturklasse Walter Scheels (9. v. li.).

Die erste Abgeordnetenreise als Mitglied des nordrhein-westfälischen Landtags führt Walter Scheel in die USA.

26. September 1976: Bundespräsident Walter Scheel (mit dem CDU-Vorsitzenden Helmut Kohl) besucht die Tagung der Görres-Gesellschaft in Koblenz.

äußerlich nicht: mit seinen gepflegten Löckchen, mit seiner auffälligen Art, sich zu kleiden. Scheel versuchte vieles. Er verzettelte sich. Er nahm wirtschaftlich mit, was sich ihm bot. Dabei hatte er zunächst noch keine ganz klare Vorstellung von dem, was er wollte und konnte. Sein Ruf war zwar nie schlecht, aber auch noch nicht unbedingt gefestigt. Als er 1956, in der neuen, spektakulären SPD/F.D.P.-Koalition nach dem geglückten Jungtürkenaufstand in Nordrhein-Westfalen, Vizepräsident der Landeszentralbank werden wollte, trauten selbst seine eigenen Leute ihm das noch nicht zu. Dabei war er doch einer der Hauptverschwörer gewesen; die entscheidende Besprechung hatte in seiner Wohnung stattgefunden.

Immerhin fiel seine Intelligenz schon damals allgemein auf. Und Scheel hatte einen Riecher für Kommendes. 1952 wurde von Unternehmern und Wissenschaftlern, unter ihnen Alfred Müller-Armack, ein *Studienkreis für sozialwirtschaftliche Betriebsformen,* die spätere *Deutsche Gesellschaft für Personalführung,* gegründet. Sie behandelte zentral die Personalchef-Probleme der beteiligten Firmen, koordinierte die Führungspolitik der Unternehmen. Scheel war an dieser Gründung beteiligt; er wurde zum ersten Geschäftsführer berufen. 1953 gründete er das Markt- und Meinungsforschungsinstitut *Intermarket.* Gegen Ende der fünfziger Jahre wurde von ihm, zusammen mit dem freidemokratischen Gerhard Kienbaum, dem späteren Minister, und zusammen mit dem ungewöhnlich begabten, originellen Unternehmensmakler Carl Zimmerer, *Interfinanz* aus der Taufe gehoben. Diese Firma ist bis heute auf dem Gebiet des Unternehmenshandels eine führende, wenn nicht die größte Firma ihrer Art in Europa.

Nicht nur in der Wirtschaft besaß Scheel eine gute Nase, auch in der Politik. Er hatte immer ein Gespür für das, was in der Luft liegt. Anders als Thomas Dehler, auch als Erich Mende, die beide meinten, die Europäische Wirtschaftsgemeinschaft werde nur eine Episode sein, anders auch als Robert Margulies, der eine Bürokratisierung der Wirtschaft durch die EWG, in einem dann möglicherweise sogar halbsozialistischen Europa, befürchtete, kämpfte Scheel 1957 energisch um die Zustimmung seiner Fraktion zur EWG. Wobei er allerdings unterlag. Gleichzeitig war er in jenen Jahren einer der ersten, die Entwicklungspolitik als wichtige zukünftige Aufgabe erkannten. Schon in den fünfziger Jahren war Scheel als Mitglied des

Europaparlaments Präsident des Ausschusses für die Zusammenarbeit mit den Entwicklungsländern. Das erklärt zu einem guten Teil, weshalb er 1961, mit 42 Jahren, übrigens gegen den erbitterten Widerstand Ludwig Erhards, der erste Bonner Bundesminister für dieses neue internationale Tätigkeitsfeld wurde. Er reiste viel, in jenen frühen sechziger Jahren. Er erwarb sich präzise Kenntnisse in Teilen der Welt, die damals erst allmählich politisch erwachten und die man im Westen weithin noch gar nicht zur Kenntnis nahm. Die Erfahrung seit seiner Tätigkeit als Minister für die Zusammenarbeit mit der neu entstehenden Staatenwelt hat ihn anderthalb Jahrzehnte später als Bundespräsidenten zu einem unermüdlichen Mahner im Nord-Süd-Dialog gemacht. Wenn der entwickelte, reiche Norden, unter maßgeblicher Beteiligung der Bundesrepublik, hier nicht rechtzeitig kühne – und dabei gleichzeitig marktwirtschaftlich vertretbare – Initiativen entfaltete, sagte er immer wieder, könne es leicht zu einer Katastrophe kommen.

Überhaupt ist Scheel, dieser Hans im Glück, als Bundespräsident oft ein Mahner gewesen – anders, als man das nach seinem erfolgreichen Aufstieg in den letzten Jahrzehnten vermuten sollte. Er war insofern seinem Vorgänger Gustav Heinemann viel ähnlicher, als die äußerlichen Verschiedenheiten der beiden Männer, auch die unterschiedlichen Auffassungen und Prägungen ahnen lassen. Wenn Scheel kritisierte, ließ die Liebenswürdigkeit seines Auftretens und die Verbindlichkeit seiner Worte leicht deren Härte überhören. Alle spürten freilich seine Präsenz, seine Souveränität. Seit Mitte der sechziger Jahre war seine wirtschaftliche Reputation, seit Ende der sechziger Jahre seine politische über alle Zweifel etabliert. In der Mitte der siebziger Jahre wuchs er über alle früheren Begrenzungen hinaus in die Rolle eines Repräsentanten des Ganzen hinein. Er wurde ein Staatsmann – der einzige neben Helmut Schmidt, den wir in jenen Jahren hatten.

Aus Scheel sprach die Erfolgsgeschichte dieser Bundesrepublik. Aus ihm sprachen aber gleichzeitig und zunehmend auch die Zweifel an der Zukunft einer freien Industriegesellschaft, wenn sie sich nicht wandle. Indem Scheel auch für die sensiblen Teile der Bevölkerung, zumal der Jüngeren unter uns, das Wort ergriff, wurde er wirklich unser *aller* gemeinsamer Nenner.

WALTER SCHEEL

In Solingen verankert

Sie können es mir glauben, lieber Herr Dr. Mombauer, ich bin viel beklommener, als Sie es zu Beginn Ihrer Laudatio gewesen sind. Der Grund ist, daß Sie soviel Gutes und Ehrenvolles über mich gesagt haben. Es ist offenbar viel schwerer, Ehrenvolles von sich zu hören als Ehrenvolles über andere auszusprechen. So möchte ich meinen Freunden einen Rat geben. Wenn sie das Bedürfnis haben, mit sich selbst ins Gericht zu gehen, dann sollten sie einen Bekannten mit noblem Charakter bitten, er möge ihnen eine Laudatio halten. Ich bin gewiß, sie werden danach tief zerknirscht sein. Zugleich wird unweigerlich der sonst ungewöhnlich langwierige Prozeß kritischer Selbsterkenntnis sprunghafte Fortschritte machen. So geht es mir jetzt. Wenn man einmal Bescheidenheit und Demut – um auch dieses Wort zu wählen – vergessen haben sollte; vor einem solchen Auditorium wie diesem und nach einer solchen Laudatio wie dieser, die ich als ungewöhnlich beglückend empfunden habe, findet man sie schnell wieder.

Ich habe zu danken, Herr Oberbürgermeister, viel zu danken. Mir ist in dieser Stunde, die ich unter Ihnen verbringe, bewußt geworden, daß ich bei allem, was ich tat, was ich erreichte und bewirken konnte, durch ein gütiges Geschick aus Kräften gelebt habe, die andere in mir geweckt haben. Andere, die Vorbild, Erzieher, Freunde gewesen sind. Es waren die Eltern, der Bruder, die Lehrer, die Bekannten in dieser Stadt und natürlich meine erste, verstorbene Frau, die, wie Sie alle wissen, Solingerin war.

Rede anläßlich der Verleihung der Ehrenbürgerrechte der Stadt Solingen in Solingen am 16. Dezember 1976

Die Psychologen haben uns gelehrt, daß das Grundgefüge der Anlagen und der Befähigung eines Menschen mit dem sechsten Lebensjahr ausgebildet sein soll. Alles, was danach kommt, ist demnach nur noch Weiterentwicklung, Ausprägung, Verdeutlichung der im Grunde bis dahin gelegten Anlagen. Wenn dem so ist, dann müssen alle, die junge Menschen zu prägen haben, eine besondere Verantwortung spüren. Andererseits wird der, der – wie ich das heute tue – auf sein eigenes Leben zurückblickt, aus dieser Erkenntnis eine tiefe Dankbarkeit für die empfinden, die die ersten Jahre seines Lebens begleitet haben. Bei mir wie fast bei allen waren es vor allem die Eltern, die aus Liebe und – das darf ich von meinen Eltern hinzufügen – mit einer geradezu traumwandlerischen Sicherheit das rechte Maß zwischen Fürsorge und dem notwendigen Raum für freie Entfaltung gefunden haben. Meine Mutter hatte von Psychologie nie etwas gehört. Aber sie wußte, wie man Kinder erzieht. Das gleiche gilt für meinen Vater, der ein besserer Erzieher war als sehr viele, die viele Semester Psychologie studiert haben. Aus solcher Erkenntnis kommt tiefe Dankbarkeit, aber auch ein immerwährendes Schuldgefühl, das aber keineswegs niederdrückend ist. Ganz im Gegenteil, es ist ein Gefühl gegenüber den Eltern und gegenüber dem verstorbenen Bruder, der miterzogen hat, das mich zutiefst beglückt.
Aber meine Familie ist nicht isoliert von der Gesellschaft, der Zeit und den Umständen zu sehen, in denen sie lebt. Und so war es für mich nicht nur die Familie, sondern selbstverständlich auch diese Stadt, in der wir lebten, die prägend gewirkt hat. Bei mir war es die Stadt Solingen oder besser gesagt der Ortsteil Höhscheid, der 1929 zu Solingen geschlagen wurde.
Erlauben Sie mir, daß ich einige wenige Impressionen, die ich in meiner Jugend empfangen habe, vor Ihnen ausbreite. Mein Vater, der gar nicht hier geboren war, kam als Bauern- und Handwerkersohn nach Solingen in der notabene enttäuschten Absicht, in dieser aufstrebenden Industriestadt sein Glück zu machen. Er hatte hart gespart, um dann, da er nicht Kaufmann, sondern Handwerker war, in der Inflation alles zu verlieren. Dennoch blieb er von der Notwendigkeit einer festgefügten Ordnung überzeugt. Selbst in der bittersten Notzeit nahm er an keiner Umsturzbewegung teil. Ja, es hat ihn noch bis in die letzten Jahre seines Lebens verfolgt, daß er einmal, vor dem

Ersten Weltkrieg, an einem Streik teilgenommen hat. So erregend war dieses Erlebnis für ihn gewesen.
Wir Kinder haben trotz aller wirtschaftlichen Schwierigkeiten unser Vergnügen gehabt wie fast alle Kinder. Ich habe daraus eine Lehre gezogen: Das Glück der Kinder ist nicht abhängig von dem, was man ihnen materiell geben kann, sondern von dem, was man ihnen mit dem Herzen gibt.
In der frühesten Jugend habe ich meinen Reifen über die Straßen geschoben, in Solingen nannte man das »Kibbelbank«. Er war von meinem Vater selbst gefertigt, weil ein gekaufter Reifen zu teuer war. Dann erinnere ich mich an Kinderkrankheiten. In Erinnerung ist mir, daß der Arzt in einem alten Militärmantel des Ersten Weltkrieges auf einem 350er Motorrad kam. Meist war ich schon gesund, wenn er das Haus verließ. Spielen, das hieß für uns: auf der Straße spielen. Es war keine Spielstraße; aber, wer sollte uns schon stören, höchstens mal ein Pferdefuhrwerk! Aber wenn dann jemand kam und uns sagte, daß auf der Hauptstraße der berühmte Heinz Risse mit einem schneeweißen Bugatti-Wagen vorüberbrausen würde, dann liefen wir selbstverständlich dorthin.
Die Schule, die ich besuchte, war eine Behelfsschule. Die eigentliche war noch von den englischen Besatzungsmächten beschlagnahmt, die erst am 1. Januar 1926 Solingen räumten. In der Schule erlebte ich an den Mitschülern die vielgestaltige soziale Schichtung unserer Stadt. Von einigen Klassenkameraden erfuhren wir, oder wir hörten es von anderen, daß ihre Väter Kommunisten waren. Aber die waren damals anders als heute. Sie wollten kein funktionierendes demokratisches System beseitigen, um an seine Stelle eine Utopie zu setzen. Sie waren Kommunisten, die in bitterster Not nichts anderes wollten, als gemeinsam etwas zu tun, um ihrem jammervollen Schicksal zu entrinnen. Und auch ihre Kinder waren wie alle anderen. Nur dann, wenn sie ihre blauen Kittel anzogen mit roten Schnüren und in einer Demonstration mit Schalmeikapellen marschierten, dann waren sie uns fremd, weil sie die »Internationale« sangen und weil das alles einen unheimlichen Eindruck auf unsere Gemüter machte.
Auf dem Schulweg begegneten wir hier und da mal einem Mann mit Schal und Baskenmütze, von dem das Gerücht ging, er sei Lehrer an einer »weltlichen Schule«. Schon das gab ihm einen Hauch von

Libertinage. Er pflegte auch Gesellschaft mit einem jungen Maler, der wunderbare farbenprächtige Bilder schuf. Von ihm erfuhren wir später, daß er auswandern mußte, weil man seine Kunst als entartet ansah. Schon damals, kaum 13 Jahre alt, schien es mir merkwürdig, daß bunte Bilder so gefährlich sein sollten. Zu den Jugendjahren gehörte auch der regelmäßige Kirchgang. Zum Katechumenen- und Konfirmandenunterricht gingen wir in das Haus des Pfarrers.

Wir lebten in kargen Verhältnissen, aber meine Eltern vermittelten mir bürgerliche Ideale. Der Übergang vom konfessionellen Jugendverband, dem ich angehörte, in die Hitler-Jugend vollzog sich kollektiv und reibungslos. In der Schule merkten wir den politischen Wandel daran, daß immer weniger von Rathenau und Stresemann gesprochen wurde, dafür immer mehr von Friedrich dem Großen und Bismarck. Die Einweihung eines Kriegerdenkmals in Höhscheid war ein riesiges Volksfest. Mit seinem militärischen Gehabe unterschied es sich sehr von der Sportveranstaltung einige Jahre vorher, bei der der Arbeitersportverein Widdert gegen eine sowjetische Fußballmannschaft antrat und prompt verlor.

Die wirtschaftlichen Verhältnisse besserten sich in dieser Zeit. Solingen hatte eine eigenartige Sonderkonjunktur. Es wurden immer mehr HJ-Messer, immer mehr SA-Dolche gemacht. Es wurden Leichtmetalle für Motoren und Flugzeugmotoren produziert. Für die Militärflugzeuge gab es Aufträge für Fahrgestelle, und schließlich wurden dann auch große Mengen von Maschinengewehren produziert.

Mein verdienstvoller Lehrer, Dr. Ludwig Brauns, versuchte, uns die Augen zu öffnen. Er warnte mit aller Beredsamkeit, gestützt auf reines historisches Wissen. Das war damals noch möglich, aber genützt hat es nichts. Er konnte nichts ausrichten. Er geriet nur selber in Bedrängnis, handelte sich Strafversetzung ein. Und wir standen wenige Jahre, nachdem wir das Abitur gemacht hatten, im Krieg. In ihm erlebten wir den ganzen Schrecken und den Jammer, den ein Krieg mit sich bringt. Aber wir erlebten in unseren jungen Jahren auch die Kameradschaft, die uns selbst in der letzten Phase, die die ganze Sinnlosigkeit dieses Krieges offenbarte, vor Zynismus und Verzweiflung bewahrte.

Und so kamen wir, wie Herr Dr. Mombauer es eben geschildert hat, 1945 als eine ernüchterte Generation nach Solingen zurück. Wir hatten die Stadt lange nicht gesehen und glaubten nicht, daß es Solingen war. Wir kamen zurück als die Angehörigen einer Generation, die unpolitisch groß geworden war, trotz aller Aufmärsche, trotz aller Gelöbnisse, die wir in regelmäßigen Abständen abzulegen hatten. Ich habe noch ein Bild von mir zu Hause, da bin ich auf dem Neumarkt fotografiert, etwa da, wo heute die Apotheke steht. Auf diesem Bild sieht man links auf die Trümmer der Clemens-Kirche, und rechts ist der Blick frei bis in die Maltesergründe hinunter. Das war der Zustand, den wir vorfanden. Wir Zurückgekehrten haben uns damals geschworen, daß wir etwas tun müßten, damit alles Schreckliche sich nicht noch einmal wiederholte. Für mich brachte diese Erkenntnis die Hinwendung zur Politik. Hier in Solingen hat das begonnen, hier habe ich meine ersten politischen Erfahrungen gesammelt, die Lehrjahre des Kommunalpolitikers mitgemacht. In den vielen Jahren und Jahrzehnten meiner späteren politischen Tätigkeit bin ich stets dankbar dafür gewesen, daß ich als Kommunalpolitiker begonnen habe. Noch heute bin ich davon überzeugt, daß man in der Kommunalpolitik den besten Zugang zur Demokratie findet. Nur in der Kommunalpolitik kann man das von Grund auf lernen, was später in den anderen Ebenen gebraucht wird. Niemand Geringerer als Dr. Konrad Adenauer ist dafür das beste Zeugnis. Er hat seine Fähigkeiten zur politischen Führung im Umgang mit seinen Kölner Stadtverordneten gelernt. Ich mußte häufig daran denken, wenn ich ihn agieren sah.

Wenn ich mich frage, ob es etwas gibt, das aus meiner kommunalpolitischen Tätigkeit in Solingen Spuren hinterlassen hat, dann fällt mir zuerst etwas ein, was es heute nicht mehr gibt: Ich meine die Straßenbahn. Die Frage, wie man sie ersetzen könnte, hat mich unerhört beschäftigt, und ich habe meine ganze, noch sehr jugendliche und jungenhafte Energie hineingesteckt, die Straßenbahn abzubauen. In Solingen geschah das früher als in allen anderen Großstädten unseres Landes, und ich glaube, daß wir durch diese Entscheidung unserer Heimatstadt viele Millionen eingespart haben. Ich hoffe, daß die Bürger mit dem Verkehrsmittel, das an ihre Stelle getreten ist, zufrieden sind.

Es gibt noch einige andere Erinnerungen, die Sie zum Teil bei Walter Henkels, dem berühmten Chronisten, der jetzt hier unter uns ist, nachlesen können. Er glaubt den Nachweis führen zu können, daß ich mich schon 1948 durch politischen Weitblick ausgezeichnet habe. Offenbar habe ich damals mit Erfolg den Antrag gestellt, die städtischen Bockstationen auf die Hälfte der dort unterhaltenen Böcke zu reduzieren. Ich sah voraus, daß der Ziegenbestand in Solingen mehr und mehr zurückgehen würde. Ich muß gestehen, daß dieses Erfolgserlebnis mir später immer wieder Vertrauen gegeben hat, wenn ich mich für etwas eingesetzt habe. Nach Walter Henkels habe ich auch gewagt, dafür zu stimmen, daß die Anhänger der Freikörperkultur die öffentliche Badeanstalt zu einer festgesetzten Stunde benutzen durften. Sie hatten mir allerdings versprechen müssen, dafür zu sorgen, daß keiner durch ein Astloch zuschauen durfte. Lassen Sie mich noch hinzufügen: Diese Anhänger der Freikörperkultur waren andere als die, die Sie heute von Zeit zu Zeit an der Buhne 16 antreffen.

Der ernsthaftere Teil meiner Tätigkeit vollzog sich im Schulausschuß, dessen stellvertretender Vorsitzender ich in den vier Jahren meiner Tätigkeit als Stadtverordneter in Solingen gewesen bin. Hier habe ich jene Beharrlichkeit gelernt, die man in der Politik braucht. Wir »Bergischen« haben ja die Eigenart, beharrlich zu sein, ohne daß man uns deshalb als stur bezeichnen könnte. Das sind wir eben nicht. Der heutige Tag und vor allem der Spaziergang durch die Stadt ließ mich empfinden, wie sehr ich immer noch ein Kind von Solingen bin und damit einer der Ihren. Es gibt ein russisches Sprichwort, das sagt: Die ursprüngliche Heimat ist die Mutter, was danach kommt, kann allenfalls zur Stiefmutter werden.

Ich habe zu danken für die Ehrung, mit der Sie mich heute ausgezeichnet haben. Vor allem Ihnen, Herr Oberbürgermeister, und den Mitgliedern des Stadtverordnetenkollegiums. Ich habe aber auch den Bürgern zu danken, für die Sie sprechen. Ich möchte auch nicht unerwähnt lassen, daß mich das Wort »einstimmig« bei dem Beschluß des Stadtrates bewegt hat. Wir leben in einer Zeit, in der man sich manchmal mehr Einstimmigkeit, nicht nur bei solchen Beschlüssen, sondern vor allem in Grundüberzeugungen wünschte. Ich meine, wir sollten gemeinsam alles tun, um unsere Demokratie davor zu bewahren, daß sie in Konfrontation ausartet. Die Grundüberzeugungen sollten die Demokraten alle gemeinsam vertreten.

Ich danke Ihnen für die einstimmige Entscheidung, mir die Ehrenbürgerwürde anzutragen. Was das rechtlich bedeutet, darüber bin ich mir kaum im klaren. Ich kenne weder meine Pflichten, noch kenne ich meine Rechte, und die Stadt Solingen tut recht daran, beides nicht zu fixieren. Ich würde mir das auch gar nicht wünschen. Mein Verhältnis zu Solingen ist darum so schön, weil es sich nicht an so engen rechtlichen Grenzen stößt, wie manche anderen Verhältnisse das tun. Ich habe Ihnen allen zu danken, ich habe meiner Heimatstadt zu danken. Meiner Heimatstadt, in der ich groß geworden bin, die mich, wie ich es eben sagte, zu einem großen Teil geprägt hat. Solingen ist aus seiner Geschichte, auch aus seiner Industriegeschichte heraus, eine traditionsbewußte Stadt. Es hat aber schon aus seiner wirtschaftlichen Lage heraus stets viel Liberalität und Toleranz besessen. In seiner Bürgerschaft – und das ist das typisch Bergische – lebt Achtung vor der geprägten Eigenart des anderen. Gestatten Sie mir zum Schluß noch eine Bemerkung. Sie bezieht sich auf das Stadtwappen. Von ihm wußte ich früher nie, woher der Anker kommt, denn mit der Wupper konnte der kaum etwas zu tun haben. Aber wenn ich dieses Stadtwappen auf mich beziehe, so darf ich sagen: Ich bin für immer in Solingen verankert. Erlauben Sie mir nach dieser Ehrung, daß ich mir die Hoffnung bewahren darf, hier, wenn ich einmal einen sicheren Port suche, einen Ankerplatz zu finden. Wenn Sie mir das zugestehen, würden Sie mich sehr glücklich machen.

Georg Schlösser

Auf den Spuren eines Kommunalpolitikers

Als der Bundesaußenminister mich einlud, einen Beitrag zu dieser Festschrift zu liefern, habe ich ohne Zögern zugesagt. Ich mußte Hans-Dietrich Genscher recht geben: Es ist in der Tat eine »erfreuliche Verpflichtung«, über den Solinger Walter Scheel, über den ehemaligen Bürger und gegenwärtigen Ehrenbürger meiner Heimatstadt zu schreiben.

Dann freilich begannen die Überlegungen. Dann kamen die Fragen: Was weiß ich eigentlich von Walter Scheel und seinen politischen Anfängen? Wann und wo bin ich ihm zuerst begegnet? Was sind meine frühesten Erinnerungen an ihn? Was kommt mir in den Sinn, oder besser: Was wäre mir vor etwa zwanzig Jahren beim Hören seines Namens spontan eingefallen?

Begegnungen hat es im letzten Jahrzehnt in Fülle gegeben. Ich war erst gut fünf Monate Solinger Oberbürgermeister, da durfte ich, im November 1976, dem Bundespräsidenten in Bonn die Ehrenbürgerrechte seiner Geburtsstadt »antragen«, wie der protokollgerechte Terminus lautet. Walter Scheel nahm die Einladung an; die selbstbewußten Solinger hatten übrigens auch nichts anderes erwartet. Und so kam es am 16. Dezember zur feierlichen Verleihung der Ehrenbürgerwürde, für die sich Walter Scheel mit einer ebenso warmherzigen wie eleganten Rede bedankte.

Schon zweieinhalb Jahre zuvor hatte ich ihn im Kreise meiner Ratskollegen gesehen: bei der Festlichen Ratssitzung zur 600-Jahr-Feier der Stadt Solingen. Das war am 17. Mai 1974, zwei Tage nach seiner Wahl zum Bundespräsidenten. Eingeladen hatten wir den Bundesaußenminister; begrüßen konnten wir aber nur das designierte Staatsoberhaupt der Bundesrepublik Deutschland.

Und wenn ich weiter zurückdenke: Ich wäre kein heimatbewußter Sproß des Bergischen Landes, kein passionierter Solinger, hätte ich nicht den Minister für wirtschaftliche Zusammenarbeit in den Kabinetten Adenauer und Erhard immer als »unseren Mann in Bonn« angesehen. (Ich weiß nicht, ob das gängige Sprichwort, wonach der Prophet im eigenen Lande nichts gilt, auch für Solingen zutrifft. Ich weiß aber sehr wohl, daß sich die Solinger die Erfolge, die einer der Ihren jenseits der Stadtgrenzen erringt, gern zur eigenen Ehre anrechnen.) Trotzdem: Deutliche Konturen gewann der Politiker Walter Scheel für mich erst zur Zeit der Großen Koalition, als engagierter und brillanter Führer einer kleinen, aber tapferen Opposition. Das Bild gewann an Schärfe durch das Wirken des Außenministers, der – mochte man nun der Richtung seiner Politik im einzelnen zustimmen oder nicht – zu überzeugen vermochte, weil er selbst aus Überzeugung handelte; weil er nicht einem modischen Trend folgte, sondern nur konsequent fortführte, was er bereits als junger Abgeordneter entworfen hatte.

Doch all das sind Wesenszüge eines nicht nur profilierten, sondern auch schon arrivierten Politikers. Ich aber suchte ja nach den Spuren des jungen Walter Scheel, nach den Spuren seines Wirkens in Solingen. Mein Nachdenken förderte schließlich einen anekdotischen Vorfall zutage, von dem ich nicht einmal weiß, ob er verbürgt ist. (Immerhin hat ihn eine Solinger Tageszeitung 1976 noch einmal aufgegriffen.) Im August 1952 startete die komplette amerikanische Olympiamannschaft einschließlich aller Medaillengewinner im Stadion meines heimischen Stadtteils Solingen-Wald. Damals ging das Gerücht, Walter Scheel, der junge Vorsitzende des ebenfalls jungen Solinger Leichtathletik-Clubs, habe die Einrichtung seiner Drei-Zimmer-Wohnung als Sicherheit für einen Bankkredit verpfändet, in der festen und – wie sich zeigte – begründeten Hoffnung, seine Schulden mit den Einnahmen eines vollen Stadions alsbald begleichen zu können.

Ich weiß nicht mehr, wie ich und andere Sportbegeisterte damals auf diese Nachricht reagierten, wahrscheinlich amüsiert, sicher aber auch mit Bewunderung und Hochachtung. Heute freilich muß ich mich fragen: Hatte der junge Walter Scheel einen Hang zum Hasardeur? Ich schließe diese Vermutung sogleich aus, weil sie durch nichts in der späteren Entwicklung gestützt wird. Richtiger ist da wohl die Charakterisierung als Optimist. Vor allem aber erkenne ich nachträglich den Mut zum kalkulierten Risiko, den Blick für mögliche, ja einmalig mögliche Chancen und die Bereitschaft zu einem berechenbaren Wagnis. Das sind indes lauter Eigenschaften eines Politikers, dem »fortune« nicht nur als Geschenk zufällt, sondern der das Glück herbeizuzwingen vermag. Insofern erscheint mir die anekdotische Begebenheit, mag sie nun wahr oder nur wahrscheinlich sein, als sehr aufschlußreich.

Im übrigen fiel sie in eine Zeit, in der Walter Scheel nicht nur den Rat unserer Stadt, sondern auch die Stadt selbst bereits verlassen hatte. Am 24. Juli 1952 legte er, wie das Ratsprotokoll ausweist, sein Mandat als Stadtverordneter mit der Begründung nieder, er sei nach Düsseldorf verzogen.

Ich habe mithin den Zugang zu Scheels kommunalpolitischer Tätigkeit noch immer nicht gefunden und kann sie mit Hilfe eigener Erinnerungen auch nicht finden. Eine volle Legislaturperiode (1952–1956) liegt zwischen Walter Scheels Abschied von Solingen und meinem Eintritt in den Rat. Dabei gibt es im ersten Stadium unserer Entwicklung durchaus Gemeinsamkeiten. Beide sind wir, ich fast genau drei Jahre nach ihm, in Städten geboren, die erst 1929 mit Solingen vereinigt wurden: Walter Scheel in Höhscheid, ich in Ohligs. Beide hat uns das Erlebnis des Krieges bewogen, durch politische Tätigkeit am Aufbau einer demokratischen Ordnung mitzuwirken. Aber zu persönlichen Begegnungen und Berührungspunkten kam es in den frühen Jahren nach dem Zweiten Weltkrieg nicht. So bin ich, was den Stadtverordneten Scheel angeht, auf die Vermittlung schriftlicher Zeugnisse angewiesen.

In seiner Rede anläßlich der Verleihung der Ehrenbürgerwürde hat Walter Scheel selbst – freilich eher scherzhaft – nach den Spuren gefragt, die seine kommunalpolitische Tätigkeit in Solingen hinterließ. Ich betone: scherzhaft. Denn im Ernst wird niemand erwarten, daß das vier Jahre währende Wirken eines jungen Mannes, vom 29. bis zum 33. Lebensjahr, fortdauernde Ergebnisse zeitigen könne. Nein, Spurensuche bedeutet hier etwas anderes: Ausschau halten nach Merkmalen, die sich im nachhinein als frühe Zeichen einer ungewöhnlichen politischen Begabung interpretieren lassen.

Immerhin war es der Stadtverordnete Scheel, der die Gründung eines Sportausschusses anregte und dann auch prompt Vorsitzender dieses Gremiums wurde. Nur am Rande und nur deshalb, weil dieser Name in der hier abgedruckten Rede auftaucht, will ich erwähnen, daß er dabei in der ersten Zeit mit seinem verehrten ehemaligen Lehrer Dr. Ludwig Brauns zusammenarbeiten konnte, der damals Beigeordneter der Stadt Solingen war. Im Juli 1949 wies Walter Scheel daraufhin, daß der Schulausschuß, dem er angehörte, die besonderen Aufgaben der Sportpolitik nicht mehr nebenher erledigen könne. Ein spezieller Sportausschuß sei vonnöten, um die ideelle Seite sportlicher Betätigung stärker zu unterstützen. (Erfolg hatte Scheel übrigens auch mit einer zweiten Anregung in derselben Ratssitzung: Die Stadt Solingen möge durch Verhandlungen zu erreichen versuchen, daß mit Beihilfen oder Zuschüssen der Westdeutschen Fußball-Toto GmbH der Ausbau von Sportanlagen betrieben werden und so zugleich Beschäftigungsmöglichkeiten für Arbeitslose geschaffen werden können.)
Daß es der Initiative eines kommunalpolitischen Neulings bedurfte, um etwas (für uns) so Selbstverständliches wie einen Sportausschuß zu bilden, verweist auf die Aufbruch- und Aufbauzeit, die damals noch andauerte. Dafür gibt es einen weiteren Beleg: Im September 1951 empfahl Stadtdirektor Richard Erntges in einer Sitzung des Sportausschusses, die Erdarbeiten an der Radrennbahn Dorperhof schnell voranzutreiben, weil man nicht wisse, ob im nächsten Jahr noch Trümmer zum Auffüllen verfügbar seien. Hier zeigt sich auf bestürzende Weise die Nähe des Krieges und seiner Hinterlassenschaft, deren Überwindung offenbar auch negative Aspekte aufweisen konnte. Ich habe versucht, den Aktivitäten des Sportausschuß-Vorsitzenden Walter Scheel nachzuspüren. Im Mai 1950 wurde auf seinen Vorschlag der Schulausschuß gebeten, die Turnhalle des Gymnasiums Schwertstraße (Scheels alter Schule) bei ihrem Wiederaufbau so anzulegen, daß »hallengebundene Sportarten« wie Basketball und dergleichen in ihr möglich seien. Bislang gebe es in Solingen nicht eine einzige solche Halle.
Im Januar 1952 plädierte Walter Scheel für die Schaffung offener Spiel- und Sportplätze. Er, der sich später, 1976, im Rückblick auf seine Kindheit erinnerte: »Spielen, das hieß für uns: auf der Straße spielen«, betonte damals, es gebe zwar sogenannte »Spielstraßen«,

aber sie könnten angesichts des wachsenden Verkehrs ihren Zweck nicht mehr erfüllen. Dazu bedürfe es vielmehr besonderer Einrichtungen. Das sonst so nüchterne Sitzungsprotokoll wird fast pathetisch, wenn es vermerkt: »Die allseitige Zustimmung zu dieser Forderung bestätigte deren Wichtigkeit. Die Verwaltung erhielt den Antrag, diese Frage eingehend zu prüfen.«

Selbst um die Wirtschaftsförderung kümmerte sich der Sportausschuß-Vorsitzende. So zum Beispiel, als er im September 1951 einen städtischen Zuschuß für eine Fechtveranstaltung mit der Begründung befürwortete, ein solches Treffen sei auch für die Solinger Industrie von Vorteil, denn schließlich würden die Fechtwaffen ja in der »Klingenstadt« hergestellt.

Nicht zuletzt aber bin ich bei meinen Recherchen auf die rhetorische Begabung des jungen Kommunalpolitikers gestoßen, auf seine Fähigkeit, einen Gegner mit dessen eigenen Waffen zu schlagen. Im Mai 1952 beriet der Sportausschuß über die Lieferung von Sportgeräten für eine Turnhalle. Dabei brachte der Vorschlag eines Mitglieds der kleinen RSF-Fraktion, der »Radikal-Sozialen Freiheitspartei«, den Vorsitzenden in Harnisch. Ich zitiere aus der Sitzungs-Niederschrift: »Auf eine Anfrage von Stadtverordnetem X, ob die Auftragserteilung nicht durch den Solinger Einzelhandel erfolgen soll, erklärt der Vorsitzende, daß ihn diese Frage, gerade von Herrn X gestellt, befremde, da doch die Partei des Herrn X als wesentlichen Punkt ihres Programms die Beseitigung des sogenannten ›arbeitslosen Einkommens‹ betrachte. Er fragt, ob es sich bei der Zahlung einer Vermittlungsprovision, ohne daß eine echte Verteilerfunktion des Handels vorliege, nicht um ›arbeitsloses Einkommen‹ handele.«

Ich habe wörtlich zitiert, weil die verknappte Form des Protokolls, weil die indirekte Rede den rhetorischen Schwung sehr deutlich widerspiegelt. Sie läßt aber auch erkennen, daß diese Rhetorik keineswegs Selbstzweck war, daß sie sich vielmehr an konkreten Sachverhalten entzündete, im vorliegenden Fall an dem Widerspruch zwischen programmatischen Forderungen und praktischem Verhalten.

Um sachliche Klarheit ging es dem Debattenredner Walter Scheel auch in der Ratssitzung am 9. Januar 1952. Damals stand die Zukunft des öffentlichen Nahverkehrs auf der Tagesordnung. Walter Scheel selbst hat in seiner Rede am 16. Dezember 1976 berichtet, er habe

1952 seine »ganze, noch sehr jugendliche und jungenhafte Energie hineingesteckt, die Straßenbahn abzubauen«. In Wahrheit war die Abschaffung der Straßenbahn gar nicht strittig. Strittig war jedoch, ob das Schienenfahrzeug durch Dieselbusse oder durch elektrisch betriebene Oberleitungsbusse ersetzt werden solle. In diese Frage verbissen sich die Diskutanten und ganze Fraktionen mit beiderseits durchaus ehrenwerten Argumenten. Uns mag der Streit heute unverständlich erscheinen. In einer Zeit wachsender Sensibilität für den Umweltschutz halten wir uns viel darauf zugute, uns sehr früh für den umweltfreundlichen Obus entschieden zu haben. Vor gut drei Jahrzehnten sah die Sache anders, vor allem weit komplizierter aus.
Der junge Stadtverordnete Walter Scheel plädierte damals leidenschaftlich für den Obus und darf deshalb heute für sich in Anspruch nehmen, auf der Seite des Fortschritts gestanden zu haben. Zugleich aber wandte er sich gegen die Gefahr, das Pro und Kontra zu einer parteipolitischen Prinzipienfrage zu machen. Wie eine Tonbandabschrift ausweist, betonte er: »Ich kann mir gar nicht vorstellen, daß man bei einer technischen Frage eine ganze Fraktion in eine Meinung hineinbringen kann. Ich würde mir das nie gefallen lassen.« Und er fügte selbstbewußt hinzu: »Ich habe ausnahmsweise mal das Glück – das Glück habe ich selten –, bei der Mehrheit meiner Fraktion zu sein. Meistens bin ich in der Minderheit.« Ob das stimmt, weiß ich nicht; ich habe jedenfalls keine Hinweise darauf gefunden. Aber innerfraktionelle Meinungsverschiedenheiten werden ja wohl in der Regel ausgetragen, bevor man in öffentliche Sitzungen geht. Wichtiger erscheint mir indes der Anspruch auf persönliche Meinungsfreiheit, der hier zum Ausdruck kommt; der Anspruch, das für richtig Erkannte unabhängig von jeglicher Fraktionsdisziplin oder Fraktionssolidarität vertreten zu dürfen.

Bei soviel Indizien für das sichere Urteilsvermögen des werdenden Politikers brauche ich nicht zu verschweigen, daß Walter Scheel auch der sprichwörtliche menschliche Zug eignet, irren zu können. Im September 1950 beanstandete der junge Stadtverordnete einen Ausschußbeschluß, weil der Vorsitzende bei Stimmengleichheit den Ausschlag gegeben hatte. Das sei – so Scheel – verfassungsrechtlich nicht zulässig. Bei Stimmengleichheit habe ein Antrag vielmehr als abgelehnt zu gelten. Er vertrat damit einen Standpunkt, der uns, die wir heute parlamentarisch tätig sind, als selbstverständlich erscheint. Aber: Er hatte gleichwohl unrecht. Die damals noch gültige »Revidierte Deutsche Gemeindeordnung« vom 1. April 1946 legte fest: »Im Falle der Stimmengleichheit gibt die Stimme des Vorsitzenden den Ausschlag.« Erst in der »Gemeindeordnung für das Land Nordrhein-Westfalen«, die am 10. November 1952 in Kraft trat, heißt es: »Bei Stimmengleichheit ist der Antrag abgelehnt.«

Ich konstatiere also: Walter Scheel hatte unrecht. Ich konstatiere aber ebenso: Walter Scheel war seiner Zeit voraus. Ich meine darin den sicheren Instinkt eines Politikers für das demokratisch Richtige zu erkennen, für den demokratischen Grundsatz nämlich, daß jeder Person nur eine Stimme gebühre.

Als dieser Grundsatz verfassungsrechtliche Wirklichkeit wurde, war Walter Scheel bereits Düsseldorfer Bürger und seit langem Mitglied des Landtags von Nordrhein-Westfalen. Was fortan blieb, waren familiäre Bindungen zu Solingen bis in die siebziger Jahre hinein, waren freundschaftliche Beziehungen, unter anderem zu ehemaligen Mitschülern und zu Parteifreunden (wobei beides zuweilen zusammenfiel), waren schließlich Mitgliedschaften und Ehrenmitgliedschaften in Solinger Vereinen.

Der Kontakt Walter Scheels zu seiner Heimatstadt ist in keinem Augenblick abgerissen. Und es liegt nicht an ihm, wenn diese Beziehungen über zwei Jahrzehnte hinweg nur privater Natur blieben und erst 1974, mit der 600-Jahr-Feier Solingens, auch offiziellen Charakter bekamen. Seitdem hat es eine Fülle von Anlässen zu offiziellen Begegnungen gegeben. 1976 trug eine Solinger Ratsdelegation dem Bundespräsidenten in Bonn den Plan vor, in der Sängerhochburg Solingen eine »Zentralstelle für den deutschsprachigen Chorgesang in der Welt« einzurichten. Bei der Liebe Walter Scheels zum Laienchorsingen war es kein Wunder, daß er diesen Gedanken freudig aufgriff und nach Kräften unterstützte. Er ist ja nicht zufällig Ehrenmitglied des Männergesangvereins Solingen-Wupperhof (obwohl auf der unvergessenen Schallplatte vom »Gelben Wagen« sein Tenorsolo von einem Düsseldorfer Chor begleitet wird).

Walter Scheel war dabei, als wir 1979 in seinem heimatlichen Stadtteil Solingen-Höhscheid das restaurierte klassizistische »Haus Kirschheide« wiedereröffneten, in dem die inzwischen gegründete und

8. Juli 1979: Helmut Kohl überreicht Walter Scheel ein Buchgeschenk anläßlich seines 60. Geburtstages.

18. Mai 1979: Oberbürgermeister Georg Schlößer schützt seinen Ehrenbürger, Bundespräsident Walter Scheel, mit einem Solinger Industrieprodukt gegen das sprichwörtliche bergische Regenwetter.

Die »Jungtürken« Walter Scheel und Willi Weyer.

Besuch einer Aufführung des Berliner Kabaretts »Die Stachelschweine« (28. November 1978).

28. Mai 1981: Verleihung des Internationalen Karlspreises der Stadt Aachen an die Präsidentin des Europäischen Parlaments, Simone Veil. Von links: Oberbürgermeister Kurt Malangré, Mildred Scheel, Karlspreisträgerin Simone Veil, Karlspreisträger Walter Scheel.

tätige »Zentralstelle« ein würdiges Domizil fand. Er kam zu Ausstellungen im Deutschen Klingenmuseum und zu anderen Anlässen. Er zählte seit 1978 zu den Ehrengästen, wenn auf Schloß Burg der Solinger Ehrenpreis »Die Schärfste Klinge« vergeben wurde.
Es liegt nahe, von Walter Scheels »Treue zur Heimat« zu sprechen. Aber dieses große Wort erscheint mir zu sehr abgegriffen. Was Walter Scheel mit Solingen verbindet, ist ganz einfacher, schlichter, ja familiärer Art. Dabei verkörpert der Solinger Ehrenbürger eigentlich gar nicht den Typus des bergischen Menschen, jene komplizierte Mixtur aus rheinischem Frohsinn und westfälischer Schwerblütigkeit. Und sein oft gerühmtes sanguinisches Temperament ist im Grunde auch nicht typisch rheinisch. Seine Eloquenz bedarf keiner besonderen Anstrengungen, um die Behäbigkeit des rheinisch-bergischen Idioms zu überwinden, wie denn seine Sprache jeglicher mundartlicher Einfärbung entbehrt. Mir erscheint Walter Scheel als ein Weltbürger, der sich von keiner bestimmten Region vereinnahmen läßt. Vielleicht resultiert gerade daraus sein unverkrampftes, sein natürliches Verhältnis zu der Stadt, in der er geboren wurde, in der er aufwuchs, in der seine politische Laufbahn begann.
Ich habe Walter Scheel bei Gesprächen mit Bürgern erlebt, so im Dezember 1976, als er vor dem Empfang der Ehrenbürgerwürde einen Spaziergang durch die Solinger Innenstadt machte. Ich habe ihn beobachtet bei der Begegnung mit alten Bekannten, aber auch mit Menschen, für die er erst mühsam wieder einen Platz in seinem Gedächtnis suchen mußte. Bewundernd stellte ich dabei fest, in welch glücklicher Weise sich die Würde des höchsten Staatsamtes mit menschlicher Ungezwungenheit verband und vertrug. Ich erkläre mir das aus der Kraft einer Persönlichkeit, die sich nicht hier oder dort bestimmten Gepflogenheiten anzupassen braucht, die vielmehr in jedem Augenblick und in jeder Situation ganz sie selbst zu sein vermag.
Diese Persönlichkeit, glaube ich, haben wir gemeint, als wir Walter Scheel die Ehrenbürgerwürde antrugen. Und ich bin sicher, auch im Namen meiner Ratskollegen zu sprechen, wenn ich sage: Es gibt Auszeichnungen, die den Verleihenden mehr ehren als den Empfangenden. Die Ernennung Walter Scheels zum Ehrenbürger der Stadt Solingen gehört in diese Kategorie.

WALTER SCHEEL

Kohle-Gemeinschaftsverkauf für das Ruhrrevier

Ich darf eingangs sagen, daß sich meine Fraktion hinter die Regierungserklärung stellt, die wir voll bejahen. Die Regierungserklärung hat ein Problem der nationalen und auch der europäischen Vernunft zum Gegenstand. Es ist erfreulich, daß in diesem Hause alle Kräfte von links bis rechts so einmütig zu diesem Problem Stellung genommen haben. Wenn ich sage: »Kräfte in diesem Hause«, schließe ich ganz bewußt die Damen und Herren der KPD-Fraktion aus, da ich nur die politischen Kräfte dieses Hauses meine, und da ja, wie heute morgen Herr Jennes wieder sehr deutlich bewiesen hat, die Damen und Herren der KPD-Fraktion ihrer politischen Kraft durch ihre östlichen Auftraggeber schon längst beraubt sind, sozusagen politisch sterilisiert sind, deswegen nehme ich zu Ihren Ausführungen keine Stellung.

Es ist der SPD-Fraktion an und für sich zu danken, daß sie ihren Antrag zugunsten der Regierungserklärung zurückgezogen hat. Ich glaube, damit ist der Einheitlichkeit der Meinung dieses Hauses durchaus Genüge getan. Wir sind bestürzt darüber gewesen, daß man in einem Zeitpunkt, in dem man doch der Bundesrepublik Westdeutschland die außenpolitische Betätigungsfreiheit zurückgegeben hat, mit allen Mitteln versucht, durch einen Vertrag, den wir freiwillig abschließen, in Einzelvorgänge unserer Wirtschaft einzugreifen.

Was ist denn der »Deutsche Kohlenverkauf«? Ich glaube, es ist hier schon gesagt worden: Diese Institution ist kein Kartell. Ihre Einrichtung als Nachfolgegesellschaft der früheren Kohlensyndikate ist sogar von den alliierten Behörden nach 1945 für unerläßlich gehalten wor-

Rede im Landtag von Nordrhein-Westfalen am 14. März 1951

den, weil die besonderen Gegebenheiten im Ruhrbergbau eine andere Lösung gar nicht zulassen. Seit 1893 ist mit der Ausdehung des Bergbaues im Ruhrrevier auch der Kohlenverkauf in seine jetzige Form hineingewachsen. Und man kann wohl sagen – ich glaube, es ist von dieser Stelle aus schon früher einmal gesagt worden –, wenn es ihn nicht gäbe, müßte man ihn heute zwangsläufig schaffen. Jeder vernünftige Wirtschaftler würde ihn schaffen. Schon die Vorläufer der Gesellschaften des Deutschen Kohle-Verkaufs, die früheren deutschen Syndikate, hatten keinen kartellartigen Charakter, wie zum Beispiel aus einer früheren Entscheidung des deutschen Kartellgerichts hervorgegangen ist.
Der Deutsche Kohle-Verkauf hat keinerlei Einfluß auf die Preisgestaltung; die Preise werden vom Bunde festgesetzt. Er hat auch keinerlei Einfluß auf irgendeine Quotenfestsetzung, und er beschränkt in keiner Weise den Leistungswettbewerb der Zechen. Was aber würde geschehen, wenn man dieses organisch gewachsene Instrument sinnlos zerschlagen würde? – Durch die im Kohlenbergbau einmaligen Sortenverschiedenheiten und die schwierigen Förderbedingungen, wie wir sie gerade im Ruhrrevier antreffen, ist die Wettbewerbsfähigkeit eines großen Teiles der Zechen erheblich eingeschränkt. Diese Zechen würden bei einem freien Konkurrenzkampf im Verkauf sehr bald zum Erliegen kommen. Die besonderen Gegebenheiten im Bergbau haben selbst die in wirtschaftlichen Fragen liberalen Amerikaner in der Havanna-Charta durchaus bejaht; denn sie haben hier 1948 ganz besondere Möglichkeiten auch in der Verkaufsorganisation beim Bergbau eingeschaltet. Will man in einem Zeitpunkt, in dem die ganze Welt nach Kohle und auch sehr deutlich nach der Ruhrkohle schreit, nun die Gefahr einer erheblichen Störung der Produktion heraufbeschwören? Will man den besorgniserregenden Arbeitsmarkt in der Bundesrepublik durch Tausende von arbeitslos werdenden Bergleuten noch vermehren? Das Zerschlagen des Deutschen Kohleverkaufs, so glaube ich, würde ganz unübersehbare wirtschaftliche und auch soziale Folgen haben. Wenn man das weiß, fragt man sich cui bono? Wem nützt das alles? Vielleicht irgendwie einer französischen Stahlgesellschaft, die nun mal nicht bei dem nationalisierten Charbonage de France ihre Kohlen beziehen möchte, sondern einen Privatvertrag mit einer Ruhrzeche abschließen will?

Ich glaube aber, daß alle Partner am Schuman-Plan in dieser Frage europäisch denken sollten, und dem europäischen Gedanken dient eine so einseitige Diskriminierung eines bestimmten Partners des Schuman-Plans nicht. Ich erinnere Sie daran, daß die ganze französische Kohle schon auf Grund ihrer Struktur einen zentralen Kohlenverkauf hat. Es ist auch nicht richtig – und das muß in diesem Zusammenhang einmal gesagt werden –, daß man den Ruhrindustriellen vorwirft, wie es gerade jetzt in den letzten Tagen der doch sonst so seriöse New Yorker Journalist Walter Lipman getan hat, sie würden monopolistische Interessen verfechten und dabei in den Gewerkschaften etwas unnatürliche Partner finden.

Nein, hier geht es nicht um monopolistische Interessen; hier werden im Gegenteil die vitalsten Interessen des deutschen Volkes an Rhein und Ruhr berührt. Ich glaube, wir können in diesem Punkte mit dem luxemburgischen Außenminister Bech übereinstimmen, der gerade im Verlauf der Schuman-Plan-Verhandlungen gesagt hat: »Es ist klar, daß in diesen Verhandlungen jedes Land seine vitalen Interessen verteidigen muß.«

Lassen Sie mich in diesem Zusammenhang noch einige Worte zu dem zweiten neuralgischen Punkt der Schuman-Plan-Verhandlungen sagen. Wir haben es nicht für möglich gehalten, daß ein so großes mächtiges Volk mit einer solchen Fülle von wirtschaftlichen Erfahrungen, wie das amerikanische, im Ernst daran geglaubt hat, in der westdeutschen Wirtschaft dadurch Ordnung schaffen zu können, daß man in den organisch gewachsenen komplizierten Wirtschaftsapparat bis in die kleinsten Einzelheiten einzugreifen versucht. Die Erfolge eines solchen Tuns führen dann schließlich zu Zuständen, wie sie sich in den Vorschlägen amerikanischer Dekartellisierungsfachleute abzuzeichnen beginnen. So ist zum Beispiel – Sie werden das zum größten Teil wissen – die vorgesehene Neuordnung der Bergbaugesellschaften im Raume Hamborn mit einer geradezu wissenschaftlich anmutenden Methodik auf den höchsten Stand des Widersinns gebracht worden. Auch in dieser Frage der Verbundwirtschaft benachteiligt der Schuman-Plan die Bundesrepublik ganz eindeutig, da im Rahmen des Schuman-Plans ja nur von dem Verbund von Kohle und Eisen gesprochen wird und der Verbund von Kohle, Erz und Stahl, wie in Frankreich nämlich, gar nicht untersucht wird. Ich will sagen, daß man sich auch in der Frage des Verbundes nur nach gesunden, wirtschaftlichen und auch europäischen Gesetzen ausrichten soll und nicht nach irgendeinem, ganz gleich wie gearteten Wirtschaftsdogma. Noch eine Frage müssen wir stellen, die eben auch schon erwähnt worden ist: Wird nun nach Inkrafttreten des Schuman-Plans die große Zahl der Sonderbehörden, mit der Ruhrbehörde angefangen, endgültig bis zum letzten Pförtner verschwinden? Wir haben unsere Erfahrungen und hegen da berechtigte Zweifel. Man kann hier am Ort nicht den gesamten Stoff des Schuman-Plans diskutieren. Dazu werden unsere Kollegen in Bonn ausreichend Gelegenheit haben. Meine Fraktion fühlt sich aber aus europäischer Verantwortung verpflichtet, auf Umstände bei den schwebenden Verhandlungen hinzuweisen, die dem erwünschten optimalen Effekt des Planes nie dienlich sein können. Wir haben damals der Idee des französischen Außenministers als dem ersten Schritt und dem Eckstein des Weges zu einer europäischen Föderation begeistert zugestimmt. Wir sind bereit gewesen und sind auch jetzt bereit, gewisse Souveränitätsrechte zugunsten eines solchen Planes aufzugeben. Wir müssen aber erwarten, daß sich alle Partner von weiser politischer, staatsmännischer und wirtschaftlicher Vernunft zum Besten Europas und der europäischen Völker leiten lassen.

Willi Weyer

Ein liberaler Politiker, kein Parteifunktionär

Walter Scheel kann man nicht einordnen, zu vielfältig sind seine Interessen, ist sein Engagement und sein Freundeskreis. Unzweifelhaft ist er ein politischer Mensch – war er schon zu einer Zeit, als sich viele ehemalige Soldaten der damaligen Wehrmacht noch nicht politisch engagieren wollten. Aber er blieb stets ein politischer Mann »sui generis«. Liberaler zwar vom Grunde her, aber kein Parteifunktionär. Walter Scheel wurde Mitglied der Freien Demokratischen Partei und blieb es in allen Höhen und Tiefen. Wirkliche Freude bereitete ihm die Arbeit in der Partei, wenn es um sie nicht so gut stand. Gelegenheit dafür gab es reichlich.

Typisch für ihn auch die Art, wie Walter Scheel sein erstes Landtagsmandat errang. Er wurde nicht über die Landesliste der F.D.P. gewählt. Vielmehr hatte er in Solingen und Remscheid mit der CDU einen Wahlkreisaustausch vereinbart – in Solingen kandidierte nur die F.D.P. (Walter Scheel), in Remscheid hingegen nur die CDU. So wurden beide Wahlkreise gegen die SPD gewonnen.

Walter Scheel wurde 1950 Landtagsabgeordneter. Vor Beginn der Fraktionstätigkeit hatte er für sich festgelegt, welche Aufgaben er in Ausschüssen übernehmen wollte. Seine Präferenz galt der Wirtschaftspolitik in dem zerstörten, durch die Besatzungsmächte künstlich neugeschaffenem Lande Nordrhein-Westfalen. Er überzeugte die Fraktion und wurde ihr wirtschaftspolitischer Sprecher, ein Fachmann, der auch bei den Sozialdemokraten und den Christlichen Demokraten hohe Anerkennung fand.

In meiner langen politischen Laufbahn habe ich selten einen Politiker kennengelernt, der so zielbewußt seine Wunschvorstellungen anstrebte und diese dann mit Hartnäckigkeit auch erreichte, wie

Walter Scheel. Er dachte nie an heute, stets an übermorgen. Dafür ein typisches Beispiel: Wir fuhren von einer F.D.P.-Sitzung mit dem Zug gen Düsseldorf. Ich war als Nachfolger Friedrich Middelhauves Landesvorsitzender der F.D.P. Nordrhein-Westfalen geworden. Wir hatten noch zwei Jahre Zeit bis zur nächsten Bundestagswahl. Da sprach Walter Scheel mit mir über sein Interesse an einem Bundesministerium, das es überhaupt nicht gab. Das Ministerium für Entwicklungshilfe.

Walter Scheel hatte in Straßburg europäische und afrikanische Erfahrungen gesammelt. Als Vorsitzender des Entwicklungsausschusses der Europäischen Gemeinschaft war er ein hervorragender Fachmann, also brauchte seiner Meinung nach die Bundesregierung einen Entwicklungshilfeminister. Da ich der F.D.P.-Verhandlungsdelegation angehörte, habe ich, als es dann soweit war, den Vorschlag vorgetragen – und wir haben ihn gemeinsam durchgesetzt. Aus dem »Entwicklungshelfer« wurde der »Entwicklungsminister«. Aber Walter Scheel hatte weiter gedacht. Er bat mich, auch das Amt eines stellvertretenden Außenministers anzusprechen. Schließlich sei Entwicklungspolitik ein wichtiger Teil der Außenpolitik. Daher brauche er ständige Information aus dem Auswärtigen Amt. Und gewissermaßen zur Legitimation für seine Arbeit die Funktion des stellvertretenden Außenministers. Konrad Adenauer überdachte den Vorschlag, übernahm ihn dann – und verwirklichte ihn. Ein bis heute einmaliger Vorgang in der Geschichte der Bundesregierung, der auch von keiner Nachfolgeregierung mehr übernommen wurde.

Nach Bildung der sozial-liberalen Koalition mit Willy Brandt als Bundeskanzler und Walter Scheel als Außenminister wurde deutlich, daß der »stellvertretende Außenminister« viele Jahre zuvor nichts anderes als eine Vorstufe für das Jahr 1969 gewesen ist. Jenes Jahr, in dem Walter Scheel die Verantwortung für die Außenpolitik der Bundesregierung der Bundesrepublik Deutschland übernahm. Sein Weg zum Bundespräsidenten war vorgezeichnet. Auch dieser Wahl ging eine Blitzentscheidung voraus, die er nur mit einigen Freunden erörterte.

Der einstige »Jungtürke« der F.D.P. Nordrhein-Westfalen setzte gemeinsam mit Wolfgang Döring und anderen Freunden das erste konstruktive Mißtrauensvotum gegen die CDU/F.D.P.-Landesregierung in Düsseldorf durch. Nachdem Adenauer mit dem Gesetzentwurf zum sogenannten »Grabenwahlrecht« den Freien Demokraten das Lebenslicht ausblasen wollte, konnte bei der absoluten CDU/CSU-Mehrheit im Bundestag nur der Bundesrat eine Sperre dagegen aufbauen. Dazu mußten CDU/F.D.P.-Landesregierungen durch SPD/F.D.P.-Regierungen ersetzt werden. Der einzige verfassungsgemäße Weg führte über das konstruktive Mißtrauensvotum. So wurde im Frühjahr 1956 die Regierung Steinhoff-Weyer in Nordrhein-Westfalen gebildet. Gegründet nicht zuletzt durch jenen Mann, der Jahre später eine historische Rede im Deutschen Bundestag hielt, als Rainer Barzel ein konstruktives Mißtrauensvotum gegen die Regierung Brandt–Scheel einbrachte – und scheiterte. Walter Scheel blieb Vizekanzler und Außenminister.

Walter Scheel

Remontage

Der Gegenstand der Großen Anfrage der FDP (betr. Remontage) ist hier schon einmal im Rahmen der Haushaltsberatungen diskutiert worden, und zwar, als einige Abgeordnete dieses Hauses den Antrag gestellt hatten, 100 Millionen DM in den außerordentlichen Haushalt dieses Jahres einzustellen. Der damalige Antrag, 100 Millionen DM einzustellen, ist, wie Sie wissen, abgelehnt worden. Ich habe damals im Zusammenhang mit der Begründung dieses Antrags auf die noch schwebende Große Anfrage hingewiesen. Ich bin in einer etwas peinlichen Lage. Die Anfrage besteht aus zwei Teilen. Der erste Teil ist, wenn Sie einmal die Daten vergleichen, als überholt zu betrachten. Das ist nicht unsere Schuld. Wir hätten es lieber gesehen, dieser erste Teil wäre so rechtzeitig beantwortet worden, daß sich aus der Antwort hätten Konsequenzen ziehen lassen. Diese Große Anfrage ist über drei Monate gelaufen, bevor sie ins Parlament gekommen ist. Ich habe den Eindruck, daß das nicht ganz mit den §§ 106 und 108 der Geschäftsordnung in Einklang zu bringen ist, zumal ich von einer Aussetzung der Behandlung Großer Anfragen nach § 109 der Geschäftsordnung nichts habe feststellen können.

Nun aber zum Gegenstand dieser Großen Anfrage, zur Lage der demontierten Industrien. Als 1951 der Demontagestopp kam, da bot sich ein verhältnismäßig trübes Bild. Viele Industriegruppen hatten für die Bundesrepublik vorgeleistet. Sie hatten – sogar nach sehr willkürlichen Auswahlverfahren – Reparationen übernommen, die eigentlich die Bundesregierung hätte übernehmen müssen.

Wir mußten feststellen, daß Werte in Höhe von ungefähr 6 Milliarden

---

Rede vor dem Deutschen Bundestag am 19. Juni 1954

DM demontiert worden sind, eingerechnet für 600 Millionen DM Schiffsbeschlagnahmen. Die Demontagen verteilten sich auf alle Bereiche der Wirtschaft, aber ihr Schwerpunkt lag vor allem auf der Grundstoffindustrie, auf Chemie und auf dem Maschinenbau.

Nun hat sich der Bundestag des öfteren mit diesem Problem befaßt, und zwar sind jeweils Maßnahmen erörtert worden, die man für notwendig erachtete, um den Geschädigten zu helfen. Diese Maßnahmen sollten nicht allein im Interesse dieser Geschädigten ergriffen werden, sondern in allgemein wirtschaftspolitischem Interesse, da gerade die demontierten Betriebe meist in Bereichen liegen, in denen Engpässe bestanden, die den Wiederaufbau unserer Wirtschaft nach dem Kriege außerordentlich erschwerten, wenn nicht zum Teil unmöglich machten.

Vornehmlich der Wirtschaftspolitische Ausschuß des Bundestages hat sich verschiedentlich mit diesem Problem auseinandergesetzt. Ich habe an einer Sitzung teilgenommen, die am 2. Juli 1952 stattgefunden hat und die sich mit den Fragen der Finanzierung der Remontage eingehend befaßte. Drei Bundesminister waren anwesend: Herr Minister Schäffer, Herr Minister Erhard, Herr Minister Storch. Den damaligen Verhandlungen im Wirtschaftspolitischen Ausschuß wurde ein Wiederaufbauplan zugrunde gelegt, der von den betroffenen Industrien zusammen mit dem Wirtschaftsministerium abgestimmt worden war. Dieser Remontageplan sah damals einen mit 1,2 Milliarden DM errechneten Kreditbedarf vor. Der Ausschuß diskutierte darüber, welche Laufzeit dieser Plan haben solle, und man einigte sich darauf, daß er in drei Jahren – das heißt in den Jahren 1952, 1953 und 1954 – abgewickelt sein müsse. Nun stehen wir im Jahre 1954 und können eine Art von Zwischenbilanz ziehen, um festzustellen, was gegeben worden ist.

Ich darf noch erwähnen, daß 95 Prozent des ganzen Kreditbedarfs, der damals errechnet worden ist, sich auf Grundstoff- und Exportindustrien bezogen. Nur der Rest von 5 Prozent bezog sich auf andere Industrien. Die Wichtigkeit der Kreditgewährung ist, glaube ich, damit unterstrichen.

Bis jetzt haben wir nun rund 535 Millionen DM von diesem Kreditbedarf gedeckt, zum Teil aus zentral steuerbaren Mitteln des Bundes, aber auch aus Mitteln der Länder und durch die Investitionsanleihe.

Es bliebe also noch ein Rest von rund 665 Millionen DM abzudecken, wenn wir den Wiederaufbau so durchführen wollen, wie er für dieses Jahr beabsichtigt war. Der größte Teil dieser 665 Millionen DM – mehr als 400 Millionen DM – entfällt auf die Eisen- und Stahlindustrie. Ich glaube, ich brauche nicht mehr darauf hinzuweisen, wie wichtig Investitionen in der Eisen- und Stahlindustrie heute sind. Ich hatte vor einigen Tagen Gelegenheit, mit einigen Kollegen des Bundestags im Rundfunk über Fragen der Montanunion zu diskutieren. Kollege Dr. Pohle von der CDU stellte auf einen Angriff des SPD-Diskussionsteilnehmers hin fest, daß die augenblickliche Lage bei Stahl und Eisen und die dadurch bedingte Lage bei der Kohle nicht zuletzt darauf zurückzuführen ist, daß ein erheblicher Mangel an Investitionen in unserer Stahl- und Eisenindustrie besteht. Die Anleihe von 100 Millionen Dollar, die die Montanbehörde aus den Vereinigten Staaten bekommen hat, bringt uns keinen Vorteil, da aus ihr keinerlei Ausschüttungen an die Eisen- und Stahlindustrie vorgenommen werden. Schon deswegen sollten wir mit allen Mitteln versuchen, auch vom Bunde aus den demontierten Betrieben in diesem Bereich weiterzuhelfen; denn es fehlt bei allen Betrieben, die einen schweren Demontageschaden hatten, noch an der notwendigen Abrundung des Betriebsablaufs. Darüber hinaus haben diese Betriebe meist einen großen Prozentsatz von Eigenmitteln in den Wiederaufbau hineingesteckt. Deshalb müssen wir sie jetzt bei ihren Rationalisierungsmaßnahmen unterstützen. Wir müssen ihnen Kredite gewähren, damit sie die Möglichkeit haben, ihre Eigenmittel auf die Rationalisierung zu konzentrieren. Das erscheint gerade unter den Wettbewerbsverhältnissen im Montanbereich dringend notwendig.

Wenn allein 1600 Betriebe von den rund 2000 von der Demontage betroffenen Betrieben überhaupt noch keine Kreditmittel bekommen haben, dann glaube ich, ist zusätzlich erwiesen, wie notwendig eine weitere Hilfe ist. Ich erinnere mich, in der damaligen Sitzung des Wirtschaftspolitischen Ausschusses – ich habe daran als Gast teilgenommen – gehört zu haben, daß eine Anzahl anderer Stützungsmaßnahmen und Erleichterungen angeregt worden sind, zum Beispiel Steuererleichterungen, Erleichterungen bei der Vermögensabgabe usw. Aber von diesen Anregungen ist wohl nichts mehr übriggeblieben. Eine Selbstfinanzierung ist heute auch kaum möglich. Auch der

Kapitalmarkt gibt für Betriebe, die demontiert worden sind, nichts oder nur sehr wenig her, weil diese meist gar nicht an den Kapitalmarkt herangehen können. Sie sind überhaupt erst emissions- oder kapitalmarktfähig, wenn sie einen Minimalstand der Produktionskapazität erreicht haben. Das ist bei vielen Betrieben, vor allen Dingen denen, die noch lange Jahre nach der Demontage der Verbotsgesetzgebung unterlegen haben, noch nicht der Fall.
Ich glaube, damit dargetan zu haben, daß die wirtschaftspolitische Notwendigkeit, weitere Mittel zur Verfügung zu stellen, um diesen Remontageplan zu Ende zu führen, unbedingt gegeben ist. Die Ministerien und vor allen Dingen auch die Ausschüsse haben sich nun mit der Frage befaßt. Ich muß sagen, daß das Wirtschaftsministerium sich sehr intensiv um diese Betriebe gekümmert hat, die sich in ihren Interessen durchaus verstanden sahen. Nur das Finanzministerium hat nicht immer so mitgezogen, wie man das gewünscht hätte, und darauf bezieht sich unsere Große Anfrage. Ich habe so manchmal das Gefühl gehabt, daß die beiden Ministerien bei der Betrachtung der Frage »Remontage« den Akzent etwas unterschiedlich auf dieses Wort verteilt haben. Das Wirtschaftsministerium hat so den ersten Teil, das Remontenhafte vertreten, temperamentvoll, und hat viel getan. Dagegen hatte ich den Eindruck, daß das Finanzministerium auf den letzten Teil des Wortes, auf »age«, auf das etwas bedächtige und zurückhaltende Alter den größeren Wert gelegt hat. Es wäre wünschenswert, wenn auch hier eine Einheitlichkeit zustande kommen könnte und wenn das Finanzministerium etwas mehr täte, um diesen Industriegruppen zu helfen.
Ich habe niemals verstehen können – und ich verstehe es auch jetzt noch nicht –, warum die 100 Millionen DM aus dem außerordentlichen Haushalt nicht geflossen sind, zumal man doch den Eindruck haben kann, daß für andere Zwecke, die vielleicht nicht diesen Vorrang gehabt haben, öffentliche Mittel vorhanden gewesen sind. Ich erinnere an einen Fall, wo man immerhin von seiten des Bundes mit Genehmigung des Finanzministers nicht zur Schaffung, sondern zur Erhaltung von Arbeitsplätzen Subventionen – noch nicht einmal Kredite! – von ungefähr 5770 DM per Arbeitsplatz gezahlt hat. Wenn man die Zuschüsse des betreffenden Landes hinzurechnet, dann ergeben sich fast 8000 DM, die man nur zur Erhaltung eines Arbeitsplat-

zes an Subventionen gezahlt hat. Es handelt sich hier um Sontra. Ich will damit gar nicht sagen, daß das sozialpolitisch unnötig ist. Sie kennen unsere Stellungnahme, die dahin geht, die Beschäftigten in Sontra unter allen Umständen auf Dauer weiterzubeschäftigen. Wir haben aber den Eindruck – ich habe das auch im Wirtschaftspolitischen Ausschuß zum Ausdruck gebracht –, daß man das unter sparsamerer Verwendung öffentlicher Mittel tun kann.

Es gibt Möglichkeiten, und zwar gerade in den Fällen der Remontage, mit billigsten Mitteln Dauerarbeitsplätze zu beschaffen, die wir wahrhaftig auch nötig haben. Eine Umfrage bei Betrieben, in deren Bereich 80 Millionen DM ausgegeben worden sind – es sind ungefähr 125 Betriebe gewesen –, hat ergeben, daß man im Schnitt für die Errichtung eines Dauerarbeitsplatzes bei der Remontage nur 2700 DM benötigt. Das sollte uns ganz besonders veranlassen, diesem Problem noch größere Aufmerksamkeit zu schenken.

Gerade in den letzten Tagen habe ich davon gehört, daß es einem Konzern der öffentlichen Hand möglich gewesen ist, die Bergwerksgesellschaft Emscher-Lippe anzukaufen. Die Verhandlungen sind in der Presse bekanntgegeben worden. Solange man noch Millionenbeträge zur Ausdehnung der wirtschaftlichen Betätigung der öffentlichen Hand ausgeben kann, erscheint es mir völlig unverständlich, daß es nicht möglich sein soll, für diejenigen Unternehmen Kredite auszuschütten, die ja doch für uns alle in der Tat erhebliche Vorleistungen erbracht haben.

Ich erwähnte schon, daß die Besprechung des Punktes 1 der Großen Anfrage etwas verspätet kommt; aber ich wollte doch Ihre Aufmerksamkeit auf das Problem gelenkt haben. Vor allen Dingen möchte ich die Ministerien – vordringlich das Wirtschaftsministerium – darum bitten, die bisherigen Maßnahmen, zentral steuerbare Mittel des Bundes einzusetzen, fortzuführen. Was bis jetzt gegeben wurde, ist sehr dankbar aufgenommen worden und hat sich außerdem bewährt. Ich bitte darum, daß nicht jetzt Schluß damit gemacht wird, weil es aktuellere Probleme geben könnte. Es ist unmöglich, den einmal anfinanzierten zusammenhängenden Plan des Wiederaufbaus unserer demontierten Industrie in der Mitte abzubrechen, vielmehr ist es notwendig, die Gesamtfinanzierung der Projekte seitens des Bundes durchzuführen, wenn möglich in dem vorgesehenen Zeitraum.

Wolfgang Mischnick

Politik ist Arbeit für die Zukunft

Wer an Walter Scheel denkt, der denkt an den Bundespräsidenten, den Bundesminister, an den Parteivorsitzenden oder auch an den »Jungtürken« Scheel. Die Erinnerung an den Parlamentarier Walter Scheel steht bei den Würdigungen seines politischen Lebens zumeist im Hintergrund. Dies ist um so erstaunlicher, als Scheel auf allen Ebenen des Parlamentarismus tätig war. Er war Stadtverordneter in Solingen, Landtagsabgeordneter von Nordrhein-Westfalen, Mitglied im Montan- und Europäischen Parlament und immerhin 21 Jahre lang Mitglied des Deutschen Bundestages.

Er ist einer der Männer der »zweiten Stunde«. Als er nach der Wahl am 6. September 1953 als Abgeordneter der F.D.P., die knapp 10 Prozent der Stimmen erreicht hatte, in den Deutschen Bundestag einzog, waren die ersten parlamentarischen Weichen schon gestellt. Der wirtschaftliche Aufschwung hatte begonnen. Die wirtschaftliche Lage hatte sich spürbar gebessert. Die Arbeitslosenzahlen nahmen ab, wenngleich eine stagnierende Wirtschaftskonjunktur in den USA auch für die Bundesrepublik Deutschland gefährlich zu werden drohte. Es galt, dem Aufschwung in der Bundesrepublik Deutschland eigene Impulse zu geben.

Außenpolitisch wurden neue Entwicklungen sichtbar. Chruschtschow war zum Nachfolger Stalins gewählt worden, der Korea-Krieg wurde mit einem Waffenstillstand und der Teilung des Landes beendet, Frankreich war noch mit dem Indochina-Krieg beschäftigt. Die Pariser Verträge sahen eine Wiederbewaffnung der Bundesrepublik Deutschland vor.

Die Folgen der Demontage mußten damals schnell, aber auch mit langfristiger Zielsetzung und Perspektive überwunden werden.

Scheel, wirtschaftspolitisch von der Freiburger Schule (Eucken Röpke usw.) beeinflußt, hatte sich schon im Düsseldorfer Landtag intensiv mit den Demontagefolgen beschäftigt. Daher widmete er auch seine Jungfernrede im Deutschen Bundestag am 8. April 1954 der Remontage als einem der vordringlichen Probleme der damaligen Zeit. In seiner Rede vom 19. Juni 1954 begründete er die Große Anfrage der F.D.P. betreffend Remontage. (Das Sitzungsprotokoll weist den 19. Juni 1954 als einen Sonnabend aus. Damals war dies sehr zum Leidwesen der weiter im Norden oder Süden wohnenden Parlamentarier keine Seltenheit. Die durchschnittliche Wochenarbeitszeit der Bevölkerung lag noch bei 48,6 Stunden.)

Scheel wird häufig als Lebenskünstler apostrophiert, als Glückspilz, rheinische Frohnatur, Sonnyboy, dem alles in den Schoß fällt. Walter Scheel hat aber immer auch außerordentlich hart gearbeitet. Im Deutschen Bundestag ist er in den folgenden Jahren speziell hervorgetreten in Wettbewerbs- und Konjunkturfragen, europäischer Integrations- und Entwicklungspolitik. Im Wirtschaftsausschuß trat er vehement gegen Erhards überzogene Antikartellpolitik auf und setzte sich für die Interessen kleinerer und mittlerer Unternehmen ein.

Scheel erkannte aber auch schon früh die Gefahr für die F.D.P., als reine Wirtschaftspartei angesehen zu werden. 1972 sagte er rückschauend: »So lief die F.D.P. Gefahr, eine Partei zu werden, die sich vordergründig mit wirtschaftlichen Problemen befaßt, eine Partei, die wirtschaftliche Interessen vertritt. In der Nachkriegszeit ist es das große Verdienst der F.D.P. gewesen, die Soziale Marktwirtschaft in der Bundesrepublik Deutschland durchgesetzt zu haben. Dabei gab es so viele praktische Probleme zu lösen, daß zwangsläufig andere wichtige Aspekte des politischen Liberalismus, wie beispielsweise seine reformerische Rechts- und Gesellschaftspolitik, in den Hintergrund traten. Aus kontinuierlichem praktischen Handeln, aus der Ausübung politischer Verantwortung entsteht oft eine gewisse Einseitigkeit.« Scheel entwickelte daher sehr bald ein breites Interessenspektrum. Er wandte sich auch der Außenpolitik zu. So gehörte er immer zu den Gegnern der zu einseitigen Westorientierung der Politik Adenauers. Im Wahljahr 1953 sprach er sich sogar gegen eine erneute Beteiligung der F.D.P. an Adenauers Regierung aus, weil dieser das sowjetische Angebot einer deutschen Wiedervereinigung brüsk abgelehnt hatte, ohne die Ernsthaftigkeit des Angebots auch nur andeutungsweise überprüft zu haben.

Adenauer nahm ihm dieses wie auch späteres »unbootmäßiges« Verhalten jedoch nicht übel. Im Gegenteil: »Der Herr Scheel is ne jute Mann« – sprach's und machte den »jute Mann« zum Entwicklungshilfeminister.

Ich selbst arbeitete seit dem liberalen Schicksalsjahr 1956 immer mehr mit Walter Scheel zusammen. Beide saßen wir im Bundesvorstand und gehörten der sogenannten Dreierkommission an, die die Öffentlichkeitsarbeit der Partei entwickelte. Unser beider Namen sind aber auch mit einem tiefgreifenden Generationswechsel innerhalb der Partei und der Verselbständigung der F.D.P. verbunden: Während in Scheels Düsseldorfer Wohnung die »Jungtürken« ihren Coup gegen Adenauers Wahlrechtspläne ausheckten, retteten der stellvertretende hessische Landesvorsitzende Oswald Kohut und ich als Vorsitzender der Jungdemokraten die hessische Landesgeschäftsstelle vor einem Putsch August Martin Eulers.

Die von der CDU/CSU 1953 errungene Position hatte zu einer gewissen politischen Überheblichkeit bei Teilen der Unionsfraktion geführt. Adenauer stand im Verdacht, ein neues Bundeswahlgesetz zur Durchsetzung eines reinen Mehrheitswahlrechtes anzustreben. Die F.D.P. sah sich in die Defensive gedrängt. Die Einführung des Mehrheitswahlrechtes hätte das parlamentarische Aus für die F.D.P. bedeutet. In der Öffentlichkeit wurde sie zunehmend weniger als eigenständiger Faktor und mehr als reiner Koalitionspartner der CDU/CSU angesehen.

Der damalige Bundesvorsitzende Dehler sah in dieser Situation die Überlebenschance der F.D.P. allein im Mut zur Opposition. Er wurde in diesem auch für die Entwicklung der Demokratie wichtigen Bemühen unterstützt von Döring, Weyer und Scheel, die im Düsseldorfer Landtag eine SPD/F.D.P.-Koalition mit Blick auf den Bundesrat schlossen und damit den Sozialdemokraten auch im Bund Hoffnung für die Zukunft gaben, wenngleich sich diese Hoffnung erst 13 Jahre später erfüllte.

Die Arbeit an der Zukunft und für die Zukunft war immer schon ein Hauptwesenszug Scheels: »Politik ist vor allem Arbeit für die Zukunft, für eine ganze Generation.«

Als Bundespräsident schrieb er seinen Parlamentskollegen von einst ins Stammbuch: »Ich sehe, daß die Parlamente mit täglich zu lösenden Aufgaben, mit Krisenmanagement bis über die Ohren zugedeckt werden. Die Politiker können nicht mehr Schritt halten mit der stürmischen Entwicklung in Wissenschaft, Technik und Wirtschaft. Täglich ergeben sich Probleme, denen sie hinterherlaufen. Dabei bleibt ihnen kaum noch Zeit für mittelfristige und zukunftsorientierte Politik. Lösungsmodelle für mittelfristige und zukunftsorientierte Politik würden Erleichterungen in der Tagesarbeit bringen. Sie würden die täglich notwendige Entscheidung in einen Zusammenhang stellen und sie auf ein einheitliches Ziel ausrichten... Der Bürger braucht ein Bild der Zukunft, um Vertrauen in die Zukunft zu gewinnen, Vertrauen in die Politiker. Heute erleben sie beim Bürger eine gewisse Skepsis, ob denn unsere demokratischen Institutionen in der Lage sind, alle diese großen Aufgaben auch zu lösen, die vor uns liegen. Dem Bürger fehlen die Orientierungspunkte, ihm fehlt eine Utopie. Er braucht aber Angebote und Alternativen. Die Parteien und Politiker tun sich schwer. Das Krisenmanagement läßt ihm kaum Zeit zum Luftholen... Der Mensch prägt die Verhältnisse. Sachzwänge erkenne ich nicht an. Denn Sachzwänge sind bei Politikern meist Entschuldigungen für den Mangel an Entscheidungskraft.«
Es war unter anderem auch der Zwang zur Entscheidungskraft, der uns 1956 zu einem Team zusammenführte. Während die Stürmer in Düsseldorf die Tore schossen (es mag auch das eine oder andere Eigentor dabei gewesen sein), hatten die Verteidiger in Hessen Mühe, das Tor sauber zu halten. 16 F.D.P.-Bundestagsabgeordnete, der hessische Landesvorsitzende Euler an ihrer Spitze, hatten ihren Austritt aus der Partei und der Fraktion erklärt. Euler wollte eine eigene Partei gründen und den hessischen F.D.P.-Landesverband geschlossen mit in dieses Lager führen. Nur durch eine schnelle »Besetzung« der F.D.P.-Landesgeschäftsstelle in der Neuen Mainzer Straße 24 in Frankfurt war die Gefahr der Spaltung abzuwehren, die die hessische Parteiorganisation und Landtagsfraktion bedrohte und die sich auf weitere Bundesländer ausgedehnt hätte. Von nun an spielte die F.D.P. Nordrhein-Westfalens und Hessens eine gemeinsame Rolle als Schrittmacher auf dem Weg zu wichtigen innerparteilichen Entscheidungen.

Eine neue Politikergeneration hatte sich zu Wort gemeldet. Paul Sethe schrieb damals in der »Frankfurter Allgemeinen Zeitung«: »Mit Döring, Weyer, Scheel meldet sich zum ersten Male eine Generation zu Wort, die ihre Jünglings- und Jungmännerjahre in der Hitlerjugend, auf den Schlachtfeldern oder in den Kellern der Bombennächte verbrachte. So viel ist in den letzten Jahren von ihr geredet worden, so viel hat man sich den Kopf zerbrochen, so viel hat man nach ihr gefragt. Jetzt ist sie da, und siehe da, sie krempelt alles um, was vorher festzustehen schien... Im übrigen sind diese Leute alle hart im Nehmen und im Geben ziemlich mutig. (›Sie glauben, die Industrie wird uns die Zuschüsse sperren? Da werden sie was erleben!‹) Im ganzen sind sie eben, weil sie jung sind, ganz anders als die bisherigen Verhandlungspartner des Kanzlers. Deshalb, nicht weil seine taktischen Künste schwächer geworden wären, hatte er in Düsseldorf Schwierigkeiten, die er sonst nicht kannte... Wer den eigentlichen Sinn der Vorgänge begreifen will, muß es fertig bringen, für eine Weile einmal seine Freude oder sein Bedauern über den Sturz Arnolds zu unterdrücken. Das für uns allerwichtigste ist gar nicht das Herauslösen einer Partei aus der Koalition und das Eingehen eines neuen Bündnisses. Das wichtigste ist, daß die junge Generation der Politiker vernehmlich an die Tür der Beratungszimmer klopft. Sie hat es jetzt bei den Liberalen getan, sie wird es morgen oder übermorgen bei den Sozialisten oder den Christlichen Demokraten tun. Etwas Neues hat begonnen, von dem wir noch nicht wissen, wohin es steuert.«
Für die F.D.P. brachten die Ereignisse bei der Anfang März in Baden-Württemberg stattfindenden Landtagswahl erhebliche Stimmengewinne. Die Neuorientierung der Partei gab den Liberalen überall Auftrieb. Es gab keine sich ständig bekämpfenden Richtungen mehr, und Nord und Süd fanden in der F.D.P. zueinander. Meine Zusammenarbeit mit Walter Scheel im Wahlkampfausschuß der Partei war reibungslos und produktiv. Sie intensivierte sich noch, als ich 1957 selbst in den Bundestag einzog. Nach der Wahl 1961, die uns ein sicheres Polster von nahezu 13 Prozent der Wählerstimmen erbracht hatte, übernahmen wir beide ein Ressort im letzten Kabinett Adenauer. Und 1968/69 leiteten wir gemeinsam die Opposition; Walter Scheel als Parteivorsitzender (noch 1965 schrieb ein Journalist: »Innerhalb der F.D.P. spielt er deshalb noch keine zentrale Rolle, weil

es ihm an parteipolitischem Ehrgeiz etwas mangelt.«) und Vizepräsident des Deutschen Bundestages, ich selbst als Vorsitzender der Bundestagsfraktion und stellvertretender Parteivorsitzender. Gemeinsam setzten wir uns für die Wahl Heinemanns zum Bundespräsidenten ein, gemeinsam reisten wir mit Hans-Dietrich Genscher im Wahlsommer 1969 nach Moskau. Der Kampf um den Fortbestand des politisch organisierten Liberalismus wurde durch enge politische und menschliche Zusammenarbeit der Verantwortlichen erfolgreich durchgestanden.

Teamarbeit, überzeugendes Gespräch und auf Selbstsicherheit beruhende kritische Distanz zu den Dingen: Das ist der politische Stil, den ich an Walter Scheel kennengelernt habe. Er ist selbstsicher genug, um auch kluge und politisch starke Mitarbeiter zu ertragen, und er ist geschickt genug, sie für sich arbeiten zu lassen. Hinter seiner frohen Liebenswürdigkeit steht ein Höchstmaß an Geduld, Zielstrebigkeit und Standfestigkeit. Er hat bewiesen, daß man auch ohne Ellenbogen in der F.D.P., in Bonn und Deutschland seinen Weg machen kann. Mitunter flüchtet er in die Ironie, nicht aber in den Zynismus. In seinen unzähligen Reden und Beiträgen wird man vergeblich nach einer Stelle suchen, wo er einen Menschen tief verletzt hat. Obwohl sein Hang zur Harmonie niemals dazu geführt hat, daß er Schwierigkeiten aus dem Wege gegangen wäre, notwendige Konflikte nicht ausgetragen hätte, hat er meines Wissens keine persönlichen Feinde. Die Bundestagsfraktion der Freien Demokraten hat diesem liberalen Staatsmann, den sie 21 Jahre lang in ihren Reihen wußte, viel zu verdanken. Der deutsche Parlamentarismus hat durch die von ihm gelebte und praktizierte Liberalität, durch seine selbstbewußte charakterfeste Toleranz und seine Fähigkeit, auch über den nächsten Wahltermin hinweg, Perspektiven zu entwickeln und danach zu handeln, neue Impulse und Bestätigung erfahren.

WALTER SCHEEL

Zur Ausweitung der europäischen Zusammenarbeit

Ich möchte um Nachsicht bitten, wenn ich als eines der jüngsten Mitglieder dieses Parlaments einige Bemerkungen mache, die seine Arbeit betreffen. Vielleicht ist es gerade der Umstand, daß ich die Wirkung dieses Parlaments noch mehr von außen als von innen sehe, der mich zu meinen Bemerkungen veranlaßt.

Ich möchte von dem Bericht des Herrn Wigny ausgehen. Er hat an einer Stelle dem Sinne nach gesagt, daß sich die Stellung dieses Parlaments in einem Prozeß der Demokratisierung mehr und mehr gefestigt habe. Er hat das wohl im Verhältnis zu der Hohen Behörde gemeint.

Diese Feststellung von Herrn Wigny ist richtig. Aber es darf eine gewisse Gefahr nicht übersehen werden; sie bezieht sich auf die Stellung des Parlaments in der breiten Öffentlichkeit.

Ich habe den Eindruck, daß das Parlament seine Stellung in der europäischen Öffentlichkeit nicht in einem ähnlich steigenden Maße wie gegenüber der Hohen Behörde hat festigen können. Das liegt wohl nicht zuletzt daran, daß sich dieses Parlament nicht so mit den aktuellen Fragen befaßt, wie es möglich und wünschenswert wäre. Gerade jetzt haben wir ein Beispiel dafür.

Ich glaube, Herr Präsident Struye ist mit mir der Meinung, daß im Augenblick die Fragen des Allgemeinen Gemeinsamen Marktes und von Euratom in der europäischen Öffentlichkeit aktueller sind als die Probleme der Kohlenwirtschaft und der Stahlwirtschaft.

Wir sollten die Wirkung des Parlaments auf die Öffentlichkeit nicht

---

Rede vor der Gemeinsamen Versammlung der Europäischen Gemeinschaft für Kohle und Stahl am 13. Februar 1957 übersehen und alles daransetzen, in aktuellen Fragen möglichst frühzeitig einzugreifen. Meine Bemerkungen beziehen sich in diesem Punkt, wenn ich an die Vergangenheit denke, auch auf den Europarat, wo das Saarproblem und die Suezfrage nicht zu dem Zeitpunkt behandelt worden sind, in dem man das hätte tun sollen.

Allgemeiner Gemeinsamer Markt und Euratom sind Probleme, die hier geboren worden sind. Schon kurz nach der Bildung der Hohen Behörde – ich glaube, es war im September 1952 – sind die Außenminister der Mitgliedstaaten als Besonderer Ministerrat zusammengetreten und haben sich zum erstenmal mit dem aus unserer Gemeinsamen Versammlung gekommenen Gedanken einer Ausweitung zu einem Allgemeinen Gemeinsamen Markt befaßt. Von hier ist der Anstoß für Messina gegeben worden. Der Gedanke des Gemeinsamen Marktes ist also ein legitimes Kind gerade dieser Versammlung.

Ich kann allerdings mein Bedauern nicht verhehlen, wenn ich sehe, wo wir jetzt in dieser Frage stehen. Was wissen wir denn darüber, wie es augenblicklich mit diesem Problem des Gemeinsamen Marktes in Europa steht? Doch recht wenig! Ich glaube, daß die hier anwesenden Journalisten, soweit sie in Brüssel gewesen sind, besser darüber informiert sind, was dort im Augenblick vorgeht, als wir. Ich glaube, daß es den anderen Mitgliedern genauso geht wie mir.

Wo sind unsere Minister? Ich bemerke, solange ich hier bin, mit einiger Bitterkeit, daß jener Block in unserem Hause ständig leer ist; die Minister sind nicht dabei.

Wir haben leider auch das Pech, daß der vorgesehene Vortrag von Herrn Paul-Henri Spaak nicht stattfinden kann. Ich bin sicher, daß er am 17. Februar in Paris dabei sein wird, wenn wieder die Außenminister der Staaten tagen.

Herr Präsident Furler hat gestern in einer Pressekonferenz gemeint, man solle die Arbeiten nicht unnötig durch eine Diskussion dieser Fragen hier im Hause erschweren oder gar stören. Ich glaube sagen zu dürfen, daß hier am allerwenigsten die Gefahr besteht, daß die Arbeiten zur Schaffung eines Gemeinsamen Marktes gestört werden. Ein Problem von dieser Tragweite, das für die Nationen Europas eine Schicksalsfrage bedeutet, kann nicht hinter verschlossenen Türen einer Lösung zugeführt, sondern muß hier diskutiert werden.

Wir haben ein Recht darauf, dieses Problem zu diskutieren. Wir sollten einen Anspruch darauf erheben, die Frage hier zu besprechen. Denn wer soll, wenn es um die Ratifikation der Verträge in den nationalen Parlamenten geht, für die Verträge werben? Doch wir, die wir in dieser Versammlung sitzen! Und wir sollten es nicht nur, sondern wollen es auch tun. Gerade darum haben wir in diesem Hause ein Recht darauf, diese Fragen zu einem Zeitpunkt zu diskutieren, zu dem eine Diskussion überhaupt noch Zweck hat. Wir sollten es nicht erst zu einem Zeitpunkt tun, in dem von den nationalen Parlamenten nur noch ja oder nein gesagt werden kann.

Es hat keinen Zweck, wenn wir jetzt sagen: Na ja, unsere Wirksamkeit gegenüber den nationalen Regierungen ist nicht sehr groß, wir setzen uns möglicherweise nur in ein schlechtes Licht, wenn wir hier etwas fordern, was wir doch nicht durchdrücken können.

Die Augen zu verschließen, nützt überhaupt nichts; denn auf unsere Anteilnahme an diesen Fragen sieht die Öffentlichkeit, und europäische Versammlungen werden so gewürdigt werden, wie sie von Anfang an die entscheidenden Fragen übernehmen.

Ich glaube, wir sollten jetzt, was noch möglich ist, von uns aus tun, um uns noch rechtzeitig in diese so wichtige Frage einzuschalten; denn sonst kann es uns passieren, daß die mit den Verhandlungen beauftragten Vertreter der nationalen Bürokratien eines Tages die Verträge abschließen und eine solche Beschränkung der parlamentarischen Kontrolle der dann entstehenden Institutionen vorgesehen haben, daß es uns wundern wird.

Alain Poher

Walter Scheel und das »Unternehmen Europa«

Als ehemaliger Staatssekretär von Robert Schuman und ehemaliger Präsident der Ruhrbehörde, bei der ich in Vizepräsident Franz Blücher einen Liberalen kennen- und schätzenlernte, war es mir im Jahre 1952, als ich wieder Senator geworden war, ein ganz selbstverständliches Anliegen, an der im Entstehen begriffenen europäischen Organisation, wie sie aus der historischen Erklärung vom 9. Mai 1950 und der Unterzeichnung des Pariser Vertrags vom 18. April 1951 hervorging, mitzuwirken, und zwar als Mitglied der ersten europäischen Versammlung, die zunächst für die Belange der Europäischen Gemeinschaft für Kohle und Stahl unter dem Namen »Gemeinsame Versammlung« und als »Ad-hoc-Versammlung« zur Vorbereitung eines Vertrags über eine politische Union bekannt wurde.

Dort bin ich so unterschiedlichen deutschen Parlamentariern begegnet wie Heinrich von Brentano, dem Bundestagspräsidenten Eugen Gerstenmaier, der wie durch ein Wunder die Ereignisse des 20. Juli 1944 überstanden hatte, dem späteren Bundeskanzler Helmut Schmidt, dem späteren CSU-Vorsitzenden Franz Josef Strauß und jener recht außergewöhnlichen Frau Maria Probst, von der man sagte, sie sei der hartnäckigste Mann im Bundestag.

Ebenfalls in dieser Zeit fand ich mich im selben Rahmen auch an der Seite von Paul Reynaud, Guy Mollet, Robert Schuman, der im März 1958 erster Präsident des Europäischen Parlaments, wie wir es vor der allgemeinen Direktwahl kannten, werden sollte, und so hervorragenden europäischen Persönlichkeiten wie Paul-Henri Spaak und Gaetano Martino.

Es war nach der EVG-Krise, in jener Zeit der neuerwachten großen Hoffnungen – alsbald nach der von der Konferenz von Messina

ausgehenden Wiederbelebung –, als ich im Jahre 1956 einen jungen deutschen Liberalen aus einer neuen Generation in den Politischen Ausschuß einziehen sah, der in der Gemeinsamen Versammlung (1956–1958) und dann im Europäischen Parlament (1958–1961) eine äußerst glanzvolle Karriere begann: Walter Scheel.
Anfangs habe ich ihn vor allem in den Ausschüssen kennen- und schätzengelernt, denn in den ersten Anfängen entstand die Berufung zum europäischen Parlamentarier in den sehr zahlreichen Ausschüssen der Versammlung, wo sie Gestalt annahm, sich behauptete und ihre Stärke fand.
Wir begegneten uns wöchentlich mehrere Male, sei es in Brüssel, Luxemburg oder Straßburg, damals aber auch in den Hauptstädten Bonn, Rom, Paris und Den Haag, in der verdienstvollen Absicht, nach Kräften mit Hilfe der Presse und der örtlichen Medien das Interesse der Öffentlichkeit für das große Werk der Einigung unseres alten Kontinents zu wecken, den bis dahin die Bruderkämpfe, für die er so lange das Schlachtfeld abgegeben hatte, aufs grausamste zerrissen und verheert hatten.
Bei diesen Treffen kam Pioniergeist auf, gefördert noch durch den Umstand, daß im Gegensatz zu dem, was sich bei allen internationalen Organisationen abspielte und noch heute abspielt, die nationalen Delegationen in den Strukturen des Parlaments keinerlei Rolle spielten, was übrigens heute noch gilt. Sowohl im Plenum als auch in den Ausschüssen waren und sind die Parlamentarier nicht nach Nationalitäten, sondern nach Fraktionen verteilt.
Ich als christdemokratischer Parteiführer, also als Angehöriger der Partei Robert Schumans, des »Ersten Vaters Europas«, sah natürlich mit großem Interesse die Aufgeschlossenheit dieses jungen, talentierten Liberalen für die europäische Sache. Er war im übrigen im Begriff, auf europäischer Ebene größere Bekanntheit als in Deutschland selbst zu erlangen, denn mit seiner Verbindlichkeit und seiner Vorurteilslosigkeit hatte er innerhalb der verschiedenen Ausschüsse, denen er angehörte – Politischer Ausschuß, Sozialausschuß, Rechtsausschuß –, über Fraktions- und Nationalitätengrenzen hinweg viele Freunde gewonnen.
Häufige gemeinsame Reisen gaben uns Gelegenheit zu Gesprächen, in denen wir gern über die Alltagsprobleme hinausgingen und uns mit

der Zukunft Europas befaßten, die nach unserer Auffassung von seiner Öffnung nach Afrika hin nicht zu trennen war.
Etwa zu jener Zeit, um die Jahre 1956 und 1957, ergriff Präsident Hans Furler die Initiative zu einem Treffen der franko-afrikanischen Abgeordneten, die Mitglieder der französischen Delegationen im Europarat und im Europäischen Parlament waren, mit afrikanischen Führungspersönlichkeiten bei ihm zu Hause in Oberkirch, und dies war der erste Schritt zur Gründung jenes Ausschusses, der sich anfangs »Ausschuß für die Assoziation der überseeischen Länder und Gebiete« nannte.
Walter Scheel war in diesem Ausschuß sehr aktiv und übernahm sehr schnell seinen Vorsitz (1958–1961); dabei ist bemerkenswert, daß dieses Amt für manche seiner Inhaber zum Auftakt, zum Ausgangspunkt einer außergewöhnlichen nationalen Karriere geworden ist.
Bei Walter Scheel war dies der Fall, ebenso bei Gaston Thorn, den ich eines Tages im Dezember 1968 Tananarivo und die dort stattfindende Parlamentarierkonferenz der Vertreter der europäischen und afrikanischen Länder sowie Madagaskars verlassen sah, um Außenminister des Großherzogtums zu werden, bevor er später Ministerpräsident dort und schließlich Präsident der Kommission der Europäischen Gemeinschaften wurde.
Sollte dieses Amt eine besondere Chance bergen?
Ich glaube eher, daß der mit ihm verknüpfte Tätigkeitsbereich, nämlich die Beziehungen zwischen Europa und zunächst Afrika und heute zwischen Europa, Afrika und der Karibik, aufgrund seiner außerordentlichen Bedeutung ganz natürlich Männer von besonderen Fähigkeiten anzieht. Ein Beweis dafür ist übrigens die Tatsache, daß die Politik, die sich in der Unterzeichnung der Verträge von Jaunde und später von Lomé I und Lomé II niederschlug, einen der größten Erfolge des gemeinschaftlichen Europa darstellt, wenn auch gerade dieser Erfolg allzuoft verkannt wird.
Walter Scheel war eine dieser Ausnahmepersönlichkeiten, die mit Hilfe dieser Institution, des Parlaments, wirksam dazu beitrugen, außerordentlich wertvolle Verbindungen zwischen Europa und Afrika anzuknüpfen und später auszubauen, und ich habe übrigens kaum je ein bewegenderes Schauspiel als jenes Bild von Parlamentariern der unterschiedlichsten Herkunft erlebt, die, wie es die alphabeti-

sche Ordnung gerade will, einer neben dem anderen auf den Bänken der Plenarsäle der Parlamente in Europa oder Afrika Platz nehmen. Dies sind unvergeßliche Erinnerungen. Gerade Walter Scheel hat darin seinen Platz, und allein schon dafür – doch es gibt viel mehr Gründe – wäre ihm unsere Dankbarkeit bereits sicher.

Als ehemaliger Vorsitzender der Christlich-Demokratischen Fraktion kann ich jedenfalls bezeugen, daß Walter Scheel, auch wenn er sehr bald, im Jahr 1961, das Europäische Parlament verlassen mußte, um in seinem Land ein sehr verantwortungsvolles Amt zu übernehmen, nämlich das des Bundesministers für wirtschaftliche Zusammenarbeit im Kabinett Adenauer und dann unter Erhard, bei allen seinen damaligen Kollegen weiterhin große Zuneigung genießt. Anläßlich der Feier seines 65. Geburtstags sei es mir erlaubt, ihm dies zu sagen und ihn dessen zu versichern.

Nach allem, was ich bereits gesagt habe, ist das ja auch nur selbstverständlich. Er hatte überall Freunde, denn man hatte volles Vertrauen in seine europäischen Überzeugungen, und seine große Aufgeschlossenheit für die Probleme der anderen brachte ihm die Sympathie aller ein.

Natürlich haben alle Länder ihre eigenen Schwierigkeiten, aber er ist immer davon ausgegangen, daß Europa vor allem in der Suche nach einem Gemeinwohl besteht, das über den egoistischen Interessen seiner Staaten steht, und es ist klar, daß Verteidigung und durch Schaffung eines großen Marktes erzielter wirtschaftlicher Fortschritt das Gemeingut aller sind. Das soll nicht heißen, daß die nationalen Interessen darum geopfert werden müßten, doch man muß es verstehen, ihnen Schranken zu setzen, denn Europa ist wohl auf der einen Seite Einheit in der Vielfalt, aber auf der anderen Seite auch Befolgung von gemeinsam festgelegten Regeln, was besonders im rechtlichen Bereich zur Geltung kommt, wo Gemeinschaftsrecht nationales Recht bricht.

Diese Bemerkung gibt bedauerlicherweise Anlaß zu einer weiteren. Man muß nämlich letztlich eingestehen, daß es nach den politischen und parlamentarischen Pioniertaten dann zu jener Verirrung kam, dem »Kompromiß von Luxemburg«, der die Arbeit der Institutionen immer noch schwer belastet. Während die Verträge Mehrheitsabstimmungen vorsehen und lediglich den Vorbehalt machen, daß die

sogenannten »vitalen« Interessen jedes einzelnen Mitgliedsstaats zu respektieren sind, sind seit 1966 einstimmige Beschlüsse zur Regel geworden, und jede kleinste administrative Besorgnis des einen oder anderen Landes kann das ganze System blockieren. Zwangsläufig verschärft die Erweiterung der Gemeinschaft von damals sechs auf heute zehn und bald zwölf Mitglieder diese Situation zusätzlich.
Noch schwerer wiegt, daß ein einzelnes Mitgliedsland die anderen sogar daran hindern kann, grundlegende Probleme zu erörtern, wie es in Athen der Fall war, wo der griechische Außenminister sich nach der Affäre um die südkoreanische Verkehrsmaschine mit dem Vorwand, darüber zu sprechen sei unangebracht, weigerte, die internationalen Folgen dieses Akts der Luftpiraterie auf die Tagesordnung zu setzen.
Angesichts der schwerwiegenden Probleme, vor die sich die Gemeinschaft gestellt sieht, können solche Praktiken nicht länger geduldet werden.
Gaston Thorn, ein Liberaler, auf den ich mich ebenfalls immer gern berufe, hat darauf in einer Rede zum Thema »Europa muß regiert werden« nachdrücklich hingewiesen, die er während der Februartagung 1984 vor dem Europäischen Parlament hielt; gegenwärtig wird Europa nicht regiert und kann es auch unter den gegebenen Arbeitsbedingungen nicht werden.
Es muß jedem einleuchten, daß das Europa der Zehn und erst recht das Europa der Zwölf von morgen sich nicht mehr mit Praktiken abfinden darf, die durch zunehmende Verfälschung des institutionellen Systems der Gemeinschaft denjenigen internationaler Organisationen und diplomatischer Konferenzen gleichen. Europa muß Buchstaben und Geist der Verträge wiederentdecken und den ungeschriebenen Grundsatz der Einstimmigkeit fallenlassen, der, wie ein bedeutender französischer Jurist sagte, »gleichbedeutend ist mit der vollständigen Lähmung jeder politischen Organisation und unweigerlich bedenklichste Kompromisse und unwürdigstes Gefeilsche mit sich bringt«.
So würde die Kommission wieder zu jenem Vorschlags- und Anregungsorgan, das sie immer hätte bleiben müssen. Jedenfalls würde die Mehrheitsabstimmung wieder zur allgemeingültigen Regel und die Einstimmigkeit zur Ausnahme bei den Beschlüssen des Rates. Und

das Parlament, das in Haushaltsfragen bereits echte Befugnisse hat, aber weiterer Befugnisse bedarf, wäre in der Lage, wirklich der Stimme der Völker Europas, welche es im gemeinschaftlichen Entscheidungsprozeß vertritt, Gehör zu verschaffen.
Ich bin sicher, daß Walter Scheel mir hierin zustimmen wird, denn seit er sein Amt nicht mehr innehat, hat er nicht aufgehört, deutlich zu machen, daß ihn die Fragen Europas nach wie vor unvermindert beschäftigen. Er hat dies bewiesen, indem er den Vorsitz der »Europa-Union Deutschland« und des »Deutschen Rates der Europäischen Bewegungen« annahm und weiter als aktiver Verfechter der europäischen Sache auftritt, was mich nicht in Erstaunen versetzt, war er doch schon immer bemüht, die Gründe zu verstehen, aus denen die europäischen Länder unterschiedliche Positionen vertreten, und seinerseits Lösungen zu finden, die sie einander näherbringen könnten.
Zweifellos war es diese Integrationsfähigkeit, die ihn Bundespräsident der Bundesrepublik Deutschland hat werden lassen, denn was international gilt, gilt auch auf nationaler Ebene; diesen Präsidenten am 9. Mai 1975 zur Feier des 25. Jahrestags der Schuman-Erklärung im Salon de l'Horloge des Außenministeriums in Paris zu empfangen, war uns eine Freude und eine Ehre.
Im Beisein von Jean Monnet wurden damals all die hervorragenden Baumeister Europas in der ihnen zukommenden Weise geehrt, und unter ihnen konnte Bundespräsident Walter Scheel seinen gerechten Anteil an der kollektiven Ehrung entgegennehmen.
Dies war ein großer Augenblick in der Geschichte unserer Waffenbrüderschaft im Dienste Europas, ein Augenblick, an den ich sehr gern zurückdenke.
Dank dem in diesem hohen Amt erworbenen Ansehen und seinen gegenwärtigen Tätigkeiten wird Walter Scheel sicherlich eine wichtige Rolle in den kritischen Stunden spielen können, die wir gerade erleben und die, wie mir scheint, ihre Ursache in einer Verkennung der Gegebenheiten haben.
Denn wer da glaubt, es sei unüberwindliches Schicksal, daß ein einzelnes Land durch sein Veto jede mögliche Verständigung und damit jede Möglichkeit für den Fortschritt der anderen Mitglieder der Gemeinschaft zunichte machen kann, der irrt.

Wir haben doch durchaus erlebt, daß keine Katastrophe eintritt, wenn bestimmte Länder mit den Vereinbarungen der anderen nicht einverstanden sind. So war es, als Großbritannien sich weigerte, dem Europäischen Währungssystem, dem EWS, beizutreten. Möglicherweise wird es das eines Tages tun. Ja, ich möchte hinzufügen, daß ich diese Möglichkeit für die plausibelste halte und es mithin keinen Grund gibt, endlos auf eine allgemeine Verständigung über einen auf Erneuerung abzielenden europäischen Beschluß zu warten.

Das weckt übrigens alte Erinnerungen in mir. Als man Robert Schuman zum Vorwurf machte, daß er seine Erklärung vom 9. Mai 1950 ohne vorherige britische Zustimmung veröffentlicht hatte, sagte er seinen Kritikern: »Ach, wissen Sie, das ist gar nicht so schlimm; es ist doch klar, daß, wenn wir morgen Erfolg haben, die Engländer sich uns anschließen werden.«

Die Zukunft sollte ihm recht geben.

Auf jeden Fall bin ich mir angesichts des Zustands Europas und der unerklärlichen Unfähigkeit unserer Länder, sich zu einigen, um die gemeinsame Herausforderung anzunehmen, der sie nur in geeinter Front und mit gemeinsamen Antworten begegnen können, sicher, daß der ehemalige Bundespräsident und jetzige Vorsitzende der Europa-Union Deutschland sich dafür einzusetzen wissen wird, den Verantwortlichen in der Gemeinschaft seinen Glauben, seinen Willen zu vermitteln, denn diese sind die beste Gewähr für den Erfolg jeder menschlichen Unternehmung. Und das Unternehmen Europa, das Walter Scheel mitbegründet und für das er unablässig gekämpft hat, ist in erster Linie eine solche menschliche Unternehmung.

Dafür danke ich ihm schon jetzt sehr herzlich.

Walter Scheel

Entwicklungsländer zu Freunden machen

Politische Entscheidungen werden nun einmal, gleichgültig wo, mehr oder weniger nach dem quantitativen System und in internationalen Organisationen und Gremien getroffen, in denen abgestimmt wird. Um die jungen Völker, um die Entwicklungsstaaten bewerben sich nicht nur wir, die Völker des freien Westens, sondern in erster Linie die bolschewistischen Völker, an der Spitze die Russen. Wenn sie es auch mit Phrasen tun, so haben selbst Phrasen auf diese jungen souveränen Völker manchmal eine verheerende Wirkung.

Wir sind heute aufgerufen, diese Entwicklungsstaaten von der Überlegenheit unserer Ordnung zu überzeugen, und das geht nicht mit einfachen Alternativen, wie man sie so häufig hört. Die Alternative Ost–West besagt in diesem Zusammenhang gar nichts. Denn was ist Osten und was ist Westen? Der Bolschewismus ist in den Augen eines Inders naturgemäß nicht eine östliche, sondern eine westliche Einrichtung, weil er europäischen Ursprungs ist. Diese einfache Alternative gibt es also nicht. Auch die Alternative: hier Bolschewismus, dort Christentum gibt es in diesen Ländern nicht. Wir müssen die Überlegenheit einer Gesellschaftsordnung und einer Wirtschaftsordnung unter Beweis stellen.

Der Siegeszug der europäischen Kultur und der Zivilisation, der ja mit der Expansion im Kolonialzeitalter begonnen hat, hat seine Wirkung auf die Entwicklungsländer nicht verfehlt. Wir müssen heute den Versuch machen, unseren kulturellen Einfluß weiter expansiv zu gestalten. In diesem Rahmen hat Europa eine ganz besondere Aufgabe, nicht das Europa der EWG, sondern das ganze Europa;

Rede im Europäischen Parlament am 15. Januar 1959

denn Europa ist nun einmal der Teil der Welt, der diesen jungen Völkern gegenüber mit dem Kolonialzeitalter behaftet ist.
Wir wollen hier in aller Offenheit aussprechen, daß das Kolonialzeitalter sehr viele Leistungen hervorgebracht hat. Ich wundere mich immer darüber, daß man von diesen Leistungen des Kolonialzeitalters überhaupt nicht mehr spricht oder zu sprechen wagt.
Sie wissen, ich gehöre einem Volk an, das – ich gebe es offen zu – durch einen weltpolitischen Zufall, glaube ich, in den letzten vierzig Jahren keinerlei koloniale Geschichte zu verzeichnen hat. Aber ich bin mir darüber im klaren, daß auch wir Deutschen die gleiche Verantwortung bei der Überwindung des Kolonialzeitalters, beim Schaffen eines neuen Verhältnisses zwischen den europäischen Völkern und der farbigen Welt zu tragen haben.
Die Europäisierung in diesen Gebieten schreitet nämlich fort. Sie ist gar nicht zu Ende. Die Unruhe, die heute in diesen Völkern entstanden ist, der aufbrandende Nationalismus, sind gar keine Auflehnung gegen die Europäisierung, sondern sie sind die drängende Ungeduld, zu einer Gleichstellung mit Europa zu kommen.
Diese Ungeduld in den Völkern wird vor allem von den bolschewistisch regierten Staaten, von Rußland, auch von China, skrupellos ausgenutzt. Es sind manchmal erschreckende Erfahrungen, die man macht, wenn man durch diese Gebiete reist. Ich hatte in den letzten Jahren häufig Gelegenheit, sogenannte Entwicklungsländer, junge, souveräne Staaten, zu besuchen, und ich muß gestehen, daß mich die Erfahrungen solcher Reisen betrübt gestimmt haben.
In diesen Ländern ist das öffentliche, das allgemeine Bewußtsein für das Vorhandensein des bolschewistischen Rußland ungemein stark. Man weiß dort, was Rußland ist, was es will und was es verspricht. Es gibt auch ein öffentliches Bewußtsein für das Vorhandensein der USA, ja, es gibt neuerdings ein öffentliches Bewußtsein für das Vorhandensein beispielsweise der Vereinigten Arabischen Republik. Man weiß, was das ist, was diese Republik will und was sie den Völkern verspricht. Es fehlt das Bewußtsein, daß es ein Europa gibt.
Man redet und diskutiert heute viel über beispielsweise die »african personality« oder die »asien personality«. Aber nirgendwo habe ich in diesen Ländern einmal das Gefühl vorgefunden, daß es eine »european personality« auch nur ansatzweise geben könne.

Die europäischen Einigungsbestrebungen, denen wir hier dienen, haben keinerlei Echo in diesen Ländern, mit denen sich unser Ausschuß speziell zu befassen hat. Es ist diesen Ländern gar nicht zum Bewußtsein gekommen, daß sich auch bei uns etwas vollzieht. Das Bewußtsein aber in diesen selbständiger werdenden Völkern, daß man es nunmehr nicht mit einer ehemaligen Kolonialmacht, sondern mit einer neuen europäischen Wirklichkeit zu tun hat, würde erst die Dynamik schaffen, die ein neues Verhältnis zwischen den europäischen Völkern und der farbigen Welt benötigt.

Die Einigung Europas hat große Schwierigkeiten; davon konnten wir alle uns gerade vor einigen Tagen hier überzeugen. Wir haben unsere Gemeinschaft, die Europäische Wirtschaftsgemeinschaft. Aber die Freihandelszone kommt nur sehr schwer vorwärts. Es gibt sicherlich viele Bedenken, es gibt auch viele Befürchtungen, daß sie in dem einmal vorgesehenen Rahmen gar nicht zustande kommen kann.

Ich habe das Gefühl, daß wir über solchen Verhandlungen über handelspolitische Details überhaupt den Maßstab für die ungeheuren politischen Gefahren dieser Welt und für die gigantischen Aufgaben verlieren, die in dieser Welt auf uns warten. Wenn es neben der EWG, die existent ist, eine weitere europäische Organisation, ein weiteres Zusammenrücken in Europa geben muß, dann ist es auf diesem Gebiete, auf dem Gebiete der Zusammenarbeit mit den jungen Nationen der farbigen Welt.

Ist es nicht erschreckend, daß in Asien und in Afrika in einer dichten Reihenfolge bedeutende politische und wirtschaftspolitische Konferenzen stattfinden – ich erinnere an die verschiedenen Konferenzen in Kairo, in Akkra und an anderen Plätzen Afrikas und auch Asiens –, ohne daß dort die Stimme Europas zu vernehmen ist? Ist es nicht erschreckend, daß die Russen auf allen diesen Konferenzen anwesend sind und sich zu Wort melden, ohne daß man von dem Dasein Europas überhaupt etwas spüren kann?

Dann kommt es dazu, daß es, wie auf der afro-asiatischen Konferenz in Kairo, eine Entschließung gibt, die lautet: »Die Konferenz verurteilt den europäischen Gemeinsamen Markt, der die Bestrebungen der Völker, sich von der Kolonialherrschaft frei zu machen, zu unterdrücken sucht.«

Es ist unsere Nachlässigkeit, wenn das passieren kann!

Ich möchte hier dazu aufrufen, daß wir unseren Teil dazutun, diese Verhältnisse zu ändern. Die EWG-Partnerstaaten, die hier vertreten sind, die Staaten, die zu überseeischen Ländern und Gebieten besondere Beziehungen unterhalten, bemühen sich, den Völkern, zu denen sie diese Beziehungen unterhalten, in sinnvoller Weise das Hineinwachsen in eine immer größere Souveränität zu ermöglichen.
Aber wir müssen das deutlich machen, wir müssen es gemeinsam deutlich machen. Sonst wird die Entwicklung über uns hinwegrollen. Wir können auch nicht die Augen verschließen vor Bewegungen, die gerade in jüngster Zeit auf dem afrikanischen Kontinent erkennbar sind.
Ich erinnere an das Verhältnis von Guinea zu Ghana, an Besprechungen zwischen diesen Ländern und an weitergehende Diskussionen, die ihren Niederschlag in einigen Konferenzen der jüngsten Zeit gefunden haben. Wir können unsere Augen nicht davor verschließen, daß im Jahre 1960 mit Sicherheit vier Gebiete Afrikas die volle Souveränität erhalten. Ich meine das unter italienischer Treuhänderschaft stehende Somaliland, ich meine Togo, Kamerun, Nigeria und alles, was damit zusammenhängt.
Alles das erfordert Überlegungen und Kontakte, die über den Rahmen unserer Wirtschaftsgemeinschaft hinausgehen; denn sonst geraten wir in anderen Kontinenten in Schwierigkeiten, denen wir hier in Europa durch gemeinsame Bestrebungen der Integration zu entgehen versuchen. Auch das ist eine Aufgabe, die im Rahmen unserer Arbeiten eine Rolle spielen sollte.
Mögen doch die europäischen Völker ihre Aufgabe frühzeitig erkennen, eine gemeinsame Haltung und Zusammenarbeit zustande zu bringen, nicht nur um sich selber damit zu nützen, sondern um auch anderen besser helfen zu können!
Die EWG hat in diesem Rahmen eine ganz besondere Aufgabe; denn wir sind die einzigen, die bereits über Organe verfügen, wenn diese auch nur einen Teil Europas repräsentieren. Daß diese Organe besser, als es bisher geschehen ist, eingesetzt werden, ist mein Anliegen.
Wir sollten nicht nur den im Vertrag genannten Gebieten gegenüber politisch aktiv werden, sondern ich halte es für ungemein wichtig, daß wir auch in den souveränen Gebieten der farbigen Welt, wo die politischen Kristallisationspunkte der Dynamik einer Entwicklung

heute sichtbar sind, gemeinsam vertreten sind. Wir haben ja die technischen Mittel dazu.
Wir sollten die Möglichkeiten, die uns gegeben sind, mehr als bisher ausnutzen. Es wäre daran zu denken, etwa gemeinsame Interessenvertretungen in souveränen überseeischen Staaten für uns zu schaffen. Es wäre möglicherweise auch daran zu denken, auf dem rein wirtschaftlichen Gebiet zu gemeinsamen Anstrengungen zu gelangen.
Man überlege etwa, was es heißen würde, wenn die europäischen Völker bei den Investitionen, die nötig sind, ihre Anstrengungen vereinigten, etwa indem sie zu diesem speziellen Zweck eine Investitionsbank gründeten. Nun werden Sie sagen: Verwirren Sie doch das Bild nicht! Wir haben doch die Weltbank, und da sollte man alles zentralisieren.
Das mag ganz nüchtern wirtschaftspolitisch, währungspolitisch und finanzpolitisch weise und sinnvoll sein. Politisch – im Kern politisch betrachtet – ist es nicht weise. Denn wir Europäer – das habe ich soeben gesagt – haben im Zuge der einsetzenden Entwicklung eine besondere Aufgabe, die aus unserer Geschichte zu verstehen ist. Diese Aufgabe kann nicht von weltweiten Institutionen erfüllt werden, sondern wir müssen darüber hinaus selber sichtbar, fühlbar etwas tun.
Ich habe mir erlaubt, diese persönlichen Bemerkungen zu machen, weil ich glaube, daß die zukünftige Arbeit unseres Parlaments in dieser Hinsicht fruchtbringende Impulse auslösen kann, Impulse, die unter dem Gesichtspunkt des Artikels 131 unseres Vertrages zu sehen sind, dem wir ja dienen und in dem es heißt: Entsprechend den in der Präambel dieses Vertrages aufgestellten Grundsätzen soll die Assoziierung in erster Linie den Interessen der Einwohner dieser Länder und Hoheitsgebiete dienen und ihren Wohlstand fördern, um sie der von ihnen erstrebten wirtschaftlichen, sozialen und kulturellen Entwicklung entgegenzuführen.

Simone Veil

Europa, eine politische und demokratische Realität

Mit Walter Scheel hat 1958 ein Kapitel im damaligen Europäischen Parlament begonnen, auf das die Liberalen heute zu Recht stolz sein können: Der große deutsche Staatsmann war der erste liberale Vorsitzende des heute so benannten Ausschusses für Entwicklung und Zusammenarbeit und hat damit eine Tradition begründet, die fortdauert. Nachdem Walter Scheel aus dem Europäischen Parlament ausgeschieden war, übernahmen andere bekannte Liberale den Vorsitz dieses Ausschusses: Gaston Thorn, der spätere Präsident der EG-Kommission, Colette Flesch, die dann luxemburgischer Außenminister wurde, und schließlich bis zum heutigen Tage Michel Poniatowski, der ehemalige französische Innenminister. Alle – wie ich selbst – Mitglieder der Liberalen Fraktion des Europäischen Parlaments.

Leider habe ich selbst nicht das Vergnügen gehabt, im Europäischen Parlament und dessen Liberaler Fraktion gleichzeitig mit Walter Scheel zusammenzuarbeiten. Trotzdem habe ich seit 1979 die Möglichkeit bekommen, das politische und menschliche Feingefühl dieses Mannes kennenzulernen, sei es bei Begegnungen im Rahmen der Europäischen Bewegung oder bei den Treffen der Liberalen Internationalen und der Europäischen Liberalen und Demokraten.

Welch große Fortschritte – trotz aller aktuellen Rückschläge – die europäische Einigung gemacht hat, läßt sich aus einem Ausschnitt der Rede Walter Scheels vom 15. Januar 1959 vor dem Europäischen Parlament aufzeigen:

»Die europäischen Einigungsbestrebungen, denen wir hier dienen, haben keinerlei Echo in diesen Ländern, mit denen sich unser Ausschuß speziell zu befassen hat. Es ist diesen Ländern gar nicht zum

Bewußtsein gekommen, daß sich auch bei uns etwas vollzieht. Das Bewußtsein aber in diesen selbständiger werdenden Völkern, daß man es nunmehr nicht mit einer ehemaligen Kolonialmacht, sondern mit einer neuen europäischen Wirklichkeit zu tun hat, würde erst die Dynamik schaffen, die ein neues Verhältnis zwischen den europäischen Völkern und der farbigen Welt benötigt.«

Wie sich doch die Welt in 25 Jahren verändert! Angesichts der Alltagsprobleme hat sich das Bewußtsein der Menschen im Europa der Zehn über diese Europäische Gemeinschaft verflacht, außerhalb der EG aber, und zwar vor allem in den über 60 Staaten, mit denen Europa die AKP-Abkommen abgeschlossen hat, wird diese Gemeinschaft anerkannt, respektiert, beachtet, ja ob seines Wohlstands manchmal sogar beneidet, auf jeden Fall aber als fairer Partner – und nicht als Kolonialmacht – betrachtet.

Walter Scheel selbst hat diese Entwicklung 1972 in einem Gespräch mit Willy Zirngibl so gesehen: »Die Politik der europäischen Einigung ist in volle Bewegung geraten. Große Probleme wurden gelöst, die viele Jahre die Fortentwicklung der Europäischen Gemeinschaft behindert hatten. ... Schließlich sollte man nicht übersehen, daß auch die Alltagsarbeit in Brüssel, die keine Schlagzeilen macht, mit Elan weitergeht.«

Wenn man die Lage des europäischen Aufbaues mit einem gewissen Abstand betrachtet, wird man sich bewußt, daß man schon seit Jahren behauptet, daß Europa im Sterben liegt, daß es in Europa keine Fortschritte gibt, daß Europa blockiert ist. Doch jedesmal haben wir einen plötzlichen Aufschwung erlebt, der dazu beigetragen hat, die Krise zu überwinden und Kompromisse zu schließen. Aber wir müssen vorsichtig sein, denn der Weg ist noch lang und selbst der beste Wille wird einmal schwach. Wir neigen dazu, zu glauben, daß innerhalb Europas auf wirtschaftlicher und sozialer Ebene Verbindungen gefestigt wurden und sich so viele Gemeinsamkeiten entwikkelt haben, daß es uns unmöglich erscheint, daß es sie eines Tages nicht mehr geben könnte. Man weiß jedoch nie, was passieren kann. Mangels Fortschritten droht Europa, allzuoft mit schweren Krisen konfrontiert, ausgeklammert zu werden, was in der Realität zu seiner völligen Lahmlegung führen würde.

Man kann sich über die Entwicklung dieser politischen Zusammenarbeit freuen, aber man darf nicht vergessen, daß sie eine eigene Daseinsberechtigung haben sollte und sich gleichzeitig in der Europäischen Gemeinschaft selbst fortsetzen sollte.

Natürlich werde ich auch nicht vergessen, daß die Direktwahlen zum Europäischen Parlament eine der positiven Verwirklichungen der letzten Jahre sind. Ohne näher darauf eingehen zu wollen, würde ich jedoch sagen, daß für die Glaubwürdigkeit Europas, die sich meines Erachtens sowohl auf die verstärkte politische Zusammenarbeit als auch auf die Dynamik der Europäischen Gemeinschaft gründet, das Parlament ihr eigentlicher Drehpunkt und ihre Grundlage ist.

Selbst wenn dies innerhalb der Gemeinschaft nicht klar genug empfunden wird, so scheint mir, daß Europa in der übrigen Welt, aufgrund der Tatsache, daß es das Parlament gibt und daß es in Direktwahlen gewählt wurde, eine politische und demokratische Realität ist. Die Existenz des Parlaments selbst gibt der Europäischen Gemeinschaft ihre wirkliche Dimension, besonders hinsichtlich der politischen Zusammenarbeit. So werden die Stellungnahmen unserer Versammlung, deren Bedeutung der Rat nicht immer erkennt, von den betroffenen Ländern außerhalb der Gemeinschaft mit großer Aufmerksamkeit verfolgt.

Noch immer bin ich darüber erstaunt, daß sich der Ministerrat und der Europäische Rat die Glaubwürdigkeit, den Einfluß, aber auch die Gegenkraft des Europäischen Parlaments nicht zunutze machen. Es liegt doch auf der Hand, daß im Bereich der internationalen Politik das Handeln der Regierungen manchmal auch die Existenz eines Gegengewichtes braucht, zumal es kein demokratischeres Gegengewicht gibt als das direkt gewählte Europäische Parlament.

Walter Scheel war, das beweist unter anderem seine Rede vor 25 Jahren im Europäischen Parlament, ein Parlamentarier, der für die Sache der Entwicklungspolitik im Parlament der Europäer Pionierarbeit geleistet hat. Diese Arbeit hat er auch als bundesdeutscher Entwicklungshilfeminister konsequent vorangetrieben. Und auch als Vertreter des Liberalismus hat er auf nationaler, auf internationaler und auf europäischer Ebene seine Überzeugungen kraftvoll optimistisch vertreten.

Sehen wir uns das Ende dieses Jahrtausends mit offenen Augen an. Es ist voller Schwierigkeiten, voller Widersprüche. Seien wir nicht blind oder ängstlich, akzeptieren wir, diese Widersprüche zu sehen, mit ihnen zu leben, sie zu meistern.

Der Liberalismus ist keine Lehre des »Laisser-faire« oder »Laisser-aller«, wie manche es gern behaupten. Es ist keine Lehre, die sich darauf beschränkt, die Rechte des Individuums gegenüber Haltungen und Zwängen, die ihre volle Entfaltung einschränken könnten, zu verteidigen. Die, die sich zum Liberalismus bekennen, haben auch die Verantwortung, die Ausübung dieser Rechte durch eine angemessene Organisation der Gesellschaft zu fördern. Denn die wahre Freiheit jedes einzelnen ist die, die es erlaubt, sie uneingeschränkt zu nutzen. Sie ist nicht nur das Recht auf Freiheit, sondern auch der Genuß der Freiheit. Es geht also darum, gegen alle Kräfte, gegen alle Zwänge zu kämpfen, die der Nutzung dieser Freiheiten entgegenwirken. Die Kräfte und Zwänge, die von Gruppen ausgeübt werden, Kräfte und Zwänge, die von Individuen ausgeübt werden. Und heute setzt dies alles voraus, daß man den zahlreichen Widersprüchen der modernen Welt Rechnung zu tragen weiß.

Liberalismus, das darf nicht bedeuten, daß man alles geschehen läßt und sich gehen läßt, sondern daß man den Willen hat, etwas zu tun, dank der Entfaltung der individuellen Fähigkeit zu handeln.

Dies ist in der Tat die Aufgabe der Liberalen aufgrund des Beitrags, den sie schon – wie Walter Scheel – zum Aufbau Europas geleistet haben, aber besonders, weil es zutiefst ihrer Auffassung, ihrer Ideologie entspricht, die Gemeinschaft wieder zum Leben zu erwecken und ihr so die Kraft zu geben, sich der Zukunft zu stellen.

Walter Scheel

Zusammenarbeit von Staat und Wirtschaft in den Entwicklungsländern

Zum Thema »Zusammenarbeit von Staat und Privatwirtschaft im Entwicklungsprozeß« scheint mir zunächst ein kurzer Blick auf das Verhältnis von Staat und Privatwirtschaft in den sogenannten Geberländern der Entwicklungshilfe notwendig. Bei diesen Geberländern sind heute wesentliche Aufgaben in staatlichen Händen – so zum Beispiel die Atomtechnik, die Raketenentwicklung, der Satellitenbau, ferner in Europa vielfach die Flugzeugindustrie, zahllose öffentliche Versorgungsbetriebe sowie eine ganze Reihe anderer wirtschaftlicher Bereiche. Ist es unter diesen Umständen nicht ganz natürlich, daß in den Entwicklungsländern moderne technische und wirtschaftliche Organisationsgebilde von dort bisher ungewohnter Größe und Kapitalkonzentration vom Staat aufgebaut werden, insbesondere dann, wenn die traditionellen Handels- und Gewerbebetriebe aus Kapitalmangel oder wegen fehlender Währung nicht bereit sind, die neuen Risiken einzugehen, oder wenn eine nennenswerte Privatwirtschaft überhaupt fehlt?!

Mit dieser Feststellung ist noch nichts über das wirtschaftliche Ordnungssystem ausgesagt. Ist es doch ohne Schwierigkeiten möglich, daß einzelne Industrien in staatlichen Händen liegen und daß trotzdem eine freie Marktwirtschaft existiert. Das Wesen einer freien Marktwirtschaft liegt, wie wir alle wissen, in der freien Konsumwahl, dem ungehinderten Zugang zu den Märkten und dem freien Spiel von Angebot und Nachfrage, dem ständigen Leistungsreiz im freien, das heißt, nicht durch offene oder versteckte Subventionen und

---

Rede vor dem Internationalen Management Kongreß (CIOS-Kongreß) am 17. September 1963

Reglementierungen verzerrten Wettbewerb. Unter diesen Voraussetzungen wird eine freie Marktwirtschaft nicht dadurch beeinträchtigt, daß auch der Staat Eigentum an Gesellschaftsanteilen besitzt.

Zwischen Staatsdirigismus und privatem Gewinnstreben

Das Verhältnis von Privatwirtschaft und Staat ist auch keine Frage eines ideologischen Standortes, sondern eine Frage der pragmatischen Lösung konkreter wirtschaftlicher und entwicklungspolitischer Aufgaben. Jeder Blick in die Geschichte beweist das. Das Zusammenwirken von Staat und Privatwirtschaft hat im Entwicklungsprozeß der Völker immer entsprechend dem Kräfteverhältnis beider Partner und den jeweiligen Aufgabenstellungen wechselnde Formen angenommen. In der Gegenwart stehen wir wieder vor der Frage nach dem Verhältnis von Staat und Privatwirtschaft in der wirtschaftlichen Entwicklung. Der Kampf um die Unabhängigkeit hat in den Entwicklungsländern den Staat zum Träger des politischen, wirtschaftlichen und sozialen Umschichtungsprozesses werden lassen. Wesentliche neue Aufgaben sind mit den Kräften der traditionellen Gesellschaft allein einfach nicht mehr zu bewältigen. Die Entwicklungsländer stehen vor der harten Notwendigkeit, zu arbeiten, diese Arbeit zu organisieren und zu intensivieren, Kapital zu bilden und zu verzinsen und vor allem durch breit angelegte Erziehungsprogramme die geistigen Voraussetzungen für eine produktive Mitarbeit aller Bevölkerungsgruppen an diesem Wandlungsprozeß zu schaffen. Ohne ein großes Maß an weitsichtiger Vorausschau und vernünftiger Programmierung der knappen Mittel wird man dabei kaum auskommen.
Die Grundlage einer jeden wirtschaftlichen Entwicklung, ein auf die Notwendigkeiten des Entwicklungslandes zugeschnittenes Erziehungswesen, ist ohne den Staat nicht realisierbar. Auch die in vielen Ländern dringend erforderlichen Sozialreformen, insbesondere im Hinblick auf eine Landreform unter gleichzeitiger Unterstützung der neuen unabhängigen Bauern durch ein modernes Beratungs- und Kreditwesen – etwa in der bewährten Form von Genossenschaften – können, wie die Erfahrung gezeigt hat, nur mit einem gewissen staatlichen Druck auf die Feudalschicht durchgesetzt werden. Ebensowenig ist, wie ich vorhin in anderem Zusammenhang sagte,

im industriellen Sektor auch aus der Sicht einer liberalen Wirtschafts- und Entwicklungspolitik grundsätzlich etwas dagegen einzuwenden, daß der Staat in den risikoreichen Branchen die Initiative übernimmt. Es stellt sich damit die Frage, wie eine ausgewogene Zusammenarbeit staatlicher und privater Kräfte realisiert werden kann; eine solche fruchtbare Ergänzung beider Kräfte ist von der Sache her unbedingt nötig. Lähmender Staatsdirigismus nach der einen und privates Gewinnstreben nach der anderen Seite, in unerfreulichem Maße besonders sichtbar in gewissen Erscheinungsformen des Handels, im Geldverleih und beim Bau von Luxusappartements, kennzeichnen die Extreme, zwischen denen es in den Entwicklungsländern zu einer wirkungsvollen Koordinierung von staatlichen Initiativen und privatwirtschaftlicher Betätigung zu kommen gilt.

Wechselnde Schwergewichte in der Wirtschaftsentwicklung

Doch die Schwierigkeiten liegen auf der Hand: in erster Linie der Mangel an Unternehmerpersönlichkeiten, die bereit und in der Lage sind, die Risiken einer neuen Produktion oder sonstigen Funktion zu übernehmen, solange in den traditionellen Betätigungsfeldern sichere Gewinne möglich sind, ferner die Hemmnisse durch fehlende Facharbeiter, durch die Marktenge und die fehlende Marktübersicht, außerdem durch die mangelnde Infrastruktur zum Beispiel in der Energieversorgung und im Transportwesen und nicht zuletzt durch die Unsicherheit, ob nicht früher oder später mit einer Verstaatlichung gerechnet werden muß.
Ich möchte die Stellungnahme der Clay-Commission, daß der freien Wirtschaft in jedem Entwicklungsprogramm eine wesentliche Bedeutung beikomme, weil der private Sektor in Zusammenarbeit mit einer gesunden Arbeiterbewegung und gestützt auf ein aufgeklärtes Unternehmertum den größten Beitrag zu einer schnellen wirtschaftlichen Entwicklung leisten könne, mit Nachdruck unterstreichen. Zugleich bin ich mir aber der Notwendigkeit bewußt, daß staatliche Initiative auf einer ganzen Reihe von Bereichen die Grundlagen für eine Entfaltung der privatwirtschaftlichen Betätigung erst legen muß. Es gibt keine Alternative von Staat und Privatwirtschaft im Wachstumsprozeß, wir müssen den Dualismus beider anerkennen.

Beider Initiative, Kraft und Eigenart sind erforderlich, und in ihrer Beziehung zueinander kann es sich nur um wechselnde Schwergewichte im Zuge der Wirtschaftsentwicklung handeln.
Ebensowenig wie im Empfängerland ist auf der Seite des Geberlandes, was die Förderung der Entwicklungsländer angeht, eine Fragestellung Privatwirtschaft oder Staat sinnvoll. Regelmäßig haben Privatwirtschaft und Staat im Rahmen der Entwicklungspolitik spezifische Aufgaben zu erfüllen.
1. Die staatliche Entwicklungshilfe in Form von Kapitalhilfe, Technischer Hilfe, Bildungs- und Sozialhilfe hat als wesentliche Aufgabe die Schaffung bzw. Erweiterung der Infrastruktur: nämlich die Energieerzeugung, das Verkehrswesen, die Grundstoffindustrie, die Hilfe bei der Ausbildung von Fachleuten, beim Ausbau des Gesundheitsdienstes, des Schulwesens usw.
2. Die privatwirtschaftliche Aktivität zielt auf die rentable Investition im Entwicklungsland, und zwar vorwiegend auf die industrielle Betätigung. Die Privatwirtschaft setzt Kapital ein, unternimmt Marktanalysen, bildet das erforderliche Personal aus und stellt mittleres und höheres Management. Das Entwicklungsland erhält nicht nur bei der üblichen Form des »joint venture« eine industrielle Anlage mit entsprechenden Einkommens- und Beschäftigungswirkungen, sondern im Kontakt mit der ausländischen Belegschaft die noch wertvolleren Erfahrungen moderner Betriebsführung, des kalkulatorisch-organisatorischen Planens, des Kosten-Ertrags-Denkens und anderer Dinge auf lange Sicht.
Im Idealfall stellt die staatliche Entwicklungshilfe das Pre-Investment für privatwirtschaftliche Investitionen dar. Ein wirkungsvolles Hilfsprogramm sollte die gegenseitige Ergänzung staatlicher und privatwirtschaftlicher Bemühungen zum Ziel haben und von vornherein in diesem Sinne konzipiert werden.

Privatwirtschaftliche Schwierigkeiten – Vorbehalte in Entwicklungsländern

Ich bin mir der Schwierigkeiten auf seiten der Privatwirtschaft bewußt, welche diesen Idealfall trotz Vorliegens der äußeren Voraussetzungen oder der Möglichkeiten hierzu immer wieder in Frage stellen. Nicht jede private Auslandsinvestition ist entwicklungsfördernd. Manche ist nur entwicklungsneutral, vielleicht sogar entwicklungshemmend – so etwa eine Anlage, welche eine billige Massenfabrikation ermöglicht und damit das entwicklungsfähige, aber noch nicht konkurrenzfähige einheimische Klein- und Mittelgewerbe aus dem Markt drängt.

Spürbarer aber noch sind die Vorbehalte vieler Entwicklungsländer gegenüber dem privaten Auslandskapital. Sie beruhen keineswegs immer nur auf Angstkomplexen vor »neokolonialistischer Überfremdung«. In diesen Fällen bietet sich als Ausweg das »joint venture«, die gemeinsame Projektbeteiligung von In- und Ausländern an.

Bei solcher Form der Zusammenarbeit erscheint die Furcht vor Überfremdung geringer, weil ein Teil der Entscheidungsgewalt und der Gewinne in der Hand des Entwicklungslandes bleibt. Die positive Einschätzung dieser Art von Hilfe bei den Entwicklungsländern findet sichtbaren Ausdruck in der Gesetzgebung vieler dieser Länder, welche die kapitalmäßige Zusammenarbeit und die personelle Zusammensetzung zwingend oder empfehlend vorschreibt. Der Nachteil ist indessen, daß diese Hilfsform vom ausländischen Investor selten gewählt wird. Partnerschaft läßt sich nun einmal nicht durch Gesetz erzwingen.

Den schwierigsten Fragenkomplex, der auch bei einer liberalen Grundhaltung gegen die unbeschränkte Hereinnahme von privatem Auslandskapital spricht, bildet naturgemäß die Auswirkung auf die Zahlungsbilanz. Solange Auslandsniederlassungen die transferierten Erträge und die zusätzlichen Importe nicht dadurch ausgleichen, daß sie durch eigene Erzeugnisse bisherige Importe ersetzen oder selbst exportieren, belasten sie die Devisensituation des Entwicklungslandes. Ob allerdings mit dem allgemeinen Wirtschaftswachstum auch die äußere Verschuldungsfähigkeit der Entwicklungsländer im gleichen Maße wächst, hängt naturgemäß von der effektiven Importsituation und vor allem von der Absetzbarkeit der einheimischen Rohstoffe und Fertigerzeugnisse im Ausland ab.

Die Hilfe der Industrieländer bei der Industrialisierung der Entwicklungsländer muß jedenfalls, um den damit eingeleiteten Anpassungsprozeß wirksam zu machen, langfristig durch Handelshilfe ergänzt werden, das heißt durch die längerdauernde Bereitschaft, auch gewisse Industrieerzeugnisse aus den Entwicklungsländern zu importieren, eigene Produktionen in diese Länder auszulagern und den langfristig ohnehin unvermeidlichen Prozeß einer neuen weltwirtschaftlichen Arbeitsteilung durch vorausschauende Planung auf lange Sicht zu beschleunigen.

Die entwicklungspolitische Konzeption des sich ergänzenden Einsatzes von staatlicher Hilfe als Pre-Investment und von privatwirtschaftlichen Investitionen, wie wir sie zum Beispiel in der Bundesrepublik Deutschland verfolgen, kommt angesichts der Risiken für den privaten Investor in den Entwicklungsländern ohne staatliche Förderungsmaßnahmen im Geberland nicht aus. Die von Präsident Kennedy im April 1963 in seiner Botschaft zur Entwicklungshilfe an den Kongreß entwickelten Grundsätze zur Förderung der privaten Auslandsinvestitionen in den Entwicklungsländern decken sich deshalb weitgehend mit den Überlegungen, die in der Bundesrepublik zum Aufbau des derzeitigen Systems von Stützungsmaßnahmen für die privatwirtschaftliche Betätigung in den Entwicklungsländern geführt haben. Ich darf Sie hierüber in aller Kürze unterrichten.

System von Stützungsmaßnahmen für die Privatwirtschaft

Die Bundesregierung übernimmt zwar schon seit 1959 Garantien zur Absicherung der besonderen Risiken (Enteignungs-, Kriegs-, Moratoriums- und Transferrisiko) im Zusammenhang mit Direktinvestitionen der deutschen Privatwirtschaft in Entwicklungsländern, hat die Bedingungen dafür aber laufend verbessert. Neben der Kapitalanlage selbst können auch deren Erträge bis zur Höhe von insgesamt 25 Prozent des Einbringungswertes abgesichert werden. Daneben können zinsvergünstigte Sonderkredite aus einem Spezialfonds gewährt werden. Mit einer Reihe von Entwicklungsländern wurden Investitionsförderungsverträge und Doppelbesteuerungsabkommen abgeschlossen und damit die Grundlage für die Entwicklung eines geeigneten Investitionsklimas geschaffen.

Seit 1961 können deutsche Unternehmen eine den steuerpflichtigen Gewinn mindernde Rücklage bilden. Weiterhin werden Ausfuhrgarantien und -bürgschaften gewährt. Auch private Finanzkredite kön-

nen durch Bundesgarantien und -bürgschaften abgesichert werden. Weitere Förderungsmaßnahmen sind in Vorbereitung. Sie beziehen sich insbesondere auf die Zulassung von Sonderabschreibungen auf deutsche Investitionen in den Entwicklungsländern, die steuerlich neutrale Verbringung ganz oder teilweise abschreibbarer Anlagegüter in die Entwicklungsländer und anderes mehr. Für jeden Fachmann ist klar, daß die Sonderabschreibung (die Bundesregierung hat 15 Prozent vorgeschlagen) besonders attraktiv sein kann.
Die im September 1962 gegründete Deutsche Gesellschaft für wirtschaftliche Zusammenarbeit mbH*, deren Kapital in Höhe von 75 Millionen DM vom Bund aufgebracht wird, soll als privatrechtliche Handelsgesellschaft die Zusammenarbeit zwischen deutschen Unternehmen mit solchen in Entwicklungsländern in privatwirtschaftlicher Form und auf der Basis gleichberechtigter Partnerschaft fördern. Durch Kapitalbeteiligungen während der ersten Jahre, die nach Erreichen der Gewinnzone an Private veräußert werden, durch beteiligungsähnliche Darlehen, Garantien, Bürgschaften und Zuschüsse sowie durch Investitions-Beratung soll insbesondere der Aufbau kleiner und mittlerer Betriebe unterstützt werden, um zum Entstehen politisch stabiler und wirtschaftlich tragfähiger Mittelschichten in den Entwicklungsländern beizutragen.

Internationale Zusammenarbeit – Technisch wirtschaftliche Schulung

Eine internationale Zusammenarbeit auf diesem Betätigungsfeld bahnt sich bereits an. Unsere Entwicklungsgesellschaft wird sich zusammen mit der britischen Commonwealth Development Corporation an der Tanganjika Development Finance Company beteiligen und zusammen mit der britischen Gesellschaft gleichartige Einrichtungen in Kenia und Uganda gründen. Wir versuchen auf diesen verschiedenen Wegen, zum Aufbau von Wirtschaftssystemen beizutragen, in denen sich das große Potential individueller Kräfte und Initiativen fruchtbar zu entfalten vermag.

---

* seit 1983 umbenannt in Deutsche Finanzierungsgesellschaft für Beteiligungen in Entwicklungsländern GmbH (DEG)

Aber wichtiger noch als die Aufbringung von Kapital ist vielleicht die Bereitstellung technisch-wirtschaftlichen und organisatorischen Wissens an die Entwicklungsländer, sei es in Form der Schulung in unseren Ländern, sei es in der Entsendung von Fachleuten in die Entbehrungsländer. Zur Zeit befinden sich allein etwa 12000 Praktikanten aus diesen Ländern in der Bundesrepublik Deutschland, von denen etwa 2000 durch öffentliche Mittel von Bund und Ländern gefördert werden, davon 40 Prozent aus dem arabischen Raum, je 19 Prozent aus dem Schwarzen Afrika und Asien, 10 Prozent aus Lateinamerika und 12 Prozent aus europäischen Ländern. Die übrigen 10000 werden von der Industrie und sonstigen Organisationen betreut. Die ausbildenden Industriebetriebe bringen dafür jährlich ca. 60 Millionen DM auf. Hinzu kommen einmalige Investitionen von ca. 80 bis 100 Millionen DM für die zusätzlich erforderlichen Ausbildungslehrgänge und Arbeitsplätze. Die Bundesregierung arbeitet auf Förderungsmaßnahmen hin, um die Privatwirtschaft auch auf diesem Gebiet zu noch höheren Leistungen anzuregen.

Stellung des Staates in den Entwicklungsländern

Das Verhältnis von Staat und Privatwirtschaft zeigt sich uns in den Entwicklungsländern in einer außerordentlich breiten und vielgestaltigen Skala. Sie reicht von der freien Wirtschaft in unserem Sinne über die »mixed economy« bis zum totalen Staatsdirigismus. Wir tun gut daran, diese Skala mit Verständnis und ohne ideologische Enttäuschung zu betrachten.

Die starke Stellung des Staates in den meisten Entwicklungsländern ist die Folge des Kampfes um die politische und wirtschaftliche Unabhängigkeit. Das notwendige Gegengewicht in Form einer leistungsfähigen, breitgestreuten Privatwirtschaft ist selten vorhanden, wenn man vom traditionellen Handel und etwas verarbeitender Industrie auf der Basis der landwirtschaftlichen Monokulturen absieht. Handwerk und Kleingewerbe besitzen nicht genug technisch-organisatorisches Wissen und Kapital, um den westlichen Entwicklungsweg von kleinen Anfängen zum modernen Industriebetrieb zu gehen, wie er zum Beispiel für die industrielle Entwicklung in Deutschland durch Männer wie Siemens, Daimler oder Krupp kennzeichnend ist. Dieser Mangel führt heute in den meisten Entwicklungsländern zum fördernden, koordinierenden und lenkenden Vordringen des Staates in der Wirtschaft, zum Konzept der »mixed economy«. Sozialrevolutionäre Bewegungen prägen dabei meist den ideologischen Hintergrund.

In der gemäßigten Form der Gemischten Wirtschaft übernimmt der Staat diejenigen Sektoren, in denen aufgrund der Größe des Objektes, seines besonderen wirtschaftlichen und technischen Risikos, mangelnder Erfahrungen oder unbefriedigender Rendite ein privates Interesse nicht gegeben ist; diese Sektoren sind die soziale Infrastruktur, die Verkehrsinfrastruktur, der Wasserbau und die Bodenmeliorationen, aber auch industrielle Großprojekte. Diese Form der Gemischten Wirtschaft ist übrigens – meist mit Ausnahme der zuletzt genannten industriellen Anlagen – auch in Europa durchaus häufig anzutreffen.

In der stärkeren Form der staatlichen Wirtschaftstätigkeit treten in den Entwicklungsländern häufig ökonomische Überlegungen hinter sozialen Ordnungsvorstellungen zurück. Primär wird die Notwendigkeit gesehen, eine ungebundene Gesellschaft nach dem Zerfall traditioneller soziologischer Strukturen neu zu ordnen. Sozialisierungsprogramme und Genossenschaftsbewegungen zielen bewußt oder unbewußt auf die Schaffung einer neuen Gesellschaftsstruktur und sehen in einem wachsenden Öffentlichen Wirtschaftssektor oft primär ein gesellschaftspolitisches Instrument.

Die Erfahrungen zeigen aber, daß einer Gemischten Wirtschaft offenbar eine Tendenz zum Abgleiten in den totalen Staatsdirigismus innewohnt. Sozialisierungstrends scheinen eine eigene Gesetzmäßigkeit zu entwickeln. Neben den politischen Faktoren wirken oft auch wirtschaftliche Momente in diese Richtung: Meist wird es von der Staatsführung versäumt, eine klare Abgrenzung von öffentlichem und privatem Tätigkeitsbereich vorzunehmen. Verstaatlichungen ohne Einhaltung überzeugender und sichtbarer Grenzen führen zu wachsendem Mißtrauen der privaten Unternehmerschaft und zu einer nachlassenden privatwirtschaftlichen Aktivität, was dann wieder den Staat zu weiterem Vordringen mit dem Ziel des schnelleren Vorantreibens der wirtschaftlichen Entwicklung veranlaßt.

Auf diese Weise bildet sich geradezu ein Modell für den bekannten

Lehrsatz sich selbst erfüllender Erwartungen – ein Circulus vitiosus mit Hilfe der eigenen Verstaatlichungsbefürchtungen der Privatwirtschaft. Am Ende steht bei dieser Entwicklung dann der totale Staatsdirigismus, und zwar unter einer denkbar ungeeigneten Staatsverwaltung, welche diesen Aufgaben auch nicht annähernd gewachsen sein kann, eine Verstaatlichung ohne Staat. Dieser Prozeß ist in einer Reihe von Entwicklungsländern zu beobachten. Dazu kommt der Effekt jedes partiellen Staatseingriffes in die Privatwirtschaft, nämlich daß er zu einer lückenlosen Durchführung ergänzende Reglementierungen fast zwangsläufig nach sich zieht.

Von der Gemischten Wirtschaft zur Freien Wirtschaft?

Es erhebt sich die Frage, wie diese Tendenz zum Abgleiten in die totale staatliche Planwirtschaft aufgefangen werden kann. Ist der umgekehrte Weg von der Gemischten Wirtschaft zur Freien Wirtschaft gangbar? Voraussetzungen einer solchen Entwicklung sind ganz eindeutig ein zunehmender privater Unternehmergeist und die stark geförderte Möglichkeit privater Kapitalbildung, ferner ein günstiges Investitionsklima und schließlich ganz konkrete Gewinnchancen in denjenigen Wirtschaftsbereichen, die bisher wegen fehlenden privaten Interesses oder aus politischen, finanziellen, strategischen oder sonstigen Gründen vom Staat übernommen waren. Doch auch dann, wenn der Staat bereit ist, Privatbetriebe in den bisher rein öffentlichen Branchen zuzulassen, wird allein schon die Existenz von Staatsbetrieben die private Unternehmerschaft zur Zurückhaltung bei Neuinvestitionen in diesen Branchen veranlassen.
Der betriebswirtschaftliche Grundsatz der Substanzerhaltung gilt nun einmal auch für staatliche Unternehmungen, und deren Bevorzugung bei der Kreditpolitik, eines verstaatlichten Bankensystems, der Erteilung von Importgenehmigungen für lebenswichtige Materialien, Ersatzteile usw. unter einer Devisenzwangsbewirtschaftung liegt nahe. Auch aus anderen Gründen scheut der private Unternehmer die Konkurrenz zu einem Staatsbetrieb; ein echter Leistungswettbewerb ist wegen der möglichen offenen oder verdeckten staatlichen Stützungsmaßnahmen für den eigenen Betrieb von vornherein in Frage gestellt. Es zeigt sich, daß das, was als Voraussetzung der Funktions-

fähigkeit der Gemischten Wirtschaft im ganzen gilt, auch für die einzelne Branche zutrifft: Die Tätigkeitsbereiche staatlicher und privater Unternehmungen dürfen sich nicht überschneiden.
Ein Privatisierungsprogramm setzt in den Entwicklungsländern also voraus, daß der Staat sich aus der ganzen Branche zurückzuziehen bereit ist, das heißt, die in der ersten Phase der wirtschaftlichen Entwicklung errichteten staatlichen Setzlinge (»pilot plants« könnte man plastischer sagen) an private Anleger verkauft, nachdem demonstriert worden ist, daß auch in diesen für das Entwicklungsland neuen Wirtschaftszweigen eine privatwirtschaftlich interessante Betätigung möglich ist. Italien hat diesen Weg für neue Industrialisierungen mit Erfolg beschritten, Pakistan verfolgt ähnliche Pläne.
Allerdings scheitern solche Bemühungen häufig an der angespannten Haushaltslage und der geringen Ergiebigkeit des Kapitalmarktes. Die Realisierung der wünschenswerten Wachstumsrate des Volkseinkommens setzt nun einmal eine entsprechende Investitionsrate voraus, die häufig genug nur unter einem gewissen staatlichen Druck durchgesetzt werden kann. Sind die Möglichkeiten von Steuererhöhungen, der mehr oder minder freiwilligen staatlichen Anleihen auf dem privaten Kapitalmarkt sowie die inflationäre Geldschöpfung bis über die tragbaren Grenzen hinaus ausgeschöpft, ist der Staat nicht immer geneigt, auf die Finanzierungsquelle der Selbstfinanzierung der Staatsbetriebe zu verzichten – sofern in einem Staatsbetrieb reinvestierbare Gewinne überhaupt anfallen. In überspitzter Form kann man die Situation wie folgt umreißen: entweder erzielen Staatsbetriebe Gewinne – dann überwiegt das fiskalische Interesse, oder sie machen Verluste – dann fehlt der Anreiz für die private Wirtschaft.

Hilfsformen zur Stützung der Privatwirtschaft

All dies bedeutet, daß sich der Weg von der Gemischten Wirtschaft zur Freien Wirtschaft keineswegs automatisch als Produkt der allgemeinen Entwicklung ergibt, sondern einer gezielten und überlegten Reprivatisierungspolitik des Staates bedarf. Da bekanntlich in wenigen Entwicklungsländern eine solche Privatisierungspolitik verfolgt wird, ist von dieser Seite her eine allmähliche Stärkung der Privatwirtschaft in den Entwicklungsländern kaum zu erwarten. In aller

Regel werden wir deshalb von der heute vorherrschenden Gemischten Wirtschaft in den Entwicklungsländern nur dann auf den Weg zu einer Freien Wirtschaft – und damit zu einem dynamischen Wachstumsprozeß aus endogenen Kräften – kommen, wenn wir den privaten Sektor unmittelbar und ausdrücklich stützen.
Die Konsequenz dieser Erkenntnis ist: Wir müssen bei unseren Entwicklungsbemühungen zu Hilfsformen kommen, die die Privatwirtschaft in den Entwicklungsländern stärken, ohne daß damit das bestehende Ordnungssystem in den Ländern angetastet wird. Das kann zum Beispiel, um nur einen Anwendungsfall zu nennen, in der Art geschehen, daß aus den Mitteln der Entwicklungshilfe Kredite und Anleihen an Aufbau- oder Entwicklungsbanken gegeben werden, die Privatprojekte finanzieren. Wir prüfen zur Zeit schon, in diesem oder anderem Zusammenhang, eine ganze Reihe solcher Möglichkeiten. Beispielsweise würde die Unterstützung des pakistanischen »Industrial Investment Schedule«, eines Entwicklungsprogramms für die Privatindustrie, in diesen Bereich fallen. Weiterhin ist an die Unterstützung von Beratungsunternehmen für die Privatwirtschaft in den Entwicklungsländern zu denken. Die Beratung von Betrieben mit Investitionsabsichten in den Entwicklungsländern stellt auch eine der Aufgaben der neuen deutschen Entwicklungsgesellschaft dar. Durch solche und ähnliche Maßnahmen läßt sich, zwar nur indirekt, aber mit Sicherheit eine Auflockerung der Wirtschaftsordnung in den Entwicklungsländern erreichen, ohne daß wir dabei in die inneren Angelegenheiten dieser Länder eingreifen.
Ich habe mit Freude gesehen, daß auch Sie in den Vereinigten Staaten zu einer stärkeren Ermutigung der direkten Zusammenarbeit Ihrer Privatwirtschaft mit der Privatwirtschaft der Entwicklungsländer kommen wollen. Darf ich Ihnen dazu die besten Wünsche der Bundesregierung übermitteln? Die Geschichte lehrt uns, daß die bewegenden Kräfte im Schicksal der Völker von klaren Ideen ausgehen. Lassen Sie uns gemeinsam daran arbeiten, die falsche Antithese »Staatsdirigismus gleich Ordnung, Freie Marktwirtschaft gleich Anarchie und Ausbeutung« durch die Praxis zu widerlegen und den Entwicklungsländern zugleich zu helfen, unabhängige Partner in einer Gemeinschaft freier Nationen zu werden.

Jürgen Warnke

Hilfe für die Dritte Welt

Walter Scheel war der erste Bundesminister für wirtschaftliche Zusammenarbeit der Bundesrepublik Deutschland. Aber mehr noch: ohne sein Engagement wäre kein Entwicklungsministerium gegründet worden. Er hat deutsche Entwicklungspolitik bis zum heutigen Tage geprägt.

An Walter Scheels 65. Geburtstag steht die deutsche Entwicklungshilfe in ihrem dritten Jahrzehnt. In dieser Zeit hat sie sich einen Namen gemacht:

Die Bundesrepublik ist nach den Vereinigten Staaten und gleichauf mit Frankreich der zweitgrößte Geber von Entwicklungshilfe. Mit einem Anteil von fast 0,5 Prozent am Bruttosozialprodukt liegt sie klar über dem Durchschnitt der westlichen Industriestaaten.

Wegen der Qualität ihrer Projekte und der Leistungen vieler deutscher Entwicklungshelfer hat unsere Hilfe bei den Partnern überall in der Welt einen guten Klang.

Im Jahre 1961 war es eine Koalitionsregierung der Unionsparteien und der F.D.P., die das Bundesministerium für wirtschaftliche Zusammenarbeit ins Leben rief. Von 1966 bis 1982 wurde das Haus von sozialdemokratischen Ministern geleitet.

In der Regierung Helmut Kohl war es wiederum eine Koalition der Union und der F.D.P., die bekräftigt hat: Es ist menschliche Pflicht wie ein Gebot politischer und wirtschaftlicher Weitsicht, unseren Beitrag zur Überwindung von Hunger und menschenunwürdiger Armut in der Dritten Welt zu leisten.

Diese Begründung für Entwicklungshilfe ist seit den Tagen Walter Scheels in ihrem Kern gleichgeblieben. Sie heißt weltweite Solidarität genauso wie wohlverstandenes Eigeninteresse. Ein Politikbereich, der in erster Linie auf die Entwicklung von Völkern außerhalb der deutschen Grenzen ausgerichtet ist, wird immer unter einem besonderen Begründungsdruck stehen. Um so erfreulicher ist es, daß die Zustimmung der Öffentlichkeit erheblich gewachsen ist. Unabhängige Meinungsumfragen zeigen, daß rund drei Viertel unserer Bevölkerung die Hilfe an die Dritte Welt grundsätzlich bejahen. Deutsche Entwicklungshilfe kann sich heute also auf eine breite Grundlage stützen.

Als der Bundestagsabgeordnete Walter Scheel 1958 in das neue Europäische Parlament entsandt wurde, trieb die Entkolonialisierung auf ihren Höhepunkt hin. Ghana war gerade unabhängig geworden, Guinea erlangte im selben Jahr seine Unabhängigkeit. Die Welt war in eine Phase des Umbruchs getreten. Schon bald mußten die jungen Nationen aber erkennen, daß auf die äußere Unabhängigkeit nicht ohne weiteres die wirtschaftliche, noch weniger Wohlstand und Entwicklung folgten. Statt dessen standen die jungen Nationalstaaten vor enormen wirtschaftlichen Problemen. Im Ausschuß für die Überseeischen Gebiete und durch zahlreiche Reisen machte Walter Scheel sich mit diesen Problemen vertraut. Er wurde zum Kenner der Entwicklungsproblematik wie nur wenige deutsche Politiker seiner Zeit. Kein Wunder, daß er eine der treibenden Kräfte war, die auch einen substantiellen Beitrag der Bundesrepublik zur Entwicklung der Länder Afrikas, Asiens und Lateinamerikas forderten.
Schon seit 1952 hatte die Bundesrepublik Deutschland Entwicklungshilfe geleistet, wenn auch noch nicht auf einer systematischen Grundlage. Die in den folgenden Jahren vom Parlament bereitgestellten Beträge wurden oftmals jedoch gar nicht voll genutzt, denn es fehlten Fachleute, die Projekte planen und durchführen konnten. Erschwerend wirkte sich auch das Kompetenzgerangel zwischen den beteiligten Ministerien für Wirtschaft und Finanzen sowie dem Auswärtigen Amt aus. Die Notwendigkeit der Koordinierung war offenkundig. Die Initiative dazu ging nicht von der Verwaltung, sondern von Politikern wie Walter Scheel aus. »Die Kompetenz (sollte) in einer Hand, in einer politisch verantwortlichen Hand konzentriert sein«, so Walter Scheel vor dem Deutschen Bundestag am 5. Mai 1961.
In den entwicklungspolitischen Zielsetzungen waren die Unter-

schiede zwischen den Unionsparteien, der SPD und der F.D.P. gering. Es herrschte breite Zustimmung für einen neuen Haushaltstitel und ein neues Fachministerium. Die Verwaltung, insbesondere das Wirtschaftsministerium leistete hartnäckigen Widerstand, da man Kompetenzverluste erwarten konnte.

Bundespräsident Karl Carstens erzählte dem Verfasser unlängst, daß auch er als Staatssekretär im Auswärtigen Amt damals von der Gründung eines Entwicklungsministeriums abriet. Als Staatsoberhaupt habe er sich jedoch davon überzeugen können, daß hier eine sinnvolle Form ministerieller Aufgabenteilung entstanden sei.

Die Neuwahlen von 1961 führten zu Koalitionsverhandlungen zwischen der Union und der F.D.P. Walter Scheel war dabei nicht nur Ministerkandidat seiner eigenen Partei, sondern hatte auch Rückhalt bei der CDU/CSU und vor allem bei Konrad Adenauer selbst. Man bot Walter Scheel das Schatzministerium, später das Finanzministerium an – er lehnte ab. Für ihn kam nur ein Ressort in Frage: ein Ministerium für Entwicklungshilfe.

Adenauer entschied sich für die Gründung eines neuen Ministeriums, das dann nicht durch einen Kabinettsbeschluß, sondern durch »ein Meisterstück Adenauer-Globkescher Virtuosität im Umgang mit Kabinett und Verwaltung« (Jürgen Dennert) gegründet wurde. Ein Brief vom Kanzleramt schlug den »Herren Bundesministern« die Einrichtung eines Entwicklungshilfeministeriums vor. Die betroffenen neun Ressorts erhielten eine Frist bis zum 2. Dezember 1961, gegen die Vorschläge Einspruch zu erheben. Der 24. November, an dem der Brief abgeschickt wurde, war aber ein Freitag. Den Ministerien konnte der Brief des Kanzleramtes frühestens am folgenden Montag vorliegen. Es blieben also nur wenige Tage, um Einsprüche geltend zu machen. Der Chef des Bundeskanzleramtes, ein Verwaltungskenner, wußte genau, daß bei dem komplizierten Geschäftsvorgang in den Ministerien in dieser kurzen Zeit kaum ausgewogene Gegenvorschläge zu erwarten waren. Mit diesem »Handstreich« war ein wichtiges politisches Ziel erreicht: Das neue Kabinett war arbeitsfähig, und gleichzeitig hatte die Entwicklungshilfe ein Dach erhalten.

Notdürftig in einer Baracke des Finanzministeriums und in Räumen der Amerikanischen Botschaft in Mehlem untergebracht, begannen die ersten Mitarbeiter des neuen Ministeriums im Dezember 1961 zu arbeiten. Walter Scheel, dessen Büro sich im Bundeshaus befand, führte Arbeitsbesprechungen im Bundeshaus-Restaurant durch.

Das Ergebnis der Neugründung war ein Kompromiß, nämlich ein Ministerium mit unzulänglichen Kompetenzen. Die Federführung für die technische Zusammenarbeit lag ganz bei Scheel, die für die finanzielle Zusammenarbeit teilweise weiterhin bei Erhard. Zur Koordination war ein wöchentlich tagender Lenkungsausschuß auf Direktorenebene eingesetzt. In der ersten Zeit verzehrten die Kompetenzkämpfe mit den anderen Ressorts wertvolle Kräfte. Daß Walter Scheel trotzdem in kurzer Zeit dem neuen Ministerium wie auch der Entwicklungszusammenarbeit selbst Gewicht geben konnte, war entscheidend auf zwei Faktoren zurückzuführen. Es gelang ihm, Mitarbeiter zu gewinnen, die sich überdurchschnittlich für die Sache einsetzten, die von der Aufgabe beseelt waren. Es gelang ihm außerdem, zwar nicht alle Kompetenzen, aber doch alle Haushaltstitel für Entwicklungshilfe in seinem Ministerium, das heißt im Einzelplan 23, zu vereinigen.

Eine besondere Schwierigkeit ergab sich insofern, als eine neue Materie in ein altes Organisationsgefüge eingepaßt werden mußte. Das ausgleichende Wesen Walter Scheels war für diese Aufgabe besonders geeignet. Es galt, mit einem Problem fertigzuwerden, dessen Lösung uns auch heute noch immer wieder von neuem aufgegeben ist. Entwicklungshilfe verlangt langfristige Projekte und damit langfristige Zusagen – dem steht ein jährlicher Haushaltsrahmen gegenüber. Damals arbeitete man noch mit der Reichshaushaltsordnung von 1922, die die Anforderungen der Entwicklungshilfe ja fürwahr nicht berücksichtigte. Das Finanzministerium begegnete ihr mit rein kameralistischen Vorstellungen. In dieser Situation mußte Entwicklungszusammenarbeit als besondere Staatsaufgabe innerhalb der Administration »verkauft« und im bestehenden Gefüge durchgesetzt werden. Daß dies Walter Scheel mit Standhaftigkeit und taktischem Geschick gelang, war ein besonderer Verdienst.

Er trug die Zuständigkeitsproblematik geschickt nach außen, und die Öffentlichkeit verband bald Entwicklungshilfe mit »Kompetenzdschungel«. Das wirkte: Parlament und Parteien gewannen die Überzeugung, daß Entwicklungspolitik nur wirksam werden kann, wenn sie als eigenständige Regierungsaufgabe wahrgenommen wird. Am

23. Dezember 1964 erhielten die Bundesminister den Kanzlererlaß zur »Straffung und Beschleunigung der Durchführung der Aufgaben der Entwicklungshilfe«. Das Ministerium war damit zuständig für: Grundsätze, Programmierung, Koordinierung der deutschen Entwicklungshilfe sowie für Planung und Durchführung der technischen Hilfe. Den Fachressorts verblieben nur noch Beteiligungsrechte.

Für Walter Scheel kam es nun entscheidend darauf an, der Entwicklungspolitik, die er als Politikbereich »sui generis« ansah, auch inhaltlich Kontur zu geben. Eine entwicklungspolitische Konzeption existierte ja noch nicht. Walter Scheel selbst sagte dazu in einem Spiegel-Interview unter dem Titel »Milliarden in den Busch?« (Mai 1962): »Wir sind jetzt an der Wende von der Nur-Entwicklungshilfe zur Entwicklungspolitik, das heißt von der Improvisation zur Systematik.«

Unter Walter Scheel entstand eine Konzeption für das Instrumentarium der Entwicklungshilfe. Er bemühte sich unter anderem durch Gründung der Deutschen Entwicklungsgesellschaft (DEG) darum, das Engagement der Privatwirtschaft in der Dritten Welt zu verstärken. Staatliche Hilfe und unternehmerische Initiative sollten Hand in Hand gehen, sich gegenseitig ergänzen. Er betonte die besondere Bedeutung mittelständischer Investitionen in Entwicklungsländern, sah aber als Realist auch die Risiken für kleinere Firmen. Auf ihn gehen die ersten Mischfinanzierungsprojekte zurück, also die Verbindung von Entwicklungshilfe mit Krediten der privaten Wirtschaft. Daß Walter Scheel heute den Vorsitz im DEG-Aufsichtsrat führt, ist insofern eine konsequente Fortführung seiner damaligen Arbeit.

Obgleich Walter Scheel von der Bedeutung einer freiheitlichen Wirtschaftsordnung auch für die Dritte Welt überzeugt war, verschloß er sich dogmatischen Forderungen nach Export unserer Ordnung: Jedes Entwicklungsland ist ein Sonderfall – es gibt keine Lösungen, die für alle Länder gelten. Grundsätzlich bewährte Elemente unserer eigenen Ordnung müssen in der Dritten Welt angepaßt werden. Insofern setzte er die ordnungspolitischen Akzente zurückhaltender als Ludwig Erhard, der viel stärker das marktwirtschaftliche Prinzip auch in den Ländern Afrikas, Asiens und Lateinamerikas verwirklicht sehen wollte.

In den sechziger Jahren sahen viele die Entwicklung der Dritten Welt noch als ein Problem des reinen Kapitaltransfers an. Aus seiner Kenntnis der Verhältnisse und der Menschen in der Dritten Welt war Walter Scheel umsichtiger. Er betonte die Bedeutung des Faktors Mensch für jegliche Entwicklung. Praktische Erfahrungen – so beim Aufbau des indischen Stahlwerks in Rourkela – zeigten, daß die Übertragung von moderner Technik und Kapital allein nicht ausreicht. Entsprechend rangierten Bildung und Ausbildung hoch in seiner Rangliste der entwicklungspolitischen Instrumente. Eng damit verbunden war für ihn die personelle Zusammenarbeit. Er prägte das Motto: keine Mark ohne Mann. Diese Devise blieb auf Jahrzehnte noch bestimmend für die deutsche Entwicklungshilfe.

Es entsprach dem gesellschaftspolitischen Leitbild von Walter Scheel, auch die gesellschaftlichen Gruppen, die »tragenden Kräfte eines freiheitlichen Gemeinwesens« in die Entwicklungspolitik einzubeziehen.

Dies sollte zum einen ein zusätzliches Potential für die Entwicklungshilfe erschließen und zum anderen pluralistische Entwicklungen auch in der Dritten Welt fördern. Er verstand die freien Träger der Entwicklungshilfe nicht als bloße Zuwendungsempfänger für öffentliche Mittel. Sie sollten Politik verantwortlich mitgestalten. Die für uns heute so selbstverständliche Zusammenarbeit mit den Kirchen, den politischen Stiftungen und den anderen freien Trägern wurde damals in die Wege geleitet.

Für Walter Scheel gehörten zu dieser Zusammenarbeit die Gewerkschaften genauso wie die Unternehmerverbände. Er verstand diese Aufgabe – wie überhaupt die Entwicklungspolitik – überparteilich und ideologiefrei. Damals bestand hier noch Konsens zwischen den Parteien. Nach Walter Scheel ging er zeitweilig verloren. Die Regierung Helmut Kohl knüpft hier an, wenn sie diesen Politikbereich wieder aus dem Feld der Ideologie herausführt.

Die Philosophie, die für Walter Scheel hinter der Entwicklungshilfe stand, war: sie darf keine »Armenpflege« sein – sie muß statt dessen Hilfe zur Selbsthilfe leisten. Dieser Satz ist heute im Jahre 1984 noch genauso gültig und unsere Entwicklungszusammenarbeit prägend wie vor über 20 Jahren. Jede Entwicklung muß in erster Linie auf den Eigenanstrengungen der beteiligten Menschen gründen. Unsere Hilfe kann nur ergänzen und unterstützen, ist aber kein Ersatz für die Selbsthilfe der Menschen selbst.

Die Bundesrepublik Deutschland betrat – anders als die meisten europäischen Nachbarstaaten – Neuland, als sie das »große Wagnis«, so Walter Scheel, der Entwicklungszusammenarbeit mit der Dritten Welt aufnahm. Das Lehrgeld, das man zahlen mußte, war erstaunlich gering. In Konzeption, Abwicklung und Wirksamkeit der Hilfe stand man nach kurzer Zeit den anderen Gebern nicht nach. Das Freisein von kolonialen Bindungen wie von den besonderen Belastungen der Weltmärkte wirkte sich bald schon als ein Vorteil aus. Die von Walter Scheel betriebene Abstimmung mit den anderen Gebern wie auch die Einbeziehung der Entwicklungshilfe in die europäische Integration leitete die Koordinierung unserer Hilfe mit den anderen westlichen Industriestaaten ein. Gemeinsam mit den Entwicklungsländern konnte so Beachtliches erreicht werden, und es gibt vieles auf der Habenseite einer entwicklungspolitischen Bilanz zu verbuchen. Seit die Entwicklungshilfe als in der Geschichte der Menschheit beispiellose Übertragung von finanziellen Mitteln und menschlichem Wissen einsetzte, erreichte der Durchschnitt der Entwicklungsländer volkswirtschaftliche Wachstumsraten, die weit über denen der Industrieländer lagen. Im sozialen Bereich – Gesundheit und Bildung – sind die Erfolge am eindrucksvollsten, auch wenn das Bevölkerungswachstum dem Erreichten immer wieder vorauseilt.

Zweierlei gilt es aber bei der Würdigung wie der Kritik unserer Entwicklungshilfe zu bedenken:

Ob und wie schnell sich ein Land entwickelt, hängt von überaus vielen Voraussetzungen ab. Entwicklungshilfe ist nur eine davon, nicht die einzige und sicher auch nicht die wichtigste. Wegen der Vielzahl der auslösenden Faktoren wird es immer schwierig sein, ihren jeweiligen Einfluß genau festzustellen und vor einer einfachen Gleichung sei gewarnt – vor der Gleichung: x-Millionen DM Entwicklungshilfe ergibt x-Einheiten Entwicklung.

Damit hängt zusammen, daß die Bewertung von Entwicklungshilfe eng mit dem Erwartungshorizont, mit den Maßstäben verbunden ist, die man an sie anlegt. In den frühen sechziger Jahren glaubte man, daß die Entwicklungshilfe in wenigen Jahren zum Ziele führen würde. Bald mußte man aber erkennen: Man kann zwar in kurzer Zeit den

Menschen das Schreiben und Lesen beibringen, man kann Ingenieure ausbilden – die Beherrschung einer Industriegesellschaft hat man damit aber noch nicht vermittelt.

Es erscheint angebracht, daß wir uns heute wieder ins Gedächtnis zurückrufen, daß Entwicklung Zeit braucht. Gewisse natürliche Entwicklungsgesetze sind vom Menschen nicht aufhebbar. Entwicklungshilfe mag die Entwicklungsprozesse beschleunigen, sie kann den Zeitfaktor jedoch nicht auf Null verringern. Wenn wir dies alles in unser Urteil einbeziehen, erst dann werden wir die Entwicklungszusammenarbeit frei von Vorurteilen und unrealistischen Erwartungen beurteilen können.

Die Regierung Helmut Kohl führt die deutsche Entwicklungshilfe auch in wirtschaftlich schwierigen Zeiten auf hohem Niveau und mit Pragmatismus fort. Neue Probleme – die Umweltgefährdung, die Verschuldungskrise – sind seit Walter Scheels Amtszeit hinzugetreten. Alte Probleme harren noch der Lösung. Dabei rückt die Frage wieder in den Vordergrund, die schon Walter Scheel als entscheidend für die Bewältigung der Zukunft der Dritten Welt ansah: die Sicherstellung der Ernährung aus eigener Kraft. Anfang der sechziger Jahre setzten die Entwicklungsländer einseitig auf die Industrialisierung. Walter Scheel erkannte jedoch, daß auch die Regierungen dort sich dem Zwang, die eigene Landwirtschaft aufzubauen, »schon bald nicht mehr werden entziehen können«. Er stellte gegen Ende seiner Dienstzeit als Entwicklungsminister fest: »Der Kampf um eine ausreichende Ernährung droht dort (in den Entwicklungsländern) in den nächsten Jahren dramatische Formen anzunehmen.« Heute ist dies – vor allem in Schwarzafrika – die Schicksalsfrage schlechthin.

Partnerschaftliche Zusammenarbeit mit der Dritten Welt bleibt für die Bundesrepublik Deutschland auch in Zukunft wichtiger Bestandteil ihrer auswärtigen Politik. Diese Aufgabe war Walter Scheel als Bundesminister für wirtschaftliche Zusammenarbeit zum Auftrag geworden, zu einem Auftrag, den er als Außenminister fortführte. Auch in dieser Zeit war ihm die Zusammenarbeit mit den Entwicklungsländern nicht nur Teil weltweiter Friedenspolitik, sondern sie blieb ihm aus innerer Überzeugung heraus menschliche Verpflichtung.

WALTER SCHEEL

Opposition im Angriff

Opposition: kein ungewohnter Zustand

Opposition ist für die Freie Demokratische Partei kein ungewohnter Zustand. Wir haben unsere Plätze auf der Regierungsbank mehrfach freiwillig aufgegeben, weil wir eine Fortsetzung der Zusammenarbeit mit dem jeweiligen Koalitionspartner mit unserer politischen Überzeugung und mit unserem Verantwortungsbewußtsein nicht mehr vereinbaren konnten. Ich darf Sie an das Jahr 1956 erinnern, als wir uns von unserem Partner trennen mußten, weil er eine Saarpolitik verfolgte, die wir aus nationalen Gründen nicht mitmachen konnten und die nachher durch die Abstimmung an der Saar von der Bevölkerung in eklatanter Weise zurückgewiesen wurde.

1962 haben die Minister der F.D.P. ihren Rücktritt angeboten, weil sie Klarheit und Sauberkeit in das Verhältnis zwischen Parlament und Regierung bringen wollten.

Im Herbst des vorigen Jahres war für die Lösung der schwierigen finanz- und wirtschaftspolitischen Fragen eine Einigung mit dem Koalitionspartner nicht mehr möglich. Zumindest keine Einigung, die wir ihrem Gehalt nach hätten verantworten können. Es spricht ja nicht gerade gegen die Richtigkeit unserer Überzeugungen, wenn sich die Bundesregierung heute nach vielen Monaten vertaner Zeit unserer Meinung in wesentlichen Punkten anschließt.

In der parlamentarischen Demokratie ist nun einmal der Rücktritt eines Ministers das vornehmste Mittel in der Machtauseinandersetzung um den richtigen politischen Weg. Wieso vornehm? Weil er

---

Referat auf dem Parteitag des Landesverbandes Nordrhein-Westfalen der F.D.P. in Düsseldorf am 8. Juli 1967

Haltung, Entscheidungsbereitschaft und Mut erfordert. Aber diese Eigenschaften scheinen in der die Politik beobachtenden deutschen Öffentlichkeit keinen hohen Rang zu haben. Denn wie wäre es sonst möglich, daß manche Meinungsmacher die Entscheidung der F.D.P. eher als Flucht aus der Verantwortung bezeichneten denn als besonders klares Zeichen von Verantwortungsbewußtsein?
Wie leicht hätten wir es uns machen können. Um auch in der Regierung Kiesinger zu sitzen, hätten wir sicher nicht länger als eine Stunde zu verhandeln brauchen. Wenn es uns nur darauf angekommen wäre! Nur auf Ministersitze!
Aber es kam uns auf die Sache an, auf unsere liberale Überzeugung! Daher sitzen wir in der Opposition.
Von hier aus wollen wir jetzt wirken, ich betone »wirken«! Denn Opposition heißt ja nicht, ausgeschlossen sein vom politischen Handeln, sondern ist aktiver Teil unseres demokratischen Lebens.

F.D.P. hat beste Voraussetzungen

Unsere Fraktion in Bonn hat das begriffen; über mangelnde Aktivität brauchen Sie sich, meine Parteifreunde, nicht zu beklagen. Herr Schmidt von der SPD (Sie wissen: Schmidt-Schnauze) beklagt sich schon lebhaft über zuviel Aktivität der F.D.P.-Fraktion. Das kann uns nur recht sein.
Wir bringen allerdings eine Voraussetzung mit, die den Stil unseres Auftretens bestimmt; wir haben zehn Jahre lang in verschiedenen Regierungen Verantwortung getragen. Wir haben eine Gesellschafts- und Wirtschaftsordnung weiterzuentwickeln, die von liberalem Geiste entscheidend geprägt ist.
Wir sagen also nicht »nein«, weil wir Opposition sind, nur weil wir Opposition sind. Wir sind jederzeit bereit, richtige und notwendige Entscheidungen des Parlaments mitzutragen, auch wenn sie unpopulär sein sollten. Ja, wir wollen solchen Entscheidungen mit unseren Stimmen zur Mehrheit verhelfen, wenn die jetzigen Koalitionsparteien nicht die Kraft dazu haben sollten, wie es unser Freund Dr. Starke vor wenigen Tagen in bezug auf die finanziellen und Haushaltsbeschlüsse angekündigt hat.
Nur eins sollte ganz klar sein: Wir lassen uns durch nichts von unserer

einmal als richtig erkannten Haltung abbringen, auch nicht durch das schillernde Wort »Gemeinsamkeit«, vor allem, wenn es sich darum handelt, möglichst eine gemeinsame Basis für eine falsche Politik zu finden. Immer, wenn Herr Barzel oder andere davon sprechen, man dürfe die gemeinsame Basis in dieser oder jener politischen Frage nicht verlassen, werde ich schon hellwach, weil ich Unrat wittere.

Das Parlament ist keine Abstimmungsmaschine

Nun hat unsere Oppositionsrolle diesmal ganz anderes Gewicht als bei früheren Gelegenheiten. Wir bilden allein den Widerpart gegen die Regierung in einem Parlament von über 500 Mitgliedern.
Das erfordert unsere ganze Kraft und unseren ganzen Mut. Und es ist doch selbstverständlich, daß unsere Kritik in vielen Fragen heute schärfer ist als in der Vergangenheit, ja schärfer sein muß.
Das mag manchem nicht passen. Es gibt hierzulande ja so viele Menschen, denen die Demokratie umständlich und lästig ist, die nach dem Motto leben möchten: Einer schafft an, und die anderen sollen gefälligst Ordnung halten.
Wir aber wissen, daß die Demokratie von der lebendigen Opposition lebt. Sie ist das Salz der Demokratie. Sie muß dafür sorgen, daß sich die politischen Auseinandersetzungen in der Öffentlichkeit abspielen, nicht hinter den verschlossenen Türen der Koalitionsgremien. Der Bundeskanzler hat den Koalitionsfraktionen jüngst eindringlich klargemacht, was er von ihnen erwartet: die Zustimmung zu den Beschlüssen des Kabinetts, ohne Abstriche. Sonst werde er zurücktreten, man müsse sich dann einen willigeren Kanzler suchen. Das klingt so schön nach starkem Mann und nach Führung. Und das möchte das Volk ja.
Wir aber haben dafür zu sorgen, daß das Parlament nicht zur Abstimmungsmaschine gemacht wird. Wir werden die Regierung zwingen zu diskutieren.

Verderb der demokratischen Sitten!

Wie gesagt, die Lage ist ungewöhnlich, in jeder Beziehung. Die Väter des Grundgesetzes haben sich sicher nicht vorgestellt, daß sich einmal 90 Prozent der Abgeordneten zu einer Regierungsmehrheit vereinen

könnten. Sicher ist die jetzige Regierungszusammenarbeit legitim, nach dem geltenden Wahlrecht. Es mag sogar den einen oder anderen vernünftigen Grund für diese Koalition geben. Aber sie ist abnorm. Sie wird bald die guten demokratischen Sitten verderben. Die Verantwortlichen der beiden Parteien sollten sich das immer vor Augen halten.
Gerade das tun wir ja, höre ich sie schon sagen. Darum wollen wir doch das Wahlgesetz ändern!

Manipulationen mit dem Wahlrecht

War es nicht grotesk, daß dieser Bundeskanzler in der sonst gut formulierten Regierungserklärung die Änderung des Wahlrechts als wichtigste politische Aufgabe an die Spitze setzte? Dieser Bundeskanzler, der noch 1965 in Stuttgart sagte: »Ich war schon immer gegen das Mehrheitswahlrecht.« Ist er hier nicht wider besseres Wissen seinem Innenminister aufgesessen, dem jedes Mittel recht ist, die Freien Demokraten aus dem Parlament zu bugsieren?
Ich habe bisher noch nicht eine ehrliche Begründung gehört, die für eine Änderung unseres Wahlrechts sprechen würde. (Ich will hier einmal die fast mit Glaubenseifer vorgetragenen wissenschaftlichen Lehrmeinungen ausnehmen, die sicher aus ehrlicher Überzeugung kommen. Aber man wird ja nicht jede umstrittene Lehre in die politische Praxis umsetzen wollen.) Also, man will ein »mehrheitsbildendes« Wahlrecht. Wie denn, hätten wir bisher denn keine Mehrheiten gehabt? Jetzt sogar 90 (in Worten: neunzig) Prozent. Ja, aber der Zwang zu Koalitionen soll wegfallen. Warum? Damit die Spannungen, die in jeder Regierungsmehrheit vorhanden sind, vertuscht werden können? Oder gibt es vielleicht jemanden – harmlosen Gemütes (vielleicht gar an deutschen Hochschulen) –, der glaubt, die CDU zum Beispiel sei eine homogene Partei?
Ja, aber die stärkste Partei soll den Kanzler stellen. Nun, das war bisher ja wohl so. Den Versuch mit der zweitstärksten Partei hat die F.D.P. unternommen, um aus einer offenkundigen Krise herauszukommen, die eine Parteikrise der CDU war. Übrigens: Im klassischen Land des Mehrheitswahlrechts, in Großbritannien, sind manchmal bei den Wahlen so knappe Mehrheiten herausgekommen, daß

Neuwahlen nötig waren. Daher hat der Premierminister in England das Recht, jederzeit Neuwahlen auszuschreiben.
Ja, aber man will Parteienzersplitterung verhindern, die der Weimarer Republik so verhängnisvoll wurde. Sind nicht die im Bundestag vertretenen Parteien von zehn auf drei zusammengeschrumpft?
Sicher, nur man möchte die Demokratie stabilisieren, stabile Regierungsverhältnisse schaffen, wie in den USA. Gab es in den letzten 18 Jahren irgendwo stabilere Verhältnisse als bei uns? In den USA, das vergißt man außerdem, liegt die Stabilität viel eher im Präsidialsystem als im Wahlrecht, einem System, für das sich die Freien Demokraten im Parlamentarischen Rat eingesetzt haben.
Als letztes vielleicht, die lebendige Verbindung zwischen Abgeordnetem und Wähler soll enger werden, und das Interesse der Bürger am politischen Geschehen wächst. Was das letzte angeht: die Wahlbeteiligung in den Ländern mit Mehrheitswahlrecht ist viel, viel geringer als bei uns. Und das ist doch normalerweise ein Indiz für Interesse am politischen Geschehen.
Die jetzt bekanntgewordenen Pläne, ein nach Maß manipuliertes Wahlrecht einzuführen, würden noch größere Wahlkreise bringen und die Verbindung zwischen Wähler und Gewähltem erst recht stören.
Nein, Herr Lücke soll nur ehrlich sein – niemand verübelt ihm das (ehrlich zu sein) –, er möchte die Freien Demokraten treffen. Und wer da glaubt, mit dem Wahlrecht könne man extremistische Parteien niederhalten, der setzt den Hebel am falschen Ende an. Extremistische Parteien finden keinen Boden, wenn gute Politik gemacht wird. In einem Wahlrecht, das ein Oligopol garantiert, kann man leicht müde werden.
Ich habe mich einmal mit einem Engländer über Wahlrecht unterhalten, der das deutsche für objektiv besser hielt als das britische, weil es gerechter ist und doch praktikabel. Na, habe ich ihn gefragt, warum ändern Sie denn Ihr Wahlrecht nicht, wenn Sie glauben, daß es schlechter ist? Ach, wissen Sie, sagte er, wir haben es ja nun schon ein paar hundert Jahre.
Und bei uns gibt es Leute, die dieses zarte Pflänzchen unserer jungen Demokratie, das sich voll bewährt hat, schon wieder ausreißen, nur weil es ihnen in ihren parteipolitischen Kram paßt.

Man kann dem Bundeskanzler nur raten: »Haben Sie keine Scheu, diesen Punkt Ihrer Regierungserklärung vom Dezember 1966 als erledigt zu betrachten und zu den Akten zu legen, geräuschlos natürlich.«

Stimmungsmache der Bundesregierung

Nun sieht es ja gar nicht so aus, als ob sich die beiden Partner dieser Koalition so bald wieder trennen wollten. Es gibt verdächtig viele Stimmen, die schon davon reden, es sei nötig, die jetzige Koalition auch für die nächste Legislaturperiode fortzusetzen. Stimmen aus beiden Parteien. Neuerdings hat sich auch Herr Abs zu ihnen gesellt. Diese Meinung ist aus einer Psychose entstanden, in die uns die Regierenden, unterstützt von einem großen Teil der Presse, selbst hineingeschaukelt haben.

Ich meine das Gerede von dem »auf Gedeih und Verderb angewiesen« und von dem »zum Erfolg verurteilt«. Was soll der Unsinn? Natürlich ist jedes Regierungsbündnis »zum Erfolg verurteilt«. Sonst scheitert es nämlich.

Aber heute tun CDU und SPD so, als würden nur sie gemeinsam wichtige politische Fragen lösen können. Herrschaften, nun nehmt doch mal die Watte aus den Ohren! Wer hat denn eigentlich in den letzten achtzehn Jahren in Deutschland regiert? Und sind da etwa keine wichtigen Entscheidungen getroffen worden? Die wichtigsten Entscheidungen, die die Wirtschaftsordnung geschaffen haben, der wir nicht zuletzt unseren wirtschaftlichen Aufstieg verdanken, die uns durch Verträge die Wiederverflechtung mit der freien Welt brachten, sind doch wohl von einer sogenannten kleinen Koalition getroffen worden, gegen die Stimmen der Sozialdemokraten, wenn mich mein Gedächtnis nicht sehr täuschen sollte.

Die Identifizierung des Erfolgs der jetzigen Koalition mit dem Staatswohl ist gefährlich. Ich warne die Bundesregierung vor den Folgen einer solchen Stimmungsmache.

Herr Schiller und die Talsohle

Es herrscht schon genug Unsicherheit im Volk durch den täglichen Schwall meist auch noch widersprüchlicher öffentlicher Erklärungen.

Der Bundeswirtschaftsminister erlebt in peinvoller Weise, wie sehr es noch an Vertrauen mangelt. Aber Vertrauen kann erst wachsen, wenn den Sprüchen die Taten folgen. Die schlichte Aussage: »Es wird wieder regiert« kann ja wohl nur dem Teil des Volkes imponieren, der keine allzu große politische Erkenntnisfähigkeit mitbringt. Warum ist denn der seit Monaten mit immer neu variiertem rhetorischem Brillantfeuerwerk angekündigte Aufschwung noch nicht eingetreten? Seit Dezember vorigen Jahres marschiert Professor Schiller unentwegt aus der Talsohle heraus. Er scheint das Tal aber offenbar nicht quer zu durchschreiten, sondern hält sich wohl länger am Bachufer auf. Oder er ist in eine ausgedehnte Tiefebene geraten. Er wollte die Pferde zum Saufen bringen. Aber die Pferde saufen immer noch nicht, das heißt, die Wiederbelebung der privaten Investitionstätigkeit läßt auf sich warten.
Der Professor scheint den Unterschied zwischen Unternehmerverstand und Pferdeverstand falsch quantifiziert zu haben. Noch am 24. Januar dieses Jahres sagte er zu den von der Bundesregierung beschlossenen Maßnahmen zur Förderung des wirtschaftlichen Wachstums: »Investitionsanreize greifen sofort.« Bisher haben sie nicht gegriffen.
Und am 27. April 1967 sagte Professor Schiller zur Hannover-Messe: »Die Wirtschafts- und Finanzpolitik der neuen Bundesregierung hat in den vergangenen vier Monaten dieses Jahres die Voraussetzungen dafür geschaffen, daß die deutsche Wirtschaft, und vor allem die Investitionsgüterindustrie, mit größerem Vertrauen in den Sommer und Herbst gehen kann.«
Das Vertrauen fehlt noch. In der Wirtschaft und in breiten Kreisen der Bevölkerung. Denn die Bundesregierung hat sich zuviel Zeit gelassen, allzuviel Zeit gelassen, dem Volk zu zeigen, wohin die Reise gehen soll.

Mit dem Kuchenausschuß fing es an

Wir waren im Herbst vorigen Jahres aus der Bundesregierung ausgeschieden, weil wir uns in einer entscheidenden politischen Frage mit unserem Partner nicht einigen konnten. Unser Freund Rolf Dahlgrün hatte in seiner mittelfristigen Finanzvorausschau, die ja nicht etwa eine Erfindung der jetzigen Bundesregierung ist, dargelegt, daß in

den nächsten Jahren mit ständig steigenden Milliarden-Defiziten zu rechnen sein werde, wenn nicht eine grundlegende Änderung der Politik erfolge. Unsere Finanzkraft ist in den letzten Jahren von der öffentlichen Hand ständig überfordert worden.
Diese Entwicklung stammt noch aus der Zeit, in der die CDU/CSU im Bundestag die absolute Mehrheit hatte. Der berüchtigte Kuchenausschuß der CDU/CSU-Fraktion verteilte damals munter die Milliarden, die ihr Finanzminister Schäffer in völliger Verkennung der Begehrlichkeit seiner eigenen Fraktion in seinem sogenannten Juliusturm angesammelt hatte. Und man verteilte die Schätze nicht etwa einmal, sondern als jährlich wiederkehrende Dauerausgaben.
Alle Fraktionen des Bundestages haben in der Folge gesündigt. In der Periode immer ansteigender Konjunktur ging das ja auch so schön. Nun mußten wir das Steuer umlegen. Es ging darum, welcher Anteil von den langsamer wachsenden öffentlichen Einnahmen in der Zukunft für die einzelnen Aufgaben des Staates bereitgestellt werden sollte. Wir traten für eine Umstrukturierung des Haushaltes ein: mehr für die Zukunftsaufgaben, die sogenannten Sozialinvestitionen; langsames Einfrieren der nur für den Tag bestimmten Ausgaben, den Sozialkonsum.
Rolf Dahlgrün leitete konsequent, wenn auch vorsichtig, diese vernünftige Politik ein. Mit dem Haushaltssicherungsgesetz für das Jahr 1965 und dem Finanzplanungsgesetz für 1966.

Die CDU wollte die falsche Therapie

Die CDU aber wollte anderes. Sie wollte nicht auf ständig überproportional steigenden Sozialkonsum verzichten. Und sie verlangte die Finanzierung durch Steuererhöhungen. Für jeden verantwortungsbewußten Wirtschaftspolitiker mußte im Herbst aber klar sein, daß Steuererhöhungen die verkehrteste Therapie für die Konjunktur sein würden. Es war ja nicht verborgen geblieben, daß wir uns in einer Phase konjunktureller Abschwächung befanden. Es ist für mich immer etwas spaßig anzusehen, wie die gleichen klugen Leute, die uns damals beschimpften, weil wir den »realistischen« Forderungen der CDU nicht nachgaben, heute messerscharf beweisen, daß Steuererhöhungen jetzt nicht nur barer Unsinn wären, sondern höchst gefährlich. Als die neue Bundesregierung ihr Amt antrat, fand sie eine schwierige finanz- und wirtschaftspolitische Lage vor. Aber so sensationell neu konnte die Situation ja nun auch wieder nicht sein, zumindest für die CDU nicht, denn sie hatte ja immerhin den Kanzler und auch den Wirtschaftsminister gestellt. Und schwieriger, als sie sich für uns darstellten, waren die Probleme auch nicht geworden. Die F.D.P. hatte die richtige Therapie vorgeschlagen. Dazu gehörte Mut. Den hatte die CDU nicht, vielleicht nicht in einer Koalition mit uns, dachte ich. Um unpopuläre Maßnahmen durchzuführen, wollte sie sich vielleicht den unbequemen Konkurrenten um Wählerstimmen, die SPD, erst zum Verbündeten machen. Um den Haushalt 1967 auszugleichen, wurde eine herkulinische Anstrengung gemacht, wie der Bundeskanzler es blumenreich ausdrückte. Gegen Mitternacht war das Werk vollbracht.

Im Bundestag erklärte Dr. Kiesinger am 7. Juni 1967 dazu: »Das Ende der letzten Regierung ist ja auch nicht so gekommen, wie Sie, Herr Scheel, es eben dargestellt haben. Das Ende der letzten Regierung kam, weil sich die beiden Partner über die Schließung der Haushaltslücke letztlich nicht einigen konnten. Darüber ist die Regierung gestürzt. Dazu haben Sie kräftig mitgewirkt. Das, was die vorige Regierung nicht fertiggebracht hat, haben wir binnen weniger Wochen geschafft. Wollen Sie leugnen, daß wir binnen weniger Wochen den Haushalt 1967 ausgeglichen haben? (Zuruf von der F.D.P.: Aber wie?) Wie? Ohne wesentliche Steuererhöhungen!«

Meine Parteifreunde, Sie wissen, wie der Ausgleich erreicht wurde. Durch eine bedenkenlose Ausweitung des Haushaltsvolumens, die dann durch den Geldmarkt finanziert wurde. Was mich bei der Sache etwas bedrückt, ist mein stiller Verdacht, daß der Bundeskanzler tatsächlich glaubt, dies wäre eine seriöse und konstruktive Haushaltpolitik.

Plisch-Plumismus oder Plum-Plischismus

Danach kam die Phase der Erklärungen.

Der Bundeskanzler erklärte im Wahlkampf in Schleswig-Holstein, wir alle müßten nun den Riemen enger schnallen. In München erklärte dagegen der Finanzminister – originellerweise am selben Tage, wenn ich mich recht erinnere –, es müsse nun weniger gespart und mehr ausgegeben werden. Boshafte Kritiker lasen hier einen Widerspruch heraus. Der wissenschaftliche Beirat der Bundesregierung hielt eine Steuersenkung für nötig und befand sich hier in Übereinstimmung mit der IG Metall. Auch der Wirtschaftsminister schien solchen Gedanken nicht abhold.

Der Finanzminister jedoch glaubte, Steuererhöhungen in Aussicht stellen zu müssen. Der Plisch-Plumismus oder der Plum-Plischismus (das ist die konzertierte Aktion von Plisch und Plum in der Finanz- und Wirtschaftspolitik) litt Not. Der Wirtschaftsminister versuchte nun, diese Schwächeperiode durch eine Fülle sprachlicher Neuschöpfungen mit populär-wissenschaftlichem Anstrich zu überdecken.

Fehler der Bundesregierung

Aber alles das bringt noch immer nicht das Vertrauen, das nun mal die notwendige Voraussetzung dafür ist, daß alle mitmachen. Ich habe dem Bundeswirtschaftsminister im Namen meiner Fraktion schon einmal gesagt, daß wir die Maßnahmen zur Ankurbelung der Wirtschaftstätigkeit gerne unterstützen. Wir glauben nur, daß die Bundesregierung in Planung und Durchführung Fehler gemacht hat: Der Wirtschaftsminister überschätzt die Wirkung des sogenannten Eventualhaushaltes; und die Abwicklung dieses Haushaltes war mangelhaft und daher verpuffte die Wirkung völlig.

Das tragende Element eines gesunden, stetigen Wirtschaftsaufschwungs kann nur die Investitionsbereitschaft der Unternehmungen sein. Ihnen kann man aber keine Investitionsentscheidung aufreden. Sie richten sich bei ihren Überlegungen streng nach den Absatz- und den Gewinnchancen. Die Gewinnchancen lassen sich aber nur übersehen, wenn man eine einigermaßen solide Kostenrechnung auf längere Sicht aufmachen kann.

Und da hapert es. Solange niemand weiß, ob nun Steuern erhöht oder gesenkt werden, ob die Altvorräte im neuen Mehrwertsteuergesetz stärker oder weniger stark entlastet werden, ob die Lohnkosten durch die von der Regierung ausgelöste Diskussion über »soziale Symmetrie« bald wieder ansteigen werden oder parallel zur Entwicklung der Preise eine Weile Verschnaufpause haben, solange das niemand weiß, wird man keinen Investitionsboom erwarten können.

Erst Stabilität, dann Wachstum

Vertrauen in eine langfristige stetige Entwicklung kann nur entstehen, wenn eine solide und straffe Haushaltspolitik der öffentlichen Hände Grundlage der Stabilität ist.

Zwar heißt es in der Regierungserklärung vom 13. Dezember 1966: »Eine fortschrittliche Gesellschaftsordnung setzt eine gesunde, wachsende Wirtschaft und eine stabile Währung voraus.« Zwar erklärte Herr Strauß in einem Spiegelgespräch am 2. Januar 1967: »... Ich habe dann im Bundestag wiederholt zuerst Stabilität, dann Wachstum genannt ... an erster Stelle Stabilität, an zweiter Stelle Wachstum ...« Zwar hat auch Herr Barzel auf dem CDU-Parteitag erklärt: »Ziel unserer Wirtschaftspolitik bleibt: Vollbeschäftigung, wirtschaftliches Wachstum, Geldwertstabilität und außenwirtschaftliches Gleichgewicht ... Wir gaben nicht aus Lust und Laune der Stabilität den Vorrang, sondern aus Notwendigkeit.« Zwar wurde das alles gesagt, aber die Gerüchte wollen nicht verstummen, daß es auch andere Stimmen in der Bundesregierung gibt, die dem Wirtschaftswachstum eindeutig den Vorzug geben, die schnelle Erfolge sehen wollen, die vielleicht aus fiskalischen Gründen ein rasches Wachstum herbeiführen wollen – auch auf Kosten der Stabilität des Geldwertes –, um möglichst bald wieder zu höheren Steuereinnahmen zu kommen.

Die Beschlüsse dieser Woche haben diese Befürchtungen nicht zerstreut. Lassen Sie mich eins ganz klar sagen: Es ist eine blanke Illusion anzunehmen, man würde durch eine Konjunkturbelebung die Steuereingänge so steigern können, daß man sich den Luxus der heutigen Ausgabenpolitik leisten könnte. Unser Kollege Dahlgrün hatte schon Anfang des Jahres 1966 unter Zugrundelegung einer normalen Expansion der Volkswirtschaft und damit ständig steigender Steuereingänge bis 1970 sich vergrößernde Defizite errechnet.

Wollen wir unsere Haushaltspolitik in Ordnung bringen, dann müssen harte politische Maßnahmen getroffen werden. Der Präsident des Deutschen Industrie- und Handelstages, Herr Dr. Schneider, hat die Regierung zu harten Maßnahmen ermuntert und dabei die Unterstützung der deutschen Wirtschaft zugesagt. Ich glaube, hier ist Dr. Schneider zu bescheiden gewesen. Hier hat er nicht nur für die deutsche Wirtschaft gesprochen, sondern für das ganze Volk.

Denn nichts interessiert unser Volk im Augenblick mehr als eine stabile wirtschaftliche Entwicklung, die allein die Arbeitsplätze sichern kann, an denen wir alle hängen. Die deutsche Wirtschaft ist in keiner Krise, sie ist leistungsfähig im Inland und auf den Auslandsmärkten. Sie braucht nur einen sicheren, soliden wirtschaftspolitischen Rahmen für ihre unternehmerischen Entscheidungen.

Versäumte Möglichkeiten

Wir haben dem Eventualhaushalt zugestimmt, weil staatliches »deficit spending« in bestimmten wirtschaftlichen Konjunktur-Phasen den notwendigen Aufschwung anregen kann.
Aber nur, wenn man schnell und bestimmt handelt. Die Bundesregierung hat es nicht verstanden, die Möglichkeiten dieses Investitionshaushaltes auszunutzen. Von der Entwicklung des Planes im November 1966 bis zu den wesentlichen Auszahlungen im Mai 1967 verstrich viel zuviel Zeit. Bürokratische Langweiligkeit hat die erhoffte Wirkung dieser Maßnahmen erstickt.
Für die Zusammenarbeit zwischen Bund, Ländern und Gemeinden gab es auch keine Formel. So wurde das, was der eine mehr investierte, überkompensiert durch Investitionskürzungen beim anderen.
Das Stabilitätsgesetz, das die vorige Regierung schon vorgelegt hatte, schmorte monatelang in der Koalition, weil es den neuen ideologischen Anforderungen nicht entsprach. Es wäre besser in der ursprünglichen Fassung, dafür aber schnell verabschiedet worden.
Dann hätten wir ein Instrument für eine antizyklische, den Vorrang der Stabilität beachtende Finanzpolitik in Bund, Ländern und Gemeinden gehabt.
Die Bundesregierung hat bisher in der Finanz- und Konjunkturpolitik die von ihr selbst so farbenprächtig propagierten Erwartungen nicht erfüllt. Sie hat an Symptomen herumkuriert und die öffentliche Meinung durch widersprüchliche Äußerungen eher verwirrt als beruhigt.
Die Bereitschaft, den täglich wechselnden Anregungen aus dem Regierungslager zu folgen, ist etwa so groß wie das Echo auf die Maßhalte-Appelle des früheren Bundeskanzlers in den schlechtesten Zeiten.

Die Regierung muß sich entschließen, ihre politischen Absichten mittelfristig mit klaren Zahlen über die Kosten zu versehen oder, wie es der Bundesfinanzminister jüngst im Bundestag ausdrückte, die »quantifizierte Reihenfolge der Zielsetzung der politischen Führung« vorlegen. (Die Sprachschöpfungen von Schiller sind eleganter!)

Eine widersinnige Entscheidung

Endlich wissen wir nun, wie die Bundesregierung sich die Lösung ihrer gegenwärtigen Probleme denkt. Sie hat einen Plan vorgelegt. Der Bundeskanzler hat die Fraktion der F.D.P. besucht, um dadurch, wie er es ausdrückte, der Opposition Reverenz zu erweisen!

Seine Mitarbeiter haben sich bereiterklärt, Rede und Antwort zu stehen. Es war damit nicht weit her – nicht, weil die Mitarbeiter etwa unfähig wären; vielmehr, weil ihre Basis nicht ausreichte.

Was ist denn der Kern der Sache?

Die Bundesregierung will eine Phase konjunktureller Abschwächung überwinden. Ihr Plan gibt eindeutig der Konjunkturpolitik den Vorzug vor Haushalts- und auch aktueller Stabilitätspolitik. Das hält auch ein so überzeugter Vertreter der Marktwirtschaft wie Professor Müller-Armack jetzt für gut und richtig.

Für die Überwindung konjunktureller Abschwächungen gibt es mehrere Rezepte. Die Amerikaner zum Beispiel verordnen massive Steuersenkungen, um der privaten Wirtschaft einen starken Impuls zu geben. Oder die öffentliche Hand investiert kräftig. Man kann so, kann so verfahren, man kann auch beides kombinieren. Davon hängt dann der Grad der Liberalität einer Politik ab. Wird Steuerfreiheit gewährt, so ist das die liberale Alternative für den Aufschwung der Konjunktur; gibt der Staat das Geld, ist das weniger liberal. Mithin findet sich Konjunkturpolitik auch nach dem ideologischen Bedarf und also nach der Konjunktur übergeordneten Gesichtspunkten.

Die Bundesregierung hat aber offenbar nur noch die Konjunktur gesehen und ist auf eine besonders originelle Lösung verfallen, auf eine Kombination, in der das eine Rezept das andere aufhebt. Das kann nur in der völligen Verwirrung des dritten Tages der Kabinettsdiskussion passiert sein. Also: die Regierung verordnet der schwachen Konjunktur auf der einen Seite massive Investitionen; gleichzeitig verkündet sie andererseits Steuererhöhungen gerade für die, deren freie, individuelle Entschlüsse den Aufschwung schließlich bewirken müssen, nach der Starthilfe der öffentlichen Hand. Es wäre merkwürdig, wenn dieser Widersinn verschlüge.

Wiedereinführung des Klassenkampfdenkens

Nun widerspricht diese Lösung auch Gesetzen, die der Bundestag soeben verabschiedet hat. Im Stabilitätsgesetz steht, daß Bund, Länder und Gemeinden sich dazu verstehen sollen, Konjunkturabschwächungen mit Steuersenkungen zu begegnen. Ist es den Verantwortlichen ganz entgangen, daß die nun vom Kabinett beabsichtigten Steuererhöhungen dem Stabilitätsgesetz widersprechen und die Unsicherheit im Lande vermehren?

Warum aber hat man denn diese merkwürdige, widersinnig-widersprüchliche Form gewählt? Ich habe das die Kanzler-Mitarbeiter bei ihrem Besuch bei der F.D.P.-Fraktion gefragt; man hätte – so lautete die Antwort – sonst Ausgaben kürzen müssen. Selbst in dieser Phase hat man das noch nicht gewagt! Vorgesehen ist nun unter anderem die Ergänzungsabgabe von 3 Prozent auf die Einkommen- und Körperschaftsteuer. Diese Abgabe wird einen ganz bestimmten Teil der Bürger treffen, grob gesagt, die mittleren Einkommensschichten. Es handelt sich offensichtlich um eine geräuschlose, neue Form des Klassenkampfdenkens in der Politik. Denn wenn die Steuererhöhung im Widerspruch zum Prinzip der Konjunkturbelebung steht, nach dem doch vorrangig gehandelt werden soll, dann kann es sich wohl kaum um anderes als um einen Ausdruck politischer Gesinnung handeln?

Die Maßnahmen der Bundesregierung schaffen keine Sicherheit für den politischen Weg. Vielmehr haben sie die Unsicherheit vermehrt. Die Börsen lassen eine eher negative als positive Reaktion auf die Regierungspläne erkennen. Sie wissen, daß sie nicht aus der Klemme herausgeführt werden.

Die beiden Parteien haben sich zu mutigen Entscheidungen – so hieß es ja landauf, landab – zusammengefunden? Nur sie, so behaupteten sie von sich selbst, könnten mutige Entscheidungen fällen? Sie sind uns den Beweis voll schuldig geblieben.

Liberale als Hüter der Freiheit

Wir haben wieder einmal die Aufgabe, dafür zu sorgen, daß die Marktwirtschaft und die marktwirtschaftliche Ordnung nicht denaturiert werden in dieser aktuellen, keineswegs beängstigenden, vielleicht schlicht pädagogischen Krise. Wir mußten schon einmal zur Ordnung – zur Marktordnung – rufen, als unsere damaligen Partner von der Union anläßlich der Korea-Krise mit der Bewirtschaftung und dem Bezugsmarkensystem liebäugelten. Wenn es darauf ankommt, helfen jene sagenhaften liberalen Individuen, die es nach leutseligen Auskünften in allen Parteien geben soll, gar nichts, sondern nur die gestandenen Liberalen, die politisch kämpferischen und organisierten. Wir wollen dafür sorgen, daß sich unter der Hand dieser großen Koalition unsere Gesellschaftsordnung nicht zu Lasten der bürgerlichen Freiheiten verändert.

Meine lieben Parteifreunde, vielleicht darf ich diesen Teil mit dem ersten Punkt des Aktionsprogramms der F.D.P. zu Wirtschaft und Finanzen schließen: »Die Freie Demokratische Partei bekennt sich zur Marktwirtschaft. Nur die Marktwirtschaft erhält und schafft die Voraussetzungen für eine gerechte und freiheitliche Ordnung der Gesellschaft und für ein Höchstmaß wirtschaftlichen Fortschritts.

Im Zielkonflikt der Konjunkturpolitik zwischen Wachstum und Stabilität muß ein ausgewogenes Verhältnis angestrebt werden. Wachstum kann nur durch Stabilität erreicht werden. Die Stabilität gibt der unternehmerischen Wirtschaft die Grundlage für eine gesunde und stetige Wirtschaftsentwicklung und für ein beständiges Wachstum. Nur eine solche Politik bietet den Arbeitern und Angestellten die Gewißheit, mit wertbeständigen Löhnen und Gehältern ihre und ihrer Familien Existenz auf- und ausbauen zu können und aus wachsendem Lebensstandard wachsende Lebenschancen zu gewinnen. Sie allein gibt allen Leistungen der sozialen Sicherung den Charakter der Verläßlichkeit.«

Drängende Strukturprobleme

Ich habe bisher nur von der Finanzpolitik und der Konjunkturpolitik gesprochen. Man darf natürlich nicht übersehen, daß die augenblicklichen Schwierigkeiten zum Teil auch strukturell bedingt sind. Zumin-

dest aber werden manche strukturellen Schwächen durch die Konjunkturentwicklung verschärft. Die Bundesregierung muß sich also gleichzeitig um die brennendsten Strukturprobleme kümmern.
Die Neigung des Bundeswirtschaftsministers zu Strukturfragen ist auch nicht entfernt so ausgeprägt, wie das zum Beispiel bei unserem Freund Gerhard Kienbaum der Fall war. Seine Vorliebe für Konjunkturprobleme ist bekannt.
Vielleicht wäre es ganz nützlich, wenn sich Professor Schiller einmal die detaillierten Überlegungen vorlegen lassen würde, die sich Gerhard Kienbaum zum schwierigsten Strukturproblem unserer Tage, zum Kohleproblem, gemacht hat. Vieles war umstritten, weil alles umstritten ist, was wirtschaftliche Interessen berührt. Ich höre aber immer mehr Stimmen aus dem Ruhrgebiet, die den nüchternen Gedanken unseres Freundes heute zustimmen. Vor allem: Strukturprobleme verschärfen sich meist, wenn man sie verschleppt, sie jahrelang vor sich herschiebt. Und da haben sich ja die früheren Bundesregierungen, auch die, denen ich angehörte, nicht gerade mit Ruhm bekleckert. Insofern ist Herr Schiller nicht zu beneiden; er hat es mit einem Spätstadium einer verschleppten Entwicklung zu tun. Und es ist natürlich einfacher, da gebe ich ihm recht, Strukturprobleme in aufsteigender Konjunktur zu lösen.

Im Mittelpunkt die Kohlefrage

Die Schwierigkeiten in der Kohlewirtschaft können ja auch nicht als reine Regionalprobleme betrachtet werden. Dazu ist der Zusammenhang mit einem unserer wichtigsten Wirtschaftszweige, der Energiewirtschaft, zu eng.
Wir diskutieren die Rolle der Kohle in der Energiewirtschaft ja zu einem Zeitpunkt, wo schon die überübernächste Generation der Primärenergieträger, nach dem Öl und dem Erdgas die Kernenergie, zu wirtschaftlichen Kosten liefern kann. Durch diesen neuen Energieträger erscheinen auch die Fragen der Sicherheit der Belieferung in neuem Licht.
Für unseren Landesverband und für unsere Landtagsfraktion ergibt sich hier eine schwere Aufgabe. Alle Maßnahmen zur Verbesserung der Struktur der Kohlewirtschaft müssen zunächst unter dem

Gesichtspunkt der preisgünstigen und sicheren Energieversorgung bei freier Wahl der Energiearten gesehen werden. Die Wettbewerbsfähigkeit der deutschen Wirtschaft, die in hohem Maße von den Energiekosten abhängt, darf auf keinen Fall durch etwa notwendige staatliche Interventionen zugunsten der Kohle gefährdet werden. Das liegt im Interesse der Kohle, und das liegt im Interesse des Ruhrgebietes als dem größten industriellen Ballungsgebiet unseres Kontinents.
Zwei Ziele sollten wir also als Fernziele verfolgen: die allmähliche Anpassung der Förderung an den Absatz und die Sicherung des Absatzes, indem ich die Kohle preislich wettbewerbsfähig mache.
Zechenunternehmen aus dem Ruhrgebiet haben diese letzte These entwickelt, so daß ich sicher bin, hier keine Utopien vorzutragen.
Ich bin mir völlig im klaren darüber, daß dieser Prozeß nicht ohne langwierige Anpassungsmaßnahmen abläuft. Wahrscheinlich wird man für einen begrenzten Übergangszeitraum auch nicht ohne Schutzmaßnahmen auskommen, die wir Liberalen »dirigistisch« nennen müssen. Aber das Problem ist anders nicht zu lösen. Entscheidend ist, daß die Kohle endlich aus der Unsicherheit herauskommt.
Wie dankbar können wir dem Vorsitzenden des Wirtschaftsausschusses des Landtages, unserem Freund Dr. Heinz Lange, und dem früheren Wirtschaftsminister Kienbaum sein, daß sie sich über die soziale Seite des Problems frühzeitig in einem dynamischen Sinne Gedanken gemacht haben.
Die regionale Strukturpolitik im Ruhrgebiet ist ja nicht nur darauf angelegt gewesen, im Bergbau freiwerdende Arbeitskräfte aufzunehmen, sondern das Revier in seinem Gesamtgefüge zu stärken, damit es weiterhin ein wirtschaftlicher und kultureller Anziehungspunkt bleibt.

Ein offenes Wort zur Europapolitik

Ich habe mich mit den wirtschaftlichen Fragen ausführlicher befaßt, weil unser Parteivorsitzender gestern in eindrucksvoller Weise unsere Aufgabe in der Außen-, Verteidigungs- und Deutschlandpolitik dargestellt hat. Ich brauche daher heute darauf nicht mehr einzugehen.
Gerade die Kohle bringt mich auf einen politischen Bereich, zu dem wir Liberalen bereits seit längerer Zeit ein etwas gestörtes Verhältnis haben, ich meine die Europapolitik. Das soll mich nicht davon

abhalten, hier vor Ihnen meine Meinung in der Offenheit zu sagen, in der ich gewohnt bin, mit Ihnen zu sprechen.
Ich weiß, daß die Meinungen in unserem Kreise über den rechten Weg zu Europa auseinandergehen. Das ist zu natürlich.
Mit Ihnen allen bin ich aber darin einig, daß es für diesen Kontinent keine Zukunft geben kann, wenn wir nicht zur wirtschaftlichen und politischen Einigung finden.
Die letzten Jahre Europapolitik, ihre Niederungen, das Schachern um kleine Vorteile, der Rückfall in nationalstaatliche Denkformen des vorigen Jahrhunderts haben die Begeisterung, mit der gerade meine Generation dieser Idee angehangen hat, bis fast in die Gefrierzone herabgekühlt.
Aber sollte ich mich deswegen vom richtigen Ziel abbringen lassen? Nein!

Nicht im Beiboot der Supermächte

Wer am 17. Juni, als die chinesische H-Bombe explodierte, noch nicht gemerkt hat, daß die Kräfteverhältnisse auf der Welt sich ändern, daß wir uns in Europa beeilen müssen, wenn wir förderhin noch eine Rolle spielen wollen, dem ist nicht zu helfen.
Natürlich gibt es Zeitgenossen, denen das Leben am Rande der politischen Kraftfelder erstrebenswert erscheint; sozusagen im Beiboot der Supermächte, gut und regelmäßig gefüttert. Ich gehöre nicht zu ihnen.
Wir sind es unserer gemeinsamen europäischen Geschichte von Jahrtausenden, unserem gemeinsamen kulturellen Erbe und unserer liberalen Tradition schuldig, alle Anstrengungen zu machen, um auf die zukünftige Entwicklung dieser Welt Einfluß zu nehmen.
Das geht aber nur, wenn wir die wirtschaftliche Dynamik eines so großen Marktes, wie es ein vereintes Europa sein würde, auszunutzen vermögen.

Den Anschluß schon verloren

Es ist jetzt nahezu 20 Jahre her, als ich zum erstenmal in den Vereinigten Staaten gewesen bin, für ein paar Monate. Ich erinnere mich immer wieder daran, weil ich damals eine zweifache Erfahrung gemacht habe. Ich habe fast körperlich gespürt, welche Kraftströme ein so riesiges soziales Gebilde wie der einheitliche, von keiner Grenze durchschnittene Lebensraum der USA erzeugt, und ich habe, so paradox das klingen mag, empfunden, welch Glück es ist, Europäer zu sein.

Verzeihen Sie mir diese kleine sentimentale Abschweifung. Wenn wir an die Zukunft denken, dann können wir nicht übersehen, daß die europäischen Länder, jedes für sich, in manchen technischen Bereichen den Anschluß an die industrielle Spitzengruppe unter den Staaten schon verloren haben. Das materielle und intellektuelle Potential der isolierten Volkswirtschaften ist eben nicht tragfähig genug für die modernsten und zukunftsträchtigsten Bereiche der neuzeitlichen Technologie. Wenn ich von Europa spreche, Sie werden es schon gemerkt haben, dann meine ich natürlich nicht das Europa der Sechs, die Europäische Wirtschaftsgemeinschaft, sondern die Gemeinschaft aller Länder und Völker, die sich diesem Kontinent zugehörig fühlen. Aber die Zusammenarbeit unter den Europäern verschieben, bis alle bereit und in der Lage sind mitzumachen, hieße den Gedanken an die europäische Einigung aufgeben.

Das Ziel bleibt: Vereinigte Staaten von Europa

Die Wirtschaftsgemeinschaft haben wir nun einmal, mit allen Schwächen meinetwegen. Nun müssen wir alles dransetzen, daß möglichst viel liberales Öl in ihren Mechanismus hineinfließt. Der neue Präsident der Kommission ist ein Liberaler. Ich weiß, wie schwer es ist, parteipolitisch auch über die Landesgrenzen zu denken – bei uns ist es manchmal ja sogar schwer, über die Ländergrenzen innerhalb der Bundesrepublik hinwegzukommen –, aber wir müssen uns nun mal daran gewöhnen. Ich weiß, mit welchem Mißtrauen gerade wir Freien Demokraten die Brüsseler Bürokratie betrachten, der wir dirigistische Tendenzen und Schlimmeres zutrauen.

Ich weiß auch, mit welchem Unbehagen wir die nationalstaatliche Aktion des Generals de Gaulle verfolgen. Es ist aber nun einmal schwierig, Nationalismus und Übernationalismus gleichzeitig zu bekämpfen. Ich meine, wir sollten aus beidem das Beste machen.

Wir müssen die jetzige Periode als eine Durchgangsphase betrachten zu dem unverrückbaren Ziel der vereinigten Staaten von Europa.

Gerade für uns Deutsche ist es so wichtig, zu diesem Ziel hinzustreben, denn wie anders sollten wir uns die Möglichkeit der Wiedervereinigung der beiden Teile Deutschlands vorstellen. Nur in einer europäischen Föderation, in der der Ost-West-Gegensatz sich abbaut, können wir sie erreichen.

Chance für ein geeintes Deutschland

Der bekannte britische Liberale Lord Gladwyn hat vor kurzer Zeit in einem »Round Table«-Gespräch folgendes gesagt: »Wenn wir in der Lage sind, solch eine demokratische Gemeinschaft für Politik und Verteidigung in Westeuropa innerhalb des großen Rahmens der Atlantischen Allianz zu schaffen, dann glaube ich auch fest, daß in nicht allzulanger Zeit die Amerikaner und die Russen auf jeden Fall durch den Rückzug eines Großteils ihrer Truppen in der Lage sind, die Konfrontation der Supermächte an der Elbe zu beenden, und sich deshalb der Weg für neue Beziehungen beider Länder mit der DDR und mit den anderen kommunistischen Staaten Osteuropas öffnen wird. Es mag eine lange Zeit vergehen, bevor die Russen die DDR verlassen, aber wenn sich der Westen Europas vereinigt (und er muß natürlich auf irgendeinem supranationalen Weg zusammenkommen), besteht kein Zweifel, daß durch die Macht der Ereignisse die Beziehungen zunehmend besser werden und jene zwischen den beiden Teilen Deutschlands zunehmend enger.«

Zum gleichen Thema schreibt Klaus Mehnert in seinem Buch »Der deutsche Standort«: »Es gilt daher, die nächste Phase der europäischen Entwicklung vorzubereiten, solange es die NATO noch in ihrer heutigen – zwar geschwächten – Form gibt. Das Schlimmste, was uns passieren könnte, wäre der Zerfall Westeuropas in selbständige und rivalisierende Klein- und Mittelstaaten, während gleichzeitig das östliche Bündnis, wenn auch gelockert, weiterbestünde. Würde aber auch dieses sich auflösen, würden wieder zwei Dutzend selbständiger Nationalstaaten vom Atlantik bis zur Sowjetgrenze nebeneinander existieren, so würde dieser grandiose Anachronismus im Zeitalter der Weltmächte (zu denen das rote China gehören würde) nicht nur dieses Konglomerat der Kleinen weltpolitisch zur Ohnmacht verurteilen, sondern auch die Deutschen der Chance ihrer Wiedervereinigung berauben. Denn keiner dieser Staaten hätte ein Interesse daran, ein starkes vereinigtes Deutschland in der Mitte Europas zu sehen; nur bei gleichzeitiger Integration in ein vereinigtes Europa ließe sich diese Sorge ausräumen und die Bereitschaft fördern, dem Zusammenwohnen aller Deutschen unter demselben Dach zuzustimmen.« Erich Mende hat gestern den gleichen Gedanken vertreten, als er davon sprach, daß nur ein neues überlappendes europäisches Sicherheitssystem die Voraussetzung für eine stufenweise Zusammenführung der beiden Teile Deutschlands schaffen würde.

Unsere Außenpolitik ist ohne Konzeption

Nun scheint die europäische Entwicklung in eine neue Phase zu treten. Großbritannien und im Gefolge andere Länder der EFTA haben formell um Aufnahme in die EWG nachgesucht. Zunächst einmal zeigt das, daß England die Chancen dieses Gemeinsamen Marktes offenbar höher einschätzt als mancher von uns. Und ich habe die Engländer immer als nüchterne Rechner kennengelernt. Wenn Sie sich einmal die Unterhausdebatte über das englische Beitrittsgesuch durchlesen, dann werden Sie überrascht sein, daß das häufigste Argument der Gegner eines Beitritts aus der Labour Party die Feststellung ist, die Europäische Wirtschaftsgemeinschaft habe eine zu liberale Wirtschaftsordnung, und es drohe damit die Gefahr, daß der britische Sozialismus ausgehöhlt werde. Es sieht eben aus den verschiedenen Blickwinkeln alles verschieden aus. Die Regierung Kiesinger/Brandt nun hat auch in dieser wichtigen Frage des Beitritts Großbritanniens zum Gemeinsamen Markt wie in anderen außenpolitischen Fragen weder Fisch noch Fleisch essen wollen.

Den Engländern eröffnet man, daß man ihren Beitritt sehnlich herbeiwünsche, daß man natürlich auch Verständnis dafür habe, daß Frankreich gegenteiliger Meinung sei. Dabei ist es hier nun wirklich angebracht, einmal aus der Reserve herauszutreten und Frankreich mit allen Mitteln, ich wiederhole – mit allen, klarzumachen, daß wir seine Verschleppungspolitik nicht mitmachen werden.

Was nützt es, wenn der Bundeskanzler den General im Élysée-Palast besucht und die Hofsänger in euphorischen Tönen von einer enormen Klimaverbesserung berichten. Es ist das gleiche wie bei unserem

Verhältnis zu den USA. Seit es die CDU/SPD-Koalition gibt, ist das Klima enorm verbessert, wie man hört, wir zahlen, und die Amerikaner ziehen die Truppen ab usw. usw.
Die deutsche Außenpolitik ist ohne Konzeption, es gibt zu viele Unvereinbarkeiten. Dieses Dilemma ist unter der jetzigen Regierung eher schlimmer geworden.
Aber zurück zur Idee eines einigen Europa. Die Vision der vereinigten Staaten von Europa hat immer noch Kraft. Wir müssen immer wieder unsere Politik an diesem Ziel messen. Wir dürfen es nicht aus den Augen verlieren. Die Resignation ist eine schlimme Untugend in der Politik. Was anderes könnten wir unserer Jugend an Hoffnung geben, auf diesem Kontinent zu bleiben, als die Aussicht, eines Tages in einem politisch einigen, wirtschaftlich bedeutenden Europa zu leben, das an der Lösung unserer großen Friedensfragen in vorderster Front und aus der Erfahrung seiner Geschichte mitwirken kann. Zerstören wir diese Hoffnung nicht, sondern tun wir alles, daß sie sich eines Tages erfüllt!

Das Dilemma unserer Jugend

Lassen Sie mich jetzt noch auf ein ganz anderes aktuelles Problem eingehen: Junge Menschen spüren, daß ihr Freiheitsraum, der Spielraum für ihre individuellen Entscheidungen, von der wachsenden Technik immer mehr verengt wird. Sie spüren nicht nur die Autorität von Menschen in den hierarchischen Gebilden unserer Gesellschaftsordnung; sie geraten in die Zwänge, die von Mechanismen ausgehen. Carl Friedrich von Weizsäcker hat in seiner knappen Schrift »Gedanken über unsere Zukunft« die Herausforderung zu beschreiben versucht, der wir uns gewachsen zeigen müssen, ihre grandiosen, aber auch ihre bedrückenden Aspekte. Die nächsten zwanzig Jahre werden Veränderungen noch ungeahnten Ausmaßes bringen.
Ist das nicht die wirkliche Unruhe unserer Jugend? Der Instinkt dafür, daß unser jetziges, allzu saturiertes Denken Aufgaben diesen Ausmaßes nicht gewachsen ist? Es sind ja nicht nur die Studenten unruhig, sondern unruhig ist wirklich die ganze politisch aufgeschlossene Jugend bis in die Oberschulen, aber auch bis in die Betriebe hinein. Es handelt sich dabei um Entscheidenderes als spektakuläre Happe-

nings und die fixen Ideen von Leuten wie Herrn Teufel oder den Maoisten, die Gemeinschaftsliebe lehren und leben; hüten wir uns, sie als Alibi für unsere eigene geistige Bequemlichkeit zu nehmen. Entscheidend sind jene jungen Leute aus der Generation meines Sohnes, die sich in langen Nächten die Köpfe heiß reden in Gedanken für eine bessere Welt, die nicht vollends ausgeliefert ist der Verheerung eines alles auszehrenden Machtprozesses der technischen Zahlen. Sie spüren den Druck empfindlicher, und sie lehnen sich auf gegen Autorität, ohne vielleicht schon genau genug unterscheiden zu können, tastend, die Welt erfahrend. Aber ausgezeichnet durch die Kraft des noch unverbrauchten, des hellen Intellekts, der noch fähig ist zum Abenteuer, der sich noch nicht völlig in den Kärrnerdienst des Alltags hinein aufgegeben hat.

Uniform und Knüppel sind keine Antwort

Die schlechteste Antwort wäre es, auf die Unruhe dieses Suchens, auf den Konflikt der durch die Autorität Verstörten mehr Autorität, härtere Autorität, uniformierte, knüppelnde Autorität zu setzen.

Jugend, vergessen wir das nicht, ist denen immer das größte Ärgernis, deren späteres Leben die eigene Jugend am schmählichsten verraten hat, nächst jenen, die niemals jung waren.

Wir müssen den jungen Menschen die Demokratie nicht nur durch unser Vorleben als Demokraten glaubwürdig und einsichtig machen: Sie haben das Recht auf offene, richtige, rückhaltlose Information über den Zustand der Gesellschaft. Sie sind keine Demokraten im Wartestand.

Was geschieht aber, und nicht nur den Studenten? Nicht erst in sich böse perfektionierender Zukunft droht Gefahr und Raffinement der Manipulation der öffentlichen Meinung. Nicht zuletzt ist es doch die verzerrte Darstellung unserer Gesellschaftsordnung und unserer politischen Umgebung durch konzentrierte Organe der Publizistik, die gerade junge, gescheite Leute zu durchaus demokratischer Auflehnung treibt. Hängt nicht vielleicht die Potenzierung der Unruhe in Berlin ursächlich zusammen damit, daß dort die Informationspolitik zu 80 Prozent in eine Hand gegeben ist gegenüber nur immerhin auch 40 Prozent im Bundesgebiet?

Studieren: nicht Privileg, sondern Auftrag

Es ist unsere politische Pflicht, mit den jungen Menschen zu sprechen, sie anzuhören und um ihr Gehör zu bitten. Die Erwachsenen haben erfahren, wie Demokratie totalitär verdarb, und diese Erfahrung haben wir in die Zukunft einzubringen, nutzbar zu machen. Es geht dabei nicht um spektakuläre Auftritte vor dem Fernsehschirm und die Selbstdarstellung publizitätssüchtiger Politiker, für die der Partner nur Vorwand ist. Im Gegenteil, es geht um den Partner.

Wenn es für diese Überlegungen eines Beweises bedurft hätte, so wurde er in einer Fernsehdiskussion mit Studenten geliefert. Da hat sich Erich Mende hervorragend geschlagen – der Regierungschef allerdings hat eine enthüllende Aussage gemacht, die für die Vorstellungswelt seines Regiments spricht: Die Studenten lebten in einer privilegierten Situation. Student sein heiße, Geld von anderen Leuten zu bekommen, die damit dies privilegierte Leben finanzieren. Man solle darüber einmal nachdenken. Er sagte das auf seine anheimelnd schwäbische Art.

Wir sagen hingegen: Es ist unsere Pflicht, unsere Jugend studieren zu lassen, wenn wir den Anforderungen der Zukunft gerecht werden wollen. Wir können nicht im Honoratiorenstil des vorigen Jahrhunderts über studentische Probleme nachdenken. Die Freie Demokratische Partei hat diesen besonderen Auftrag begriffen, sie hat seit jeher eine kompromißlose Bildungskonzeption, an der sie weiterarbeitet.

Aber der Auftrag wird politisch immer gewichtiger angesichts der riesigen Regierungsmehrheit mit so penetrant restaurativen Zügen in beiden Parteien. Da verbündet sich womöglich ein altes klassenkämpferisches Ressentiment gegen die gehobenen Bildungsschichten mit eben diesen Schichten, um eine fortschrittlich freimütige, freiheitliche Universitätsentwicklung zu behindern. Es gibt mancherlei Vorurteile gegen Intellektuelle; aber es gibt ohne Intellektuelle keine Zukunft.

Die Studenten empfinden sich zu Recht keineswegs als Privilegierte. Vielmehr leiten die politisch Aufgeschlossenen unter ihnen aus ihrem Studium die zusätzliche Pflicht zu staatsbürgerlicher Verantwortung ab. Und wie die Dinge stehen, klagen sie vor allem Demokratie als solche ein.

Integration außerparlamentarischer Opposition

Betrachten wir die Aufgeschlossenheit für die Studenten als Teil einer großen, allgemeinen Aufgabe, die der Freien Demokratischen Partei zufiel, als sie in die Opposition ging. Die Liberalen sind nicht nur als Liberale in Opposition, sondern sie sind die einzige Opposition im Bund überhaupt. Daraus ergibt sich die Aufgabe, die außerparlamentarische Opposition demokratisch zu integrieren und ihr Gehör im Rahmen der Verfassung zu verschaffen. Unsere Partei wirkt bei der politischen Willensbildung des Volkes mit; das heißt jetzt, sie arbeitet an der politischen Willensbildung der Opposition. Das heißt auch ganz praktisch-technisch, sie wirkt mit allen ihren Gremien in den Universitätsstädten an lebendigeren Beziehungen zwischen der F.D.P. und den Professoren und Studenten. Verbindungen, die für die Liberalen im Schatten der Koalition schwierig waren, bieten sich für die liberale Opposition ganz selbstverständlich an. Die Chancen dafür sind eindeutig.

Restauration auch bei der SPD

Keine Opposition seit Gründung der Bundesrepublik Deutschland hatte eine so große Verantwortung wie diese liberale. Nachdem die SPD über eine Periode immer abgeschwächterer Opposition in die Regierung weggetreten ist, ist der demokratische Auftrag, in diesem Lande gegen die Regierung öffentlich anzutreten, sie rückhaltlos zur Rede zu stellen, die Macht zu kontrollieren und die Politik öffentlich zu machen, in allen Bereichen einzig der F.D.P. anvertraut. Wir werden um dieser Aufgabe willen auch dort antreten, wo wir uns früher vielleicht nicht oder weniger hart gestellt haben. Die Rechtfertigung liegt nicht in alten Schwüren, sondern in diesem Auftrag zur Opposition, bei dem es um Gedeih oder Verderb der Demokratie geht. Opposition heißt so auch, daß wir in der Notstandsfrage allein stehen. Eben weil wir die einzige Opposition sind, müssen wir in dieser Sache nun weit entschiedener, wie die Löwen müssen wir kämpfen, kraft der veränderten politischen Qualität unserer Partei nach dem Austritt aus der Regierung.

Nun tut sich Opposition rein psychologisch schwer in einem Land, in dem Restauration eine Art Statussymbol geworden ist. Wer sich einige Kollegen von der SPD so ansieht, kann sich des Gefühls kaum erwehren, sie finden Restauration schick. Mancher scheint zu fürchten, sich durch den Kampf gegen das restaurative Denken womöglich gesellschaftlich zu diskriminieren! Nun: Unsere Gesellschaft ist die den Fortschritt entwerfende. Opposition bedeutet also auch: Mißtrauen gegen alle konservativen Gedankengänge im eigenen Lager. Sie sind für und in unserer Lage verhängnisvoll, denn wir müssen uns gegen den restaurativen Status quo der gegenwärtigen Koalition durchsetzen, und das kann nur im Bündnis mit der Zukunft geschehen.

Wir brauchen zeitgerechte Zielsetzungen

Axel Eggebrecht hat kürzlich in einem Rundfunkvortrag vernünftig gesagt: »Was trennt uns denn in der politischen Grundhaltung? Uns trennt, daß die eine Seite durch das behutsam skeptische Festhalten am Bestehenden charakterisiert werden kann, daß man aber andererseits den energischen Optimismus braucht, der Neues wagt.«

Wir haben in der Opposition aber auch die Zeit und müssen sie nützen, um uns – mit einem Schlagwort gesagt – zu ideologisieren. Jetzt ist bei uns ein politischer, will sagen liberaler Purismus angebracht. Wir wollen unserem Volk eine umfassende staats- und gesellschaftspolitische Ordnungsvorstellung präsentieren. Das Bedürfnis zeigte sich ganz klar, als wir uns veranlaßt fühlten, das neue Aktionsprogramm in Hannover zu entwickeln. Jetzt hat die Arbeit an einem neuen Grundsatzprogramm begonnen. Wir hoffen: aus dem Wechselgespräch der Gremien und Mitglieder, der breiten Diskussion in der ganzen Partei entwickelt sich ein Programm, wie es einer liberalen Partei ansteht. Innerparteiliche Diskussion, das ist nicht Gemeinschaftssingen, das ist Auseinandersetzung. In unseren Gremien, Auge in Auge, von Freund zu Freund: aber nicht hinter den geschlossenen Türen, sondern in aller Offenheit, wie man sich eben in der Demokratie miteinander auseinandersetzt.

Natürlich muß am Ende dieser Diskussion eine praktikable politische Auffassung, ein aktives, politisches Programm stehen. Das ist der Boden, von dem aus die Partei operieren kann. Unsere geistige Ordnungsvorstellung muß sich in zeitgerechten Zielsetzungen verwirklichen, und die Durchsetzung der Ziele erfordert eine einschlägige Organisation, eine Führung, die in der Lage ist zu leisten, was wir programmiert haben. Nicht das geringste wird es sein, dem Volk bekanntzumachen, was wir, was die liberale Opposition will.

Geschlossenes Auftreten ist notwendig

Nur eine klare Führungsstruktur kann die Partei mit der Geschlossenheit und Durchschlagskraft vertreten, die unter den Bedingungen der Massendemokratie unerläßlich sind. Wir werden uns eine solche Führungsstruktur geben. Wir sind dabei, diese verpflichtende Aufgabe der Opposition wirksam zu lösen. Öffentliche Willensbildung ist permanent notwendig und die wahre Kraft gerade der liberalen Ideologie. Im Zeitalter eindeutiger Werbeslogans aber verwirrt das den Wähler. Der Wähler braucht mehr als je zuvor durchdringende, das heißt klar verständliche, einheitliche Aussagen. Also muß der Prozeß der Willensbildung getrennt sein vom Prozeß der Übermittlung unseres Willens an die Öffentlichkeit.
Das Führungsproblem, das sich aus dieser schwierigen Lage für uns Liberale ergibt, ist mit einem einzigen Wort zu umreißen. Es heißt: Vertrauen. Vertrauen untereinander, Vertrauen zu uns selbst. Es geht nicht damit überein, in unserem Kreise andere politische Meinungen als suspekt zu betrachten, als à tout prix verwerflich, als unanständig. Wir müssen vielmehr alle Meinungen zulassen, um die gemeinsame Meinung zu gewinnen, durch die Überzeugungskraft offener Argumente, deren jedes zulässig ist. Vertrauen verbietet auch Verklemmungen in der Diskussion der Personalprobleme unserer Partei. Eine Partei, in der sich die offene Personaldiskussion nicht mehr in allen ihren Bereichen durchführen läßt, sollte ohnehin zumachen. Die Kraft dazu muß eine Partei haben. Diese Kraft ist nur der Ausdruck des guten Vertrauens aller zu allen.

Opposition aus Überzeugung

Die F.D.P. kann vorläufig nicht nach alleiniger Regierungsmacht streben. Wir sind entweder Opposition, oder wir sind an der Macht beteiligt. Wenn wir Opposition sind, dann aber auch mit Überzeugung, nicht, wie jahrelang die SPD, der Macht sich anbiedernd, schon gar nicht etwa auf der Strafbank. Hüten wir uns davor, jetzt irgendwo und irgendwann selber mit der Beteiligung an der Macht zu liebäugeln! Wer mit der Beteiligung liebäugelt, der wird mit Gewißheit nicht beteiligt.

Die Gegner haben Schwierigkeiten

SPD und CDU/CSU sind beide in keiner rosigen Lage. Herbert Wehners Konzept ist gänzlich danebengegangen. Er wird das parteiintern bald merken. Aus der Rolle des Mitbeteiligten gibt es keinen Vorstoß an die Spitze. Die SPD wird für die nächsten zwanzig Jahre nur noch über die Bänke der Opposition an die Verantwortung kommen. Der Zweite bleibt, das hat auch Österreich gezeigt, immer nur der Zweite. Kiesinger wird das der SPD beibringen. Die fatale Situation der SPD ist natürlich gefährlich, und die SPD-Leute empfinden es auch so. Hier entwickelt sich eine neuartige Unsicherheit für die deutsche Politik.
Doch sind CDU/CSU in keiner günstigeren Lage. Die Parteikrise des letzten Jahres ist von der neuen Macht überdeckt, nicht überwunden. Die Union hat keinen einheitlichen Willen, keine geschlossene Meinung, kein gemeinsames politisches Bild. Hat die Union diese Schwierigkeiten überwunden? Hat sie sich gestrafft, indem sie ihre politischen Vorstellungen zentriert, indem sie sich an neuen Problemen geklärt hätte? Nein, sie hat nach Erhard nur einen Super-Erhard engagiert. Das wird die Partei noch beschäftigen. Kiesingers Attraktionen für die Öffentlichkeit, seine Begabung zur Wahllokomotive kann die strukturellen Schwächen der Partei auf die Dauer nicht neutralisieren.

Wir brauchen Mut zur Kontroverse

Die Freien Demokraten haben gegen die innerlich zermürbten Großen gesunde Chancen, wenn sie sich nicht auf falsche Konkurrenzen einlassen. Das Wählerpotential liegt nach wissenschaftlichen Untersuchungen heute zwischen 7 und 15 Prozent. Dieses Potential gilt es mit Glück, Fähigkeit und Führungskraft auszuschöpfen. Das heißt, wir müssen unsere Anhänger dadurch gewinnen, daß wir mutig Meinungen aussprechen, die eine Mehrheit an Gegnern haben. Wir können unmöglich hoffen, Anhänger zu gewinnen, wenn wir permanent den

Versuch unternehmen, es allen recht zu machen. Das tun schon die anderen, dazu braucht man uns nicht. Wir müssen das Richtige suchen, das Richtige aussprechen, uns an das als richtig Erkannte halten.
Wir müssen uns an bestimmte Wähler wenden; uns wählt nicht jeder. Aber das heißt nicht an nach irgendwelchen Berufen erschlossene Gruppen. Wir sind tatsächlich eine Partei, die ihre politischen Vorstellungen am Gemeinwohl des ganzen Volkes orientiert. Wenn wir uns an bestimmte Wähler wenden, so an die, die einen höheren Grad politischen Erkenntnisvermögens aufweisen. Die gibt es in allen Gruppen, bei Arbeitern, Angestellten, Unternehmern, Bauern und Gelehrten. Es gibt dem Fortschritt aufgeschlossene Leute, und das sind unsere Leute. Es gibt die Mehrzahl der anderen. Der Ärger ist, daß die anderen von den Fortschrittlichen immer profitieren, nie umgekehrt.

Gemeinsam im Kampf für den Fortschritt

Das könnte einen eher trübe stimmen, gäbe es nicht das liberale Phänomen: Die Liberalen kommen zuhauf, wenn es wirklich brenzlig wird. Bei der CDU verlören sich die beflissenen Sympathiseure schnell, wenn es mit der Macht nichts mehr wäre. Die Liberalen erstarken in der Opposition; nicht, wenn Macht zu verteilen, sondern, wenn der Übermacht zu wehren ist. Und sie haben um so deutlicher das Recht auf das unerschrockene Bekenntnis zur Wahrheit, die den Vielen nicht gefällt.
Es gibt bei uns keine Lethargie. Wir scharen uns um diese Partei. Wir kämpfen gemeinsam Schulter an Schulter, in Harmonie in dieser Partei. Wir erkämpfen den Fortschritt.

Kai-Uwe von Hassel

Respekt vor dem politischen Gegner

Männer, die Präsident der neuen Republik werden könnten, sind bitter rar. Sie müssen in sich viel vereinen, um jene davon zu überzeugen, die zunächst einmal über einen möglichen Kandidaten zu befinden und ihn dann vorzuschlagen haben, daß man diesen und keinen anderen in das höchste Amt berufen sollte. Man sollte sich dabei nicht so sehr fragen, was sie können, als vielmehr nur auflisten, was sie eigentlich nicht könnten.

Mögliche Kandidaten müssen wissen, was Politik bedeutet, sie müssen politische Probleme, ihre Hintergründe, ihre Zusammenhänge, ihre Möglichkeiten, die Grenzen der Politik sehr genau kennen. Sie müssen Urteilsvermögen haben, nicht, weil sie selbst in die Politik einzugreifen hätten, sondern weil sie mit ihrem persönlichen Einfluß, ihrem Prestige in der Politik zuweilen glätten müssen. Sie müssen vor allem in Schlechtwetterperioden, in Krisenzeiten ihren Mann stehen können. Große, sprühende Geister ohne profunde politische Erfahrung können unfähig sein, einen Schiffbruch zu verhindern.

Großen Geistes sollten sie allerdings auch sein. Sie müssen mit der intellektuellen Welt mithalten können; ihre Bindung muß tief gehen. Die unendlich vielen Reden müssen zu erkennen geben, daß sie den geistigen Kurs selbst abgesteckt haben, sie müssen den Ghostwritern den Weg weisen, nicht ihre Redner sein.

Wer die Republik nach außen vertritt, muß das »Außen« selbst kennen. Er muß in ihm, in der Welt, zu Hause sein. Die Außenbeziehungen zwischen diesem Staat und der Welt, in die er zum Besuch aufbricht, muß er genau kennen. Wenn er nach Lateinamerika geht, muß er dessen schlechtes Verhältnis zu unseren engsten Partnern in der Allianz, den Vereinigten Staaten, kennen: Und dabei muß sich

unser Präsident bemühen, zu beiden traditionellen Freundschaften zu bewahren. Wer nach Israel geht, muß wissen, was ihn dort in bezug auf unsere traditionelle Freundschaft zu den Arabern erwartet.
Als Präsident begegnet er ständig dem Bundeskanzler. Es erleichtert beiden ihren Auftrag, wenn der Präsident selbst das Regierungsgeschäft kennt, wenn er Minister in einer Bundesregierung, vielleicht sogar deren Vizekanzler gewesen ist. Und wenn er dem Parlament begegnet, ist es ein großer Gewinn, wenn er ihm selbst angehörte, zumal dann, wenn er im Parlament auf beiden Seiten saß, in einer Regierungspartei und in der Opposition.
Und in der Opposition. Das letzte Drittel der sechziger Jahre ist vielen aus dem Gedächtnis entschwunden. Es brachte nach dem Scheitern Ludwig Erhards, des großen, glanzvollen Mannes des Wirtschaftswunders, den Pendelschlag zur anderen Seite. Die CDU und CSU blieben zwar noch führend, zum ersten Mal aber wurden Sozialdemokraten gleichwertige Partner einer neuartigen Koalition, die zunächst in der neuen Republik undenkbar schien. Und die alten Partner bürgerlicher Koalitionen, die Freien Demokraten, übernahmen die Rolle der Opposition.
Eine Opposition – wer auch immer diese Rolle zu übernehmen hat – ist ungemein schwierig. Von dem, der ihr angehört, wird viel verlangt. Das einzelne Mitglied der Fraktion muß sich dem ihm zugewiesenen Aufgabenbereich mindestens so nachdrücklich widmen wie sein Gegenspieler in den Regierungsparteien. Dieser hat aber neben sich Sachkundige aus dem Apparat, die ihm helfen, ihm auch viel Arbeit abnehmen. In der Opposition ist die Arbeit einerseits also ungemein mühsam, andererseits aber dadurch schwierig, daß man mit dem Odium eines ständigen Kritikers, eines ewigen Besserwissers, fast schon eines Gegners belastet wird. Im Volk begegnet man einem solchen Politiker meist nicht sonderlich freundlich. Wer ständig opponiert, muß immer erst dafür kämpfen, daß man seine Motive begreift, daß es eben nicht nur Verneinung, nicht nur Widerspruchsgeist ist. Es ist leider nicht Allgemeingut, daß eine Opposition zur funktionsfähigen Demokratie unausweichlich dazugehört.
Walter Scheel hat seine Rolle in der Opposition geradezu bilderbuchartig gespielt. In diesen Jahren war er nicht nur erster Sprecher seiner Fraktion; er saß gleichermaßen als Vizepräsident im Präsidentenstuhl

und leitete. In dieser Funktion hatte er dafür zu sorgen, daß er als neutraler Primus inter pares den Zusammenklang im Parlament so zu ordnen hatte, daß die Arbeit gefördert, daß der parlamentarische Stil gewahrt, daß bei aller Deutlichkeit der Auseinandersetzung der Respekt vor dem anderen Leitschnur blieb. Und dann stand er in der Stunde darauf unten als der Sprecher der Opposition und praktizierte, was er zuvor vom höheren Stuhl aus als Leitlinie vertreten hatte.
Als Präsident habe ich das in seinem letzten Jahr als Oppositionsführer selbst so unmittelbar miterlebt.
Vom Grundsatz her halte ich es für problematisch, wenn die unverzichtbare Rolle der Opposition in einer Demokratie der kleinsten Partei im Parlament übertragen wird. Die große Bandbreite der Themen, die von den Regierungsparteien nach ihren Wünschen zur Beratung gebracht werden, und all die Fragen, die begreiflicherweise die Opposition behandelt wissen will, können normalerweise nur sachgerecht beraten werden, wenn die Regierungsparteien und die Opposition annähernd gleich stark sind. Es ist leichter, wenn die Zahl der Parlamentarier auf beiden Seiten leidlich ausgewogen ist.
Die Abgeordneten sind schon im Normalfall ungemein ausgelastet. Wenn dann aber nur noch 10 Prozent aller Mitglieder des Parlamentes als Angehörige seiner Opposition, in Ausschüssen, Fraktion und im Plenum praktisch das gleiche zu leisten haben, wie die übrigen 90 Prozent zusammen, dann ist das eine nicht mehr vertretbare Überforderung.
Und dennoch haben es die Freien Demokraten zwischen Dezember 1966 und Herbst 1969 zuwege gebracht, ihre Aufgabe zu leisten. Sie verdienen unseren hohen Respekt. Dieses Urteil maße ich mir an, der ich selbst über dreißig Jahre Parlamentarier war. Walter Scheel und seine Freien Demokraten haben in dieser Rolle selbstverständlich ihre Rechte intensiv in Anspruch genommen. Sie haben ihre Rolle aber vor allem als eine Pflicht gesehen. Und ihr haben Sie sich drei Jahre vorbildlich unterzogen.
Als Präsident des Parlaments kann man auf die Pflichten des Abgeordneten nicht einwirken. Jeder einzelne muß sie selbst abstecken. Sieht er sie nicht, kann auch ein Präsident ihn nicht mahnen.
Nur seine eigene politische Führung kann darum bemüht sein, daß die Pflicht als Zwillingsschwester der Rechte voransteht und daß der

politische Stil einem Parlament gemäß ist, das Ansehen gewinnen und bewahren will.

Und das hat Walter Scheel – und die mit ihm in der Verantwortung Herausgehobenen – vorbildlich bewirkt. Wie oft hat Walter Scheel herausgestellt, was Pflicht und Schuldigkeit der Opposition sei; wie oft hat er dargelegt, daß Opposition nicht Effekthascherei, auch nicht etwas Lästiges sei, daß es Irrglaube sei, wenn man meine, man könnte ohne sie auskommen, sondern daß sie zur Glaubwürdigkeit und damit zum Bestand unserer Demokratie und ihres Parteiensystems absolut unverzichtbar hinzugehört.

In seinen Reden im Deutschen Bundestag, vor dem Forum der Nation, hat er immer wieder diese Glaubwürdigkeit als Voraussetzung für den Bestand unserer demokratischen Ordnung beschworen. Der Bundestag sei der Platz, an dem man in öffentlicher Diskussion die politische Auseinandersetzung so auszutragen habe, daß sich Unlust in weiten Schichten nicht breitmachen könne. Denn damit würde ein schwerer Autoritätsverlust unserer obersten politischen Institutionen eintreten. Walter Scheel verlangte daher nicht nur Leistungen der Regierungen, sondern vor allem auch Leistungen des Parlaments; die Leistung der Opposition gehöre selbstverständlich dazu.

In einem Parlament aber mit derart auseinanderklaffenden Stärkeverhältnissen von Regierungsparteien und Opposition droht manches aus dem Gleis zu laufen. Bei einer derartigen Mehrheit lassen sich manche leicht dazu verführen, die Schwächen der eigenen Politik mit einer gewissen Gleichgültigkeit zu übergehen. Treiben lassen führt dann dazu, daß man immer weniger entscheidungsbereit ist und immer mehr Politiker unsicher werden. Von der Mehrheit geht dann bald keine Inspiration mehr aus, neue Energien werden nicht mehr freigesetzt, Ziele, für die es sich zu engagieren lohnt, werden nicht mehr vorgegeben, es verbreitet sich Resignation und Enttäuschung, die beginnende Unruhe mündet schließlich ein in Widerstand. Und das bewirkt eine Klimaverschlechterung im Verhältnis der Öffentlichkeit zur Demokratie. Das Ende wäre dann vorhersehbar.

Walter Scheel hat das als Oppositionsführer im Parlament durch alle Jahre hindurch mit großer Deutlichkeit und genauso beharrlich herausgestellt.

Immer wieder hat er die Abgeordneten gemahnt, das Interesse der Öffentlichkeit für die Demokratie wieder zu wecken, um die damals aufkommende außerparlamentarische Opposition wieder an die parlamentarische Ordnung heranzuführen. Ihr, so sagte Scheel, hätten wir wieder ein Ziel zu geben, für das es sich dann auch zu engagieren lohne.

Scheel spricht nicht vom Stil der politischen Diskussion, aber er praktiziert ihn. Seine Reden sind deutlich; er hat – so schrieb einmal Wolfgang Mischnick – die Gabe, die Wahrheit zu sagen, ohne zu verletzen, aber sie dennoch zu sagen. Ich habe im Parlament nie erlebt, daß er sich dazu verleiten ließ, den tückischen Boden, auf dem Demagogen zu Hause sind, zu betreten. Ich habe nie eine Stelle gefunden, wo er sich von politischer Wohlanständigkeit abkehrte, wo er den Gegner aufgespießt, ihn verletzt hätte.

Er hat seine Rolle in der Opposition so gut gespielt, so war es einmal in einer Betrachtung über ihn zu lesen, als schiene er sich nicht nur mit ihr abgefunden zu haben. Er sei vielmehr geradezu in der Gefahr, so hieß es, sich in sie zu verlieben. Und dabei habe man den Eindruck, als flüstere die Führung ihrer Partei ständig ins Ohr, daß die Opposition im Grund die eigentliche Plattform liberalen Wirkens sei.

Scheel trug bereitwillig den angemessenen Anzug der Opposition, weil er wußte, daß ihm dieser Schnitt recht gut zu Gesicht stand.

Walter Scheel hat die Rolle eines Führers der Opposition beispielhaft gespielt.

Walter Scheel

Wir wollen eine neue Politik

Sie haben mich zum Parteivorsitzenden gewählt, damit wir gemeinsam in Deutschland die Demokratie verwirklichen.

Die Nachkriegszeit ist zu Ende – ja, für uns, aber der deutsche Bürger ist davon noch nicht benachrichtigt. Er sieht, wie zwei unbewegliche Kolosse auf tönernen Füßen sich beim Regieren gegenseitig behindern, um statt dessen gemeinsam zu verwalten. Das Ende der Nachkriegszeit wurde – und zwar schon oft und von höchster Stelle, gleichsam regierungsamtlich – verkündet. Der Bevölkerung wurde sogar ein Bewußtsein einsuggeriert, man brauche die Große Koalition, um diese Ära endgültig zu liquidieren, mit ihren Schulden und Verbindlichkeiten. Am Anfang der sozialdemokratischen Regierungsbeteiligung stand das Verlangen nach einer Bankrotterklärung der bisherigen Politik. Uns war schon damals klar, daß mit dieser CDU eine neue Politik unmöglich war. Aus dieser Erkenntnis haben wir durch den Auszug aus der Regierung unsere Konsequenz gezogen. Aber die SPD?

Wehner sprach von der Bankrotterklärung. Dann hätte es in dieser Situation zwei Möglichkeiten gegeben. Lassen Sie mich Ihnen ein Branchengeheimnis verraten. Ein konkursreifes Unternehmen treibt man in Wehners damaliger Wettbewerbssituation entweder zum Konkurs, um es aus dem Markt auszuschalten, oder aber man steckt sein eigenes Potential materiell und personell in den Betrieb, damit das Geschäft wieder blüht. Das ist der Ihnen bekannte Unterschied zwischen Borgward und BMW. Im so gegebenen Dilemma fuhr

---

Aus der Antrittsrede des Bundesvorsitzenden auf dem Bundesparteitag der F.D.P. in Freiburg, am 31. Januar 1968

Kiesinger als guter Stern auf allen Straßen längs der Talsohle auf der Suche nach neuen Gipfeln davon.
Die Aufgabe, die Nachkriegszeit zu liquidieren, war wirklich gestellt. Den Weg dazu voranzugehen, war die Aufgabe der Großen Koalition, war ihre einzige Rechtfertigung. Es klang auch zuerst so, als ob die Große Koalition gerade an dieser Aufgabe ihre Bewährung suchte. Jeder Schüler lernt heute, daß Energie das Quadratprodukt von Masse und Beschleunigung ist – hier blieb es bei der Masse. Es klang zunächst anders; die Regierungserklärung verhieß in neuer Sprache neue Taten. Wir standen nicht an, das zu begrüßen. Aber der 6. Dezember der Regierungsbildung war ein Nikolaustag. Wir waren zwar skeptisch, aber wir waren sogar bereit, unsere eigenen Erfahrungen mit diesem Koalitionspartner hintanzustellen. Wir, die Opposition dieses Parlaments, hätten den verheißenen Beginn einer neuen Politik im Interesse aller Deutschen unterstützt. Wir warteten also auf Taten. Wir warten noch immer!
Die alte Politik war unglaubwürdig geworden, ihre Fortsetzung mußte bedeuten, daß die Glaubwürdigkeit der demokratischen Verfassungswirklichkeit immer mehr schwand und daß das Ansehen Deutschlands als Nation im Ausland geschädigt wurde. Das konnte nicht mit immer feiner werdenden Formulierungen überspielt werden, denen die Deckung durch entschiedenes Handeln fehlte. Die demokratische Verfassungswirklichkeit ist in diesem Augenblick aufs höchste gefährdet.
Hier stehe ich als Führer der Opposition vor Ihnen. Sie und ich, wir alle, werden daran gemessen, mit welcher Leidenschaft und Wirksamkeit wir die deutsche Bevölkerung davon überzeugen können, daß Demokratie, daß die offene Gesellschaft auch in Deutschland noch eine Chance hat. Daß das Mißtrauen in die Demokratie groß ist, zeigt die wachsende Unruhe im außerparlamentarischen Raum. Diese Warnung zum Wohl und Nutzen der Demokratie zu verstehen ist die verpflichtende Aufgabe jeder Opposition, eine Aufgabe, die leider zu lange verwahrlost blieb.
Als Führer der Oppositionspartei fühle ich mich nicht als irgendein erster Diener des Staates. Mein Auftrag ist es, den Bürgern zu dienen. Wir leben aber in einem Land, in dem mancher zu einem demokratisch verfaßten Staat noch ein gebrochenes Verhältnis hat. Und das

zeigt sich gerade an dem mangelnden Verständnis für die Notwendigkeit von Opposition. Wir haben die gleichsam pädagogische Aufgabe, die Notwendigkeit von Opposition augenscheinlich zu machen. Dazu gehört: Daß wir die Regierung nicht an ihren Worten, sondern an ihren Taten messen. Wir sind verantwortlich für Kritik und Kontrolle der Regierung; wir werden sie zum Reden bringen, wo sie verschweigen möchte.

Wir sind nicht nur Opposition, sondern wir sind die liberale Partei in Deutschland. Wir formulieren die liberale Alternative zur gegenwärtigen Regierungspolitik, deren Ausweglosigkeit der Kanzler, dessen Authentizität für diese Auskunft wohl niemand bestreiten kann, folgendermaßen »beschreibt«: »Wenn es in der Großen Koalition Konflikte gibt, dann sind es echte Konflikte, bei denen man entweder zu einem Kompromiß kommt oder zu einer Ausklammerung der Lösung.« Wo die Koalition in ihren Kompromissen ertrinkt oder die Lösung nur ausklammert, da wird sie angeboten. Daß wir dazu die Kraft haben, hat nicht zuletzt auch dieser Parteitag bewiesen.

Die dritte Aufgabe der Opposition ist für die deutsche Verfassungswirklichkeit vielleicht sogar jetzt die wichtigste. Die Unzufriedenheit ist – oder besser gesagt: sollte sein – die Triebkraft des Fortschrittes. Sie kennzeichnet die offene Gesellschaft. Wer gegen die politische Unruhe ist, ist im Grunde kein Demokrat. Es gehört zum Wächteramt der Opposition – und gerade einer liberalen Opposition–, diese Unruhe zum Nutzen der Demokratie politisch umzusetzen. Es gehört um so mehr zu diesem Wächteramt, weil die Parteien der Großen Koalition dessen Aufgabe geradezu leugnen.

Innenminister Lücke offenbarte dazu: »Wer mit offenen Augen die Sorgen unserer Bürger hört« – was, nämlich mit offenen Augen zu hören, die Neuerung der Großen Koalition zu sein scheint – wer also so hört, »der weiß, daß man jetzt wenig Verständnis für parteipolitische Auseinandersetzung hat.«

Hans Schuster, Redakteur der Süddeutschen Zeitung, merkte zu dieser Offenbarung an: »Hier fehlt ebensowenig der populäre Appell an die Utopie der konfliktlosen Gesellschaft wie das Mobilisieren der bei uns immer noch virulenten Abneigung gegen die Parteien und ihre legitime Aufgabe in der parlamentarischen Demokratie.«

Diesen Appell des Innenministers nehmen wir an. Wir werden das

Demokratie-Verständnis des vom Verfassungsminister so verleumdeten Volkes unter Beweis stellen, indem wir ihm Gelegenheit geben, durch die liberale Partei, durch uns, seine Stimme vernehmlich zu machen.
Wir sprechen von der offenen Gesellschaft, das verlangt, daß wir selber offen sind. Wir haben bewußt – schon zu Beginn der Opposition – uns nicht als geschlossene Gesellschaft betrachtet, sondern haben als einzige Partei diese Diskussion draußen aufgenommen. Ich selber habe mich mit Parteifreunden in den letzten Wochen an neun Hochschulen dieses Landes Baden-Württemberg jedem Argument gestellt. Ich kann Ihnen sagen, wir sind dabei nicht schlecht gefahren. Im Gegenteil, ich habe gespürt, daß hier ein positives Bedürfnis mit Händen zu greifen ist, das das Recht und die Möglichkeit zur positiven Mitgestaltung unserer Demokratie sucht. Wir hatten Erfolg. Und das war kein Erfolg, den wir mit gefälligen Formulierungen einheimsten. Ein solcher Versuch hätte mit Sicherheit zu dem Mißerfolg geführt, der ja wohl vermutlich der Erfahrungshintergrund des Demokratie-Verständnisses dieses Innenministers ist.
Allerdings gilt es zu unterscheiden: Außerparlamentarische Beunruhigung wird teilweise zur anti-parlamentarischen Opposition degeneriert. Manche glauben freilich, man könne die Grenze etwa dort ziehen, wo die heutige Jugend in ihrer haarigen Erscheinungsform den allgemeinen Protest gegen die anonyme funktionierende Gesellschaft zum Ausdruck bringt.
Die antiparlamentarische Krise ist ein Produkt der Großen Koalition. Die Demokratie hat verlorene Söhne zu beklagen. Hier gilt es, guten Willen zu beweisen. Wir Freien Demokraten wissen im Gegensatz zu jenen, die ihren Protest in die Verwahrlosung kleiden, daß es darauf ankommt, die Demokratie für den Protest durchlässig zu machen. Die antiparlamentarische Opposition behauptet, gegen das sogenannte Establishment sei gerade diese Chance nicht mehr zu verwirklichen. Wir wissen, daß, wenn sie nicht mehr zu verwirklichen wäre, ein radikalisierender Fanatismus katastrophal wird. Gegen den, der bewußt die Katastrophe will, ist Geduld fehl am Platze. Aber zu frühe Ungeduld treibt den Prozeß der Radikalisierung voran.
Wir müssen der Gefahr auf zweierlei Weise wehren: einmal, indem wir durch unsere politische Arbeit als Opposition beweisen, daß für

Der erste Bundesminister für wirtschaftliche Zusammenarbeit (1962).

Der Entwicklungshilfe-Minister Walter Scheel vor Ort.
Besichtigung der Dar es Salaam-Kinondoni-Siedlung.

24. Februar 1972: Außenminister Walter Scheel spricht anläßlich der Ersten Lesung der Ostverträge vor dem Plenum des Deutschen Bundestages. Auf dem Präsidentenstuhl Kai-Uwe von Hassel.

13. Dezember 1972: Glückwunsch für die neugewählte Bundestagspräsidentin Frau Annemarie Renger. Von links: Walter Scheel, Wolfgang Mischnick, Rainer Barzel, Kai-Uwe von Hassel.

Der Parteivorsitzende mit seinem Stellvertreter Hans-Dietrich Genscher und dem Generalsekretär Karl-Hermann Flach (Mitte).

Der zuversichtliche Wahlkämpfer.

uns die Demokratie lebendig ist; zum anderen dadurch, daß wir wie bisher ein offenes Ohr und wache Augen für die berechtigten Sorgen haben, wo immer und von wem auch immer sie an uns herangetragen werden. Auch wir bedürfen der ständigen Aufklärung unserer Partei durch die Begegnung mit dem politischen Bürgersinn.

Es ist wahr, die Verfassungswirklichkeit, so wie sie der Verfassungsminister sieht und beschreibt, ist bedrohlich. Sie ist um so bedrohlicher, als sie den Prozeß der Demokratisierung dieses Volkes geradezu ablehnt und damit der Unruhe die Türe weist. Liberale sind Reformer, und Reformer erübrigen jede Revolution, die jene vor die Tür gestellte antidemokratische Opposition programmiert. Die antidemokratische Opposition hat ihre Ursachen und Anlässe in der Großen Koalition. Aber ihr Haß konzentriert sich gegen die Liberalen, eben weil diese als Reformer Revolutionen sinnlos machen. Demokratie verbürgt die Evolution des Fortschritts, und wir sind die Partei, die Bürgen dieses Fortschritts. Machen wir uns darauf gefaßt, daß uns jedermann in diesem Volke dafür beim Wort nehmen kann. Stehen wir Rede und Antwort.

Wir wollen eine neue Politik. Die Zukunft Deutschlands braucht eine neue Politik und sie braucht eben darum die Liberalen, sie braucht unsere Partei, um diese Politik zu artikulieren und durchzusetzen. Unsere Verfassung, die Verfassung der Bundesrepublik Deutschland, ist liberal, sie ist die liberalste der Welt. Sie ist unsere Verfassung. Aber die Große Koalition schickt sich an, der Verfassungswirklichkeit und dem Verfassungswortlaut Gewalt anzutun. Schon das erste Jahr unserer parlamentarischen Opposition hat bewiesen, daß wir unseren Auftrag als Hüter der Verfassung, als Hüter der Bürgerrechte, ernst nehmen. Es hat bewiesen, daß wir nicht nur den Willen, sondern auch Fähigkeit und Kraft zu entfalten wußten, diesem Auftrag wirksam gerecht zu werden.

Der von unserem Bundeskanzler so geschätzte französische Historiker Tocqueville schrieb in seinem Werk über die Demokratie in Amerika: »Eine durchaus neue Welt bedarf einer neuen politischen Wissenschaft. Aber daran denken wir kaum: Mitten im reißenden Strom stehend, heften wir die Augen hartnäckig auf einige Trümmer, die man noch am Ufer wahrnimmt, während uns die Strömung mit sich führt und rücklings dem Abgrund zutreibt.«

Eine durchaus neue Welt bedarf einer neuen politischen Wissenschaft. Sie bedarf noch mehr: sie bedarf der neuen Politik. Die Veränderungen, denen das Leben der Menschen in den letzten Jahrzehnten unterworfen war, sind ohne jeden historischen Vergleich. Die technische Veränderung der Welt hat die überkommene Gesellschaft und ihre Tradition völlig verändert. Allein um sie zu begreifen, bedarf es einer Mentalität, die sich am besten mit dem simplen Tatbestand umschreiben läßt, daß bei der Einführung der Dampflokomotive die Menschen fürchteten – große Abhandlungen erschienen darüber –, daß eine Fortbewegung im 30- bis 40-km-Tempo gesundheitsschädigend sei. Heute ziehen Satelliten mit menschlicher Besatzung in unvorstellbaren Geschwindigkeiten durch den kosmischen Raum. Das ist gewiß nicht nur eine Sache kühnen Erfindergeistes. Es verändert die moralischen und sozialen Grundlagen des guten Alten, der Tradition mit oft unheimlicher Macht.

Was im vorigen Jahrhundert der fortschrittlichen Initiative kühner Unternehmer entsprang, deren Freiheitsbewußtsein den Anfang des politischen Liberalismus markierte, das ist uns allen gleichsam über die Köpfe gewachsen und von einer Modernität, die auch das politische Gefüge der Welt unwiderstehlich verändert. Von manchen liebgewordenen und durch ehrfürchtiges Alter geheiligten Gewohnheiten müssen wir Abschied nehmen, wollen wir uns nicht selbst von der neuen Wirklichkeit, die überall um uns herum entsteht, ausschließen. Für eine politische Partei wäre das natürlich der Tod.

Der Rückfall Europas, gemessen an der vorwärtsdrängenden Modernität der Vereinigten Staaten und – auf gewiß andere Weise – der Sowjetunion, ist eine der Folgen davon, daß wir den Zweiten Weltkrieg und seine katastrophalen Heimsuchungen und Ergebnisse noch nicht überwunden haben. Daß das kein unwiderrufliches Schicksal ist, zeigt die Entwicklung Japans.

Daß an unser ganzes Bildungswesen enorme Anforderungen gestellt sind, das hat die Freie Demokratische Partei landauf, landab verkündet. Wir waren konsequent genug, gegen reaktionäre Schulpolitik auf dem Lande nicht nur das Volk zur Entscheidung aufzurufen (Bayern), sondern gegebenenfalls die Regierungsbeteiligung aufzukündigen (Niedersachsen).

Unsere größte Sorge ist im Augenblick, den Bildungsdünkel abzubauen, der immer noch im Erwerb von Titeln und Examen das höchste Glück der Erdenkinder sieht und ein Bildungsideal in all unsere Lehranstalten produziert, das nicht einmal den praktischen Erfordernissen des 19. Jahrhunderts gerecht geworden wäre. Sicher geht es darum, die Zahl der fachlich ausgebildeten Menschen aufs höchstmögliche zu steigern. Das hat Bedeutung für die Menschen selbst, soweit es zur Wahrnehmung ihrer Freiheitschance gehört, den Erfordernissen der Zeit gewachsen zu sein. Es hat Bedeutung für die Produktivität der Gesamtwirtschaft und deren Sozialprodukt, das wiederum die Voraussetzungen leisten muß, die das moderne Gemeinwesen an diese Produktionskraft stellt.

Es geht aber um mehr. Es geht darum, daß alle Bürger dieses Landes, gleich, welchen Vorbildungsgrades, von der ungeheuren Aufgabe und Modernität der technisch industriellen Weltveränderung einen Begriff bekommen, der sie in diesem Prozeß einen bewußten Platz finden läßt. Bewußt – das heißt auch: mit voller Einsicht in die politischen Folgen, die die unerbittliche Konsequenz einer solchen dynamischen Entwicklung sind. Ein solches Bewußtsein würde jetzt zum Beispiel die Arbeiter in den Ballungsgebieten der Primär-Energieproduktion eher dazu befähigen, aus eigener Einsicht die politische Antwort auf diese Umwälzungen zu finden.

Wir wissen, daß die modernen industriellen und wirtschaftlichen Erfordernisse eine Organisation verlangen, die den Techniker im Labor – häufig unbemerkt – mit dem Marketing-Mann in seinem Büro, die die Forschung mit der Industrie und die Industrie mit ihren Märkten verbindet. Diese Prozesse sind oft sogar für die Beteiligten undurchsichtig und deswegen scheinbar gleichgültig. Sie bestimmen aber auch die soziale Wirklichkeit von immer mehr Menschen.

Es ist Aufgabe der Politik, diese soziale Wirklichkeit mit allen ihren Konsequenzen durchschaubar zu machen, damit sie sich die Menschen nicht unterwirft, sondern jeden einzelnen in den Stand setzt, sich an seiner Stelle als Mensch zu behaupten. Das Ziel einer modernen Bildungspolitik – einschließlich Erwachsenenbildung – muß es sein, nicht nur spezifische Handgriffe zu lehren, sondern das allgemeine Bewußtsein dahin zu führen, daß es begreift, was geschieht. Nur auf diese Weise kann auch politischer Unmündigkeit abgeholfen werden.

Aber hat bisher die deutsche Politik diese Wirklichkeit überhaupt schon erfaßt? Die Organisationsstruktur der Regierung und einzelner Mammutministerien spricht nicht dafür. Die Summe der in Bonn installierten Computer ersetzt nicht deren Programmierung.

Dazu gehört es, daß wir endlich seine alte und verkrustete nationalstaatliche Struktur überwinden. Keiner der jetzigen europäischen Nationalstaaten hat den Zuschnitt, den diese Probleme erfordern. Wir haben zwar supra-nationale Verträge und Verwaltungen, aber wir haben – in letzter Zeit verstärkt – auch eine geradezu trotzige Behauptung von Souveränitäten nationaler Provenienz, denen in Wirklichkeit längst das Potential fehlt, die anstehenden Aufgaben zu meistern. Ein Geschichtsschreiber in 100 Jahren wird Mühe haben zu begreifen, welches Hick-Hack wir zur Zeit mit dem Gesuch Großbritanniens, in die EWG einzutreten, erleben müssen. Selbstverständlich ist Großbritannien für Europa unentbehrlich, gerade auch deshalb, weil für die gesamteuropäische Entwicklung sein unersetzlicher Schatz an technisch-industrieller Erfahrung nutzbar zu machen ist.

Das Potential Europas ist den Riesenpotentialen der Vereinigten Staaten, der Sowjetunion und der anwachsenden Macht Asiens durchaus ebenbürtig, wenn es aus den Notwendigkeiten der industriellen und sozialen Verwandlung endlich entschlossen auch die notwendigen politischen Konsequenzen zieht. Daß das bislang nicht geschieht, schmälert auch das politische Mitspracherecht der Bürger Europas im Gesamtbereich der Weltpolitik.

Diese Weltpolitik fordert uns heraus, uns für die Aufgaben zu rüsten, die allen fortgeschrittenen Ländern mit der Entwicklung der Dritten Welt zufallen. Es handelt sich dabei weder um einen ausbeuterischen Akt des merkantilen Imperialismus, noch um eine neue Aufteilung der Welt in Machtsphären, sondern vielmehr um einen Akt weltpolitischer Solidarität, den zu verweigern unmittelbar in die Katastrophe eines verzweifelten Aufstandes der hungrigen gegen die satten Völker führen würde.

Deutschland ist auf Gedeih und Verderb in diesen Prozeß der Neuorganisation der modernen Welt hineingestellt. Wir haben dabei natürlich unsere Interessen zu wahren. Aber diese Interessen sind weitgehend identisch mit der Erfüllung der hier beschriebenen Aufgabe.

Wir Deutschen haben historisch und geographisch eine besondere

Verantwortung für Europa. Nicht nur Deutschland hat den Krieg verloren, Europa hat den Krieg verloren. Nicht nur Deutschland wurde geteilt, in Deutschland wurde Europa geteilt.

Um so trauriger ist es, daß ein Politiker, der auf diesem Gebiet Phantasie für die Wahrheit entwickelt und der diese Wahrheit auch ausspricht, das Fürchten lernen kann. Was wartet da nicht alles auf ihn, je nachdem: Kalter Krieger, Verzichtpolitiker oder jene Anerkennungspartei des Herrn Bundeskanzlers, mit der er seinen Entspannungsbemühungen mit dem sogenannten »Phänomen« einen unmißverständlichen Akzent setzte. Sie kennen ja den Wortschatz, der auf diesem Felde die Politik fast unmöglich macht und deshalb in Kurs gehalten wird. Wir sind keine schlechteren Patrioten als sonst wer hier im Land. Wenn wir uns neue Gedanken machen – und wir müssen uns neue Gedanken machen –, dann wahrhaftig nicht, um deutsche Interessen und Rechte zu verletzen, sondern um endlich den festgefahrenen Karren wieder flott zu machen. Und wenn wir unter uns leidenschaftlich die besten Mittel und Wege dazu diskutieren, dann ist das keine Zerreißprobe für die F.D.P. Es ist ein Zeichen dafür, daß wir die bittere deutsche Frage noch nicht abgeschrieben haben.

In der Konkurrenz der Patrioten nenne ich wahrhaftig den den besserenen, der den Konflikt mit sich austrägt, und nicht jenen, der sich hinter einem allzu bewährten Wortschatz verbirgt. Auch wir haben lange Zeit gehofft, die deutsche Frage ließe sich durch die Wiedervereinigung in einem gemeinsamen Nationalstaat lösen. Aber von vornherein kamen wir in die paradoxe Lage, nach Westen die Integration zu suchen und gleichzeitig nach Osten die nationalstaatliche Restauration. Das ließ sich nicht vereinen. Beides zusammengenommen bedeutete den Mißerfolg beider Politiken.

Das neue Wort für unsere neue Lage heißt: Entspannung. Wir begrüßen die Entspannung. Aber wenn wir bedenken, wie wenig diese Entspannung tatsächlich von uns abhängt, müssen wir zutiefst erschrecken. Jeden Tag kann der Fernost-Konflikt nach Europa übergreifen; in Europa stehen sich nach wie vor USA und UdSSR unmittelbar gegenüber; ihr Konflikt setzte zu jedem Zeitpunkt der Entspannung das Ende.

Die Situation ist aber für Europa weit gefährlicher als für die Großmächte, die sich etwa in Europa ineinander verbeißen möchten. Beide, die USA wie die UdSSR, haben allen Grund und auch die Fähigkeit, ihr eigenes Territorium in einem europäischen Krieg auszusparen. Aber Europa selbst hat dazu keine Chance.

Ich will hier beileibe keine Schwarzmalerei betreiben. Aber es ist unsere Pflicht – gerade im geteilten Deutschland –, die Gefahren konsequent zu Ende zu denken. Es sind dieselben Gefahren, die den General de Gaulle zu seiner Politik versuchter Unabhängigkeit bewegen und den politischen Außenminister Rapacki zu seinen Plänen für die Neutralisierung Mitteleuropas. Es ist so oder so völlig klar, daß die europäische Lage, die immer auch die deutsche Lage ist, sich so lange nicht ändert, wie wir für die europäische Binnenpolitik von der Vormacht der Großmächte und deren eigenen Interessen abhängig bleiben. Der harte Kern der Sache ist, daß über Frieden in Europa Europa selbst befinden muß – aber nicht befinden kann.

Alle europäischen Staaten, die des Ostblocks eingeschlossen, haben erfahren und wissen, daß der moderne Krieg nicht mehr Fortsetzung der Politik mit anderen Mitteln ist, sondern vielmehr deren katastrophales Ende. Weder die westliche Demokratie noch der kommunistische Sozialismus – niemand hat eine andere Chance als den Frieden.

Das erledigt gewiß nicht den Streit und den schweren Konflikt besonders in Deutschland, aber es setzt ein gemeinsames, übergeordnetes Interesse über allem Streit, dem so die Grenzen gezogen sind. Wir fragen uns, was können wir tun, um dieses übergeordnete Interesse zu organisieren? Wie können wir die gegenwärtige Entspannung als Chance nutzen, uns in Europa zwischen Ost und West, zwischen West und Ost, zwischen Deutschland und Deutschland zu einer gemeinsamen Politik für dieses fundamentale Interesse am Frieden zusammenzufinden? Wie können und wollen wir sie mit unserer eigenen Deutschlandpolitik beantworten? Können wir die Teilung Europas anders überwinden als so, daß wir sie gerade in unserem Land überwinden? Wir sahen: Die Entwicklung geht über die Möglichkeiten von Nationalstaaten unseres europäischen Kalibers hinaus. Die Zukunft kann nur in der politischen Integration Europas liegen. Die Teilung überwinden, das wäre also nicht als ein isolierter Prozeß zwischen Deutschland West und Deutschland Ost zu sehen,

sondern als ein Teil des Prozesses, die Teilung Europas überhaupt zu überwinden. Das kann, isoliert, nicht gelingen.
Und hier ist nun dringend ein neuer Akzent zu setzen. Wir kommen nicht einmal mit unserer Entspannungspolitik wirksam weiter, wenn wir sie länger als eine Funktion der nationalstaatlichen Wiedervereinigung des Deutschen Reiches begreifen. Psychologisch ist das schlecht, weil alle unsere Nachbarn, in West und Ost, eine neue Zusammenballung Deutschlands in Europa fürchten. Praktisch ist es nicht erfolgversprechend, weil die DDR als wesentlicher Bestandteil in den Ostblock integriert ist. Und unter der Perspektive der Zukunft ist – wie die technischen, die industriellen, die wirtschaftlichen Größenordnungen zeigen – die nationalstaatliche Lösung ungeeignet und überholt.
Ich sage das nicht leichten Herzens, und es ist schmerzlich, sich von liebgewordenen Vorstellungen, die unser politisches Leben und Trachten entscheidend mitgeprägt haben, zu trennen. Und ich würde es auch für leichtfertig, wenn nicht sogar für wirklich verräterisch halten, wäre es nicht gerade auch mein nationaler Sinn und meine nationale Hoffnung, die mir und, wie ich hoffe, auch Ihnen, den Weg in eine wirkliche Zukunft aller Deutschen weist. Dem darf die Selbstgerechtigkeit einer noch so fundierten moralischen und rechtlichen Situation nicht ausweichen, die, indem sie nur sich selbst behauptet, gerade die Wirklichkeit verfehlt und damit unsere verdammte politische Pflicht und Schuldigkeit.
Es ist ja auch den anderen Parteiführern kein Geheimnis, daß wir weit und breit keine Hilfe haben, das Deutsche Reich wiederzuerrichten. Herr Strauß zum Beispiel hat daraufhin beschlossen, sich auf der Basis des Status quo allein mit dem Westen zu arrangieren und so die antikommunistische Rhetorik noch einmal fürs Abendland zu retten. Die deutschen Erfahrungen mit dieser Rhetorik zeigen, wie weit man damit kommt. Dahinter versteckt sich die tatsächliche Kapitulation.
Wir Freien Demokraten weigern uns, uns am Eisernen Vorhang den Status quo gemütlich entspannt einzurichten, den Mund womöglich voller Worte des Abscheus über die böse Diktatur, der unsere Landsleute preisgegeben sind und bleiben bis zu irgendeinem Sanktnimmerleinstag.

Nein, wir wollen den Status quo überwinden und nicht hinnehmen! Wir wollen ihn in Deutschland und für Europa überwinden!
Wie sähe unsere Deutschland- und Ostpolitik aus, wenn sie sich in den Dienst einer europäischen Integration stellte, statt wie bisher vergeblich den deutschen Nationalstaat, gebildet aus Bundesrepublik und DDR, anzustreben?
Welcher Ballast an Tabu-Worten und den damit verbundenen Emotionen würde einfach nichtig. Weder die Hallstein-Doktrin – was man so darunter versteht – noch Grenzfragen (des alten Deutschen Reiches) hätten noch Sinn: Sie sind zu Argumenten des Kalten Krieges gemacht worden. Anerkennung, Nicht-Anerkennung würden bedeutungslose Worte; denn sie zehren beide von der Vorstellung nationalstaatlicher Souveränität in Europa, die es gerade zu überwinden gilt durch europäische, durch deutsch-deutsche Zusammenarbeit. Wir wollen ja nicht die DDR in ihrem jetzigen Zustand zementieren, sondern wollen gerade die nationale Herausforderung lebendig machen, die darin liegt, daß Deutschland diesseits und jenseits der Status-quo-Grenze Territorium und Mitsprache hat.
Ich mache mir keine Illusionen über die Halsstarrigkeit und spezifische Verfahrenheit auch der Ulbrichtschen Politik. Wir werden nicht von heute auf morgen in den zweifelhaften Genuß kommunistisch-deutscher Freundschaft kommen. Ich wage aber zu sagen, daß es Ulbricht nicht möglich sein wird, die Rolle des Separatisten gegen Europa zu spielen: es wäre gegen jedes Interesse seiner Ostblocknachbarn gerichtet. Und es wäre gegen das Interesse der Bewohner der DDR, gegen die auch ein totalitärer Staat auf Dauer nicht ungestraft verstoßen kann. Es wäre auch gegen die Interessen der Sowjetunion, die wahrscheinlich immer dringender am Frieden an ihrer Westgrenze interessiert ist, wenn dieser Friede nur erst eine Garantiemacht in Europa hat: in einem Europa, in dem – ferneren Entwicklungen, kurz: der Geschichte offen – kommunistische und demokratische Regierungen ein Bündnis für den Frieden eingingen.
Es ist unmöglich, diplomatische Beziehungen im Ostblock aufzunehmen mit dem Ziel, die DDR zu liquidieren. Es ist möglich, diplomatische Beziehungen im Ostblock zu nutzen mit dem Ziel, den Status quo in Europa aufzuheben: denn dieser Status quo bezeichnet kein europäisches Bedürfnis, grenzt keine europäischen Interessen gegen-

einander ab: er ist die Demarkationslinie zweier Großmächte, deren Politik sich alle Europäer unterwerfen müssen...
Vereinigung der Deutschen? Ja! Jetzt und sofort: durch die Einleitung einer Kooperation mit dem Ziel, Europa handlungsfähig, die innereuropäischen Grenzen bedeutungslos zu machen, so bedeutungslos, wie die Grenzen zwischen den EWG-Ländern schon heute sind. Ich glaube, um mehr Menschlichkeit brauchen wir uns dann nicht zu sorgen. Die Deutschen hätten für ihre verschiedenen, für ihre schwierigen Wege wieder ein Ziel und dadurch eine gemeinsame Hoffnung.

HANS-DIETRICH GENSCHER

Stets die liberale Mitte im Blick

Walter Scheel sagte kurz vor der Wahl Gustav Heinemanns zum Bundespräsidenten: »Mein Machtbedürfnis ist streng gekoppelt an ein objektives Ziel. Wenn ich dieses Ziel nicht erreichen kann, dann will ich die Macht nicht mehr.«

Walter Scheel hatte immer politische Ziele vor Augen. Als er 1968 den Vorsitz der F.D.P. übernahm, schien es ihm an der Zeit, an den Ausgleich mit den Staaten Osteuropas zu gehen und zu geordneten Beziehungen mit der DDR zu kommen. Dieses Ziel sah er nur mit der SPD als erreichbar an. Und folglich strebte er eine Koalition mit der SPD an.

1968 war das Jahr der »Studentenrevolution«. Reformen des Bildungswesens waren überfällig. Auch sie sah er nur mit der SPD als durchsetzbar an.

So stellte er, zusammen mit seinen Parteifreunden, einen Katalog von Problemen auf, deren Lösung an der Zeit war. Auf die Lösung dieser Probleme kam es ihm an. Die Koalition mit der SPD war für ihn keine Weltanschauungsfrage, keine geistige Festlegung der Liberalen. Sie war eine Entscheidung politischer Rationalität, eine liberale Entscheidung. Stets blieb die Gedankenwelt Walter Scheels auf die liberale Mitte fixiert. Nach zwanzig Jahren CDU-Regierung wollte er für die Republik frischen Wind, Veränderungen, um mit der Zeit wieder gleichen Schritt zu halten.

Von Anfang an wollte Walter Scheel die sozial-liberale Koalition als ein Zweckbündnis zur Durchsetzung genau definierter politischer Ziele verstanden wissen, die in den Koalitionsabsprachen niedergelegt wurden. Waren diese Ziele abgehakt, stellte sich die Koalitionsfrage für die F.D.P. wieder neu.

Es ist nun, auch in der Rückschau, beeindruckend zu verfolgen, mit welcher Unbeirrbarkeit Walter Scheel seine politischen Ziele verfolgte. Die Voraussetzungen waren alles andere als günstig. Als er den Parteivorsitz übernahm, sah sich die kleine F.D.P. als Opposition der überwältigenden Mehrheit der Großen Koalition gegenüber. Die Partei selbst litt unter heftigen inneren Spannungen. Und nun steuerte der Parteivorsitzende einen Kurs, der von der Partei ein völliges Umdenken aller vertrauten politischen Gedanken und Gewohnheiten verlangte. Einen »imponierenden Hasardeur« nannte ihn in jener Zeit ein amerikanischer Diplomat. Zieht man von dem Begriff »Hasardeur« das Element des Verantwortungslosen ab, bleibt die Wahrheit übrig. Walter Scheel wußte, daß er hohe Risiken einging für sich und für seine Partei. Die Kraft, dieses Risiko zu tragen, schöpfte er aus seiner Überzeugung von der Rolle des Liberalen in der deutschen Politik.

Das Ausmaß dieses Risikos kannte niemand besser als Walter Scheel. Aber er wußte, wenn man nicht bereit ist, dieses Risiko zu tragen, droht eine noch viel schlimmere Gefahr: die Gefahr, schlicht und einfach überflüssig zu werden. Die Liberalen sind in Deutschland, wollen sie ihre Aufgabe für das Gemeinwesen erfüllen, dazu verurteilt, bis zum Einsatz ihrer politischen Existenz mutig zu sein.

Walter Scheel handelte nach dieser Einsicht. Die Wahl Gustav Heinemanns zum Bundespräsidenten war für die Partei eine Kraftanstrengung, die sie beinahe überfordert hätte. Und sie war eine politische Meisterleistung Walter Scheels. Hätte der Parteivorsitzende nur einen Augenblick geschwankt, nie hätte er sein Ziel durchgesetzt.

Rückblickend sieht man deutlicher, daß nicht nur die Partei, sondern auch die F.D.P.-Wähler durch Walter Scheels neuen Kurs nahezu überfordert waren. Selbst vielen F.D.P.-Wählern liegt das Gewohnte näher als das bisher Undenkbare.

Ich sage, »nahezu« überfordert. Der Kern hielt stand, wie auch am 6. März 1983. Die notwendigen Häutungen der F.D.P. sind schmerzhaft – aber sie müssen sein.

Aus der Wahl Heinemanns ergab sich folgerichtig die sozialliberale Koalition. Mit dem Regierungswechsel 1969 war die Bundesrepublik Deutschland politisch erwachsen geworden. Er machte den Deutschen und der Welt deutlich: Ein »Machtwechsel« ließ das demokratische Gefüge unseres Staates unberührt, im Gegenteil, es erwies seine Stabilität gerade bei dieser Gelegenheit. Keine der großen Parteien konnte fortan damit rechnen, die Regierungsgewalt pachten und als Dauerrecht in Anspruch nehmen zu können. Die Bürger machten zum erstenmal die grundlegende Erfahrung: Alle Macht ist in einer Demokratie nur auf Zeit verliehen. Ohne Walter Scheel hätte die Bundesrepublik Deutschland diese »Reifeprüfung« gar nicht ablegen können.

Er wurde Außenminister, und er blieb Parteivorsitzender. Beide Rollen waren bei ihm seit 1969 nicht mehr voneinander zu trennen. Seine Leistungen als Außenminister machten Geschichte. Er kann mit Stolz auf sie zurückblicken. Im Mittelpunkt seiner Außenpolitik stand die »Ostpolitik«, die von der F.D.P. schon in Oppositionszeiten bis in die Einzelheiten formuliert worden war. Wenn irgend etwas, dann war gerade sie an der Zeit.

Diese Politik stellte nicht nur die F.D.P., sie stellte das ganze Land vor eine politische Bewährungsprobe. Leidenschaftliche Debatten wurden überall geführt. Auch die Ostpolitik verlangte, von liebgewordenen Vorstellungen und Denkgewohnheiten Abschied zu nehmen. Das geschah bei vielen unter nur zu verständlichen Schmerzen. Und viele andere wehrten sich. Walter Scheel hat sie nie verurteilt, nicht zuletzt deshalb, weil er die Schmerzen selbst mitempfand. Aber er wußte, daß dies seiner Partei und allen Bürgern nicht erspart werden konnte. Die Partei wurde von inneren Spannungen fast zerrissen. Die Regierung bewegte sich nahe am Abgrund. Ihren dramatischen Höhepunkt fand diese Entwicklung im Mißtrauensvotum 1972. Walter Scheels Rede im Bundestag bleibt unvergessen.

Heute zählen die Ostverträge zum gesicherten Bestand unserer Außenpolitik. Was aber wäre das Schicksal dieser Verträge gewesen, wenn der Vorsitzende der F.D.P. auch nur einen Augenblick geschwankt hätte? Es hätte der Umsicht und dem klaren Blick Walter Scheels widersprochen, nur in eine Himmelsrichtung zu schauen. So hieße auch die »Ost-Politik« besser »West-Ost-Politik«. Ihre Ergebnisse gilt es auch in schwierigen Zeiten zu bewahren. Aber Walter Scheel war und ist auch ein leidenschaftlicher Europa-Politiker, ein überzeugter Atlantiker, ein mahnender Entwicklungspolitiker.

Walter Scheel hat seiner Partei und den Bürgern seines Landes viel zugemutet. Damals haben viele darunter gelitten. Heute sind ihm wohl alle dankbar dafür.

Die Wahlen 1972 waren die glänzende Bestätigung seiner Politik und seiner Person. Die Wähler hatten gemerkt, was sie an Walter Scheel hatten. Das war kein »Hasardeur«. Das war ein Mann, der, ohne sich von Umfragen und Risiken beirren zu lassen, Verantwortung übernahm und verantwortlich handelte.

Walter Scheel ist Ehrenvorsitzender der F.D.P. Möge er es noch lange Jahre bleiben. Wir brauchen ihn, seine Erfahrung, seine Klugheit, seinen Mut, seine Unbeirrbarkeit.

Wir gratulieren ihm dankbar und herzlich.

Walter Scheel

Normalisierung der Beziehungen zu den östlichen Nachbarn

Die allgemeine Lage der Welt, die den politischen Hintergrund für die Einbringung der Verträge von Moskau und Warschau bildet, ist ernst. Wir alle wissen, daß der Zweite Weltkrieg Probleme hinterlassen hat, die ungleich gefährlicher sind als diejenigen, die zu den früheren Konflikten geführt haben. Ost und West in Europa, in Militärbündnissen zusammengefaßt, stehen einander hochaufgerüstet gegenüber. Die Trennlinie der Konfrontation verläuft mitten durch unser Land und teilt es gegen den Willen der Deutschen. Die Bundesrepublik und die DDR sind heute gegeneinander in stärkerem Maße abgeschlossen als gegenüber jedem anderen Land der Welt. Mauer und Stacheldraht, Mißtrauen und Ideologien trennen uns. Die nukleare Konfrontation der Weltmächte, zu denen China jetzt hinzugetreten ist, stellt die Menschheit vor ihre Existenzfrage wie nie zuvor in der Geschichte. Dies erklärt, warum der amerikanische Präsident sich in Peking aufhält und wenig gefragt hat nach protokollarischen oder formaljuristischen Bedenken gegen eine solche Reise. Er will nichts unversucht lassen, um noch einmal, bevor es zu spät ist, an die Stelle der Feindschaft die Vernunft und an die Stelle des Rüstungswettlaufs die wirtschaftliche Zusammenarbeit zu setzen. Aus diesem selben Grunde wird er nach Moskau reisen. Bei seinen Moskauer Gesprächen wird er sich auf die ersten Ergebnisse der Verhandlungen stützen können, die seit Jahren zwischen der Sowjetunion und den Vereinigten Staaten über die Begrenzung der strategischen Angriffswaffen geführt werden.

Einbringungsrede zur ersten Lesung der Ratifikationsgesetze zu den Ostverträgen im Deutschen Bundestag am 23. Februar 1972

Allenthalben in der Welt sind Aggression und Gewalt im Vormarsch. Was Ortega y Gasset einmal den »vertikalen Einbruch der Barbarei« genannt hat, scheint sich in unseren Tagen abzuzeichnen. Die Kluft zwischen den industrialisierten Ländern und den Entwicklungsländern verbreitert sich. Das provozierende Gefälle zwischen reich und arm im Weltmaßstab könnte eines Tages den Nährboden für elementare Gewaltausbrüche bilden, deren Ausmaß wir uns heute noch gar nicht vorzustellen vermögen.

Wenn der Erste Weltkrieg noch 9 Millionen Tote, der Zweite bereits 30 Millionen Tote gekostet hat, so wird ein neuer Weltkonflikt mit Sicherheit das Ende dieser unserer Zivilisation bedeuten, und niemand kann daran zweifeln, daß ein Konflikt zwischen Ost und West in Europa ein Weltkonflikt sein würde. Jedermann weiß, daß ein möglicher Konflikt in Europa dort seinen Ausgang nehmen würde, wo die Interessen und Armeen am dichtesten aufeinanderstoßen, nämlich entlang der Linie, die Deutschland in zwei deutsche Staaten unterschiedlicher Gesellschaftsordnung teilt.

Diese Bundesregierung – so wie andere vor ihr – hätte ihre Verantwortung für das Wohl dieses Volkes auf das sträflichste mißachtet, wenn sie nicht versucht hätte, ihren Teil zur Entschärfung der Lage beizutragen. Sie weiß, daß es sich in der Lage, in der wir uns befinden, nicht nur um ungelöste Grenzfragen handelt, sondern daß die physische und biologische Erhaltung unseres Volkes auf dem Spiele steht. Das Friedensinteresse einer so arbeitsteiligen und hochindustrialisierten Gesellschaft wie der unsrigen muß noch größer sein als dasjenige anderer Staaten. Die geringste internationale Erschütterung ist geeignet, unseren anfälligen und gefährdeten Produktionsapparat in Unordnung zu bringen. Alle Krisen, sei es in Berlin, im Mittelmeer, im Mittleren oder Fernen Osten, haben eine direkte Auswirkung auf unsere Wirtschaft, die die Grundlage unserer Lebensverhältnisse bildet. Es liegt daher nahe, daß sich unser Staat, noch mehr als andere, um den Frieden bemüht und, wenn es sein muß, dafür auch Opfer bringt.

Wenn ich »Staat« sage, dann meine ich nicht nur die Regierung, sondern alle, die politische Verantwortung tragen, in Regierung und Opposition. Die Bundesregierung bestreitet der Opposition nicht ihren Friedenswillen. Wie könnte sie das? Haben wir nicht alle die

Schrecken des Krieges erlebt? Haben wir nicht alle gemeinsam, jeder auf seinem Weg, seit 1945 nach innen und nach außen einen Staat aufgebaut, der für sich in Anspruch nehmen kann, aus der Geschichte gelernt zu haben? Es gibt keinen vernünftigen Grund, daß sich die demokratischen Kräfte in diesem Lande heute zerstreiten, wo sie gemeinsam eine Demokratie errichtet haben, die ihre Leistungen erbracht hat und die sich in der Welt sehen lassen kann.

Die Fraktion der F.D.P., der ich angehöre, hat die Verwirklichung der Westverträge in den fünfziger Jahren mitgetragen und mitverantwortet, zusammen mit der heutigen Opposition. Das ist für uns nicht der Augenblick, die Leistungen der Vergangenheit, die darin liegen, zu verleugnen. Diese liberale Fraktion trägt und verantwortet heute zusammen mit der Opposition von gestern die Ostverträge, die die notwendige Ergänzung zu den Westverträgen darstellen. So wie die kleine Gruppe der Liberalen im englischen Unterhaus den Ausschlag für das englische Ja zu Europa gegeben hat, so schicken wir, die deutschen Liberalen, uns an, das Ja zum Frieden und zur Entspannung in Europa zu sichern.

Wenn wir in fairer Grundeinstellung an die vor uns liegende Debatte herangehen, werden wir diesem Staat nach außen und nach innen einen großen, vielleicht einen entscheidenden Dienst erweisen. Nach außen, weil die Welt in diesen Tagen auf den Deutschen Bundestag blickt. Sie will nicht nur wissen, was für und was gegen die Verträge gesagt wird, die Welt wird vor allem auf die Halbtöne hören, die ihr vielleicht Rückschlüsse auf das innere, das tiefere Denken unseres Volkes ermöglichen. Noch wichtiger als die Frage, mit welcher Mehrheit die Verträge verabschiedet werden, wird sein, ob wir uns den Frieden nicht nur als Ziel gewählt haben, sondern ob wir auch eine Sprache des Friedens führen. Gelegentlich wird darauf hingewiesen, daß die Weimarer Republik zugrunde gegangen sei, weil die Mitte und die Rechte des Reichstags den braunen Faschismus unterschätzt hätten. Das mag zum Unheil beigetragen haben. Mit Sicherheit war es die Unfähigkeit jener Republik, die Spielregeln und die Würde des Parlaments zu achten. Sie hat jenen Weimarer Staat der Verachtung durch die eigenen Bürger preisgegeben. Dann erst, auf den Trümmern des Parlaments, konnte der braune Faschismus ins Kraut schießen.

1969: Architekten der sozial-liberalen Koalition, der SPD-Vorsitzende Willy Brandt und der F.D.P.-Vorsitzende Walter Scheel.

Das Kabinett Brandt–Scheel beim Bundespräsidenten (15. Dezember 1972).

Verhandlungen über den Abschluß eines deutsch-sowjetischen Gewaltverzichtvertrags (26. Juli bis 7. August 1970).

29./30. November 1970: Der deutsche und der sowjetische Außenminister vor dem Schloßhotel Kronberg im Taunus.
Auf dem benachbarten Golfplatz, am 14. Loch, rang Walter Scheel seinem Kollegen Gromyko die Zustimmung zum »Berlin-Junktim« ab.

Paraphierung des deutsch-polnischen Vertrages am 18. November 1970.

Auf Einladung der chinesischen Regierung besucht Walter Scheel, nach dem Ausscheiden aus dem Amt des Staatsoberhaupts, die Volksrepublik China (im Gespräch mit dem stellvertretenden chinesischen Parteichef Deng Xiaoping am 1. Mai 1981). 1972 hatte er als Außenminister die diplomatischen Beziehungen zu China aufgenommen.

Dies ist eine große Stunde für unser Parlament und unseren Staat. Der Bundesrat hat mit seiner sachlichen und würdigen Debatte eine Norm gesetzt. Ich möchte wünschen, daß wir sie beachten.

Die Art und Weise, wie wir diese Debatte führen, wird aber auch für die Zukunft unseres Landes von Bedeutung sein. Wollen wir sie so führen, daß der nationalen Teilung ein innerer Graben in der Bundesrepublik hinzugefügt wird? Soll nach der Annahme der Verträge, eine Annahme mit vielleicht geringer Mehrheit, der Kampf gegen die Verträge weitergehen, und sollen damit die in ihnen liegenden Chancen im Keim erstickt werden? Oder sollen die Objektivität und die Sachlichkeit der Debatte den Beweis erbringen, daß bei uns jenes Maß an disziplinierter Selbstkontrolle herrscht, das in dieser Welt heute und in Zukunft erforderlich ist? Gemeinsam wollen wir den Beweis der Zuverlässigkeit und der demokratischen Reife erbringen. Die Bundesregierung ist jedenfalls entschlossen, ihre Darlegungen in einem Geist und einem Ton zu machen, die den inneren Frieden für die Zukunft intakt lassen. Die Bundesregierung steht vor der schwierigen Aufgabe zu überzeugen, wo die Entscheidung schon getroffen worden ist. Auch das, was in den Ausschüssen von der Bundesregierung an Information und Argumenten noch geliefert werden wird, wird gegen den Beschluß der Oppositionsfraktion, zu den Verträgen nein zu sagen, wahrscheinlich wenig ausrichten.

Gleichwohl würde diese Regierung ihrer Aufgabe und ihrer Verantwortung nicht gerecht, wenn sie nicht alles täte, um noch einmal in der eindringlichsten Weise die Bedeutung der Verträge für den Frieden und für die Zukunft dieses Landes vor aller Welt klarzumachen. Einen ersten Test haben die Verträge erfolgreich bestanden. Ohne sie würde es eine Berlin-Regelung nicht geben. Das Viermächteabkommen über Berlin aber war der Prüfstein – nicht nur für uns –, ob die Sowjetunion bereit sein würde, über Entspannung nicht nur zu reden, sondern sie auf der Grundlage eines vertretbaren Kompromisses auch konkret zu vereinbaren. Daher sagte der amerikanische Präsident, daß diese Regelung ein Meilenstein gewesen ist, daß es dieses Berlin-Abkommen ihm ermöglicht habe, den Weg nach Moskau zu gehen. An die erwiesene Bereitschaft zum Kompromiß knüpfen sich die Erwartungen, auch auf anderen Gebieten zu Regelungen zu kommen. Das ist die Bedeutung dieser Abmachung.

Der Kern unserer Ost-West-Politik, das Verhältnis zwischen den beiden Staaten in Deutschland, wird von diesen Verträgen natürlich beeinflußt. Sie haben ein Recht darauf, zu erfahren, ob die Perspektive der Einheit Deutschlands mit den Verträgen verbessert oder ob die Spaltung Deutschlands vertieft wird. Diese Debatte gibt Gelegenheit, darüber zu diskutieren. Nicht nur dieses Parlament, sondern das ganze deutsche Volk hat ein Recht auf diese Antwort; denn die deutsche Frage bleibt für uns – und ich meine, für uns alle – im Mittelpunkt unserer Entspannungs- und Friedenspolitik.

Diese Bundesregierung würde jedoch ihre Pflicht in bedenklicher Weise verletzen, wenn sie es unterlassen würde, auf die möglichen Folgen einer Ablehnung der Verträge hinzuweisen. Die Bundesregierung muß mit dem gebotenen Ernst die Frage nach der Alternative stellen – das ist eine Frage, die zu beantworten die Opposition uns schuldet. Denn welches wäre der Wert eines ablehnenden Votums, wenn es nicht abgesichert wäre durch eine tragfähige und erfolgversprechende Alternative?

Lassen Sie mich zum Inhalt der Verträge Stellung nehmen. Erstens. Die Verträge enthalten einen umfassenden Gewaltverzicht. Danach ist nicht nur die Anwendung von Gewalt, sondern auch die Drohung mit Gewalt ausgeschlossen. Dieser Ausschluß gilt für alle Aspekte der gegenseitigen Beziehungen zwischen den Vertragspartnern. Er bedeutet, daß alle Streitfragen ausschließlich mit friedlichen Mitteln zu lösen sind. Worin liegt die politische Bedeutung dieses Gewaltverzichts? Die Sowjetunion kann sich jetzt nicht mehr wie noch 1969 auf ein angebliches Interventionsrecht aus den Artikeln 53 und 107 der Satzung der Vereinten Nationen berufen. Das wurde ausdrücklich durch den sowjetischen Außenminister bestätigt.

Zweitens. Diese Verträge enthalten eine Aussage über die Grenzen. Sie schaffen keine Rechtsgrundlagen für bestehende Grenzen und enthalten keine Stellungnahme zur Entstehung dieser Grenzen. Sie enthalten aber Verpflichtungen. Im deutsch-sowjetischen Vertrag verpflichten sich die Partner, die Grenzen als unverletzlich zu achten. Das bedeutet, sie können nicht mit Gewalt geändert werden. Eine friedliche und einvernehmliche Änderung der Grenzen ist damit natürlich nicht ausgeschlossen. Das hat der sowjetische Außenminister ebenfalls ausdrücklich bestätigt. Ferner haben in dem deutsch-sowjetischen Vertrag beide Seiten erklärt, daß sie keine Gebietsansprüche haben. Das entspricht unserer bisherigen Politik. Die Bundesrepublik hat auch in der Vergangenheit keine Gebietsansprüche geltend gemacht, weder auf die Gebiete jenseits von Oder und Neiße noch auf das Gebiet der DDR. Die Einheit Deutschlands wird nur dadurch erreicht, daß die Bundesrepublik das Selbstbestimmungsrecht des deutschen Volkes zur Grundlage einer solchen Entwicklung macht. Daß eine Politik, die darauf abzielt, auf einen Zustand des Friedens in Europa hinzuwirken, in dem das deutsche Volk in freier Selbstbestimmung seine Einheit wiedererlangt, nicht gegen diese Bestimmungen des Vertrages verstößt, ergibt sich – um das zu beantworten – aus dem Brief zur deutschen Einheit, den ich anläßlich der Unterzeichnung des Moskauer Vertrages an den sowjetischen Außenminister richtete. Dieser Brief wurde von der sowjetischen Seite ohne Widerspruch entgegengenommen.

Im deutsch-polnischen Vertrag ist die Aussage zur Grenze konkretisiert. Diese Aussage stellt klar, daß die Bundesrepublik die Oder-Neiße-Linie als Westgrenze Polens nicht mehr in Frage stellt. Dies bedeutet, daß die Gebiete jenseits dieser Grenze von der Bundesrepublik Deutschland für die Dauer ihrer Existenz als polnisches Staatsgebiet zu betrachten und zu respektieren sind, wenngleich eine friedensvertragliche Regelung für Deutschland noch nicht zustande gekommen ist und die Rechte und Verantwortlichkeiten der Vier Mächte in bezug auf Deutschland als Ganzes fortbestehen.

Diese Grenzregelung hat nichts mit den Individualrechten der Deutschen, die in den Gebieten jenseits von Oder und Neiße leben, zu tun. Diese Rechte waren nicht Gegenstand der Verträge. Ich habe, um das klarzustellen, in den Verhandlungen förmlich erklärt, daß niemand durch den Vertrag Rechte verliert, die ihm nach den Gesetzen der Bundesrepublik Deutschland zustehen.

Der deutsch-polnische Vertrag schafft allerdings kein Optionsrecht für die Deutschen jenseits von Oder und Neiße. Im Zuge der Verbesserung unserer Beziehungen zu Polen eröffnet er uns jedoch die Möglichkeit, uns für diese Deutschen zu verwenden.

Drittens. Beide Verträge enthalten eine Bestimmung, in der klargestellt wird, daß früher geschlossene Verträge der Vertragspartner nicht berührt werden. Das gilt auch, wie unseren Vertragspartnern bekannt ist, für den Deutschland-Vertrag, den wir mit unseren drei westlichen Verbündeten abgeschlossen haben. Dort heißt es, daß sich die Unterzeichnerstaaten darüber einig sind, daß ein wesentliches Ziel ihrer gemeinsamen Politik eine frei vereinbarte friedensvertragliche Regelung für ganz Deutschland ist, und daß sie sich weiterhin darüber einig sind, daß die endgültige Festlegung der Grenzen Deutschlands bis zu dieser Regelung aufgeschoben werden muß. Damit ist klargestellt, daß die Bundesrepublik nur für sich, nicht für einen gesamtdeutschen Souverän sprechen kann. Ferner ist gesichert, daß die Rechte der Vier Mächte hinsichtlich Deutschland als Ganzes unberührt bleiben.

Viertens. Beide Verträge enthalten schließlich als Ziel der Vertragspartner die Normalisierung der Beziehungen. Diese Normalisierung soll sich auf alle Bereiche in den gegenseitigen Beziehungen erstrekken. Sie ist das eigentliche politische Ziel der Verträge, das in die Zukunft weist.

Die Rechte und Verpflichtungen aus den Verträgen sind eindeutig formuliert. Sie geben keinen Anlaß zu einem Dissens zwischen den Vertragspartnern. Völkerrechtliche Verträge sind grundsätzlich von ihrem Wortlaut her auszulegen; ihre Auslegung kann nicht über das hinausgehen, worüber zwischen den Vertragspartnern Einigung erzielt worden ist.

Auch die Verpflichtungen hinsichtlich der Respektierung der Grenzen sind eindeutig.

Entspannung und Normalisierung sind die Grundpfeiler des politischen Prozesses in Europa, der von beiden Seiten in Europa getragen wird und dessen Ziel die Erhöhung der Sicherheit in Europa ist. Davon werden natürlich spezifische politische Zielvorstellungen, die die jeweiligen Vertragspartner haben mögen und die sie vielleicht auch mit den Verträgen verbinden, nicht berührt. Diese Zielvorstellungen sind ebensowenig in den beiden Verträgen wie in anderen völkerrechtlichen Verträgen Gegenstand der Regelung. Sie konnten es auch gar nicht sein.

Es liegt in der Natur des Menschen begründet, daß er den Wunsch nach Entspannung und Frieden in ruhigen Zeiten nicht so deutlich bekundet wie in Augenblicken der Krise. Konrad Adenauer wußte, wovon er sprach, als er am 20. November 1958, auf dem Höhepunkt der Berlin-Krise, zum sowjetischen Botschafter Smirnow sagte: »Oberstes Ziel jeglicher Politik muß es sein, eine Entspannung der Weltlage anzustreben. Demgegenüber hat alles andere zurückzutreten!«

Wir, die Abgeordneten des Bundestages, sollten uns solcher Einsichten nicht nur entsinnen, wenn eine Krise vor der Tür steht oder sie schon ausgebrochen ist.

Diese Bundesregierung hat jedenfalls vom ersten Tage ihrer Regierungszeit an ihr Sinnen und Trachten auf die Verwirklichung einer Entspannung zwischen Ost und West in Europa gerichtet.

Entspannung entsteht nicht dadurch, daß man von Entspannung redet und sich vielleicht auch einer gemäßigten Sprache bedient. Entspannung ist nur dort möglich, wo ein Minimum an Vertrauen entsteht, wo die Vernunft langsam die Oberhand über Vorurteile und Mißtrauen gewinnt.

Aber da gibt es – so wird man einwenden – die ungelösten Probleme, die uns der Zweite Weltkrieg beschert hat. Wie wollen wir zu Entspannung kommen, wenn sich die Probleme als unlösbar erweisen, wie die Erfahrung von mehr als 25 Nachkriegsjahren gezeigt hat? Meine Antwort ist einfach: Gerade weil wir es in unserem Verhältnis zu Osteuropa mit Fragen zu tun haben, die heute unlösbar sind, brauchen wir Entspannung und Zusammenarbeit. In der gefährlichen Welt, in der wir leben, können wir nicht immer sicher sein, daß sich die Entspannung einstellt, wenn wir sie gerade brauchen.

Auch angesichts der heute unlösbaren Fragen, die man das Deutschlandproblem nennt, ist die Entspannung und Zusammenarbeit zwischen Ost und West in Europa möglich, und zwar durch den gegenseitigen, vertraglich vereinbarten Gewaltverzicht auf der Grundlage des Status quo. Ohne diesen Gewaltverzicht, ohne eine klare und rückhaltlose Äußerung zum Status quo gibt es weder Entspannung noch Zusammenarbeit mit den osteuropäischen Ländern. Hiervon müssen wir ausgehen, und hiervon muß auch jeder ausgehen, der zu einem besseren Verhältnis zu den Völkern Osteuropas kommen will.

Bereits 1966 hat der damalige amerikanische Präsident Johnson das so ausgedrückt: »Unsere Aufgabe ist es, eine Wiederversöhnung mit dem Osten zu erreichen, einen Übergang von der engen Konzeption der Koexistenz zu der größeren Vision des friedlichen Engagements ... Hand in Hand mit diesen Maßnahmen zur Stärkung der Ost-West-Beziehungen müssen Maßnahmen zur Beseitigung der territorialen Grenzstreitigkeiten gehen, die eine Quelle von Spannungen und Reibungen in Europa bilden.«

Nun, die vorliegenden Verträge schaffen die Voraussetzung dafür, daß trotz der ungelösten Probleme eine genügend tragfähige Grundlage für den politischen Dialog mit dem Osten und eine für beide Seiten vorteilhafte wirtschaftliche, technologische, wissenschaftliche und kulturelle Zusammenarbeit zustande kommt. Auch hier gilt, daß man wirtschaftliche Zusammenarbeit nicht erst dann herstellen kann, wenn sie am dringendsten gebraucht wird. Regieren heißt ja voraussehen.

Am 9. Februar dieses Jahres sagte Präsident Nixon in seinem Bericht an den Kongreß: »Die Vier Mächte erzielten eine Übereinkunft über Berlin, die dazu bestimmt ist, die ständigen Krisen über dieser Stadt in der Nachkriegszeit zu beenden und die Lage der tapferen Bevölkerung West-Berlins in konkreter Weise zu verbessern. Zum erstenmal ergab sich die Aussicht auf konkrete Gespräche mit dem Osten über andere ungelöste Fragen der Sicherheit und Zusammenarbeit in Europa.«

Ich habe vorhin schon erwähnt, daß es ohne Gewaltverzicht und ohne Beachtung der Realitäten dieses Berlin-Abkommen nicht gegeben hätte. Und selbst der grimmigste Kritiker dieser Regierung wird ihr zugestehen müssen, daß während der Verhandlungen in Moskau die Sorge um die Lebensfähigkeit Berlins ihr Handeln und ihre Schritte täglich bestimmt hat. Kein Mitglied der damaligen Verhandlungsdelegation wird vergessen, wie in der letzten Nacht der Verhandlungen vor der Paraphierung alle Beteiligten innerlich auf das äußerste angespannt waren, als ich meinem sowjetischen Kollegen immer noch einmal wiederholte, daß es ohne eine befriedigende Berlin-Regelung keinen Vertragsabschluß geben könne.

Ich habe Herrn Gromyko den Kabinettsbeschluß vom 23. Juli 1970, den ich auch hier noch einmal in Erinnerung bringen darf, wörtlich verlesen. Das Kabinett sagte damals: »Der Rahmen, in dem sich die Verhandlungen halten werden, ist durch den Auftrag des Grundgesetzes zur Wahrung der Einheit der deutschen Nation, durch die Rechte und Verantwortlichkeiten der Drei Mächte für Deutschland als Ganzes und Berlin und durch die internationalen Verpflichtungen der Bundesrepublik Deutschland gegeben. Die Bundesregierung ist der Auffassung, daß Fortschritte in der europäischen Entspannung untrennbar verbunden sind mit Fortschritten in Richtung auf eine befriedigende Regelung der Lage in und um Berlin. Ein Gewaltverzichtsvertrag wird daher erst dann in Kraft gesetzt werden können, wenn entsprechende Vereinbarungen vorliegen.«

Inzwischen liegt das Ergebnis der langen und schwierigen Verhandlungen über Berlin vor uns. Nie zuvor in der Geschichte der modernen Diplomatie hat es eine so enge Abstimmung, ein so enges Zusammenwirken verbündeter Staaten gegeben, wie dies in diesen Verhandlungen zwischen den drei Westmächten und uns der Fall war. Für die Solidarität, die sie uns gegenüber bewiesen haben, und für die mit den Verhandlungen verbundenen ungewöhnlichen Anstrengungen schulden wir den drei westlichen Verbündeten Dank, auch den Dank dieses Hohen Hauses.

Die Gerechtigkeit gebietet es, auch die Bereitschaft der Sowjetunion anzuerkennen, trotz aller Schwierigkeiten, trotz Zähigkeit zu einem positiven Abschluß beizutragen. Und schließlich sollten wir nicht vergessen, daß auch die Mitwirkung der DDR notwendig war, um zu dem vorliegenden Ergebnis zu kommen.

Die Opposition war zunächst ganz konsequent, wenn sie erklärte, die Berlin-Regelung werde der Prüfstein für die Qualität der Verträge sein; sie würde auch ein Test für die Bereitschaft der Sowjetunion, zur Entspannung beizutragen, sein. Jetzt, nachdem eine befriedigende Berlin-Regelung darauf wartet, in Kraft gesetzt zu werden, ist bei Ihnen davon allerdings weniger die Rede.

Die Berlin-Regelung – und ich nehme an, daß Sie mir da zustimmen werden – öffnet und sichert die Wege von und nach Berlin und von Berlin zu uns, sie öffnet den Berlinern eine Pforte zu Besuchen in der DDR, sie bringt die Anerkennung der Bindungen West-Berlins an den Bund, sie festigt die internationale Position Berlins und seine Vertretung durch die Bundesrepublik und bestätigt die Viermächte-Verantwortlichkeit für Berlin. Damit ist ein hochempfindliches krisenträchtiges Problem vertraglich unter Kontrolle gebracht worden. Es ist uns gelungen, darüber hinaus erhebliche praktische Verbesserungen zu erreichen. Die Visagebühren sind pauschaliert worden, die

Fernmelde- und Fernschreibverkehrsverbindungen zwischen Berlin und der DDR sind ausgeweitet worden. Das klingt bescheiden, das klingt für Sie vielleicht bescheiden; für einen Berliner, der seit zehn Jahren nur noch unter großen Schwierigkeiten mit seinen Verwandten und Bekannten in Ost-Berlin und der DDR telefonieren konnte, sieht sich die Sache anders an. Niemand konnte erwarten, daß eine Berlin-Regelung die Mauer zum Verschwinden bringen würde. Aber mit dem Abkommen ist sicher eine Forderung auch der Opposition erfüllt worden: die Mauer ist mit dem Abkommen durchlässiger geworden.

Die Bundesregierung bringt die beiden Verträge jedenfalls mit dem guten Gefühl ein, für die Lebensfähigkeit Berlins und für das Los seiner Bürger mehr erreicht zu haben, als viele von uns, wenn sie aufrichtig sind, vor einigen Jahren zu hoffen wagten.

Was sagte doch der damalige amerikanische Außenminister Dean Rusk 1968 auf der NATO-Konferenz: »Wenn man die Pauschalierung der Zugangsgebühren erreichen könnte, so wäre dies wohl eine große Sache.«

Die Pauschalierung der Gebühren damals eine große Sache! Vergleichen Sie damit doch einmal den Inhalt des Viermächteabkommens über Berlin.

Es wird sich immer jemand finden, der die Dinge ins Gegenteil zu verkehren versteht. Er wird erklären, daß sich das Parlament mit der Berlin-Regelung nicht unter Druck setzen lasse. Darum kann es sich auch nach der Auffassung der Bundesregierung gewiß nicht handeln. Bedenken Sie aber, bevor Sie so etwas aussprechen, wie die Lage Berlins war und wie sie mit der Regelung sein wird. Handeln Sie im Sinne der Präambel des Grundgesetzes wenigstens für diejenigen, für die Sie jetzt wirklich handeln können, für die Berliner.

Ich darf nunmehr einmal an etwas erinnern, was der Kollege Barzel hier im Bundestag vor zwei Jahren gefragt hat: »Was also, Herr Bundeskanzler, werden Sie erklären, oder was würden Sie erklären, falls die Sowjetunion Ihnen – wie 1968 uns zusammen die Frage anträgt: Seid ihr bereit, nicht nur auf Gewalt, sondern auch auf friedliche Veränderung der deutschen Dinge mit dem Ziel der Selbstbestimmung des deutschen Volkes zu verzichten? Das ist der Kern, das ist die Frage.«

So die Frage von Herrn Barzel im Bundestag. Herr Dr. Barzel, ich kann Ihnen zu diesem Komplex sagen, was ich selbst dazu in den Verhandlungen in Moskau vorgetragen habe. Auf der Verhandlungssitzung am 30. Juli 1970, in der ersten Phase der Verhandlungen, habe ich folgendes dazu gesagt: »Es muß volle Klarheit herrschen, wenn der Vertrag zur Grundlage besserer Beziehungen und schließlich hoffentlich freundschaftlicher Beziehungen zwischen unseren beiden Ländern werden soll. Dabei darf ich wiederholen: Für jede Bundesregierung, gleich wie sie aussieht, bleibt die Einheit der Deutschen ein unverzichtbares politisches Ziel. Ich sage das, um klarzumachen, daß eine friedliche Politik, die auf diesen Prinzipien – Gewaltverzicht, Achtung der territorialen Integrität, keine Verletzung der Grenzen – beruht und der Einheit der Deutschen im Rahmen einer europäischen Friedensordnung dient, keine Verletzung des Vertrages darstellt. Ich weise noch einmal darauf hin, daß wir einer ausführlichen Erwähnung der Grenze zwischen der Bundesrepublik Deutschland und der DDR in dem Artikel über die Achtung der territorialen Integrität zugestimmt haben. Was wir nicht aufgeben können, ist das Recht der Regierung und der Bevölkerung, die nationale Einheit im Rahmen einer europäischen Friedensordnung und auf der Grundlage der freien Selbstbestimmung mit friedlichen Mitteln anzustreben. Es wäre niemandem in Europa damit gedient, wenn man ein Volk dazu bringen wollte, seine Identität zu verleugnen. Deshalb haben wir mit großer Befriedigung Ihre Erklärung über das Recht der Völker und Staaten, sich friedlich zu vereinigen, zur Kenntnis genommen.«

Herr Barzel, das ist die Antwort auf Ihre Frage gewesen.

Das Ergebnis dieser Verhandlungen war der Brief zur deutschen Einheit. Er gehört zusammen mit den anderen begleitenden Dokumenten zu den Ratifizierungsunterlagen. Ich möchte seinen Inhalt, der von der sowjetischen Seite unwidersprochen entgegengenommen worden ist, hier noch einmal zitieren:

»Sehr geehrter Herr Minister,

im Zusammenhang mit der heutigen Unterzeichnung des Vertrages zwischen der Bundesrepublik Deutschland und der Union der Sozialistischen Sowjetrepublik beehrt sich die Regierung der Bundesrepublik Deutschland festzustellen, daß dieser Vertrag nicht im Widerspruch zu dem politischen Ziel der Bundesrepublik Deutschland

steht, auf einen Zustand des Friedens in Europa hinzuwirken, in dem das deutsche Volk in freier Selbstbestimmung seine Einheit wiedererlangt.
Genehmigen Sie, Herr Minister, die Versicherung meiner ausgezeichnetsten Hochachtung.«
Die Bundesregierung ist weder so illusionistisch, zu glauben, noch so unaufrichtig, andere glauben zu machen, als sei uns mit diesem Brief eine politische Waffe in die Hand gegeben, mit der wir die Wirklichkeit, die traurige Wirklichkeit der deutschen Teilung aus den Angeln heben könnten. Dieser Brief zur deutschen Einheit hält zusammen mit anderen Teilen des Vertragswerkes die deutsche Frage offen. Das ist schon etwas, und das war gar nicht so selbstverständlich, wie sich das heute vielleicht für manchen ansehen mag. Hätte die Opposition im Sommer 1970, der Einladung der Bundesregierung folgend, einen Vertreter zu den Verhandlungen entsandt, dann hätte sie sich an Ort und Stelle ein Bild von der Härte der Verhandlungen, insbesondere in dieser Frage, machen können. Nein, die Wirklichkeit der Teilung kann man nicht mit juristischen Vorbehalten wegzaubern. Sie ist die unmittelbare Folge des von Hitler angezettelten und von uns allen verlorenen Krieges. Und jeder, der diese Teilung kennt, wie wir sie in Erfurt und Kassel erlebt haben, der weiß, daß die Teilung kaum noch vertieft werden kann, es sei denn durch eine Politik, die sich auf Deklamationen beschränken würde. Nein, wenn es einen Weg zur Einheit der Nation gibt, dann nur über eine allgemeine Entspannung in Europa, die tragfähig genug ist, das Trennende zwischen uns und der DDR in den Hintergrund treten zu lassen. Nicht die friedliche Konkurrenz der beiden deutschen Staaten um den besten Beitrag zum Frieden und zur Zusammenarbeit vertieft die Spaltung weiter. Wenn etwas die beiden Teile noch weiter und endgültig voneinander entfernen kann, dann ist es die Indifferenz, die sich hinter unerfüllbaren Forderungen verbirgt.
Wenn auf der Grundlage dieser Verträge Entspannung und Zusammenarbeit zwischen Ost und West in Europa in Gang kommen, dann wird auch das Verhältnis der beiden deutschen Staaten zueinander eingebettet sein in ein Klima, in dem es leichter sein wird, mehr Austausch, mehr Kommunikation und mehr Freizügigkeit zu erreichen. Wer aber Angst vor der eigenen Courage hat, wer befürchtet,

mehr Kommunikation und Freizügigkeit importiere bei uns den Kommunismus, der erhebt doch indirekt die Forderung, die Regierung der DDR müsse erst kapitulieren, bevor es zu Kontakten mit der Bundesrepublik kommen darf. Von beiden können wir nur eines haben: entweder wir folgen dem Beispiel Honeckers und grenzen uns ab aus Furcht vor Ansteckung, oder wir sind uns der Stärken der freiheitlichen Ordnung bewußt und trauen uns den friedlichen Wettbewerb mit der DDR überall dort, wo er möglich ist, zu.

Die Frage, ob der Kommunismus bei uns eine Chance hat, wird von uns, ganz allein von uns, entschieden. Die Verträge sind ein Kernstück der friedlichen Koexistenz zwischen West und Ost und der Sicherheit in Europa. Die Bundesrepublik Deutschland will mit ihnen nicht nur ihre eigene Lage verbessern, auch nicht nur die Lage Berlins verbessern. Wir sehen in den Verträgen einen wichtigen Beitrag zur Stabilität unseres Kontinents. Die Verträge fördern das, was die Europäer erhoffen: die Milderung der Spaltung des alten Weltteils durch friedlichen Austausch und Zusammenarbeit.

1815, auf dem Wiener Kongreß, war es noch die europäische Staatskunst, die die Folgeprobleme der napoleonischen Kriege löste. 1918, in Versailles, fehlte Rußland. Dann zog Amerika sich zurück. Es gelang nicht, ein Gleichgewicht zu schaffen. 1945, in Potsdam, hatte Westeuropa so gut wie kein Gewicht mehr. Diese Verträge, als Teil westeuropäischer Politik konzipiert, in ständigen Konsultationen mit den Bündnispartnern erarbeitet, künden an: das wiedererstandene Westeuropa beginnt Herr seiner eigenen Probleme zu werden.

Die Politik, die zu den Verträgen geführt hat, hat wesentlich zum Zusammenhalt des sich gestaltenden Westeuropas beigetragen. Es war kein leeres Wort, als wir vor den Verhandlungen sagten, unsere gesamte Osteuropapolitik baue auf der fortschreitenden Integration Westeuropas auf. In anderen Fragen mag es Nuancen und Meinungsverschiedenheiten unter Europäern geben; was unsere Osteuropapolitik angeht, bestehen keine. Präsident Pompidou sagte noch am 11. dieses Monats in Paris: »In den Beziehungen zum Osten haben wir eine vollendete Übereinstimmung zwischen der Politik der Bundesrepublik und der französischen Politik festgestellt. Ich hatte Gelegenheit, dem Bundeskanzler erneut die vorbehaltlose Unterstützung zu bestätigen, die wir seiner Politik auf diesem Gebiete zollen.«

Soweit Pompidou! Der britische Außenminister Douglas-Home äußerte sich am 13. Februar noch: »Die britische Regierung hat die Ostpolitik von Anfang an voll unterstützt und hat die Verträge von Moskau und Warschau als wichtige Beiträge zu den Beziehungen zwischen Ost und West begrüßt.«

Blicken wir doch einmal auf das, was seit Beginn unserer Regierungszeit in Westeuropa geschehen ist. Wir haben den inneren Ausbau der Gemeinschaften, wie er in den Römischen Verträgen vorgesehen ist, vollendet. Mit der Wirtschafts- und Währungsunion haben wir den ersten Schritt zu einem geschlossenen Binnenmarkt mit freiem Verkehr von Menschen, Gütern und Kapital getan. Die Erweiterung der Gemeinschaften ist gelungen. Damit ist der Stein aus dem Wege geräumt, der die Fortentwicklung Europas seit den sechziger Jahren blockierte. Die politischen Konsultationen erst der Sechs, dann der Zehn, sind in Gang gekommen. Was mit dem Fouchet-Plan 1962 endgültig gescheitert schien, konnte damit wieder auf den Weg gebracht werden. Unsere Ostpolitik, die europäische Ostpolitik, hat die Stagnation überwunden. Die Europäer haben sich zu einer gemeinsamen Standortbestimmung in dieser Politik aufgerafft. Sie haben daraus identische Konsequenzen gezogen. Hieraus sind die ersten Ansätze einer gemeinsamen Politik für die Zukunft erwachsen. Niemand auf der Welt verkennt dies, auch die Sowjetunion nicht. Das ist doch das Entscheidende. Es kommt doch nicht auf die förmliche Anerkennung der Europäischen Gemeinschaften an, von der uns die Juristen der Kommission in Brüssel noch letzte Woche sagten, so etwas gebe es überhaupt nicht. Es kommt doch darauf an, daß der dynamische Prozeß der europäischen Einigung, wirtschaftlich und politisch, von jedem als unabänderlich betrachtet wird und daß daraus die richtigen Folgerungen für Entspannung und für Zusammenarbeit gezogen werden.

Ich habe während der Verhandlungen in Moskau und danach bei jedem Gespräch mit sowjetischen Politikern darauf hingewiesen, daß auch diese Entwicklung Teil einer europäischen Realität sei. Lassen Sie mich hierzu aus einer Aufzeichnung über meine Gespräche in Moskau vom 28./29. November 1971 zitieren. Dort heißt es: »Der Bundesminister des Auswärtigen wies auf die entscheidende Bedeutung der Gemeinschaft im Welthandel hin. Er schilderte ausführlich und eindringlich die Integrationsautomatik, insbesondere den Beginn der Übergangsphase der Gemeinschaften vom 1. Januar 1973 an. Er betonte auch die Bedeutung, die den Europäischen Gemeinschaften als Faktor für Sicherheit und Zusammenarbeit in Europa zukommen werde. Der Außenminister erklärte unmißverständlich, daß eine Änderung unserer EWG-Politik völlig ausgeschlossen sei.«

Ich habe auch nie einen Zweifel daran gelassen, daß diese Verträge nur auf der Grundlage des bestehenden militärischen Gleichgewichts in Europa möglich sind. Schon in der Zeit, als ich Oppositionsführer im Deutschen Bundestag war, habe ich in einem Gespräch mit Ministerpräsident Kossygin betont, daß eine funktionierende Allianz mit intakter amerikanischer Truppenpräsenz die Grundlage für die Entspannung in Europa sei. Wir haben diese Politik im Bündnis und gegenüber unseren Vertragspartnern beharrlich weiterverfolgt. Es ist deshalb wiederum kein Zufall, daß es in dem Abschlußkommuniqué der NATO-Ministerratskonferenz vom 4. Dezember 1970 heißt: »Die Minister der NATO-Länder begrüßten diese Verträge als Beitrag zur Minderung der Spannung in Europa.« Denn in der Tat ist der Zusammenhalt der Allianz, seitdem wir unsere Osteuropapolitik begannen, besser geworden. Das, was im Harmel-Bericht 1967 vorgezeichnet wurde, ein Bündnis, dessen Sicherheit nicht nur auf der Abschreckung, sondern auch auf der Entspannung aufbaut, wird jetzt Wirklichkeit. Allerdings: »Vor nicht allzu langer Zeit waren unsere Bündnisse ausschließlich auf die Eindämmung der Sowjetunion und der Volksrepublik China gerichtet. Jetzt aber muß mehr in unsere Allianz hineinkommen. Es ist relativ einfach, sich über das zu einigen, wogegen man ist; es ist sehr viel komplizierter, eine Allianz auf der Grundlage dessen zusammenzuhalten, wofür man ist.« Ich habe jetzt Präsident Nixon zitiert.

In den letzten Monaten hat die Opposition eine stets wachsende und auch stets wechselnde Argumentation gegen die Verträge ins Feld geführt. Dafür war vom Inhalt der Verträge immer weniger die Rede. Es handelt sich um Argumente von unterschiedlichem Gewicht. Allen ist gemeinsam, daß sie nicht auf dem Wortlaut der Verträge aufbauen, sondern daß sie das Produkt manchmal ganz unbegrenzter politischer Spekulationen darstellen. Aber die Geschichte ist kein Produkt von Spekulationen. Sie setzt sich zusammen aus schwierigen

Entwicklungen und mutigen Entscheidungen. Niemand in unserer jüngsten Geschichte hat dies besser gewußt als der Bundeskanzler, auf den sich die Opposition gern beruft. In seinen Erinnerungen zum Jahr 1955, dem Jahr seiner Moskau-Reise, schrieb Konrad Adenauer in aller Nüchternheit: »Es würde dies ein langer und mühseliger Weg schwierigster Verhandlungen sein, ein Weg, auf dem man manche Umwege in Kauf nehmen müßte, die zweifellos auch mit Gefahren verbunden sein würden. Es müßte versucht werden, einen Weg zu finden, der auch der Sowjetunion akzeptabel erschiene und bei dem sie hoffen könnte, ihre Zielsetzung gewahrt zu wissen.« Meine verehrten Kollegen von der CDU/CSU, denken Sie doch einmal über diese Worte nach! Fragen Sie sich, ob wir etwas anderes getan haben als das, was 1955 Konrad Adenauer als die Umrisse einer Verhandlung mit der Sowjetunion entworfen hat!

An einer Behauptung kann die Bundesregierung allerdings nicht vorbeigehen, ohne ihr mit allem Nachdruck zu widersprechen. Weder in den Verträgen noch in den begleitenden Dokumenten gibt es einen Anhaltspunkt für die wirklich grob fahrlässige Behauptung, diese Verträge würden Forderungen auf Reparationsleistungen an die Bundesrepublik Deutschland begründen.

Wer unseren Steuerzahlern das Schreckgespenst der Reparationen an die Wand malt, handelt genauso unverantwortlich wie jener, der um jeden Preis eine Inflation herbeidiskutieren möchte. Oder wollen wir etwa dem Ausland suggerieren, bei uns gäbe es etwas zu holen? Ich hoffe, daß die Abgeordneten der Opposition selbst für die notwendigen Klarstellungen hier im Deutschen Bundestag sorgen. Es darf nicht der Eindruck entstehen, als würde es die CDU/CSU zulassen, daß einzelne ihrer führenden Mitglieder mit diesen trüben Gerüchten weiter hausieren gehen.

Argumente lassen sich immer finden und ins Feld führen, wenn es sich darum handelt, die bereits getroffene Entscheidung, nein zu den Verträgen zu sagen, zu begründen. Argumente entstehen und Argumente verschwinden wieder. Aber noch so viele Argumente gegen eine Politik machen noch keine Alternative. Und hier liegt in der Tat die größte Schwäche der Opposition. Wie würde die Politik aussehen, die Sie an die Stelle derjenigen setzen wollen, die die Bundesregierung verfolgt? Wie soll eine Entspannungspolitik aussehen, wenn sie ohne die Grundlage des Status quo freischwebend in der Luft hängt? Verhandeln heißt doch nicht eigene Wunschzettel ausfüllen! Oder glauben Sie gar, es seien die Zeit und die Gelegenheit gekommen, sich politisch einzugraben, wenn unsere Freunde und Verbündeten längst die Bewegung gewählt haben? Sollen wir die halbverfallenen Unterstände des Kalten Krieges wieder beziehen, wenn sich unsere mächtigsten Verbündeten zur Entspannung und Zusammenarbeit entschieden haben? Macht es überhaupt keinen Eindruck auf die Opposition, wenn alle unsere Verbündeten geschlossen für diese Politik, die wir gemeinsam treiben, eintreten?

Die Argumente der Opposition sind deswegen so wenig einleuchtend, weil keine brauchbare und keine machbare Alternative hinter ihnen steht. Es gibt allerdings die möglichen Folgen einer Ablehnung der Verträge. Das ist aber etwas anderes als eine Alternative.

Mein französischer Kollege, Maurice Schumann, wurde in einem Interview, das in der »Welt« abgedruckt war, gefragt, wie sich die Lage nach einer möglichen Ablehnung der Ratifizierung darstellen könnte. Er antwortete, daß er sich weigere, diese Möglichkeit überhaupt ins Auge zu fassen. So sehr sind die Verträge heute schon Teil auch der Außenpolitik unserer Verbündeten, daß die Folgen einer Ablehnung in ihrer politischen Wirkung einfach unübersehbar sein würden.

Die Entspannungsmöglichkeiten im Osten wären auf unabsehbare Zeit verschüttet. Die Verbündeten im Westen empfänden die Ablehnung als ein Torpedo gegen ihre eigene Entspannungspolitik. Wir Deutschen hätten in Europa die Vorhänge heruntergelassen, gerade als das erste Licht heraufzudämmern begann.

Die Bundesregierung und die hinter ihr stehende Mehrheit werden dafür sorgen, daß diese bedrückende Vorstellung, wir könnten in eine totale Isolierung geraten, nicht verwirklicht wird. Wir wollen der Opposition keine falsche Verantwortung aufbürden. Die Mehrheit bringen wir selbst auf. Aber wir tun es in der festen staatspolitischen Hoffnung, daß auch die Opposition nach der Ratifizierung das als Grundlage ihres Handelns nimmt, daß Verträge, die abgeschlossen sind, zu halten sind.

Es gibt in der Kette der Gegenargumente allerdings eines, das von grundsätzlicher Bedeutung ist. Ich meine das Argument, mit kommunistischen Staaten könne man keine Verträge schließen, die Machtstrukturen und der Verhaltenskodex in Ost und West seien zu verschieden, der Westen zahle bei solchen Verträgen unweigerlich drauf.

Wenn dem so ist, dann lassen wir alle Hoffnung fahren, daß der Frieden und das physische Überleben dieser Welt durch Rüstungskontrolle und Rüstungsbegrenzung zwischen Ost und West gesichert werden können. Dann sind alle internationalen Abkommen vom Teststoppvertrag 1963 über den Weltraumvertrag 1967, den Nichtverbreitungsvertrag 1968, den Meeresbodenvertrag 1971 bis zum Vertrag zwischen den Vereinigten Staaten und Rußland zur Verminderung des Risikos des Ausbruchs eines Nuklearkrieges nur eine zynische Staffage für die heraufziehende und unvermeidliche nukleare Konfrontation. Dann sind die Amerikaner, die sich seit Jahren um ein Abkommen mit der Sowjetunion über die Begrenzung strategischer Nuklearwaffen bemühen, ebenso naiv wie wir, die wir glauben, daß es möglich und notwendig ist, die Risiken des nuklearen Zeitalters Schritt für Schritt durch eine vertragliche Kodifizierung des Verhaltens der beiden Staaten einzuengen.

Das ist doch der Kern des Problems unserer Zeit, daß zwei Mächte – zwei Mächte! – über die Mittel verfügen, unser aller Zivilisation zu zerstören. Eine dieser Mächte ist ein kommunistisches Land. Darin liegt der Zwang, daß sich die Verantwortung dieser beiden Mächte paart. Dazu gibt es keine Alternative auf der Welt.

Diese Dinge sind viel zu ernst, um sie in überkommene Schablonen des Antikommunismus hineinzuzwängen. Gewiß, die Sowjetunion ist eine Weltmacht, und jeder, der mit ihr verhandelt, bekommt den Druck des dahinterstehenden gewaltigen Potentials zu spüren. Die Sowjetunion macht keine Geschenke, wir haben solche auch nicht erwartet. Aber die Weltmacht Sowjetunion ist ebenso wie wir in den fatalen Mechanismus von nuklearer Bedrohung und Abschreckung eingebunden. Aus diesem Grunde – und zuallererst aus diesem Grunde – ist sie daran interessiert, den permanenten Krisenherd Zentraleuropa zu beseitigen. Daß dies so ist, ist unsere Chance. Nur auf dieser realistischen Grundlage konnten wir überhaupt zu einem Abkommen mit der Sowjetunion gelangen.

Lassen Sie uns nicht übersehen, daß auch die Bewußtseinslage von

Weltmächten einem Wandel unterworfen ist! Ein gewisser Pragmatismus in der Außenpolitik wird spürbar. Es wird erkannt, daß andere gesellschaftliche Systeme nicht kurz- oder mittelfristig zu ändern sind. Es wird mit längeren Zeiträumen gerechnet. Den Nachteil der anderen setzt man nicht mehr absolut mit dem eigenen Vorteil gleich. Eine begrenzte Interessenübereinstimmung entwickelt sich über die Systeme hinweg, im Verkehr, im Kulturaustausch, im Handel, in der Technologie.

Lassen Sie mich einmal erwähnen, was Ministerpräsident Kossygin in seinem Bericht über den Plan am 6. April 1966 über ein Spezialgebiet der technologischen Zusammenarbeit sagte: »Bis vor kurzem neigten wir dazu, die Bedeutung des Handels mit Patenten und Lizenzen zu unterschätzen ... Wir können und müssen den uns gebührenden Platz auf dem Weltmarkt in Lizenzen einnehmen ... Der Kauf von Patentrechten wird uns ermöglichen, Hunderte von Millionen Rubel an wissenschaftlichen Forschungskosten zu sparen.«

Vergleichen wir damit einmal das, was Stalin 1952 in »Wirtschaftliche Probleme des Sozialismus« an Einstellung zum Weltmarkt bekundete: »Die Desintegration eines einzigen, allumfassenden Weltmarkts muß man als die wichtigste ökonomische Konsequenz des Zweiten Weltkriegs betrachten ... Dies hat auch zur Folge, daß sich die allgemeine Krise des kapitalistischen Systems vertieft.« Deutlicher läßt sich der Wandel der Zeit doch kaum kenntlich machen: der Unterschied zwischen ideologisch bestimmtem Antagonismus und pragmatischer Bereitschaft zur Zusammenarbeit. Wer glaubt, sich leisten zu können, auf eine Regelung mit der Sowjetunion zu verzichten, soll uns doch einmal erklären, wie und mit wem er über die Besserung der Verhältnisse in Zentraleuropa sprechen will.

Ich habe eigentlich schon immer darauf gewartet, und jetzt ist es so weit: Wer eine Ostpolitik machen will – so wird jetzt verkündet –, braucht vor allem eine Fernostpolitik. Es ist etwas Wahres daran. Aber hüten wir uns vor der manchmal hier in Deutschland anzutreffenden Neigung zum politischen Eskapismus! Wer sich nicht in der Lage sieht, mit dem Problem des europäischen Ostens fertigzuwerden, weicht gern aus auf die etwas undeutlicheren Konturen der chinesischen Mauer. Weil das Naheliegende und Dringende so unbequem ist, flieht man in die Ferne.

Seien Sie beruhigt, die Bundesregierung hat eine Fernostpolitik. Sie wird sich allerdings von derjenigen des Jahres 1964 vielleicht etwas unterscheiden. Wir wissen, daß die asiatischen Dinge behutsam angefaßt werden müssen. Wir wissen auch, daß es heute nicht mehr darum geht, die bestehenden guten Handelsbeziehungen auf rein privater Basis jetzt Schritt für Schritt allmählich weiterzuentwickeln, sondern es geht jetzt um diplomatische Beziehungen. Das wissen wir. Sie mögen versichert sein: die Bundesregierung wird zum richtigen Zeitpunkt das Nötige tun.

Erlauben Sie mir, zum Schluß ein paar persönliche Bemerkungen zu machen. Eine Politik schwebt nicht im luftleeren oder geschichtslosen Raum. Sie ist das Produkt vieler Faktoren, und nicht zuletzt stehen hinter ihr Menschen mit unterschiedlicher Erfahrung, mit unterschiedlicher Vergangenheit. Damit wir uns nicht mißverstehen, ich will damit nicht etwa sagen, daß wir die Ambition hätten, in der Politik nach dem Schlagwort vorzugehen: »Männer machen Geschichte.«

Nein, wir wollen lediglich jene Überzeugung vollziehen, die wir als Männer einer ganz bestimmten Generation aus dem Wahnsinn des Zweiten Weltkrieges herübergerettet haben, die Überzeugung nämlich, daß Grenzen, Gebietsansprüche, Gewalt und Krieg für uns ein für allemal ihren Sinn verloren haben. Wenn ich heute schon wieder Flugblätter in die Hand gedrückt bekomme, in denen ein größerer Lebensraum für Rumpfdeutschland, wie es heißt, gegenüber Polen verlangt wird, dann schaudert mich. Mich schaudert bei dem Gedanken, all die schreckliche Erfahrung könnte umsonst gewesen sein. Umsonst, weil die einen, die wissen, zu feige sein könnten, den Demagogen von Anfang an zu widerstehen, und weil die, die heute wieder an Lebensraum und derlei Dinge denken, von unserer Erfahrung nichts wissen.

Diese Verträge mögen und werden die Voraussetzung und die Grundlage für Entspannung, Zusammenarbeit und Frieden in Europa bilden. Aber ebenso bedeutend sind sie in ihrer Wirkung nach innen. Über 25 Jahre nach dem Krieg machen diese Verträge deutlich, was unserem Vaterland durch Verblendung und Verbrechen angetan wurde. Wir können diese Wirklichkeit nicht wegwischen. Sie werden aber auch deutlich machen, daß wir die Möglichkeit haben, aber auch die Verantwortung, von der Ausgangsposition eines freiheitlichen deutschen Staates aus die Lehren der Geschichte zu beherzigen. Wenn uns dies gelingt, so hat meine Generation, die man im Blick auf ihre vielen Toten im letzten Krieg die »geopferte« genannt hat, das Höchste erreicht, was sie erreichen konnte: den Frieden für sich und die Generation ihrer Kinder.

WILLY BRANDT

Deutsche Ostpolitik – fünfzehn Jahre danach

Ob ein Ereignis der Zeitgeschichte oder eine politische Entwicklung schon nach wenigen Jahren umfassend gewürdigt werden könne, ist eine viel diskutierte Frage. Niemand vermag darüber Auskunft zu geben, wie viele Jahre verflossen sein müssen, um einen politischen Vorgang in der rechten Weise in die Geschichte einordnen zu können.

Seit dem Beginn der sozial-liberalen Koalition im Jahre 1969 sind jetzt fast fünfzehn Jahre vergangen. Die von ihr angestrebte Öffnung gegenüber den Staaten des Warschauer Paktes durch das Mittel von Gewaltverzichtsverträgen hat diese Beziehungen auf Grundlagen gestellt, die auch heute noch wirksam sind. Dabei ist ja in diesen fünfzehn Jahren auf der internationalen Ebene allerhand geschehen, was für die Erwartungen, die mit dieser Politik verknüpft sind, nicht gerade günstig war. Ich denke da an das schreckliche Wettrüsten, dem das neu gewachsene Mißtrauen zwischen den Supermächten zugrunde liegt, an das zunehmende Übergreifen des Ost-West-Konflikts auf weite Bereiche der Dritten Welt, im einzelnen auch an den Einmarsch sowjetischer Truppen in Afghanistan, an die tragische und vielfach mißverstandene Entwicklung in Polen. Auch die Weigerung der Amerikaner im Herbst 1978, zusammen mit der Sowjetunion eine Friedenskonferenz für den Nahen Osten abzuhalten, hat das gegenseitige Mißtrauen erhöht.

Diese negative und dem Geist der deutschen Vertragspolitik mit dem Osten zuwiderlaufende Reihe von spannungschaffenden Ereignissen fand ihren Höhepunkt in der Aufstellung neuer Nuklear-Raketen in beiden Teilen Europas. Es ist sicherlich keine Übertreibung, wenn man im Vorrücken der beidseitigen nuklearen Positionen in Europa den schwersten Einschnitt und Rückschlag für die Bemühungen um Ausgleich, Entspannung und Zusammenarbeit zwischen West und Ost sieht.

Soweit die Vertragspolitik von 1970/72 derartige Veränderungen im Ost-West-Verhältnis einigermaßen unbeschadet übersteht, verrät sie Merkmale von innerer Solidität. Ja, man könnte sagen, daß jene »Ostpolitik« der sozial-liberalen Koalition Anfang der siebziger Jahre gerade im Nachhinein die Bestätigung ihrer Richtigkeit erfahren hat. Dafür spricht auch die Resolution des Deutschen Bundestages vom 15. Februar 1984, in der die Fraktionen der neuen Regierungskoalition und die Sozialdemokraten sich gemeinsam zu den Grundsätzen jener Politik bekannt haben. Wer sich, nicht zuletzt anhand der damaligen Bundestagsdrucksachen, an die bitteren Auseinandersetzungen über die Ostverträge erinnert, wird zunächst von dieser Wende zum Vernunftbetonten überrascht sein. Aber sie ist nicht so überraschend, wie das scheint.

Die Philosophie der Ost-West-Vertragspolitik entspricht den historischen Notwendigkeiten unserer Zeit. Sie trägt der zunehmenden Polarisierung der Welt infolge der Rivalität der beiden Supermächte Rechnung und sucht ihr entgegenzuwirken. Das ist es, was sie über alle Meinungsverschiedenheiten im Detail hinweg relativ tragfähig und haltbar gemacht hat. Die stets gefährlicher und unsicherer werdende Welt, die von den Grundsätzen, die uns bei der Ostpolitik geleitet haben, nichts wissen will, liefert uns das Kontrastprogramm zu unseren Bemühungen um Entspannung und Zusammenarbeit. Wir können den Wert der Vertragspolitik von 1970/72 heute besser einschätzen als damals.

Hauptsächlich zwei Grundgedanken haben bei den Vertragsverhandlungen Pate gestanden: der Gewaltverzicht und die Konstruktion des Modus vivendi.

Gewiß, der Gewaltverzicht ist auch in der Charta der Vereinten Nationen enthalten. Man könnte also fragen – und das ist damals auch geschehen –, warum denn noch zusätzlich ein spezieller Gewaltverzichtsvertrag notwendig erscheine. Die Antwort liegt darin, daß die Charta der Vereinten Nationen allgemeine Grundsätze des internationalen Zusammenlebens enthält. In den Ostverträgen aber ist dieser Gewaltverzicht im Hinblick auf die spezielle Frage der zwar bestehenden, aber noch nicht durch einen Friedensvertrag festgelegten Grenzen ausgesprochen worden. Zwanzig Jahre nach dem Entstehen der Bundesrepublik Deutschland war eine solche Friedenskonferenz nicht in Sicht. Damit brachte die sogenannte Nichtanerkennungspolitik gegenüber der DDR mehr Nachteile als Vorteile; sie war im Begriff, eine einseitige Belastung zu werden. Ähnliches galt für das Verhältnis zu Polen, was die Grenzen anging, und zur Tschechoslowakei, was die Gültigkeit des Münchener Abkommens anging. Selbst mit der Sowjetunion gab es eine Grenzfrage.

Wollte man also mit diesen Staaten zu einem Neubeginn in den Beziehungen kommen, so mußte darüber Klarheit geschaffen werden, daß die Bundesrepublik Deutschland, was sie betraf, die im Gefolge des Zweiten Weltkrieges entstandenen Grenzen nicht gewaltsam antasten und nicht in Frage stellen werde, ohne jedoch einer Entscheidung durch eine mögliche Friedenskonferenz vorzugreifen. Dies ist mit den Verträgen gelungen.

Die in dieser Vertragskonstruktion enthaltenen Elemente – Gewaltverzicht und Modus vivendi – könnten auch heute in so vielen Konflikten den Weg zu einer Lösung weisen. Aber das hängt eben vom jeweiligen politischen Willen der Beteiligten ab.

So wichtig die Grundsätze sind, auf denen die Vertragswerke ruhen, für das tägliche Leben sind die praktischen Folgen noch wichtiger. Mit der DDR sind, wenn auch zäh und von Rückschlägen begleitet, innerdeutsche Beziehungen entstanden, die, wenn nicht alle Zeichen trügen, auf beiden Seiten das Bewußtsein von der Gemeinsamkeit in vielen Fragen wachsen lassen, auch wenn sich im ideologischen Unterschied der beiden Systeme nichts ändert. Die Deutschen in West und Ost sind sich über das Trennende hinweg nähergekommen, und zwar nicht nur, was den Wirtschaftsaustausch und die menschlichen Beziehungen angeht, sondern sogar hinsichtlich des Interesses, den sich aus der Konfrontation der Supermächte ergebenden Schaden zu begrenzen. Verantwortungsgemeinschaft ist ein Element von Sicherheitspartnerschaft.

Ein Tor ist zudem, der nicht sieht, was die Vertragspolitik für Berlin (West) gebracht hat. Während nach 1945 Berlin immer wieder als erstes die Ost-West-Krisen zu spüren bekommen hat, hat das Viermächte-Abkommen die Stadt aus den krisenhaften Entwicklungen

herausgenommen. Berlin kann sich seitdem in Ruhe und Stetigkeit seinen an sich schon nicht leichten Aufgaben zuwenden.
Ein Element des Vertragswerkes ist zunächst von manchen Zeitgenossen ziemlich gering geschätzt worden. Sie haben in dem Brief zur deutschen Einheit eine Art Alibi sehen wollen, durch das der konkrete Gewaltverzicht mit positiven Aspekten ins Gleichgewicht gebracht werden sollte. Gerade dies war nicht der Fall. Der Brief zur deutschen Einheit, dessen Wortlaut mit der sowjetischen Seite eingehend erörtert worden war, stellte in erster Linie ein Stück Glaubwürdigkeit der deutschen Außenpolitik dar. Die Sowjetunion sollte wissen, daß die deutsche Seite zwar darauf verzichtete, die Grenzen anzutasten, sie sollte aber auch wissen, daß die Deutschen nicht darauf verzichten könnten, durch einen Zustand des Friedens in Europa in freier Selbstbestimmung ihre Einheit wieder zu erlangen. Der »hinterlegte« deutsche Wunsch gehört zu den Voraussetzungen für ein ehrliches Zusammenwirken mit der Sowjetunion. Es handelt sich um einen noblen Text, der in wenigen Worten die Quintessenz unserer Deutschlandpolitik enthielt. Die Tatsache, daß er heute von allen Seiten in der Bundesrepublik so gerne zitiert wird, spricht dafür.
Ein Zustand des Friedens in Europa, das ist eine europäische Friedensordnung. Ohne damals schon die volle Tragweite des Begriffs »Friedensordnung« ganz absehen zu können, haben die Vertragsautoren ein Stichwort geliefert, das für die Behandlung der jetzigen und zukünftigen Fragen zwischen Ost und West neue Wege eröffnet. Es hat gar nicht erst der Stationierung von sowjetischen und amerikanischen Mittelstreckenraketen bedurft, um den Deutschen in Ost und West, aber auch anderen Europäern, klarzumachen, wie sehr sie, solange sie isoliert vorgehen, zum strategischen Instrument oder zum Spielball der Weltmächte werden. Nur wenn sich die Europäer in Ost und West ihres gemeinsamen Schicksals angesichts der tödlichen Bedrohungen bewußt werden, besteht Hoffnung, daß der Zusammenprall der Weltmächte vermieden werden kann. Dieses Bewußtsein zu schaffen, ist die Aufgabe einer europäischen Friedensordnung. Sie kann direkt aus dem Denken abgeleitet werden, das die Verträge von 1972 erfüllte.
Der beste Gedanke vermag in der internationalen Politik wenig auszurichten, wenn die Konstellation der Interessen nicht günstig ist.

Insofern war der Zeitpunkt der deutschen Initiative gut gewählt. Die Kuba-Krise von 1962 hatte der Welt gezeigt, wie leicht und wie schnell sie an den nuklearen Abgrund gelangen kann. Die Vorstellungen des Präsidenten Charles de Gaulle haben ebenfalls zur Besinnung beigetragen. Aber auch in den Vereinigten Staaten waren die Zeichen für eine Politik der Entspannung günstig. Nach Kennedys neuem Ansatz, der nicht zur Entfaltung kam, hat Präsident Lyndon Johnson 1966 von der Notwendigkeit gesprochen, mit der Sowjetunion in ein Verhältnis von Entspannung und Zusammenarbeit zu kommen. Dabei dürften, meinte er, die ungelösten Probleme in Europa kein Hindernis sein.

Die hinterher entstandene Diskussion, wer wohl der erste war, der in diesem Sinne für Abbau von Spannungen eintrat, oder ob man der sich in den internationalen Kontext einfügenden deutschen Ostpolitik lieber mit Mißtrauen begegnen sollte, hat an der Tatsache nichts ändern können, daß die Bundesrepublik Deutschland auch im Geleitzug des Westens loyal gehandelt hat.

Von der deutschen Innenpolitik her gesehen waren die Voraussetzungen für eine neue, für eine zugleich mutige Politik der sozial-liberalen Koalition nicht ungünstig, zumal noch in der Großen Koalition tastende Schritte in diese Richtung unternommen worden waren. Die geringe Mehrheit im Deutschen Bundestag, die noch durch einige Fraktionswechsler geschwächt worden war, mag damals manchem Beobachter als eine Gefährdung der angestrebten Ziele erschienen sein. Was in der Ratifizierungsdebatte wie ein Ritt über den Bodensee aussehen mochte, war im Grunde genommen der Erfolg einer von einer gemeinsamen Überzeugung getragenen Koalition. Sie war quantitativ gefährdet, aber sie hat qualitativ Erfolg gehabt. Die Friedenssehnsucht der Bürger der Bundesrepublik Deutschland war ein nicht zu unterschätzender Faktor der Unterstützung.

Die Zeit war reif für den Versuch, die Aussöhnung im Westen durch entsprechende Schritte dem Osten gegenüber zu ergänzen. Das galt vor allem für Länder wie Polen und die Tschechoslowakei, die unter dem Krieg, der nicht ihr Krieg war, besonders schwer gelitten hatten. Aber es galt eben auch für die östliche Großmacht mit ihren gewaltigen Opfern und ihrem unübersehbaren Gewicht für die Entscheidung über Krieg und Frieden. Die Deutschen hatten deutlich zum Ausdruck gebracht, daß sie über die böse Vergangenheit hinwegkommen wollten, auch was die Völker Osteuropas anging. Die Kirchen haben dabei durch klare und mutige Worte sehr geholfen.

Eine erfolgreiche Außenpolitik braucht zu ihrer Verwirklichung vor allem Menschen in den Gremien von Parlament und Regierung, die bereit sind, ein Risiko einzugehen und im Interesse ihres Zieles mit anderen loyal zusammenzuarbeiten: Das persönliche Verhältnis, das in der damaligen Zeit zwischen Bundeskanzler und Außenminister, der ja auch sein Stellvertreter war, bestand, mag dafür als Beweis und als Beispiel gelten. Von unterschiedlichen gesellschaftlichen Vorstellungen herkommend, waren sie sich in ihrem Willen einig, dem Bürger die Enttäuschung zu ersparen, die ihm eines Tages unweigerlich erwachsen mußte, wenn die Bundesrepublik sich auf unbestimmte Zeit unrealistischen Erwartungen hingeben sollte, von den Freunden nicht mehr verstanden und von den Gegnern zurückgewiesen. Walter Scheel hat die Koalition mit den Sozialdemokraten nicht als ein taktisches Mittel für permanente Koalitionsquerelen verstanden, sondern als einen demokratischen Weg, um gemeinsam erkannte Notwendigkeiten zu verwirklichen. Das war es, was ihn offensichtlich schon am Abend der Bundestagswahlen 1969 in seiner Entscheidung beeinflußt hat. Wir waren entschlossen, das als richtig Erkannte auch zu tun, selbst wenn es damals noch nicht populär war und obwohl die parlamentarische Mehrheit wackelte. Das nennt man »regieren« oder »führen«. Die damit gewonnene Autorität hat sich 1972 erwiesen.

Und schließlich muß in diesem Zusammenhang auch gesagt werden, daß das Auswärtige Amt in seiner damaligen personellen Besetzung als Instrument der Außenpolitik loyale und professionelle Arbeit geleistet hat. Die Außenpolitik eines Landes ist ein dauernder, nie beendeter Prozeß, eine Création continue, wie die Franzosen sagen. In den fünfzehn vergangenen Jahren hat die Welt, wie die verschiedensten Krisenherde und Kriege zeigen, die Lehren und Erfahrungen der Politik des Ausgleichs und der Vernunft nicht beherzigt. Nichts ist einfacher geworden in dieser Welt; dafür ist alles gefährlicher geworden. Vielleicht ist es da von Nutzen, sich einen Augenblick lang zu erinnern, was mit Begriffen wie Entspannung, Modus vivendi und Friedensordnung gemeint war.

Walter Scheel hat in seinem Leben eine eindrucksvolle Karriere gemacht. Vom Stadtverordneten als Sachwalter der Gemeindehoheit über viele Stationen der demokratischen Institutionen in der Bundesrepublik und Europa bis in das Amt des höchsten Magistraten der Republik. Mit der Geschichte wird er jedoch am stärksten verbunden sein durch jene kurzen Jahre von 1970 bis 1974, in denen er die Politik der Aussöhnung und Zusammenarbeit mit den osteuropäischen Ländern als Außenminister der Bundesrepublik Deutschland maßgebend mitverantwortet hat.

Walter Scheel

Zum Mißtrauensvotum der CDU/CSU-Fraktion

Jeder einzelne Abgeordnete muß heute eine Entscheidung von großer politischer Tragweite fällen. Es geht um den Versuch, eine Veränderung politischer Mehrheitsverhältnisse ohne Wählerentscheid herbeizuführen. Das trifft unabhängig von der formalen Legitimität den Nerv dieser Demokratie. Wenn es zur Regel werden sollte, daß Mehrheitsverhältnisse in den Parlamenten durch Parteienwechsel, also ohne Wählervotum, verändert werden, dann stirbt die Glaubwürdigkeit der parlamentarischen Demokratie.

Wir achten die freie Gewissensentscheidung jedes Abgeordneten. Höchster Maßstab der Gewissensprüfung müssen aber die Achtung vor dem Votum der Wähler, die Funktionsfähigkeit des demokratischen Systems und das Ansehen der politischen Parteien sein. Wer hat denn jemals einen Volksvertreter daran gehindert, seinem Gewissen zu folgen und sein Mandat in die Hände der Wähler seiner Partei zurückzulegen? Hüten wir uns davor, große Worte zu strapazieren, wenn es um ganz handfeste Dinge geht. Die Sicherung der persönlichen politischen Zukunft ist keine Gewissensfrage. Man sollte die Wähler in einer solchen Situation nicht verhöhnen und mit unser aller Ruf als Volksvertreter nicht Schindluder treiben; das wäre gewissenlos.

Sie wollen an die Regierung, ohne eine Bundestagswahl gewonnen zu haben. Wenn Ihnen die Wähler dieses Landes eine Mehrheit verschaffen, dann könnten wir darüber zwar nicht froh sein, würden uns aber selbstverständlich vor dem Urteil der Wähler verneigen und Ihnen noch die Siegespalme reichen. Doch das, was hier gespielt werden

---

Rede vor dem Deutschen Bundestag am 27. April 1972

soll, ist ein schäbiges Spiel. Sie hoffen auf Mitglieder dieses Hauses, deren Nervenkraft und Charakterstärke nicht ausreichen, in einer schweren Stunde zu ihrer Partei zu stehen oder ihr Mandat zurückzugeben. Wer Regierungsmacht auf dieser moralischen Grundlage aufbauen will, der baut auf Sand. Ein Bundeskanzler, der auf diese Weise ins Amt kommt, wäre nur eine Stunde lang glücklich.

Diese Regierung soll kurz vor dem Ziel gestürzt werden. In der Außenpolitik sind wir wenige Meter vor der Marke, hinter der die Gefahr der außenpolitischen Isolierung gebannt ist und eine gesicherte Entspannung der Lage in Mitteleuropa beginnt. Die Lage der Wirtschaft entwickelt sich allen Unkenrufen zum Trotz besser als erwartet. In diesem Land herrschen, von wenigen Ausnahmen abgesehen und im Gegensatz zu der Zeit der Regierung Kiesinger und zur Lage in einigen Nachbarländern, Ruhe und Frieden. Notwendige Reformgesetze, die jahrelang auf die lange Bank geschoben worden waren, wurden verabschiedet oder auf den parlamentarischen Weg gebracht. Sie fürchten unter diesen Umständen die Wahlen von 1973; darum wollen Sie ihnen zuvorkommen.

Wir Freien Demokraten haben es in den letzten Jahren nicht leicht gehabt. Was auf uns als kleinste der Bundesparteien eingestürmt ist, hat die Grenzen der Belastbarkeit oft erreicht. Diese kleine liberale Partei sollte immer wieder zerschlagen, gespalten, hinauskatapultiert werden. Der Kapitaleinsatz allein gegen die F.D.P. jetzt bei der baden-württembergischen Landtagswahl betrug mehr als das Zehnfache der Mittel, die uns zur Verfügung standen. Um die Liberalen in ihrem Stammland politisch zu ermorden, handelte man nach dem verhängnisvollen Satz: der Zweck heiligt die Mittel.

Die beabsichtigte Leichenfledderei am politischen Liberalismus – natürlich christlich motiviert – konnte dann doch nicht stattfinden, weil die Liberalen nicht nur höchst lebendig, sondern unerwartet vital aus der Schlacht hervorgingen. Uns haben in diesen schweren Wochen so manche im Stich gelassen, die sich übrigens wundern würden, wenn wir sie, ihre Anliegen und Interessen auch einmal im Stich lassen würden. Aber sehr viele haben uns geholfen, freiwillig, uneigennützig, haben ihren guten Namen für uns verpfändet. Ihnen sind wir verpflichtet.

Wir Liberalen leben bewußt mit dem Risiko. Wir sind so viele Krisen und Rückschläge gewohnt, daß wir die Existenzangst überwunden haben. Wir haben 1969 das getan, was für unser Volk richtig und notwendig war, obwohl wir wußten, daß wir damit in die schwerste Belastungsprobe unsere Parteigeschichte gehen würden. Ich hätte heute nicht den Mut, vor unsere vielen Mitglieder, die draußen im Lande Zeit, Kraft, Nerven, Geld und oft ihre gesellschaftliche Stellung für diese Partei eingesetzt haben, vor unsere Helfer und Wähler zu treten, wenn wir das politisch Falsche getan hätten, nur um auf jeden Fall unsere Haut zu retten.

Diese kleine und mutige, gescholtene und geschlagene, häufig für tot erklärte und immer wieder aufgestandene Freie Demokratische Partei hat mehr für das Wohl dieser Republik bewirkt, als ihrer zahlenmäßigen Stärke zuzutrauen war. Ich leugne nicht, daß wir mit Ihnen von der CDU/CSU zusammen bedeutende Erfolge für die Bundesrepublik errungen haben, auch wenn Sie uns als Dank für die gemeinsame Arbeit schon 1956 mit dem Grabenwahlrecht existentiell vernichten wollten.

Ich stehe zu unserem Entschluß, 1949 gegen Ihr, der CDU, Ahlener Programm die Marktwirtschaft durchgepaukt und als ersten Schritt der außenpolitischen Handlungsfähigkeit die Westverträge abgeschlossen zu haben. Beides wäre ohne die F.D.P. nicht möglich gewesen. Doch geben wir auch das zu: das Kabinett Erhard war am Ende nicht mehr handlungsfähig, das Kabinett Kiesinger mit seiner großen Mehrheit so bewegungsarm, daß es die Kernprobleme unserer nationalen Existenz und unserer gesellschaftlichen Zukunft nicht einmal anpacken konnte.

Der Regierungswechsel war nach zwei Jahrzehnten überfällig. Hätten wir ihn nicht bewirkt, so hätten wir im demokratischen Sinne in entscheidender Stunde versagt. Wie sah es denn 1969 in diesem Lande aus, außenpolitisch, währungspolitisch, wirtschaftspolitisch, auf unseren Straßen und Plätzen? Diese Regierung hat keine Wunder bewirkt. Sie hat dieses Land aber vor einer gefährlichen außenpolitischen Isolierung bewahrt, sie hat die ihr überlassene überhitzte Konjunktur ohne Umschlag in eine Rezession gezähmt, zahlreiche Reformwerke durchgebracht oder auf den parlamentarischen Weg gegeben und dieses Land befriedet. Das alles wollen Sie aufs Spiel setzen, nur weil Sie es nicht vier Jahre lang auf den Bänken der

Opposition aushalten können, um den Wähler dann in Ruhe das Urteil sprechen zu lassen?
Ich sage ganz offen: Vielleicht haben wir hier und dort zu viele Erwartungen geweckt. Wir haben in zweieinhalb Jahren aber auch viel geleistet. Wir können uns neben jeder Regierung sehen lassen. Wir haben uns bis an die Grenze unserer Kräfte für dieses Volk eingesetzt. Da haben wir ein ganz gutes Gewissen.
Diese Regierung hat ihre Spur tief in die Nachkriegsgeschichte unseres Volkes eingekerbt, komme, was da wolle. Diese Regierung hat sich geschichtlich allein schon dadurch gerechtfertigt, daß sie mit ihrer knappen Mehrheit das geschaffen hat, was andere mit ihren großen Mehrheiten nicht erreichen wollten oder konnten: unser Volk über seine Tabuschwellen hinwegzuführen, es von Illusionen wegzubringen, ihm auch harte Wahrheiten über seine Lage zu sagen und auf diese Weise die ihm nach zwei verlorenen Weltkriegen verbliebene nationale Restsubstanz dauerhaft zu sichern.
Wir haben den Schutt weggeräumt, und wir haben uns die Finger dabei blutig gemacht. Sie haben uns bei unserer politischen Knochenarbeit nicht geholfen. Sie haben uns verspottet und verteufelt, aber nun wollen Sie die Früchte unserer Mühe genießen. Selbst wenn Ihnen das gelingen sollte, könnte das den Stolz auf unsere unter schwierigsten Umständen erbrachte politische Leistung nicht mindern. Ich will nicht mehr als an die schwere Verantwortung jedes einzelnen Abgeordneten appellieren. Lassen Sie diesem Volk noch ein Jahr lang seinen inneren Frieden, stellen wir uns dann gemeinsam dem Urteil der Wähler! Machen Sie unser Land und sich selber nicht unglücklich, indem Sie zur falschen Zeit mit den falschen Methoden eine Regierung etablieren wollen, deren Fundament sich auf politische Überläufer stützen müßte und deren Geburtsstunde vom Makel des Wortbruchs gekennzeichnet wäre! Eine Regierung gegen Treu und Glauben hat unser Volk nicht verdient. Das haben auch Sie nicht verdient, Herr Dr. Barzel.
Unsere Regierung mag ihre Schwächen haben. Ein unter solchen Umständen geborenes Kabinett wäre das schwächste aller Zeiten. Sie sind wieder einmal zu früh gestartet, Herr Kollege Barzel. Das kann nur ein Fehlschlag werden, so oder so. Wir sollten Sie und uns vor den Folgen bewahren.

Rainer Barzel

Vom parlamentarischen Kompromiß zur gemeinsamen Deutschlandpolitik

Die vorstehende Rede, die Walter Scheel am 27. April 1972 vor dem Deutschen Bundestag gehalten hat, erinnert an die heftigen parlamentarischen Auseinandersetzungen jener Tage um die Ostpolitik der Regierung Brandt/Scheel und den von der CDU/CSU beabsichtigten Regierungswechsel. Das parlamentarische Ringen zwischen Regierung und Opposition fand am 27. April seine dramatische Zuspitzung, als die Fraktion der CDU/CSU einen sorgfältig geplanten und lange überlegten Versuch unternahm, mit Hilfe des in Artikel 67 des Grundgesetzes vorgesehenen Verfahrens eines konstruktiven Mißtrauensvotums die bisherige Regierung durch die Wahl eines eigenen Bundeskanzlers abzulösen und damit selbst die Regierung zu übernehmen. Dieser Versuch ist bekanntlich an zwei fehlenden Stimmen gescheitert.

Die Rede, die damals Walter Scheel hielt, ein leidenschaftliches Plädoyer für den Fortbestand der Regierung, hob besonders die Leistungen und Ziele der F.D.P. als des kleineren Koalitionspartners hervor, appellierte an die Gewissen und hinterließ einen starken Eindruck.

Damals mochte manchem der Graben tief, kaum überbrückbar erschienen sein. Erst in der weiteren Perspektive, im Blick auf das Spätere, tritt das Gemeinsame, treten die Berührungspunkte deutlicher in Erscheinung. Dies gilt sowohl für die Frage eines möglichen Regierungswechsels im Laufe einer Legislaturperiode als auch für die Bedingungen und Ziele der Ostpolitik.

Der Appell an das Gewissen, verbunden mit der Empfehlung an die, welche von der Mehrheitsmeinung der Partei abweichen, ihr Mandat an die Wähler – das heißt an die Partei – zurückzugeben, berührt eine Kernfrage des parlamentarischen Systems, die immer wieder neu durchdacht werden muß. Wieweit sollen Abgeordnete in ihren Entscheidungen frei sein, wieweit sind sie ihren Wählern und ihrer Partei oder Fraktion gegenüber verpflichtet?

Die heute – wie zur Entstehungszeit des parlamentarischen Systems – gültige, »klassische« Antwort gibt der Artikel 38 des Grundgesetzes, der besagt, daß die Abgeordneten Vertreter des ganzen Volkes sind, an Aufträge und Weisungen nicht gebunden und nur ihrem Gewissen unterworfen.

Diese Antwort entspricht den Grundsätzen, die Edmund Burke vor mehr als 200 Jahren in seiner berühmten Rede an die Wähler von Bristol verkündet hat: »Eine Meinung zu äußern, ist das Recht aller Menschen. Die Meinung der Wähler ist eine gewichtige und respektvolle Meinung, die zu hören ein Repräsentant sich immer bemühen sollte und die er auch stets mit äußerster Ernsthaftigkeit zu bedenken haben wird. Aber autoritative Instruktionen, Mandatserteilungen, an die ein Parlamentsmitglied blindlings gebunden ist und denen er strikt zu gehorchen hat, denen er auch dann bei seinen Abstimmungen und Argumentationen zu folgen hat, wenn sie im Gegensatz zu den festen Überzeugungen seines Urteils und Gewissens stehen – dies sind Dinge, die dem Recht dieses Landes völlig unbekannt sind und die einem fundamentalen Mißverständnis der gesamten Ordnung und des Tenors unserer Verfassung entspringen.

Ein Parlament ist kein Kongreß von Gesandten verschiedener und miteinander verfeindeter Gruppen, deren unterschiedliche Interessen jeder als deren Agent und Anwalt gegenüber anderen Agenten und Anwälten zu verteidigen hat. Ein Parlament ist vielmehr die beratend-abwägende Versammlung einer Nation, mit einem Interesse, dem des Ganzen.«

Gewiß ist nicht zu übersehen, daß heute die Abgeordneten in ganz anderer Weise als zur Zeit Burkes an Parteien gebunden sind, auf deren Mitwirkung an der politischen Willensbildung nicht verzichtet werden kann. Zugleich darf nicht verkannt werden, daß schon für Burke die Zugehörigkeit zu einer Parteigruppierung im Parlament bei der Stimmabgabe und Wählerwerbung eine Rolle spielte. Zweifellos gäbe es aber heute ohne die Loyalität des Abgeordneten gegenüber seiner Partei, mit anderen Worten: ohne Parteidisziplin keine verläßliche Mehrheit, keine zuverlässige Politik, an der sich auch die

Wählerschaft orientieren kann. Doch soll man deshalb verlangen – und womöglich zwingend vorschreiben –, daß Abgeordnete, die aus ihrer Fraktion freiwillig oder gezwungenermaßen ausscheiden, ihr »Mandat« an die Wähler, an die Partei zurückgeben müssen?
Die Enquete-Kommission Verfassungsreform des Deutschen Bundestages hat die verschiedenen Vorschläge für eine solche Vorschrift auf ihre Konsequenzen untersucht und kommt in ihrem Schlußbericht vom 2. Dezember 1976 zu dem eindeutigen Ergebnis, daß jede Sanktion eines Partei- oder Fraktionswechsels durch Mandatsverlust geeignet sei, den Abgeordneten bei seiner nach Artikel 38 des Grundgesetzes nur seinem Gewissen unterworfenen Willensbildung unter Druck zu setzen und seinen repräsentativen Status zu beeinträchtigen. Dies aber will Artikel 38 des Grundgesetzes gerade verhindern. Die durch diese Vorschrift garantierte Freiheit von Weisungen und Druck umfasse nicht nur die Freiheit der Rede und der Abstimmung, sondern auch die Freiheit, sich einer Fraktion anzuschließen oder aus ihr auszutreten.
Die Erhaltung der Entscheidungsfreiheit der Abgeordneten aber ist für ein parlamentarisches System unverzichtbar. Denn es gehört zum Wesen des Parlamentariums', daß die Entscheidungen aus gemeinsamen Beratungen hervorgehen. Beratungen aber haben den Sinn, zu Vorschlägen, Lösungen, Entscheidungen zu kommen, denen eine parlamentarische Mehrheit zustimmt. Kein Abgeordneter kann – wie es Eugen Gerstenmaier einmal gesagt hat – irgend etwas von Belang ausrichten, wenn es ihm nicht gelingt, andere Köpfe für das zu gewinnen, was er für politisch notwendig oder geboten hält. »Das heißt, der Kompromiß und die Bereitschaft zum Kompromiß ist das A und O des freiheitlichen Parlamentarismus.«
Diese Feststellung gilt ebenso auch für den Fall der Regierungsbildung in einer parlamentarischen Demokratie. Das Wählervotum ist gerade in dieser Beziehung keineswegs immer eindeutig. Dafür gibt es in unserem Lande, denkt man an die Bundesländer, wie überall, wo freiheitliche parlamentarische Demokratien bestehen, zahllose Beispiele. Regierungsbildungen, Koalitionsgespräche können oder müssen oft erst nach den Wahlen geführt werden. Sie verlangen Offenheit, oft nach der einen wie nach der anderen Seite, Kompromißfähigkeit, Entscheidungsfreiheit der Abgeordneten. Die Wähler können

keine Koalitionsverhandlungen führen. Mit anderen Worten: Die Parlamente haben gerade in dieser Beziehung eine Führungsaufgabe. Ihre Entscheidungen müssen auf die Dauer überzeugen. Das trifft auch auf die Bildung von Mehrheiten zu. Gewiß bedarf es irgendwann danach auch einer Bestätigung von Koalitionen durch die Wählerschaft. Aber ehe die Wähler ihr Votum abgeben können, muß zuerst einmal das Parlament seine Aufgabe der Mehrheits- und Regierungsbildung, also seine Führungsaufgabe bewältigt haben.

Ein Beispiel für die von den Abgeordneten geforderte Kompromißfähigkeit lieferten die Tage und Wochen, die unmittelbar auf das gescheiterte Mißtrauensvotum folgten. (Was schon zuvor, während der Verhandlungen der Ostverträge und im Zusammenhang mit der Ratifikation an Zusammenwirken möglich war, wird später abzuhandeln sein.) Wie sich bei den folgenden Abstimmungen herausstellte, war es fraglich geworden, daß die abgeschlossenen Ostverträge im Parlament eine Mehrheit finden würden. So galt es, die bisher festgefügten Fronten aufzulösen, um durch einen Kompromiß die Zustimmung einer Mehrheit zu erlangen. Diese ergab sich mit der gemeinsamen Entschließung des Deutschen Bundestages über die Grundlagen und Ziele der Außen- und Deutschlandpolitik der Bundesrepublik Deutschland vom 17. Mai 1972. Sie kam nach tagelangen, intensiven Spitzengesprächen zwischen Koalition und Opposition zustande. Im Rückblick zeigt sich, daß es ein fruchtbarer und weiterführender Kompromiß war, der sowohl die Ratifizierung der Verträge erlaubte, als auch die Möglichkeit zu einer gemeinsamen Ostpolitik eröffnete. An seinem Gelingen und an seiner Durchsetzung hatte Walter Scheel wesentlichen Anteil.

Diese gemeinsame Entschließung stellte klar, daß die bestehenden Bindungen, Verpflichtungen und politischen Ziele der Bundesrepublik Deutschland nicht durch diese Verträge berührt werden. Von besonderer Bedeutung für die Zukunft war ihr Punkt 3, in dem es heißt, daß das unveräußerliche Recht auf Selbstbestimmung durch die Verträge nicht berührt wird und daß die Politik der Bundesrepublik Deutschland, die eine friedliche Wiederherstellung der nationalen Einheit im europäischen Rahmen anstrebt, nicht im Widerspruch zu den Verträgen steht. Die Verträge würden die Lösung der deutschen Frage nicht präjudizieren. Zusätzlich wird klargestellt, daß die Bundesrepublik Deutschland mit der Forderung auf Verwirklichung des Selbstbestimmungsrechts keinen Gebiets- und Grenzänderungsanspruch erhebt. Schließlich wird auch das Ziel einer Normalisierung des Verhältnisses zwischen der Bundesrepublik Deutschland und der DDR entsprechend den Prinzipien der Entspannung und der guten Nachbarschaft unterstrichen.

Dieser Text ist – wie der Brief zur deutschen Einheit – ein völkerrechtlich relevantes Dokument der Bundesrepublik Deutschland.

Das »Offenhalten der deutschen Frage«, das Festhalten an dem Ziel der Selbstbestimmung und der Wiederherstellung der nationalen Einheit fand damals keineswegs überall Zustimmung. In den Augen vieler war die »Anerkennung der Realitäten«, wozu auch die Anerkennung der Existenz zweier Staaten in Deutschland gehörte, ein Schlußstrich unter die ganze bisherige Deutschlandpolitik, die davon ausging, daß die Teilung Deutschlands nicht endgültig sein könne. Den Begriff »Wiedervereinigung« zu gebrauchen bedeutete schon, als illusionär abgestempelt zu werden. Nicht wenige waren auch der Meinung, daß der Kompromiß zum Scheitern verurteilt wäre, weil die beiden genannten Ziele – friedliche Wiederherstellung der nationalen Einheit im europäischen Rahmen und Normalisierung des Verhältnisses zwischen der Bundesrepublik Deutschland und der DDR – sich gegenseitig ausschlössen.

Heute, zwölf Jahre danach, denkt man darüber unverkrampft. Aus dem Kompromiß von damals ist eine Gemeinsamkeit in bezug auf die Deutschlandpolitik erwachsen. Man spricht heute über die Erhaltung der nationalen Einheit auch unbefangener als damals. Wenn sich heute der Staatsratsvorsitzende der DDR, Erich Honecker, in einem Brief an Bundeskanzler Helmut Kohl auf das deutsche Volk beruft, so ist dies zweifellos ein Fortschritt und eine Einladung, die keiner mehr wegwischen kann, selbst wenn er es will. Wer an das ganze Deutschland denkt und sich den Menschen drüben wie dem Vaterland verpflichtet weiß, wird versuchen, geduldig und schrittweise, Schlechtes zum Besseren zu verändern, und der wird alles versuchen, um Schritte dieser Zusammenarbeit mit der Verbesserung der Lage der Menschen in der Perspektive des ganzen Deutschland zu verbinden.

Beharrlichkeit zahlt sich aus. Unser Nachbarland Polen ist in seiner Geschichte wiederholt von seinen mächtigen Nachbarn geteilt wor-

den. Es war zeitweilig völlig von der Landkarte verschwunden. »Warum sollte der Wunsch des deutschen Volkes nach Einheit von der Geschichte unbeachtet bleiben? ... Die Menschen in der Bundesrepublik Deutschland und in der DDR empfinden sich als deutsche Nation... Ich glaube, es genügt vollauf, wenn wir uns auf unsere Zusammengehörigkeit als deutsches Volk berufen und auf unserem Selbstbestimmungsrecht bestehen... Wir werden erst dann die Fesseln der Vergangenheit ganz abgestreift haben, wenn wir nicht mehr zu betonen brauchen, daß unser Streben nach der Einheit Deutschlands nichts anderes ist als unser Streben nach Frieden, Recht und Freiheit.« So hat es Walter Scheel einmal in einer Rede formuliert.
Ein Dokument dieser gewachsenen Gemeinsamkeit ist die am 9. Februar 1984 im Deutschen Bundestag verabschiedete gemeinsame Resolution der drei Fraktionen der CDU/CSU, SPD und F.D.P. Sie knüpft an die vor zwölf Jahren gemeinsam formulierten Grundsätze an, indem sie feststellt: »Unser Land ist geteilt, aber die deutsche Nation besteht fort. Aus eigener Kraft können wir Deutschen den Zustand der Teilung nicht ändern. Wir müssen ihn aber erträglicher und weniger gefährlich machen. Ändern wird es sich nur im Rahmen einer dauerhaften Friedensordnung in Europa. Es bleibt unsere Aufgabe, ›auf einen Zustand des Friedens in Europa hinzuwirken, in dem das deutsche Volk in freier Selbstbestimmung seine Einheit wiedererlangt‹.«
In dieser Resolution hat der Deutsche Bundestag das unserem Volk zustehende Recht auf friedliche Verwirklichung seines Selbstbestimmungsrechts bekräftigt und zugleich erneut seine Bereitschaft erklärt, die Beziehung zur DDR auf der Basis von Ausgewogenheit, Vertragstreue und Berechenbarkeit und mit dem Ziel praktischer, für die Menschen unmittelbar nützlicher Ergebnisse zu vertiefen und weiter zu entwickeln. Wörtlich heißt es: »Die innerdeutsche Vertragspolitik soll die Folgen der Teilung für die Menschen in Deutschland erträglicher machen und die Einheit der Nation wahren.«
Diese Deutschlandpolitik beruht auf dem vor zwölf Jahren gefundenen Kompromiß. Sie bleibt die gemeinsame Aufgabe einer sie tragenden parlamentarischen Mehrheit, die über die jeweilige Regierungsmehrheit hinausreicht.

Walter Scheel

Miteinander, nicht gegeneinander

Der Eid, den ich soeben abgelegt habe, ist mir ernste Verpflichtung. Mit Ehrfurcht vor der Aufgabe und mit Liebe zu unserem Land will ich das Amt des Bundespräsidenten der Bundesrepublik Deutschland ausfüllen.

Ihr freundliches Willkommen, Frau Präsident, zugleich im Namen meiner Kollegen – ich muß wohl sagen: meiner ehemaligen Kollegen – des Deutschen Bundestages, ermutigt mich.

Ich wäre nicht aufrichtig, wollte ich in dieser Stunde verschweigen, daß mir der Abschied aus diesem Hause schwerfällt. 21 Jahre lang hatte ich die Ehre, mitten unter Ihnen die Interessen meiner Wähler, die Interessen unseres Volkes zu vertreten. Hier habe ich mein politisches Rüstzeug erhalten. Der Bundespräsident der nächsten fünf Jahre ist ein Parlamentarier mit Leib und Seele.

Aber diese Jahrzehnte der Zusammenarbeit mit Ihnen haben auch viele menschliche Bindungen über die Parteigrenzen hinweg wachsen lassen.

Die verehrten Kollegen mögen mir verzeihen, wenn ich hier nur einen Namen nenne: ich meine den Mann, dessen Stellvertreter im Amt des Bundeskanzlers ich in den letzten viereinhalb Jahren gewesen bin, ich meine Willy Brandt.

Fünf Jahre Regierungszusammenarbeit mit der CDU/CSU. Viereinhalb Jahre in Koalition mit der SPD. Und nicht zu vergessen: fünfeinhalb Jahre Vorsitzender der F.D.P. Das wird die parteipolitische Neutralität des Bundespräsidenten zu dem werden lassen, was

---

Rede zum Amtsantritt und zur Eidesleistung vor dem Deutschen Bundestag am 1. Juli 1974

sie sein soll: eine Bindung, die nicht Ferne, sondern Nähe zu allen schafft.

Sie, verehrter Herr Heinemann, haben uns in den vergangenen fünf Jahren immer wieder aufgefordert, ein natürliches, entspanntes Verhältnis zum Staat und zu seinen Institutionen zu finden. Noch vor wenigen Tagen, am 25. Jahrestag des Grundgesetzes, haben Sie uns bleibende Wertungen und Mahnungen auf den Weg gegeben. Wir alle sind Ihnen dankbar dafür. Der Dank für Ihr Werk schließt die bedeutende Leistung Ihrer Gattin mit ein. Auf dem, was Sie, Herr Heinemann, und die ersten beiden Bundespräsidenten, Theodor Heuss und Heinrich Lübke, an ausgewogenem Staatsbewußtsein in diesem Land geschaffen und gefördert haben, kann ich weiter bauen.

Nichts charakterisiert die Entwicklung der letzten Jahre augenfälliger als das Verhalten der jungen Menschen diesem Staat gegenüber. Am Ende der sechziger Jahre demonstrierten viele – und nicht nur Studenten – gegen den Staat.

Heute gehen viele von ihnen auf die Straße, um den 25. Jahrestag des Grundgesetzes zu feiern. Wir alle brauchen diesen Staat.

Groß sind die Leistungen der letzten 25 Jahre; noch größer sind die Probleme, die vor uns liegen.

Eine neue Generation ist herangewachsen, sie geht in ihren Erwartungen von dem aus, was heute ihre Lebenswirklichkeit ist. Sie haben nicht in die Abgründe der deutschen Geschichte geschaut, und vielen sagen ihre Höhepunkte nichts.

Wir leben in einem Gemeinwesen, das selbst in vielerlei Hinsicht ein solcher Höhepunkt ist. Sozialer Ausgleich und sozialer Friede sind Wirklichkeit. Wissenschaft und Kunst können sich mit den Leistungen anderer Völker messen. Die großen Freiheiten der Meinungsäußerung, der politischen Betätigung, der individuellen Entfaltung sind unbestritten.

Die Einsicht in den Zusammenhang von Freiheit, innerem Frieden und wirtschaftlichem Wohlstand ist weit verbreitet. Millionen Deutsche kennen heute Lebenschancen, von denen ihre Eltern nur träumen konnten.

Und dennoch: Wenn wir uns bei uns und in der Welt umsehen, entdecken wir Probleme von neuen, nie gekannten Dimensionen.

Die technisch-wirtschaftliche Entwicklung hat uns an die Grenzen des Möglichen geführt und die Grenze des Vernünftigen an manchen Stellen bereits überschritten. Immer schwerwiegender wird die Gefährdung des Ganzen durch einseitige Expansion einzelner Zweige. Wirtschaftlicher Wohlstand kann in Raubbau umschlagen, der die Lebensgrundlage kommender Generationen gefährdet. Wir dürfen nicht mitschuldig werden an einer solchen Entwicklung.

Die weltwirtschaftliche Lage hat sich im letzten Jahr in erdbebenartigen Schockwellen nachhaltig verändert. Die abrupten Verschiebungen in den ohnedies gestörten Zahlungsbilanzen und die daraus resultierenden Gefahren für die internationale Handels- und Währungsordnung sind dabei nur die eine Seite der Medaille; die andere Seite ist die mit dieser globalen Umverteilung von Einkommen veränderte weltpolitische Konstellation. Wir sehen, daß es jetzt innerhalb der Entwicklungsländer eine neue Gruppe der plötzlich reichen Erdöl- und Rohstoffländer gibt. Und wir müssen erkennen, daß immer mehr Länder – reich geworden oder arm geblieben – einen grundlegenden Wandel der weltwirtschaftlichen und weltpolitischen Ordnung anstreben.

Weltwirtschaft und Weltpolitik bleiben nicht ohne Folge für Europa und für die Bundesrepublik in Europa. Einem Land, das der Leistung seiner Bürger, aber auch der Gunst mancher Umstände, eine vergleichsweise starke und widerstandsfähige Volkswirtschaft verdankt, kommt in der neuen Lage der Welt eine besondere Verantwortung zu. Wenn es uns bei den wirtschaftlichen Problemen von morgen mit all ihren weltweiten Abhängigkeiten nicht gelingt, die wirtschaftspolitische Diskussion über die Anwendung der geeigneten Mittel in diesem Lande zu versachlichen, werden wir die schweren Zeiten, denen wir entgegengehen, sicherlich nicht bewältigen. Im Zentrum der wirtschaftlichen und politischen Auseinandersetzungen in unserem Land steht der Ruf nach Stabilität.

Das ist gut und richtig so. Innerer Friede und sozialer Fortschritt können auf Dauer nur auf der Grundlage einer stabilen Währung gedeihen. Stabilität ist aber mehr als Preisstabilität. Eine Volkswirtschaft kann auch bei geringen Preissteigerungen unausgeglichen sein. Wir müssen die Ausgewogenheit aller wirtschaftlichen Daten im Auge behalten – nicht zuletzt unser Verhältnis zu unseren Partnern auf dem Weltmarkt. Maßgebend für die innere und äußere Stärke

eines Staates ist letztlich seine wirtschaftliche und politische Stabilität. Beide sind untrennbar miteinander verbunden.
Es gibt neue Aufgaben. Die Menschen suchen ein neues Gleichgewicht. Dabei blicken sie auf den Staat. Er soll das garantieren, was wir heute besitzen; er soll all das von uns fernhalten, was unser Wohlbefinden beeinträchtigen könnte.
Den Staat, der dies zu leisten vermöchte, gibt es nicht. Aber wir haben schon einmal, gleich nach dem Kriege, vor Bergen von Schwierigkeiten gestanden. Auch wenn die neuen Fragen in mancher Hinsicht anders sind, ist es nützlich, sich darauf zu besinnen, wie wir damals damit fertig geworden sind.
Den geistigen und moralischen Kräften, die unser Volk aus dem Chaos geführt haben, dürfen wir auch heute vertrauen.
Ich denke vor allem an zwei Dinge: Als der deutsche Arbeiter, statt am schwarzen Markt zu handeln, für wertloses Geld seinen Betrieb wiederaufgebaut hat, als der deutsche Unternehmer jede verdiente Mark in seinen Betrieb steckte und sich selbst mit einem bescheidenen Lebensstandard begnügte, sind sozialer Friede und soziale Partnerschaft bei uns begründet worden. Auch von daher rührt der moralische Anspruch der Arbeitnehmer auf ein Mitwirkungs- und Mitbestimmungsrecht. Ein Recht, wie es alle im Bundestag vertretenen Parteien in der einen oder anderen Form gesetzlich verankern wollen.
Diese aus der Erfahrung gewachsene Bereitschaft der Sozialpartner zur Zusammenarbeit ist unser wichtigstes Kapital, um die Zukunft zu meistern. Ich setze mein volles Vertrauen in die Vernunft der deutschen Arbeiter und Unternehmer und in die Bereitschaft aller Menschen unseres Landes, den neuen Problemen unserer Zeit mit derselben Solidarität zu begegnen, die uns geholfen hat, bei aller Gegensätzlichkeit Gemeinsames zu schaffen.
Es gibt aber noch eine zweite Kraft und Erfahrung. In der Bundesrepublik hat die parlamentarische Demokratie zum ersten Mal in der deutschen Geschichte die Probe bestanden. Ich glaube an die Weisheit und Wirksamkeit der freiheitlichen Institutionen und demokratischen Spielregeln. Man muß sie nur beachten. Durch sie werden wir auch in Zukunft den richtigen Weg finden. Das setzt allerdings voraus, daß wir in der Ordnung unserer sozialen und wirtschaftlichen Dinge den Grundsatz beherzigen, der zusammen mit der Solidarität der Men-

schen uns vorwärts gebracht hat: Wir wollen den einzelnen Menschen ermutigen, seine Möglichkeiten selbst zu suchen, zu entfalten und sie einzubringen in das Ganze des Gemeinwesens. Nur die persönliche Freiheit vermag die schöpferischen Kräfte freizusetzen, die wir in den vor uns liegenden Jahren so sehr benötigen. Es kommt auf den einzelnen an, auf seine Initiative, seine Mitwirkung, seine Entfaltung. Unsere demokratische Ordnung ist kein totes Organisationsprinzip mechanischer Kräfte. Sie regelt einen lebendigen Organismus, in dem Spannungen und Konflikte entstehen und ausgetragen werden. Der Grad der Menschlichkeit in solchen Auseinandersetzungen wird durch die Toleranz bestimmt, mit der wir dem anderen und dem anders Denkenden begegnen.

Die Kirchen haben sich beim Aufbau unserer Gesellschaft nach dem Kriege als wirkende Kraft bewährt. Sie haben durch ihr Verhältnis zueinander das Bewußtsein für den Wert der Toleranz gestärkt.

Einer solchen Ordnung der Toleranz, des Verständnisses und des Ausgleichs haben die Väter des Grundgesetzes den staatlichen Rahmen gegeben. Nur eine solche Ordnung ermöglicht Gerechtigkeit und auch Freiheit unter den Menschen. Denn Freiheit muß auch für den Schwachen gewährleistet sein. Wer eine freiheitliche Demokratie will, muß den Staat wollen, in dem sie sich allein verwirklicht.

Wir verstehen uns zu Recht als ein pluralistisches Staatswesen. Parteien, Gewerkschaften, Verbände, Organisationen und Gruppen bringen dem Staat gegenüber ihre Interessen zur Geltung. Das ist gut so. Darin darf sich der Pluralismus aber nicht erschöpfen. Die Würdigung der allgemeinen Zusammenhänge und die Suche nach übergeordneten Lösungen, die dem Gesamtinteresse dienen, müssen die Vertretung der Partikularinteressen bestimmen. Wer diesen Grundsatz mißachtet, richtet den freiheitlichen Staat mit seiner inneren Vielfalt zugrunde.

Verzichten wir also in der Wirtschaft wie in der Politik auf demagogische Bekundungen. Gehen wir mit Solidarität und in Freiheit an die Lösung der Probleme.

Aus dem allen ergibt sich für uns die große Lehre:

Miteinander, nicht gegeneinander!

Und: Der freie Wille des einzelnen ist entscheidend.

Also: Solidarität und Freiheit.

Ich vertraue auf die Einsicht der Verantwortlichen in diesem Lande. Was ich als Bundespräsident dazu beitragen kann, durch Gespräch und Begegnung mehr staatsbürgerliche Gemeinsamkeit wachsen zu lassen und die Entfaltung des einzelnen zu fördern, das soll geschehen. Es war immer die Verbindung von Bürgerfleiß und schöpferischer Leistung, die unser Land ausgezeichnet hat. Auch heute leistet die Bundesrepublik Deutschland einen stolzen Beitrag zur kulturellen Entwicklung Europas und der Welt. Die Vertreter der Wissenschaften und der Künste haben einen Anspruch auf Mitsprache. Lassen wir es nicht zu, daß manche deutsche Leistung im Ausland besser bekannt ist als bei uns.

Die Partnerschaft von Kapital und Arbeit und der Pluralismus im geistigen Leben sind zwei Säulen unserer ausgeglichenen Gesellschaft. Das Zusammenwirken von Bund und Ländern ist die dritte.

Kurzfristige Interessen sollen uns nicht den Blick verbauen für die historische Leistung des föderalistischen Gedankens in Deutschland. 1945 haben wir in den Gemeinden nicht gewartet und nicht warten können, bis eine Zentralregierung das Zeichen zum Wiederaufbau gab. Lebensmut und Lebensfähigkeit der kleineren Gebietseinheiten waren unzerstört. So haben wir uns da, wo wir standen, an die Arbeit gemacht. Das war angewandter Föderalismus und nur als Bundesstaat konnte unser Vaterland sich neu erheben.

Aber auch heute, da die angestammte und festgewurzelte Eigenständigkeit der lokalen menschlichen Gemeinschaften immer mehr von den ausgreifenden Organisationsformen und den globalen Interessen von Wirtschaft und Technik verdrängt wird, bleiben Gemeinde, Kreise und Länder unersetzliche Entscheidungszentren und Zwischenglieder, die das Gesetz erst lebendig machen. Der demokratische Wille zur Selbstbehauptung in alten, gewachsenen Ordnungen darf im Bestreben nach durchaus erwünschter Rationalisierung nicht durch unnötige Übertreibungen untergraben werden.

Ich bekenne mich zum ausgewogenen Föderalismus. Er läßt sich nicht für eigensüchtige Zwecke mißbrauchen. Eigenständiges und aktives Glied zu sein für das große Ganze, das ist der tiefste Sinn des Föderalismus.

Mehr denn je gilt für das Verhältnis von Bund und Ländern: Miteinander, nicht gegeneinander!

Wir Deutschen haben es immer ein wenig schwer, zur äußeren Umwelt das rechte Verhältnis zu finden. Weltbürgertum und Verbrüderung sind immer wieder von Mißtrauen und Abkapselung abgelöst worden.

Ein ausgewogenes Verhältnis zur Umwelt wird noch schwieriger, wenn staatliche Macht und wirtschaftliche Leistungsfähigkeit auseinanderklaffen. Während wir handelspolitisch in weltweiten Maßstäben denken, gibt es in unserer Politik die Gefahr provinzieller Genügsamkeit. Wenn wir nur noch das für wichtig halten, was bei uns geschieht, werden wir bald für niemand mehr wichtig sein.

Der Patriot dieses Jahrhunderts, in dem Millionen auf der Suche nach neuen Vaterländern zu Weltbürgern wurden, ist nicht der Gegenpart des Weltbürgers. Im Gegenteil: Patriotismus, der aus der Toleranz wächst, und Weltbürgertum schließen einander nicht aus – sie bedingen sich.

Es gilt, unsere Aufmerksamkeit und unser Gewissen zu schärfen für das, was in der Welt geschieht. Hunger, Krankheit und Armut sind weiter verbreitet denn je. Ich meine, das gesunde Eigeninteresse müßte uns vor dem Versuch bewahren, eine Insel von Privilegierten zu sein in einem Meer von Armut. Solidarität endet nicht an Staatsgrenzen.

Die Teilung Deutschlands hat dies alles nicht einfacher gemacht. Der Bundespräsident ist ein Staatsoberhaupt in Deutschland.

Über das »Provisorium« ist viel Falsches gedacht und gesagt worden. Ein Vierteljahrhundert hat manches geklärt. Aber eines ist nicht provisorisch: Die politischen Kräfte in diesem Land werden auch in Zukunft nicht darauf verzichten, einen Zustand des Friedens in Europa anzustreben, in dem das deutsche Volk auf der Grundlage des Selbstbestimmungsrechtes seine Einheit wiedererlangt.

Wenn wir dieses Ziel erreichen wollen, brauchen wir die Bundesrepublik Deutschland als Staat im vollen Sinne des Wortes. Wenn auch die Verwirklichung des Selbstbestimmungsrechtes in historischen Dimensionen gedacht werden muß, so brauchen wir dafür doch ein auf Dauer angelegtes Instrument. Dies ist unser Staat, die Bundesrepublik Deutschland.

In wenigen Tagen werde ich Berlin besuchen. Ich tue dies nicht im Geiste einer Demonstration. Ich weiß, daß das Viermächte-Berlin-

Abkommen eine Lage geschaffen hat, die uns einerseits praktische Erleichterungen bringt, andererseits aber den Zustand der Teilung noch deutlicher macht. Wenn der Bundespräsident Berlin besucht, so tut er es, um jene Bindungen zu entwickeln, von denen das Abkommen spricht.

Alle diese Gedanken und Ziele würden im Winde verwehen, wenn es nicht gelänge, unsere Jugend dafür zu gewinnen. Es bleibt eine Schicksalsfrage, ob sich die Jugend die Erfahrung der Älteren zunutze macht. Wenn die Aufbauarbeit eines Vierteljahrhunderts, wenn die Politik dieses Landes einen bleibenden Sinn haben soll, dann kann es nur der sein, unseren Kindern die Irrtümer und Fehler, die wir Älteren gemacht, erlebt und erlitten haben, zu ersparen. Denn wer aus der Geschichte nicht lernen will, muß sie wiederholen.

So laßt uns denn gemeinsam diese entscheidende Aufgabe anpacken. Laßt uns immer und immer wieder fragen, ob wir bei alledem, was wir tun, an die Zukunft unserer Jugend denken. Laßt uns die Mauern des Mißverständnisses und der Vorurteile niederreißen. Wenn es uns nicht gelingt, die Verantwortung rechtzeitig auf die junge Generation zu übertragen, dann war alle Arbeit umsonst.

Aber auch die Jugend hat ihren eigenen und besonderen Beitrag zur Lösung der gemeinsamen Aufgaben zu leisten. Ich sehe diesen vor allem darin, daß die jungen Menschen ihren Sinn für die moralische Qualität des politischen Handelns zum Maßstab des Urteils machen. In der Tat besteht ja ein Staatswesen nicht um seiner selbst oder um einer abstrakten Leistungsfähigkeit willen, sondern um den Menschen ein reicheres, befriedigenderes Leben zu ermöglichen. Das kann der Staat nur tun, wenn seine Träger an sich und ihr Handeln die höchsten Maßstäbe anlegen.

Wohl dem Gemeinwesen, dem es gelingt, die Erfahrungen der Älteren zu verbinden mit dem Sinn der Jüngeren für Recht und Unrecht.

Die Vereidigung eines neuen Bundespräsidenten ist nur ein Pulsschlag im Leben unseres Volkes. Wir wissen nicht, was die Zukunft für uns bereithält. Aber wir wissen, was uns Kraft gibt: Die Lehren aus unserer Geschichte, das Bild unserer Zukunft und die ungebrochene Schaffenskraft unseres Volkes.

Unser Weg führt uns zu einem Deutschland, das seinen Platz in der Welt als Teil Europas einnimmt. Ein vereintes Europa wird der Welt

ein Beispiel geben; ein Beispiel des friedlichen Zusammenwirkens der Völker, ein Beispiel der Solidarität und Gerechtigkeit, ein Beispiel der Freiheit, ja auch ein Beispiel der Macht ohne Anmaßung.
So verstehe ich auch die Worte des Amtseides, den ich vor Ihnen geleistet habe.
Das Wohl des deutschen Volkes, seinen Nutzen zu mehren. Schaden von ihm abzuwenden, das ist nicht wenig!
Meine Kraft ist gering, wenn nicht die Hilfe der Bürger hinzukommt.
Das Grundgesetz und die Gesetze des Bundes werden uns den rechten Weg weisen.
Laßt uns alle unsere Pflichten erfüllen und gegen jedermann Gerechtigkeit üben.
Damit unser Volk ohne Furcht in die Zukunft blicken kann, möge uns allen Gott helfen.

Karl Carstens

Die Zukunft in Freiheit gewinnen

Als Walter Scheel am 15. Mai 1974 zum vierten Präsidenten der Bundesrepublik Deutschland gewählt wurde, trat ein Mann an die Spitze unseres Staates, dessen Lebensgeschichte seit 1945 eng mit der Entwicklung der Bundesrepublik Deutschland verbunden war. Die Bundesrepublik hatte in den 25 Jahren, die seit ihrem Eintritt in die Geschichte vergangen waren, einen politischen und wirtschaftlichen Aufstieg genommen, der es ihr ermöglichte, die vielfältigen sozialen Probleme zu lösen, die durch die totale Niederlage, die daraus folgenden Gebietsverluste und durch die Teilung Deutschlands entstanden waren. Vertriebene und Flüchtlinge waren integriert. Breite Schichten der Bürger hatten einen Wohlstand erlangt, von dem frühere Generationen nur träumen konnten.

Auch nach außen hatte der junge Staat politisches und moralisches Ansehen gewonnen. Die Aussöhnung mit den westlichen Nachbarn, vor allem mit Frankreich, war vollzogen. Die äußere Sicherheit war durch Eingliederung der Bundesrepublik Deutschland in das westliche Verteidigungsbündnis garantiert, zu dem sie mit einer gut ausgerüsteten, von demokratischem Geist erfüllten Bundeswehr einen wichtigen Beitrag lieferte.

Nach ersten Ansätzen in der Mitte der fünfziger Jahre war es am Ende der sechziger und Anfang der siebziger Jahre gelungen, das Verhältnis der Bundesrepublik Deutschland zu den osteuropäischen Staaten neu zu regeln. Unbeschadet unterschiedlicher, ja gegensätzlicher gesellschaftlicher und politischer Ordnungen, kam es zu Abmachungen über den Verzicht auf Gewalt und die Unverletzlichkeit der Grenzen, die durch den Zweiten Weltkrieg entstanden waren. Vom deutschen Volk verlangte das Opfer, denn die Grenzen, die hier angesprochen

wurden, verliefen zum Teil durch ein Gebiet, das jahrhundertelang deutsches Land gewesen war. Die Bundesrepublik Deutschland hatte damit erneut bewiesen, daß ihre Politik auf Erhaltung und Sicherung des Friedens gerichtet ist.
Der Staat, an dessen Spitze 1974 Walter Scheel trat, hatte seinen Friedens- und Versöhnungswillen auch auf andere nachdrückliche Weise zum Ausdruck gebracht. Für die Wiedergutmachung nationalsozialistischen Unrechts hatte er mehr als 50 Milliarden DM aufgewandt. Damit war das vielfältige Unrecht, vor allem an den Juden, keineswegs aus der Welt geschafft, aber ein eindrucksvoller Beweis guten Willens erbracht worden.
Die Bundesrepublik Deutschland, die bei ihrer Gründung noch Empfänger ausländischer Hilfe gewesen war, war selbst zum Geberland geworden. Aus der Erkenntnis, daß Hunger und Armut den Frieden gefährden, war Entwicklungshilfe für die Dritte Welt zu einem festen Bestandteil ihrer Politik geworden.
Trotz dieser positiven Bilanz empfand der neugewählte Bundespräsident Sorge um die weitere Entwicklung der Bundesrepublik Deutschland. Die späten sechziger Jahre hatten gezeigt, daß vor allem Teile der jungen Generation dem Staat, dem sie soviel verdankten, mit Mißtrauen, ja mit Ablehnung begegneten. Die Ölkrise hatte deutlich werden lassen, wie anfällig die modernen Wirtschaften auf eine Verknappung und Verteuerung der Energiezufuhr reagieren. Die Weltwirtschaftslage hatte sich deutlich verschlechtert. Arbeitslosigkeit, auch in den Industriestaaten, drohte zum großen Problem zu werden. Umweltverschmutzung und Raubbau an der Natur ließen Ängste entstehen und erschütterten den Glauben an die Zukunft. In Europa zeigte die europäische Integration Ermüdungserscheinungen. Der Durchbruch zu einer europäischen Union war in die Ferne gerückt.
Das macht verständlich, warum Walter Scheel in seiner ersten Rede als Bundespräsident nach der Eidesleistung die Bürger der Bundesrepublik Deutschland aufforderte, sich in ihrem politischen Verhalten vor allem von Solidarität und vom Vertrauen in die Freiheit leiten zu lassen. Daß der neue Bundespräsident, der fünf Jahre lang Vorsitzender der F.D.P. gewesen war und sich gerne als einen »in der Wolle gefärbten Liberalen« bezeichnete, Freiheit als unverzichtlichen Raum

für verantwortliche sittliche Entscheidungen und als Lebenselexier für das individuelle, aber auch für das politische, ökonomische und kulturelle Leben in einer Demokratie verstand, kann nicht verwundern. Daß diese Freiheit sich aber selbst Grenzen ziehen muß, damit die Solidarität nicht zu kurz kommt, das war eine Erkenntnis, die Walter Scheel aus seinem persönlichen Lebensweg zugewachsen war. 1919 geboren, hatte er den Untergang der Weimarer Demokratie und das Aufkommen des Nationalsozialismus aus der Perspektive eines unbekümmerten, vom politischen Geschehen nicht angerührten Oberschülers erlebt. Zwar war die wirtschaftliche Not der dreißiger Jahre an der Familie des Stellmachers Scheel nicht vorbeigegangen, aber für die schulische Ausbildung des Sohnes Walter wurde alles getan. Nach dem Abitur hatte dieser gerade noch Zeit, seine Banklehre zu beenden, da wurde er zum Wehrdienst einberufen. Er wurde Soldat, später zum Offizier befördert und war während der letzten Kriegsjahre Adjutant in einem Nachtjagdgeschwader. Die Erlebnisse jener Jahre haben die Grundeinstellung des Politikers Walter Scheel mitbestimmt.

Sie waren auch der Anlaß für ihn, sich schon 1946 politisch zu engagieren und Mitglied der F.D.P. zu werden. Er hatte erlebt, wohin es führt, wenn man die Politik den Fanatikern und Gewalttätern, den verblendeten Ideologen, den Verächtern von Recht und Gerechtigkeit überläßt. Das Erlebnis des Krieges, die Erfahrung von Tod, Angst und Zerstörung hatte aber auch dazu geführt, daß für Walter Scheel wie für uns alle bis auf den heutigen Tag Außenpolitik Friedenspolitik bedeutet.

Friedenspolitik, so hat er formuliert, »ist nicht der Einfall irgendeiner Regierung, man kann nicht ein paar Jahre Friedenspolitik machen und dann etwas anderes. Sie ist keine Mode. Vielleicht ist das Wort Mode geworden, zur Sache, die es bedeutet, gibt es keine Alternative.«

In seiner schon erwähnten Antrittsrede als Bundespräsident hat er an die geistigen und moralischen Kräfte erinnert, die unser Land aus dem Chaos der Nachkriegsjahre geführt haben. Persönliche Erfahrungen stehen dahinter, wenn er sagt: »Als der deutsche Arbeiter, statt am schwarzen Markt zu handeln, für wertloses Geld seinen Betrieb wieder aufgebaut hat, als der deutsche Unternehmer jede verdiente Mark in seinen Betrieb steckte und sich selbst mit einem bescheidenen

Im Deutschen Bundestag: Oppositionsführer Rainer Barzel, am Rednerpult. Von links: Innenminister Genscher, Außenminister Scheel und Bundeskanzler Brandt.

*Bundespräsident Walter Scheel
vor der Büste des ersten Bundespräsidenten Theodor Heuss.*

*7. Februar 1968: Bundespräsident Heinrich Lübke empfängt
den Parteivorsitzenden der F.D.P..*

*Bundespräsident Gustav Heinemann
im Gespräch mit Außenminister Walter Scheel.*

*Bundespräsident Karl Carstens und sein designierter Nachfolger und
Theodor-Heuss-Preisträger Richard von Weizsäcker
mit Bundespräsident a.D. Walter Scheel bei der Preis-Verleihung
im Neuen Schloß in Stuttgart am 29. Januar 1984.*

Bundespräsident Walter Scheel
im Gespräch mit Bundeskanzler Helmut Schmidt (1975).

Lebensstandard begnügte, sind sozialer Friede und soziale Partnerschaft bei uns begründet worden.«

Der Aufstieg Walter Scheels vom Kommunalpolitiker zu einem in aller Welt bekannten und geachteten Staatsmann war nicht das Ergebnis einer klugen und weitblickenden Laufbahnplanung. Die politischen Erfolge, so sieht er es selbst, waren nicht zuletzt darauf zurückzuführen, daß er stets einem inneren Kompaß gefolgt ist, der ihm anzeigte, welche Entscheidung jetzt zu treffen war.

Ein Blick auf das, was er als Bundespräsident bewirkt und unternommen hat, zeigt, wie Walter Scheel auf die Herausforderungen der Zeit reagiert hat. Seine Reden waren stets höchst aktuell. In ihnen wurde das angesprochen, was die Entwicklung der Bundesrepublik Deutschland stören oder ihr zur Gefahr hätte werden können. Zugleich wurden Ziele anvisiert, die über die Tagespolitik hinausweisen und Perspektiven für die Zukunft entwickeln. Vor allem aber wurde auf das verwiesen, was geeignet war, Zuversicht zu wecken und Selbstvertrauen zu stärken. Immer wieder rief er dazu auf, den freien Rechtsstaat zu verteidigen und erinnerte er daran, welches Maß von Freiheit und Sicherheit die Bundesrepublik Deutschland, bei aller Unvollkommenheit im einzelnen, ihren Bürgern garantiert. Mit Nachdruck forderte er dazu auf, sich mit diesem Staat zu identifizieren.

Diese Forderung war darum so glaubhaft, weil Walter Scheel sich selbst mit der Bundesrepublik Deutschland identifizieren kann. In allen Bereichen der Politik hat er mitgewirkt. In seiner Heimatstadt Solingen hatte er als Stadtverordneter erfahren, wie schwierig und mühsam Kommunalpolitik sein kann. Aber er kannte auch ihre positive Seite: sie gewährt handfeste Erfolgserlebnisse, wie sie in keiner anderen Sparte der Politik dem Bürger und dem Politiker so unanfechtbar vor Augen treten.

In seiner parlamentarischen Arbeit im Düsseldorfer Landtag hatte Walter Scheel die Probleme des größten Bundeslandes von innen kennengelernt. Als einer der »Jungtürken« war er weit über die Grenzen Nordrhein-Westfalens bekannt geworden. Von 1953 bis zu seiner Wahl zum Bundespräsidenten war er Mitglied des Deutschen Bundestages und für drei Jahre sein Vizepräsident gewesen. Von 1958 bis 1969 hatte er im Europäischen Parlament als überzeugter Europäer für das Ziel einer europäischen Union gestritten. Den Kabinetten von Adenauer und Erhard hatte er in den Jahren 1961 bis 1966 als Bundesminister für Wirtschaftliche Zusammenarbeit angehört und war dabei zu einem Experten auf dem Neuland der Entwicklungspolitik geworden. Der fünfjährigen Zusammenarbeit in Regierungen mit der CDU/CSU folgten später viereinhalb Jahre gemeinsamer Arbeit mit der SPD, mit Willy Brandt als Bundeskanzler und Walter Scheel als Bundesminister des Auswärtigen und als Stellvertreter des Bundeskanzlers. Wahrhaftig, im Blick auf diesen Werdegang kann man verstehen, warum ein zeitgenössischer Historiker Walter Scheel in einem Aufsatz als »Mister Bundesrepublik« vorstellte. Die Bundesrepublik Deutschland ist gewiß nicht das Werk von Walter Scheel, aber sein Lebenswerk ist so eng mit der Entwicklung dieses Staates verknüpft, daß man sich nicht zu fragen braucht, warum er sich so ganz und gar mit dieser Republik identifiziert.

Aus der Nähe zum Staat erklärt sich auch sein Scharfblick für die Gefahren, die diesem von innen und außen drohen. Das bezeugen vor allem die Reden, die er als Bundespräsident gehalten hat. Sie sind zu Zeitdokumenten geworden. Aber die Probleme, die dort angesprochen sind, sind weitgehend auch noch die Probleme unserer Tage. Walter Scheel hat sich häufig Fragen zugewandt, die auf den ersten Blick nur am Rande mit Politik zu tun haben. Doch Ansprachen wie die zum hundertjährigen Bestehen der Bayreuther Festspiele oder zum 16. Weltkongreß für Philosophie in Düsseldorf und die zur Eröffnung der Ausstellung des Deutschen Künstlerbundes in der Frankfurter Paulskirche sind politische Reden auch dann, wenn sie abgelöst sind von der Alltagspolitik. Sie machen den Blick frei für geistig-seelische Vorgänge, die in der deutschen und europäischen Geschichte wirksam waren und bis heute weiterwirken. Dabei stellt er auch heikle Fragen. »Wird«, so sagt er, »die Freiheit bei uns nicht zunehmend als diffuse Möglichkeit verstanden, sich immer mehr und immer exotischere Genüsse kaufen zu können? Ist Freiheit nicht weitgehend ein ökonomischer Begriff geworden?«

Mißbrauch der Freiheit ist bei ihm das immer wieder angesprochene Thema. So, wenn er feststellt, »daß die Freiheit vor allem durch gedankenlosen Umgang mit der Freiheit bedroht ist«. Als äußersten Mißbrauch der Freiheit versteht er den Terrorismus. Er nennt ihn

»die furchtbarste Grimasse der Freiheit, weil er keine Grenzen des Gewissens kennt und so notwendig sich selbst und die Freiheit anderer zerstören muß«.

In die Präsidentenjahre Walter Scheels fielen die schrecklichen Terroranschläge gegen führende Persönlichkeiten in Staat und Wirtschaft. Seine Ansprache am Sarge des ermordeten Arbeitgeberpräsidenten Hanns-Martin Schleyer wurde zur grundsätzlichen Auseinandersetzung mit dem Terrorismus. »Worte wie Zorn, Wut, Empörung und Abscheu«, so sagt er, »bewegen wenig. Die Sprache ist ohnmächtig vor dem, was in diesen Tagen geschehen ist. Ich möchte ein Wort hinzufügen: die Scham. In unserer Gesellschaft geschehen Dinge von einer Schändlichkeit, daß man ihren Anblick kaum erträgt. Dinge, die einen mit furchtbarer Deutlichkeit wieder auf etwas hinstoßen, was man so gerne vergessen mag: wie böse der Mensch sein kann. Ich schäme mich für die Bosheit dieser jungen verirrten Menschen. Sie selbst können sich wohl nicht schämen.«

In dieser wahrhaft erregenden Ansprache scheute sich Walter Scheel auch nicht, in Anwesenheit der Angehörigen der Toten die Frage zu stellen, ob Hanns-Martin Schleyer hätte sterben müssen, wenn die Regierung alle Forderungen der Terroristen erfüllt hätte. Er bekannte sich dazu, daß das nicht geschehen war, fügte aber hinzu: »Hanns-Martin Schleyer ist für uns alle gestorben. Wir alle stehen in seiner Schuld. Im Namen aller deutschen Bürger bitte ich Sie, die Angehörigen von Hanns-Martin Schleyer, um Vergebung.« Ich meine, diese ehrlichen, nichts beschönigenden Worte haben gewiß dazu beigetragen, daß die, wie Walter Scheel sagt, »schlimmsten Wochen in der Geschichte der Bundesrepublik Deutschland« einen Anstoß zur Besinnung gaben, daß eine Schreckenstat, die als Fanal zum Aufruhr gedacht war, letztlich dazu führte, die Solidarität der Bürger mit dem Staat zu stärken.

Als eine andere Gefahr versteht Walter Scheel eine wildwuchernde wissenschaftlich-technisch-wirtschaftliche Entwicklung. In seiner Rede bei der Verleihung des Theodor-Heuss-Preises hat er sich mit diesem Problem auseinandergesetzt. Er beginnt damit, seine Zuhörer an die Grundelemente einer freiheitlichen Demokratie zu erinnern. So, wenn er sagt: »Alle demokratischen Institutionen haben ihren Grund und ihre alleinige Legitimation in der Souveränität des Bürgers.« Fügt aber gleich hinzu: »Diese Souveränität des einzelnen findet in der Souveränität des anderen nicht nur ihre Schranke, sondern ihre Aufgabe. Freiheit im demokratischen Sinne ist nicht nur ein Individualbegriff, Freiheit ist in gleichem Maße ein sozialer Begriff. Die Freiheit des einzelnen bedingt die Freiheit der Gemeinschaft und die Freiheit der Gemeinschaft ermöglicht die Freiheit des einzelnen. Am freiesten ist der Bürger, der seine Fähigkeit in freiwilligem Dienst an der Gemeinschaft verwirklicht.«

Doch Walter Scheel entwickelt nicht eine Theorie der freiheitlichen Demokratie. Er analysiert die politische Wirklichkeit der Bundesrepublik und verweist darauf, daß das Wort von der Staatsverdrossenheit die Runde macht. Er gibt zu bedenken: »Wenn der Bürger der Staat ist, dann bedeutet Staatsverdrossenheit ja Verdrossenheit mit sich selbst.« Aber er will nicht belehren. Er fragt, woher kommt es, »daß die seelische Temperatur in unserem Lande sinkt«. Seine Antwort: »Überall findet ein Abbau menschlicher Begegnungsmöglichkeiten statt. Alles drängt zum Großen, Massenhaften, der einzelne fühlt sich zunehmend isoliert.« Wird der Bundespräsident hier zum Psychiater der Nation? Solchem Einwand wird mit der überzeugenden Feststellung begegnet: »Wenn der einzelne sich zunehmend isoliert fühlt, dann ist das ein politisches Problem.«

Walter Scheel zeigt die Richtung an, wie dieses Problem zu lösen ist, und sagt, »wenn wir der Vermassung entgehen wollen, dann müssen wir die sozialen Wirkungsmöglichkeiten des einzelnen, in denen er seine Persönlichkeit entfalten kann, wieder in den Mittelpunkt unseres politischen, wirtschaftlichen und gesellschaftlichen Lebens stellen«. Er warnt davor, die Dinge einfach treiben zu lassen. »Technische Entwicklungen und Erfindungen beeinflussen unser Leben, ohne daß wir es recht wahrnehmen. Wer hat eigentlich die Entscheidungen gefällt, die diese Veränderungen bewirkten? Ist irgend jemand für diese Veränderungen verantwortlich? Oder ist es nicht vielmehr so, daß sich diese Veränderungen einfach irgendwie ergaben, daß wir einem Fortschritt gehorchen, dessen positive und negative Auswirkungen vorher niemand eigentlich recht übersah?

Die Rede endet mit dem Appell, ein Gesamtkonzept für die weitere wissenschaftlich-technisch-wirtschaftliche Entwicklung zu erarbeiten. Walter Scheel meint, Probleme wie die Kernenergie, der

Umweltschutz und andere könnten nicht mehr als Einzelprobleme behandelt werden. Jedes kann nur in einem politischen Gesamtkonzept sinnvoll gelöst werden. Solche politischen Gesamtbilder zu erarbeiten, erscheint ihm als die große Aufgabe der Politik am Ende unseres Jahrhunderts.

Wird hier eine politische Utopie beschworen? Dieser Vorwurf würde Walter Scheel nicht schrecken. »Wenn die Demokratie zur Technokratie entartet«, so hat er bei anderer Gelegenheit gesagt, »dann liegt das nicht daran, daß die Demokratie keinen Raum für Utopie hätte, sondern daran, daß die Politiker zu phantasiearm oder zu ängstlich sind, um Utopien zu formulieren.« Wer aber meint, hier werde nach einem »Superjahresplan« gerufen, der wird eines anderen belehrt. Nein, auch hier setzt Walter Scheel auf die Freiheit. »Ich glaube an die freie Auseinandersetzung auf dem Markt der Meinungen. Niemand hat den Stein des Weisen. Aber alle geistigen Kräfte unseres Volkes, im Meinungskampf sich gegenseitig klärend, sie wären sehr wohl imstande, uns Bilder der Zukunft und Wege dahin zu zeigen, die wir brauchen, um Freude an unserem Leben haben zu können.«

Großen Eindruck hat im In- und Ausland die Rede hinterlassen, die Walter Scheel am 8. Mai 1975 in der Schloßkirche zu Bonn gehalten hat. Die Entscheidung, dieser Rede dadurch eine besondere Bedeutung zu geben, daß sie in einem historisch-sakralen Raum, der Schloßkirche, gehalten wurde, beweist das sichere Gefühl, das Bundespräsident Walter Scheel für Stil und symbolhafte Handlungen hatte. Mit dieser Rede hatte er sich viel vorgenommen. In ihr wurde ein Rückblick auf den Krieg und die Gewalttaten der Nationalsozialisten gegeben. Es wurde Bilanz gezogen über das, was in dreißig Jahren danach in Deutschland politisch, wirtschaftlich und kulturell geleistet worden war und klang aus mit einem Appell an die junge Generation, die Bundesrepublik Deutschland als ihren Staat zu verstehen, Mißstände, Verstaubtes, Ungerechtes zu beseitigen, sich aber auch die Erfahrung der Älteren zunutze zu machen, »damit wir gemeinsam die Zukunft bestehen«.

In dieser Rede bekannte Walter Scheel sich auch zum deutschen Reich von 1871. »Am 8. Mai 1945«, so sagte er, »brach das nationalsozialistische Regime endgültig zusammen. Wir wurden von einem furchtbaren Joch befreit, von Krieg, Mord, Knechtschaft, Barbarei ... Aber

am 8. Mai fiel nicht nur die Hitler-Diktatur, es fiel auch das Deutsche Reich. Das Deutsche Reich war kein Werk Hitlers, es war der Staat der Deutschen, das Werk eines großen deutschen Staatsmannes. Es war für Generationen von Deutschen das Vaterland, das wir liebten, wie jeder Mensch auf der Welt sein Vaterland liebt. Sollten wir es weniger lieben, weil sich ein Diktator seiner bemächtigt hatte oder weil es jetzt zerstört am Boden lag? Und so gedenken wir des Kriegsendes mit Schmerz. Nein, wir Deutschen haben keinen Anlaß, den 8. Mai zu feiern.«
Wer es unternimmt, den Staatsmann Walter Scheel und sein Wirken als Bundespräsident zu würdigen, muß auch dem Europäer Walter Scheel Dank sagen. Seine Reden über Europa sind ein leidenschaftliches Plädoyer für Europa. Die europäische Einigung ist für ihn nicht nur politisch opportun, er sieht sie als eine unabdingbare Notwendigkeit an. Das Absinken Europas in weltpolitische Bedeutungslosigkeit kann nur verhindert werden, wenn die Europäer sich auf sich selbst besinnen und die Kraft zur Einigung aufbringen. So hat er bei seinen Europa-Besuchsreisen, vor allem in Frankreich, immer wieder mit hohem persönlichen Engagement für Europa geworben. Er hat daran erinnert, daß am Anfang europäischer Einigung kein Paragraphengespinst, sondern der Wille der Völker und ihre Sehnsucht nach etwas ganz Neuem gestanden hat. Von sich selbst und seiner Generation bekennt er in einer Ansprache im Rathaus von Paris am 12. April 1975: »Was diese Zeit um 1950 für uns so groß machte, war eine radikal neue Hoffnung, die über Europa aufleuchtete. Es gibt nichts Größeres in der Geschichte als eine solche Wandlung. In Deutschland und Frankreich, bei den Nachbarn zwischen ihnen und in Italien – in allen sechs Völkern regte sich der elementare Wunsch, nicht nur in Frieden miteinander zu leben, sondern gemeinsam etwas ganz Neues zu beginnen.« Dabei sieht Walter Scheel keinen Widerspruch darin, überzeugter Europäer und deutscher Patriot zu sein. »Europa«, so hat er falschen Verdacht beiseite räumend gesagt, »ist kein Ersatz für die eigene Nation. Uns Deutsche drängte es nach dem Kriege nach Europa. Wir hofften wohl, in Europa ein neues Vaterland zu finden, denn es war nicht leicht, ein Deutscher zu sein in jener Zeit... Doch man kann seiner Nation nicht entfliehen. Und man soll es nicht... Wir Deutschen wollen Europa nicht mehr als ein Ersatzvaterland, wir

wollen wieder bei uns, bei der deutschen Nation zu Hause sein. Ich stelle aber ganz entschieden in Frage, daß die deutsche Nation nur in Form des Nationalstaates sich entfalten könnte.«

Für Walter Scheel sind die deutsche und die europäische Frage eng miteinander verzahnt. Seine Ansprache zur 25. Wiederkehr des 17. Juni im Jahre 1978 hat er darum unter das Thema gestellt »Die deutsche Einheit als europäisches Friedensziel«.

Walter Scheel war der vierte Präsident der Bundesrepublik Deutschland. Daß er in diesem Jahr seinen 65. Geburtstag begeht, erinnert daran, daß er der jüngste der Bundespräsidenten gewesen ist. Seine Vorgänger, Theodor Heuss, Heinrich Lübke und Gustav Heinemann, waren allesamt Vaterfiguren. Scheel konnte und wollte das nicht sein. Die Autorität, die er im Laufe seiner Amtszeit gewann, ist ihm vor allem durch seine Reden zugewachsen. Wer seiner Präsidentschaft gerecht werden will, muß sich an ihnen orientieren. Auch in einer Zeit, in der das gesprochene Wort wegen des Überangebots an Wortproduktion es schwer hat, Gehör zu finden – selbst wenn es aus dem Mund des Staatsoberhauptes kommt –, haben die Reden Walter Scheels als Appelle zu Freiheit und Solidarität viel bewegt. Sie werden weit über seinen 65. Geburtstag hinaus wirken.

Walter Scheel

Berlin ist ein Teil von uns selbst

Ich weiß nicht, woran es liegt, aber je näher der 30. Juni 1979 heranrückt, desto freundlicher werden die Menschen zu mir. Natürlich gibt es auch Ausnahmen. Aber die halten sich in für mich erträglichen Grenzen. Und jetzt halte ich die Ehrenbürger-Urkunde Berlins in meiner Hand. Herr Regierender Bürgermeister, ich danke Ihnen und den Mitgliedern des Abgeordnetenhauses sehr herzlich für diese hohe Auszeichnung.

Und ich freue mich über sie. Zwar habe ich mittlerweile einige Erfahrungen in puncto Ehrenbürgerschaften sammeln können. Diese Erfahrungen haben mich jedoch nicht dermaßen abgebrüht, daß ich die schöne Bedeutung dieses Tages in meinem Leben nicht zu ermessen vermöchte.

Es ist schon ein eigen Ding, wenn man, bekannterweise in Solingen geboren, auf einmal mit Fug und Recht sagen kann »Ich bin ein Berliner« und zum Zeugnis dessen auf eine feierliche Urkunde verweisen kann.

Der Regierende Bürgermeister war so freundlich, meine Bemühungen um Berlin in einem außerordentlich rosigen Licht darzustellen. Wahr ist: Ich habe mich, wo immer ich konnte, um diese Stadt bemüht – wie jeder Politiker unseres Landes, gleichgültig, welcher Partei er angehört. Ich bin da einer von vielen.

Wenn heute Berlin mit Vertrauen in die Zukunft blicken kann, dann ist das, wie ich heute mit Stolz sagen kann, meinen Berliner Mitbürgern und ihren frei gewählten Vertretern, allen Parteien des Deut-

---

Ansprache bei der Verleihung der Ehrenbürgerschaft der Stadt Berlin am 27. November 1978

schen Bundestages und letztlich der übergroßen Mehrheit der Bürger der Bundesrepublik Deutschland zu verdanken.
Man hat Berlin oft als den Prüfstein der Entspannungspolitik bezeichnet. Aber zunächst war Berlin immer der Prüfstein dessen, ob und inwieweit sich die Deutschen, die das Glück haben, in Freiheit zu leben, als Deutsche fühlen. Ich glaube, wir haben diese Probe bestanden.
So habe ich mich auch sehr gefreut, als im letzten Jahr eine Berlin-Erklärung aller vier im Bundestag vertretenen Parteien zustande kam. Die Ergebnisse der gemeinsamen Erklärung der Parteien sind wichtig. Aber sie sind nicht das Wichtigste. Das Wichtigste ist: Daß wir uns selbst, daß wir den Berlinern, daß wir dem deutschen Volk klarmachen konnten, daß Berlin ein Thema ist, bei dem alle Demokraten zusammenstehen. Das soll und muß so bleiben.
Wir alle sind uns dessen dankbar bewußt, daß all unsere Mühen nur deswegen zum Erfolg führen konnten, weil unsere alliierten Freunde die Sache Berlins zu ihrer eigenen gemacht haben. Und Berlin ist ja auch ihre Sache. Es ist die Sache der Demokratie, für die sie seit nunmehr über 33 Jahren mit uns zusammen einstehen.
Das freie Berlin ist ein einmaliger Fall in der Weltgeschichte. Ich glaube nicht, daß es jemals etwas Vergleichbares gegeben hat. Daß es das freie Berlin gibt, daß es ein blühendes Gemeinwesen ist, ist eine der größten Leistungen der Demokratie. Das wird auch überall in der Welt so empfunden.
Ich habe über viele Jahre hinweg in verschiedenen Funktionen Gelegenheit gehabt, mit unseren Freunden über Berlin zu sprechen. Immer wurden die ohnehin freundlichen Gesichter meiner Partner eine deutliche Spur freundlicher, wenn die Rede auf Berlin kam; überall bin ich dort tiefer Sympathie für diese Stadt begegnet. Und immer war auch der berechtigte Stolz auf die eigene große Leistung spürbar.
Heute ruhen die Existenz und die Lebensfähigkeit Berlins auf dem sicheren Fundament des Viermächte-Abkommens. Die Ihnen allen bekannten Verbesserungen, die dieses Abkommen für Berlin gebracht hat, erscheinen manchem heute als pure Selbstverständlichkeiten. Es gab aber eine Zeit, da man von solchen Selbstverständlichkeiten noch nicht einmal zu träumen wagte.

Wenn ich heute, wie ich es immer wieder gern tue, durch die Straßen Berlins gehe und mit Berlinern spreche, da habe ich das Gefühl: Die Mühen haben sich gelohnt.
Freilich ist noch nicht alles in Ordnung. Auseinandersetzungen über rein formale Probleme sind immer noch schwierig. Aber mit Geduld kommen wir auch hier Schritt vor Schritt voran, wie das kürzlich unterzeichnete Verkehrsabkommen beweist.
Die Hauptschwierigkeiten ergeben sich aus den Bestimmungen, die die Bindungen Berlins an die Bundesrepublik Deutschland regeln, die man gar zu gern zu Verbindungen vermindern möchte. Ich möchte heute die Auseinandersetzung in diesem Punkt nicht beleben. Ich möchte nur ein wenig von den Bindungen des Bundesbürgers Walter Scheel zu Berlin sprechen.
Berlin ist für einen Deutschen ja nicht irgendeine Stadt, auch nicht für einen Solinger Handwerkersohn. Wie für jeden Angehörigen meiner Generation war Berlin das Zentrum Deutschlands. Ich weiß nicht mehr, wann ich den Namen Berlin zum ersten Mal bewußt gehört habe. Dieser Name war eigentlich immer da. Alles, was unser Land betraf, alle wichtigen Entscheidungen, alle Hoffnungen, alle Erschütterungen nahmen von hier ihren Ausgang. Aber Berlin war in meinem Jugendbewußtsein nicht nur die politische Hauptstadt Deutschlands, sondern ich nahm es als selbstverständlich hin, daß sich in dieser Stadt auch die geistigen Kräfte unseres Volkes konzentrierten.
Natürlich liebte ich meine Heimatstadt Solingen, aber mit Berlin war Solingen nun doch bei aller Heimatliebe nicht zu vergleichen. Man sprach davon, daß Berlin eine »Weltstadt« sei, das heißt eine Stadt, die sich ohne weiteres mit den anderen Metropolen messen konnte, mit Paris, London, Rom, New York, Moskau. Daß diese Einschätzung kein billiger Chauvinismus war, wurde uns ja auch freiwillig und gern von weitgereisten Menschen bestätigt. Und so waren wir stolz auf Berlin, auch wir in Solingen. Es war ein völlig selbstverständlicher Wunsch eines jeden jungen Deutschen, einmal nach Berlin zu fahren, um seine Hauptstadt zu erleben, um zu Hause sagen zu können, auch er sei einmal in Berlin gewesen.
So wurde Berlin zu einem Teil von uns selbst, ob wir das nun wußten oder nicht. Daß es so war, wußten alle Deutschen schlagartig, als sie

die Bilder des zerstörten Berlin sahen. Es waren viele herrliche deutsche Städte in Schutt und Asche gesunken, Dresden etwa oder Hamburg und wie viele noch. Und wir trauerten um alle diese Städte. Aber der Schmerz um Berlin ging doch noch tiefer. Unser Berlin war zerstört.

Daß Berlin ein Teil von uns selbst war, spürten wir wiederum allzu deutlich im Jahre 1961, als die Mauer errichtet wurde. Diese Mauer geht nicht nur durch eine Stadt – sie geht mitten durch uns. Die Trauer und der Schmerz über diese Mauer – sie haben nichts mit Revanchismus, mit Revisionismus und wie die Schlagworte alle heißen mögen, zu tun, ebensowenig wie die Trauer über die Teilung unseres Landes. Diese Trauer lassen wir uns nicht verbieten. Diese Trauer ist unser Recht, wenn es irgendein Recht auf der Welt gibt.

Ich hoffe, klargemacht zu haben, daß ich, wenn ich von Berlin spreche, das ganze Berlin meine. Die Berliner in Ost-Berlin haben ja nun, ebenso wie ihre West-Berliner Mitbürger, bewiesen, daß sie echte Berliner sind. Berlin hat seine führende kulturelle Rolle behauptet.

Die durch nichts unterzukriegende geistige Lebendigkeit dieser Stadt – auf beiden Seiten der Mauer – ist uns auch eine Bürgschaft unserer Hoffnung. Das geistige Berlin ist das weithin sichtbare friedliche Symbol der deutschen Nation. Durch Waffen, durch Gewalt werden wir die Einheit Deutschlands nicht erringen, wohl aber durch die Treue zu uns selbst, durch das Beharren auf Recht und Freiheit im Geiste des Friedens.

Vertrauen wir auf die Macht des Friedens, auf die Macht eines friedlichen Geistes.

Richard von Weizsäcker

Berlin als Mittelpunkt

Im Laufe seiner Amtszeit als Bundespräsident wurde Walter Scheel Ehrenbürger mehrerer deutscher Städte. Die Krönung in der Reihe dieser Würden war die Verleihung der Ehrenbürgerwürde von Berlin am 27. November 1978.

Der überzeugte Solinger brachte aus Anlaß dieser Ehrung in eindrucksvoller Weise zum Ausdruck, was ihn mit Berlin immer verbunden hat. Es war kein bestimmtes Ereignis. Er wisse nicht mehr, wann er den Namen Berlin zum ersten Mal gehört habe. »Dieser Name war eigentlich immer da. Alles, was unser Land betraf, alle wichtigen Entscheidungen, alle Hoffnungen, alle Erschütterungen nahmen von hier ihren Ausgang.« So wurde Berlin für ihn und sein Bewußtsein nicht nur die politische Hauptstadt, sondern der Ausgangspunkt und die Konzentration der geistigen Kräfte der Deutschen. »Berlin wurde zu einem Teil von uns selbst, ob wir das nun wußten oder nicht.«

Während seiner politischen Tätigkeit hat Walter Scheel stets konkret den Beweis dafür erbracht, daß Berlin für ihn im Mittelpunkt geblieben ist. Die stärkste und folgenreichste Auswirkung dieses Bewußtseins fand ihren Niederschlag während der Amtszeit von Walter Scheel als Bundesaußenminister. Es war die Zeit der Verhandlungen über die Ostverträge. Ziel war ein ausgewogener Interessenausgleich. So hart die Auseinandersetzungen im Deutschen Bundestag über die Ostpolitik damals waren, eines fand die allgemeine Unterstützung: Es ging um ein Junktim der Berlin-Verhandlungen mit der Ratifizierung der Verträge von Warschau und Moskau. Der Interessenausgleich konnte nicht innerhalb des Berlin-Abkommens allein und isoliert gefunden werden. Unsere Interessen in und für Berlin bedurften der Plazierung im Zentrum der Ost- und Deutschlandpolitik im ganzen.

Dies erreicht zu haben, war wesentlich das Verdienst des damaligen Bundesaußenministers Walter Scheel. Vom Tage der Übernahme des Präsidentenamtes an zeigte sich auf neue und eindrucksvolle Weise die tiefe Bindung Walter Scheels an Berlin. Sie äußerte sich nicht allein in der Häufigkeit seiner Aufenthalte, er praktizierte sie durch Teilnahme am hiesigen Leben. In kaum einer anderen deutschen Stadt pflegte er so ungezwungenen und natürlichen Umgang mit den Bürgern wie in Berlin. Sorgfältig nahm er die Pflege und Weiterentwicklung der Bindungen wahr, die Berlin mit dem ganzen Bundesgebiet verknüpfen und von denen im Viermächte-Abkommen die Rede ist.

Es blieb indessen nicht bei einer positiven, aber unverbindlichen atmosphärischen Beziehung. Walter Scheel tat etwas Außergewöhnliches, im Präsidentenamt bisher Unübliches. Er rief eine Kommission der Vorsitzenden der im Deutschen Bundestag vertretenen Parteien zusammen, um mit ihnen Grundsätze und praktische Folgen zur Stärkung der Lebensfähigkeit Berlins zu erörtern. Das Ergebnis war eine gemeinsame Erklärung zur Berlin-Politik, die wegweisend gewirkt hat. Was heute landauf, landab zum Gegenstand der allgemeinen Einsicht und des politischen Wettbewerbs geworden ist, fand schon 1978 in dieser auf Walter Scheel zurückgehenden Erklärung seinen zentralen Niederschlag. Es geht um die Erkenntnis der Notwendigkeit, die wichtigste Ressource der Deutschen besser und planmäßiger wirtschafts- und arbeitsmarktpolitisch zu nutzen, nämlich das hohe Niveau des deutschen Facharbeiters und den Rang der wissenschaftlichen und technologischen Entwicklung. Walter Scheel entwickelte diesen Gedanken für Berlin in exemplarischer Form. Was auch immer Berlin als Folge des Zweiten Weltkrieges und der Konfrontation zwischen Ost und West mitten in Europa politisch verloren haben mag, der Umfang und die Qualität seiner Forschungseinrichtungen innerhalb und außerhalb der Universitäten sind ungebrochen. Ihn besser wirtschaftlich zu nutzen, Technologie für kleine und mittlere Unternehmen zu fördern, Wagnisfinanzierung und den Gedanken von venture capital in Berlin lebendig zu machen, das alles waren Perspektiven, die Walter Scheel unermüdlich und mit Erfolg zugunsten von Berlin zur Sprache brachte.

Ihm kam dabei seine natürliche Lebendigkeit und geistige Neugier zu Hilfe. Er erkannte, daß für die wirtschaftliche und soziale Lebensfähigkeit Berlins der geistige und kulturelle Rang der Stadt von ausschlaggebendem Gewicht ist und bleibt. Walter Scheel hat nicht nur immer von neuem an den lebendigen Zeugnissen dieses Geistes von Berlin persönlich Freude gehabt. Er hat ihn auch selbst aktiv und konkret gefördert. Ein Beispiel dafür ist seine Tätigkeit zugunsten der Berliner Nationalgalerie. In einem Rundschreiben, in dem er sich für sie einsetzte, sprach er aus, daß es im allgemeinen nicht Aufgabe des Bundespräsidenten sei, für eine bestimmte kulturelle Einrichtung zu werben. Bei der Nationalgalerie Berlin wolle er aus übergeordnetem Interesse eine Ausnahme machen. Kein Wunder, daß die Berliner ihm auch insoweit dankbar verbunden bleiben. Wenn er davon sprach, daß es darum ging, Berlin als geistiges Zentrum unserer Nation zu sehen und ihm den Rang als kulturelle Hauptstadt zu erhalten, dann waren diese Worte mit seinem eigenen ganz konkreten Engagement für die Belange Berlins verknüpft.

Die vielleicht bedeutsamste Äußerung von Walter Scheel als Bundespräsident war seine Rede zum 17. Juni 1978 im Deutschen Bundestag. Er übernahm es, die Präambel unseres Grundgesetzes, die auf Vollendung von Einheit und Freiheit abzielt, in gültiger Form zu deuten. Mit der Rede schürfte er tief genug, um den Deutschen und allen Nachbarn dieses Ziel unseres Grundgesetzes nicht als eine Gefahr, sondern als einen in die Zukunft gerichteten europäischen Friedensauftrag verständlich zu machen. Über den Zusammenhalt der Deutschen sprach er den Berlinern aus dem Herzen, als er sagte: »Eine Nation, die nur durch Mauer und Stacheldraht getrennt gehalten werden kann, muß schon ein starkes Gefühl der Zusammengehörigkeit haben.«

Berlin ist eine lebendige große Metropole. Allen Belastungen durch die isolierte Lage zum Trotz fehlt es den Berlinern nicht an Selbstbewußtsein und Freude an ihrer Stadt. Berlin aber lebt von der Aussicht darauf, daß in der historischen Perspektive die unmenschliche Teilung der Stadt überwunden und eine politische Struktur in Zentraleuropa gefunden werden kann, die mit der natürlichen Zusammengehörigkeit der Deutschen und dem Frieden in Europa in Einklang steht. Dieser Perspektive hat Walter Scheel gedient, in Wort und Tat. Deshalb ist Walter Scheel nicht nur ein Ehrenbürger der Berliner, sondern im menschlichen, geistigen und politischen Sinne einer der ihren.

Walter Scheel

Vielfalt und Einheit der europäischen Kultur

125 Jahre Germanisches Nationalmuseum, das ist das Jubiläum einer »nationalen« Institution, wenn es auch verwirrend schwierig ist zu definieren, was in diesem Falle unter dem Worte »national« zu verstehen ist. National ist dieser größte deutsche Museumskomplex zumindest in dem Sinne, daß alle seine musealen Aktivitäten ausschließlich von Mitbürgern getragen werden, die hier, zu Recht, eine nationale Aufgabe sehen. Diese Mitbürger verdienen unser aller Dank. Ich frage mich immer wieder, wie sich die Vermehrung der Sammlungen, Ausstellungen, Publikationen, die pädagogische Arbeit, Vorträge, Konzerte und so weiter aus den Beiträgen von einigen tausend Vereinsmitgliedern und einigen hundert Mitgliedern des Fördererverein finanzieren lassen.

In unserem Bundesstaat gibt es nicht viele kulturelle Institutionen, die das Wort »National« im Wappen führen. Diese wenigen Institutionen haben das Schicksal, von staatlicher Seite wenig oder gar nicht unterstützt zu werden. Die Länder wollen vielleicht begreiflicherweise nicht zahlen, weil sie, als Länder, für »nationale« Sachen nicht zuständig sind; und der Bund zögert, weil er, laut Grundgesetz, für »Kultur« nicht zuständig ist. Ich halte diesen Zustand nicht für einen Ausdruck politischer Reife. Ich glaube, es müßten sich Mittel und Wege finden lassen, die es den staatlichen Organen einer geteilten Nation ermöglichen, sich über das bisherige Maß hinaus finanziell an Institutionen zu beteiligen, deren Bedeutung für diese geteilte Nation jedem Einsichtigen vor Augen liegt. Ich will nicht verschweigen, daß

Ansprache zur 125-Jahr-Feier des Germanischen Nationalmuseums in Nürnberg am 2. Juni 1977

Bund, Länder und die Stadt Nürnberg Erhebliches zum Wiederaufbau beigetragen haben.

125 Jahre »Germanisches Nationalmuseum« – zur Rechtfertigung und Erklärung dieses ominösen Namens sind in der Vergangenheit vielerlei Versuche unternommen worden. So recht befriedigt keiner. Als es die Germanen gab, gab es noch keine Nationen; und als es die Nationen gab, gab es keine Germanen mehr. Aber es mag durchaus sein, daß eine gewisse listige Unklarheit mit diesem Namen von Anfang an beabsichtigt war.

Ich vermute, daß zu diesem Jubiläum jetzt wieder Artikel erscheinen werden, die den Namen in Frage stellen, der in jenen zwölf unheilvollen Jahren allerdings eine Bedeutung gewann, von der sich der Freiherr von Aufseß im Jahre 1852 nichts hatte träumen lassen. Mit Sicherheit hatte das, was er unter »germanisch« und »national« verstand, nicht jenen rassistischen und aggressiven Sinn, den die Machthaber der dreißiger Jahre ihm beilegten.

Ich meine jedoch, wir sollten uns die Namen unserer nationalen Institutionen nicht ausgerechnet von jenen vorschreiben lassen, die den Begriff der Nation am übelsten mißbraucht haben. Wir sollten also bei dem alten Namen bleiben, einfach deshalb, weil er selbst ein Teil unserer nationalen Geschichte geworden ist, um die sich dieses Museum bemüht.

Es ist heute nicht mehr originell – aber es ist immer noch notwendig, daran zu erinnern –, daß wir nur wissen, wer wir sind, wenn wir unsere Geschichte kennen. In Schüler- und Studentenkreisen machen, so habe ich es selbst erfahren, KZ-»Witze« die Runde, die von einem unerträglichen Zynismus zeugen. Und manche Studenten bekunden Sympathie und Verständnis für Gewalt und Mord. Ein bekannter Journalist hat die Vermutung ausgesprochen, daß diese erschreckenden Erscheinungen nur dem Boden geschichtlicher Ignoranz entsprießen können. Ich halte diesen Vorbehalt für begründet. Geschichtslosigkeit führt nicht in die Freiheit – sie führt in die Barbarei.

Aber können wir sicher sein, daß uns Geschichtskenntnis vor politischem Unheil bewahrt? Es kommt sehr darauf an, wie Geschichtskenntnis vermittelt wird. Dieses Museum sollte, wie man 1862 schrieb, keine Demonstration gegen andere Nationalitäten sein, »vielmehr ein Werk des Friedens, der Wissenschaft und Bildung, die

Neujahrsempfang in der Villa Hammerschmidt: Bundespräsident Walter Scheel nimmt die Glückwünsche von Willy Brandt, Herbert Wehner und Wolfgang Mischnick entgegen.

In der Villa Hammerschmidt.

8. Januar 1979: Bundespräsident Walter Scheel besucht das neueröffnete Konrad-Adenauer-Haus in Rhöndorf.

Mit seinen vielbeachteten Reden erzielte Walter Scheel breite politische Wirkung.

1. September 1978: Der Bonner Oberbürgermeister Hans Daniels überreicht Walter Scheel die Ehrenbürgerurkunde.

27. November 1978: Verleihung der Ehrenbürgerwürde der Stadt Berlin an Bundespräsident Walter Scheel durch Parlamentspräsident Peter Lorenz, rechts der Regierende Bürgermeister Dietrich Stobbe.

Einkaufsbummel in Berlin.

Gemeingut der Menschheit sind«. Und dann sind wir doch geradewegs ins Verderben hineingelaufen. Also nützt die Kenntnis der Geschichte wenig, wenn sie hier, auf diesem Boden, wo deutsche Geschichte lebendig ist wie kaum irgendwo sonst, versagt hat?

Aber vielleicht hat sie deswegen versagt, weil hier Geschichte in der Vergangenheit zu sehr als nationale Geschichte verstanden und gepflegt wurde. Vielleicht konnten die hier in Nürnberg versammelten Zeugnisse deutscher Geschichte so leicht umgedeutet werden, weil man das Nationale isoliert und aus seinem europäischen Zusammenhang herausgenommen hatte.

Im 19. Jahrhundert machte man sich allzu wenig Gedanken darüber, was denn an dieser deutschen Kultur eigentlich deutsch sei. Deutsch war im Verständnis der Museumsgründer, was im Siedlungsraum deutschsprachiger Stämme von Deutschen geschaffen war. Aber ist das Treppenhaus Tiepolos in Würzburg nicht deutsch oder die Amalienburg Cuvilliés in München oder der Kölner Dom, der nicht nur von Ferne an die Kathedrale von Amiens erinnert, und so weiter, und so weiter?

Wenn wir die deutsche Kultur auf das reduzieren, was hier in diesem Lande sozusagen original entstanden ist, dann möchte wohl am Ende nicht viel übrig bleiben.

Die Kultur ist von jeher ganz unbekümmert auch über die Sprachgrenzen gewandert. Ich bin der Überzeugung – und habe das vor kurzem auch ausgesprochen –, daß wir unsere Kultur verfälschen, wenn wir sie aus dem europäischen Zusammenhang isolieren, wenn wir sie nur aus sich selbst verstehen wollen. Ich glaube, daß wir das Deutsche nur richtig begreifen, wenn wir es als die besondere Gestalt eines Europäischen verstehen, das allen Völkern dieses Kontinents gemeinsam ist.

Der Grundgedanke dieses Museums war im 19. Jahrhundert ein politischer Gedanke. In einer Zeit politischer Zerrissenheit wollte dieses Museum »Zeuge und Bürge für das Fortbestehen einer wahrhaft ächt deutschen Gemeinsamkeit« sein. Man hat darin eine Flucht aus der Politik sehen wollen. Und in der Tat hat man es nach der Gründung des Museums peinlich vermieden, zu den politischen Fragen, die die Nation damals bedrängten, Stellung zu nehmen. Aber das war eine Notwendigkeit, eine List, sollte der nationale Gedanke auf den Gebieten von Kunst, Wissenschaft und Geschichte belebt werden.

Und darauf kam es dem Gründer an. Er erklärte, »mit Politik hat sich das Museum nie abgegeben, obwohl es als Centralanstalt für deutsche Geschichte die geistige Einheit Deutschlands vertritt«. Das ist ein sehr schillernder Satz, in dem sich unter der Maske des Unpolitischen eine ganze Menge Politik verbirgt. Die »geistige Einheit Deutschlands« ließ sich damals offenbar nur vertreten, wenn man an das Problem der politischen Einheit Deutschlands nicht rührte. Eine Situation übrigens, die in manchem an bestimmte Erscheinungen in der Diskussion über Europa heutzutage erinnert. Aber warum vertrat man »die geistige Einheit Deutschlands«, wenn nicht darum, die Grundlage für die politische Einheit zu schaffen? Der Freiherr von Aufseß mag aus der Politik in sein Museum »geflohen« sein – aber er war zu seiner Zeit viel politischer als all die vielen Regierungen in Deutschland zusammengenommen.

Und das gleiche gilt für die Gesellschaft deutscher Naturforscher und Ärzte, für die Herausgeber der Monumenta Germaniae und des deutschen Wörterbuchs. Sie alle kümmerten sich, in ihrem Bereich, um die zentrale politische Frage ihrer Generation, die Bildung einer Deutschen Nation, zu einer Zeit, als die Regierungen alles taten, um gerade dies zu verhindern.

In der Politik kommt es eben auf das Tun an und nicht darauf, daß man behauptet, politisch zu sein. Jene deutschen Gelehrten des vorigen Jahrhunderts, sie haben für Deutschland etwas getan. Ich jedenfalls würde mich sehr hüten, einen Mann, der es mit aller Energie unternähme, heute ein europäisches Museum auf die Beine zu stellen, einen unpolitischen Menschen zu nennen – auch wenn er sich nicht besonders viel um die Römischen Verträge bekümmerte.

Die kleinliche Kleinstaaterei war auch damals eine reale Macht, der nur schwer beizukommen war. Man mußte sie da packen, wo sie öffentlich nicht widersprechen konnte: bei der gemeinsamen Geschichte – auch wenn sie sonst alle ihr herzogliches oder königliches Süppchen kochen wollten. Der König von Bayern dekretierte: »Das Unternehmen darf keine Bundessache werden.« Sehr ähnliche Worte hört man heutzutage im übertragenen Sinne in Europa, wenn es gilt, ein von allen als richtig Erkanntes in die Tat umzusetzen. Die

Flucht aus der Politik, sie ist eine sehr hinderliche Sache, besonders wenn die Politiker sie betreiben. Und ich halte es für nicht ganz gerecht, dem Freiherrn von Aufseß, der sich mit der politischen Misere in Deutschland herumschlagen mußte, diese Misere anzulasten.

So mag man heute auch alle die, die den europäischen Gedanken gegen die Egoismen der Nationalstaaten hochhalten, politische Träumer nennen und diejenigen Realisten, die sich wie weiland der Herzog von Sachsen-Coburg weigern, für die gemeinsame Sache auch nur 50 Gulden springen zu lassen. Aber diese Realisten laufen vor der Realität davon. Diese Realität heute heißt Europa. Die politische Einigung Europas ist überfällig – wie die politische Einigung Deutschlands 1852 schon überfällig war. Wie sonst wollen wir eigentlich die politischen, wirtschaftlichen und gesellschaftlichen Probleme der Zukunft denn lösen? Und ich glaube, jede gesellschaftliche Gruppe in jedem Land der Gemeinschaft, die Schriftsteller, die Journalisten und möglichst auch die Politiker – kurz alle – und auch die Museumsleute können ihr Teil zu diesem Europa beitragen. Sie alle können mithelfen, über die nationalen Grenzen hinauszudenken, sie alle können ihre Arbeit, ihre Gedanken unter dem Thema »Europa« neu überdenken.

Jedes große Museum Europas ist ein europäisches Museum: der Prado, der Louvre, die Brera, die Uffizien, die National Gallery, die Eremitage, die Pinakothek, und wie sie alle heißen. Auch dieses Germanische Nationalmuseum in Nürnberg ist ein europäisches Museum. Alle diese Museen können zeigen, deuten, erklären, lehren, was uns, die europäischen Völker, verbindet. Und das wird auch dazu helfen, daß wir unsere Eigenart besser erkennen und daß wir uns dieser Eigenart weder überheben noch uns ihrer schämen.

Die vier Apostel Dürers sind die deutschen Brüder großer Gestalten Giorgiones und Bellinis. Solche Brüderschaft sichtbar zu machen: das halte ich für die geistige – und für die politische Aufgabe der Museen in unserer Zeit.

Gerhard Bott

Ein europäisches Museum

Es war ein Glücksfall, daß Walter Scheel Präsident der Bundesrepublik Deutschland war, als das Germanische Nationalmuseum in Nürnberg die Feier seines 125jährigen Bestehens beging. In seiner Ansprache am 2. Juni 1977 hat er Fragen nach der Geschichte dieser »nationalen Institution«, den hergebrachten Aufgaben und den gegenwärtigen Zielen des Museums gestellt und beantwortet. Wenig später wurde er einhellig zum Vorsitzenden des Verwaltungsrates des Germanischen Nationalmuseums, dem wichtigsten Entscheidungsorgan dieser Stiftung des öffentlichen Rechts, gewählt. Bis heute wirkt er in diesem Amt energisch, pflichtbewußt und segensreich. Die Ansprache zum Jubiläum 1977 und seine bisherige Amtsführung im Verwaltungsrat des Museums haben eng miteinander zu tun.

Zur Hundertjahrfeier des Museums, 25 Jahre vorher, hielt Theodor Heuss als Präsident der Bundesrepublik Deutschland die feierliche Ansprache. Im Verwaltungsrat des Museums führte Theodor Heuss seit 1948 bis zu seinem Tode 1963 den Vorsitz. Für den Nationalökonomen Theodor Heuss galt es, nach dem Krieg, inmitten der Trümmer der ehemaligen Reichsstadt Nürnberg, die Größe »alter Jahrhunderte« und den Geist bedeutender Männer zu beschwören, um damit »dies Werk der Deutschen für die Deutschen«, das Germanische Nationalmuseum, zu legitimieren und seine Aufgabe mit darin zu begründen, »den Begriff ›Nürnberg‹ wieder zu reinigen und seinen geistigen und künstlerischen Glanz nicht bloß vor dem eigenen Bewußtsein, sondern vor dem einer Welt neu zur Darstellung zu bringen«. Für ihn war es ein »neuer Geschichtsauftrag« des »nationalen« Museums, »Fluchtburg der deutschen Seele zu sein«.

Dies war nicht übertrieben, denn »Fluchtburg« war dieses Museum seit seiner Gründung durch Hans Freiherr von und zu Aufseß 1852. Es war ein Hort weniger der »deutschen Seele« als vielmehr der Werke des Geistes und der Kunstfertigkeit der deutschen »Nation« geworden. Die Gründer des Institutes begriffen diese Nation in einer Zeit politischer Zerrissenheit und Identitätssuche in der Mitte des vorigen Jahrhunderts als eine von allen politischen und staatlichen Reglements unabhängige »Kulturnation«. Staatsgrenzen waren für sie wandelbare und somit unruhige abstrakte Linien. Für sie gehörten die Gebiete mit deutschsprechender Bevölkerung zu den geographisch bestimmbaren Landschaften zum Sammeln von Altertümern zur Geschichte der »deutschen Nation«. Noch heute ist dies auf den »deutschsprachigen Raum« bezogene Sammelziel satzungsgemäß bindend.

Es ist bedauerlich, daß Willy Brandt 1968 bei seiner Erklärung zur Schaffung einer deutschen »Nationalstiftung« dieses Museum als eine bestehende nationale Stiftung nicht besonders hervorgehoben und nicht für viele der von ihm geforderten Aufgaben zur Förderung deutscher Kunst und Kultur vorgesehen hat. Theodor Heuss hätte ihm dazu in seiner Rede vom Jahre 1952 das Stichwort geben können: »Der ›Sinn‹ dieses Museums war nie bloße Konservierung des Gewesenen, sondern dessen Vergegenwärtigung als geistig-politischer Auftrag« – also nicht »Fluchtburg«, sondern konkrete Aufgabe, »ein Erbe... in erneuter Gestalt als Erbe weiterzugeben denen, die uns folgen.«

Walter Scheel ist dem Vorgänger Theodor Heuss in dem Bewußtsein und in dem Bekenntnis zur Geschichte und Kultur als einem entscheidenden Faktor im Leben der Gegenwart gefolgt: »Geschichtslosigkeit führt nicht in die Freiheit – sie führt in die Barbarei«, sagte er 1977 angesichts des wiederaufgebauten Germanischen Nationalmuseums und der wiedererrichteten, mit soviel Makeln der vergangenen Barbarei belasteten Stadt Nürnberg.

Walter Scheel war im Jahre 1974 Präsident einer Bundesrepublik Deutschland geworden, die weitgehend das Leid und den Terror der Naziherrschaft überwunden und fast vergessen hatte. Als Verfechter einer liberalen Demokratie kämpfte er von Anbeginn seiner politischen Tätigkeit für eine europäische Zusammenarbeit, für die »Europäische Union«, in der die Nationalstaaten nicht untergehen, sondern in der sie »in einer höheren Einheit ›aufgehoben‹ sein« sollen.

Im »demokratischen Geschichtsbild« Walter Scheels meint der Begriff der Einheit der Nation nicht den nationalistischen Anspruch zu einem Nationalstaat im Sinne des 19. und vielerorts auch noch des 20. Jahrhunderts, sondern vielmehr »das Bewußtsein des deutschen Volkes, einer Nation anzugehören«. Dieses Bewußtsein ist für ihn ein lebendiges Bekenntnis: »Die Geschichte hat die Menschen ... zur Nation geformt, und unser Volk hat seitdem Geschichte als nationale Geschichte erlebt und erlitten«. Dies war auch die geistige Ausgangsposition, die den Gründer des Germanischen Nationalmuseums bewogen hat, in einer Zeit, in der es noch keinen deutschen »Nationalstaat« mit großmannssüchtigen Herrschaftsansprüchen gab, ein »Nationalmuseum« ins Leben zu rufen.

Damals, im Jahre 1852, versuchte man mit dem Beinamen »Germanisches« Nationalmuseum den aus der Sprachforschung, der zur gleichen Zeit ebenfalls begründeten Germanistik entlehnten, vorsichtig gebrauchten Begriff, deutlich zu machen, daß das Museum sich aus der Tagespolitik herauszuhalten habe. Der Gründer erklärte: »Mit Politik hat sich das Museum nie abgegeben, obwohl es als Centralanstalt für deutsche Geschichte die geistige Einheit Deutschlands vertritt.« Dieses Eintreten für die »geistige Einheit Deutschlands« war natürlich keineswegs unpolitisch, sondern vielmehr ein eminent politischer Gedanke, genauso wie heute der Ruf nach einer »Einheit Europas«, dessen vorderster Sprecher in Deutschland Walter Scheel ist. Und wenn dieses »Germanische Nationalmuseum« unter den Fittichen seines Verwaltungsratsvorsitzenden seiner täglichen Arbeit – glücklicherweise immer noch durch Satzung und Status von Pressionen, Irrungen und Wirrungen der Tagespolitik abgeschirmt – nachgeht, dann leistet es »kulturpolitische« Aufklärungsarbeit, die politischen Charakter im weiteren Sinne hat.

Walter Scheel hat in seiner Rede vor dem Deutschen Historikertag am 22. September 1977 festgestellt: »Die Idee Europas ist ja nicht eine Erfindung der Politiker, sie ist eine kulturgeschichtliche Tatsache. Sie ist kein künstlich Ausgedachtes, sie ist etwas lebendig Historisches.« Vor den Historikern führte Walter Scheel so die Gedanken weiter, die er am 2. Juni 1977 in Nürnberg aussprach und die er angesichts des Germanischen Nationalmuseums aufgegriffen hat. Hier wie überall an sichtbaren Bau- und Kunstwerken wie an Werken der Musik und des Geistes wird das Verbindende deutlich, das die »besondere Gestalt« der europäischen Kultur ausmacht. »Die Kultur ist von jeher ganz unbekümmert auch über die Sprachgrenzen gewandert« postulierte Walter Scheel in Nürnberg und meinte weiter, »daß wir unsere Kultur verfälschen, wenn wir sie nur aus sich selbst verstehen wollen«.

Von diesem geistigen Ansatzpunkt her hielt der Präsident der Bundesrepublik Deutschland seine Rede zur 125-Jahr-Feier einer herausragend wichtigen »nationalen« Institution unter dem Titelmotto: »Vielfalt und Einheit der europäischen Kultur«.

Und deshalb, so meine ich, ist es in der Geschichte des Museums und für die zukünftigen Geschicke des Museums ein Glücksfall, daß dieser ehemalige Bundespräsident seit dem 17. Oktober 1978 den Vorsitz im Verwaltungsrat dieses unabhängigen größten Museums zur deutschen Kunst- und Kulturgeschichte innehat, dem er 1977 zurief und später als Verpflichtung und Auftrag immer wieder bescheinigt: »Dieses Germanische Nationalmuseum ist ein europäisches Museum.«

Walter Scheel

Von der Zukunft eines freien Menschen

Als ich aus dem Amt als Bundespräsident ausschied, habe ich mir vorgenommen, vorerst keine Reden mehr zu halten. Aber ich sehe mich jetzt genötigt, zumindest etwas zu sagen. Außerdem sollte das, was ich mir vorgenommen habe, die Regel sein, und es gibt ja bekanntlich keine Regel, die nicht auch Ausnahmen kennen würde. Dann soll man, wenn es solche Ausnahmen gibt, sie ganz schnell hinter sich bringen, dann kann man anschließend zur Regel zurückkehren.

Der Anlaß, die Regel, keine Rede zu halten, zu durchbrechen, ist ja einmalig genug, denn nach dem, was wir alle kennen, erlebt man einen 60. Geburtstag selten zum zweiten Male, meist nur in den Tälern des Kaukasus oder in ähnlich fern entlegenen Gegenden, wo Knoblauch und andere gesundheitsfördernde Speisen zu Hauf angebaut werden. Aber hier kommt es selten vor, und daher, denke ich, wollen wir die einmalige Gelegenheit beim Schopf ergreifen.

Sechzig Jahre ist nicht jung und ist nicht alt. Es gibt unendlich viel Philosophisches darüber zu sagen. Selten habe ich in Zuschriften so viel Tiefsinniges über den 60. Geburtstag erfahren, wie in diesen Tagen. Und, wie es nun der Zufall will, die, die den 60. Geburtstag am höchsten lobten und die überhaupt das Alter 60 Jahre besonders wertvoll einschätzten für den Menschen, der das Vergnügen hat, 60 zu sein, für seine Umwelt, für seine Partei möglicherweise, die Gemeinschaft, für das ganze Volk, diese, die mir das geschrieben haben, waren per Zufall zwischen 58 und 62 Jahre alt. Aber ich bin

---

Dankrede anläßlich der Verleihung des Ehrenvorsitzes der F.D.P. in Bonn am 9. Juli 1979

jetzt auch einer von denen, die glauben, daß es gut ist 60 zu sein. Möglicherweise habe ich eines mit meinem ersten Kabinettchef gemeinsam: daß ich lange Pause machen kann nach dem 60.,bis ich mich wieder entschließen möchte, politisch aktiv zu werden. Ich meine Konrad Adenauer, dem es vergönnt war, 14 Jahre lang politisch abstinent zu sein, um dann erst die wirklichen Aufgaben zu finden, die er gesucht hatte.

Also 14 Jahre hat natürlich auch die Partei, in deren Schoß ich jetzt sichtbar zurückkehre, Rücksicht darauf zu nehmen, daß ich mit einer gewissen Distanz in ihren Reihen wandle. Aber ich freue mich darüber, daß hier so viele Mitglieder der F.D.P. versammelt sind, die ich kenne. Es ist schon ein Familientreffen auf der einen Seite mit all der menschlichen Wärme, die dazu gehört, und fähig, wie die Organisatoren dieser Partei nun einmal sind, haben sie, wenn man etwas verdoppeln kann, soll man es tun, die menschliche Wärme durch eine genügend große Zahl von Scheinwerfern noch aufzuhitzen verstanden. Auch dafür muß man natürlich Dank sagen. Vor allen Dingen denjenigen, die daran arbeiten, für die Fernsehanstalten kaltes Licht zu erfinden, was ja für uns alle ein Segen wäre.

Ich sage, es ist menschliche Wärme spürbar, und ich erinnere mich daran, als Theodor Heuss zum ersten Mal nach dem Ausscheiden aus dem Amt des Bundespräsidenten wieder mit uns zusammenkam. Ich will nicht verschweigen, das war weit weit länger nach dem Ausscheiden als ich die Chance habe, da sagte er mit den wenigen Worten, die er zu uns sprach: »Jeder soll wissen, woher ich komme und jeder soll wissen, wozu ich gehöre.« Ich möchte das übernehmen, nur als jemand, der so viele Jahre über die Mattscheiben hat gehen, schreiten und was weiß ich noch alles müssen, abgeändert in der Form, nicht jeder soll wissen, sondern jeder weiß natürlich, woher ich komme und jeder weiß auch, wohin ich gehöre. Aber jetzt ist es optisch noch einmal sichtbar geworden.

Dieses ist ein Augenblick, in dem ich dankbar bin. Ich bin dankbar dem Vorsitzenden der Freien Demokratischen Partei, meinem Freunde Hans-Dietrich Genscher, daß er zu meinem Geburtstag eine so großartige Feier in Gang gesetzt hat. Sparsam im Einsatz von Mitteln und über das Maß des Mitteleinsatzes hinaus natürlich wirkungsvoll in der Ausgestaltung.

Ich bin dankbar ganz besonders Ihnen, Herr Bundespräsident, daß Sie, was gar nicht so selbstverständlich ist, die Zeit gefunden haben, hier mit uns einige Phasen der Geburtstagsfeier mitzuerleben. Und ich danke Ihnen jetzt schon recht herzlich dafür, daß ich auch Ihr Gast sein darf morgen in der Reihe von Feiern, die der Sechzigjährige nun einmal hinter sich zu bringen ja immer noch die Kraft hat. Ob man das mit 75 noch kann, das weiß ich gar nicht. Deswegen sollte man es mit 60 wahrnehmen, hat mir Carlo Schmid gesagt. Er konnte das immerhin mit 80 noch.

Ich bin dankbar dafür, lieber Hans-Dietrich Genscher, daß die Partei, wie ich eben zu meiner Verblüffung, meiner großen Überraschung gehört habe, mich durch einen einstimmigen Beschluß des Bundesvorstandes zum Ehrenvorsitzenden gewählt hat. Ich betone jedes Wort mit besonderem Genuß. Das einstimmig, das mich natürlich betroffen gemacht hat, weil das eine Entwicklung der F.D.P. in den letzten fünf Jahren andeutet, die ich für überraschend zumindest, wenn nicht gar bedenklich halte. Zweitens gewählt, weil bei der offenen Art der Äußerung der Mitglieder des Bundesvorstandes auch dies nicht ohne eine gewisse, sagen wir mal, phonetische Subtilität hier vorgetragen werden sollte. Aber dankbar bin ich immerhin, denn spricht es doch für den ungebrochenen Mut dieser Partei. Kaum ein Beschluß der Partei ist für die Zukunft so risikoreich wie dieser, da ich ja meine Gewohnheiten nicht abgelegt habe. Ich werde also auch in der Zukunft von Zeit zu Zeit meine Meinung sagen, die – es ist gar nicht anders denkbar – nicht in allen Punkten und immer und zu jeder Zeit bis zur letzten ausgefeilten Syntax mit der der Partei übereinstimmen mag. Aber, so wie in den letzten fünf Jahren, ich tue es immerhin so, daß keiner sich beschweren kann. Aber ich werde es nicht verschweigen. Immerhin dieser Mut ist bemerkenswert. Ich danke recht sehr dafür.

Ich danke aber vor allem Ihnen allen, die Sie hierher gekommen sind. Ich muß jetzt noch einmal erklären, was Hans-Dietrich Genscher schon gesagt hat: es sind ja nicht nur F.D.P.-Leute im Saal versammelt, ja es sind noch nicht einmal nicht nur Liberale hier, sondern es sind Bürger der unterschiedlichsten politischen Prägung unter uns. Dieses meine ich, ist ein gutes Zeichen für die Situation in unserer Demokratie, von der man manchmal sagt, daß es auch Bedenken gibt über ihre Entwicklung. Dies ist ein gutes Zeichen, weil nach dreißig Jahren Aufbau diese Demokratie einfach an diesem Tage einen Grad an Solidarität der demokratischen Parteien miteinander zeigt, der uns alle mit Befriedigung erfüllen sollte. Denn das Grundgesetz, ich habe das am 1. Juli gesagt, das Grundgesetz sieht nun einmal vor, daß bei den demokratischen Entscheidungen in unserem Staate die Parteien mitwirken und zwar an hervorragender Stelle, im Grundgesetz dazu benannt. Und dieses Mitwirken heißt in der Tat nicht, daß ihnen damit ein Privileg zugeteilt wurde, sondern es ist eine Pflicht. Und mitwirken heißt auch miteinander mitwirken. Denn das Gegeneinanderwirken der Parteien würde in manchen Bereichen das Mitwirken der Parteien an der richtigen Entscheidungsfindung in der Demokratie geradezu unmöglich machen. Und dieses miteinander wird hier demonstriert, wofür ich Ihnen dankbar bin.

Die Parteien werden in den nächsten Jahren und Jahrzehnten, nach meiner festen Überzeugung, riesige Aufgaben zu bewältigen haben. Solche, die Sie sich in ihrer Schwere vielleicht noch gar nicht vorstellen in diesem Augenblick, zumindest nicht jeder unter Ihnen. Und sie werden das nur können, wenn sie das Maß an Gemeinsamkeit in der Demokratie, das wir uns erworben haben, weiter pflegen, weiter entwickeln und auch den Bürgern sichtbar machen. In dieser ganzen Entwicklung hat die Freie Demokratische Partei nach meiner Überzeugung eine ganz besonders verantwortliche Aufgabe. Sie hat eine Funktion, deren sie sich bewußt sein muß. Ich meine, sie darf es nicht dabei belassen, in einer Zeit, in der in allen Parteien Politiker mit Recht und mit guter Überzeugung sich liberal nennen, nur diese Art Liberalismus zu vertreten und zu verteidigen, nämlich das Verteidigen liberaler Errungenschaften in den Jahren und Jahrzehnten, die hinter uns liegen, sondern ihre Aufgabe ist es, die Liberalität in die Zukunft zu entwickeln. Zu ahnen, zu wissen, herauszufinden, was denn in der Zukunft von einem freien Menschen gefordert wird, und dann Gesetzesinitiativen und Verhaltensweisen zu fördern, die genau dem gerecht werden. Wenn dies die F.D.P. in der Zukunft tut, dann hat sie mich als ein täglich mitarbeitendes Mitglied.

Als Ehrenvorsitzender, so habe ich in der Zwischenzeit mich rechtskundig gemacht, muß man davon ausgehen, daß die Partei einen Vorsitzenden hat, das ist nämlich Hans-Dietrich Genscher, und daß sonst Ehren in mannigfacher Art verteilt werden können, ohne daß etwa die Führungskraft einer Partei darunter leiden müßte. So richtig verstanden, bedanke ich mich für diese Ehre, aber ich sagte schon, ich freue mich darauf, wenn ich in der Zukunft in den Gremien der Partei wieder mit beraten, mit raten und vielleicht auch mit diskutieren kann.

Jürgen Morlok

Zukunftsgestaltung als Motiv politischen Handelns

Beizutragen zu einer Festschrift aus Anlaß des 65. Geburtstages von Walter Scheel ist eine Ehre. Es ist aber gewiß kein Anlaß zu besinnlicher Rückschau. Dies wäre auch nicht die richtige Art, Walter Scheel zu ehren. Für mich als einen Politiker der jüngeren Generation gibt es da nur einen Weg: im Reden, im Schreiben und im Handeln – also im gesamten politischen Wirken – den Maßstäben gerecht zu werden, die Walter Scheel gesetzt hat.
Als ihm der Ehrenvorsitz der F.D.P. verliehen wurde, hat er davor gewarnt, sich als Liberaler allein darauf zu beschränken, die Errungenschaften der Vergangenheit zu bewahren und zu verteidigen; die Aufgabe der Liberalen sei es, liberale Lösungsvorschläge für die Gestaltung der Zukunft vorzudenken, zu prüfen und zu verwirklichen.
Zukunftsgestaltung als zentrales Motiv vorwärts gerichteten politischen Handelns – dies ist stets ein wesentliches Motiv Walter Scheels gewesen. Zugleich aber hat er vor allzu großer Selbstgewißheit oder gar Absolutheitsansprüchen gewarnt: nur ein Selbstbewußtsein, das die Möglichkeit des eigenen Irrtums nicht ausschließt, führt zu Toleranz; und ohne sie läßt sich – will man Grabenkämpfe und unversöhnliche Konfrontationen vermeiden – in einer demokratischen Gesellschaft die Zukunft nicht gestalten. Wie ein solcher Prozeß der Zukunftsgestaltung aussehen kann, will ich im folgenden am Beispiel der neuen Technologien erörtern.

Neue Technologien bringen neue Herausforderungen für unsere Gesellschaft mit sich. Wie grundlegend der auf uns zukommende gesellschaftliche Wandel sein wird, zeigt sich auch daran, daß kaum ein Bereich zu sehen ist, für den die Nutzung neuer Technologien keine Fragen aufwirft – und zwar unter positiven ebenso wie unter negativen Vorzeichen. Die Arbeitswelt verändert sich und wird sich weiter verändern; damit einhergehen wird ein Wandel der Berufsbilder; und es ist offenkundig, daß dies nicht ohne Auswirkungen auf die Inhalte von Bildung und Ausbildung bleiben kann. Neue Technologien verursachen in vielen Wirtschaftsbereichen einen rasanten Produktivitätsfortschritt – einerseits eine unerläßliche Voraussetzung für die Konkurrenzfähigkeit unserer Wirtschaft, andererseits aber auch eine schwierige Herausforderung für eine vorausschauende Arbeitsmarkt- und Beschäftigungspolitik. Neue Technologien können beitragen zur Humanisierung der Arbeit, zur Lösung der Probleme der Energie- und Umweltvorsorge oder zu einer Medienlandschaft mit einem Mehr an Informationsfreiheit und Angebotsvielfalt. Neue Technologien sind eine Herausforderung für unsere Wissenschafts-, Forschungs- und Technologiepolitik. Und schließlich bringen sie die Gefahr mit sich, daß der Bürger in früher unvorstellbarem Ausmaß in allen Lebenszusammenhängen erfaßt, gespeichert und damit potentiell kontrolliert wird; sie sind damit auch eine Herausforderung für jede Politik, die es mit der Sicherung der Bürgerfreiheiten ernst meint.

Man sieht: Chancen und Risiken liegen nahe beieinander. Jedenfalls ist es die Aufgabe der Politik, den Prozeß des Wandels unserer Gesellschaft mitzugestalten. Ob dieser Prozeß zu Recht als Übergang von der Industrie- zur Informationsgesellschaft beschrieben werden kann, mag dahingestellt bleiben. Jedenfalls sind die Veränderungen so grundlegend, daß ein Treibenlassen, daß ein Wildwuchs nicht in Frage kommen darf. Vorausschauende Gestaltung gesellschaftlicher Verhältnisse – das ist Politik. Und für Liberale hat dieser Gestaltungsprozeß immer zugleich Dienst an der Freiheit zu sein.

Das heißt: Anknüpfend an liberale Traditionen, aufbauend auf den liberalen Idealen der Freiheit der Persönlichkeit und der Wahrung der Würde des Menschen, müssen wir in jeder gesellschaftlichen Situation Antworten suchen und entwickeln auf neue Fragen und Herausforderungen – mit dem Ziel, mehr Freiheit für mehr Menschen zu ermöglichen. Es geht also um mehr als nur um die Sicherung unserer Zukunftschancen; es geht auch darum, unsere Zukunft so zu sichern, daß gleichzeitig Liberalität, Freiheit und Vielfalt in allen gesellschaftlichen Bereichen gestärkt und nicht etwa abgebaut werden.

Die Sicherung unserer Zukunftschancen erfordert es, neu und grundsätzlich über das Verhältnis von technischem Fortschritt und persönlicher Freiheit nachzudenken. Denn es ist richtig:
In unserem Lande machen sich Fortschrittskritik und Zukunftsangst breit. Es entwickelt sich ein tiefwurzelndes Unbehagen an jedweder Technologie, eine bewußte Abkehr von den Errungenschaften der technischen Zivilisation.
Technik und technischer Fortschritt sind aber gerade für unser dicht besiedeltes und ressourcenarmes Land notwendig. Ohne naturwissenschaftlich-technische Kreativität bei uns kommt die Ausbeutung der Dritten Welt nicht zum Stillstand, gehen der Umweltschutz und die Humanisierung der Arbeit nicht voran, die der internationale Wettbewerb nicht kann bestehen, läßt sich die Arbeitslosigkeit nicht beseitigen, bleibt die junge Generation ohne Zukunft, weil Bildung und Ausbildung und schließlich auch die Alterssicherung mangels Finanzierbarkeit nicht mehr garantiert werden können.
Der Nationalökonom Joseph Schumpeter hat den Fortschritt als Prozeß der schöpferischen Zerstörung bezeichnet. Schöpfertum, Beseitigung des Mangels auf der Welt auf der einen Seite, Zerstörung alter sozialer und natürlicher Strukturen und erhöhte Risiken auf der anderen Seite – das ist und bleibt die Ambivalenz der Technik. Weder naive Fortschrittsgläubigkeit in das technisch Machbare von allem und jedem, noch radikale Ablehnung jeden technischen Fortschritts helfen dabei weiter.
Die Lösung liegt deshalb nicht in der individuellen Verweigerung, schon gar nicht im generellen Wachstumsverzicht. Sie kann nur darin liegen, genau zu prüfen, wo die Chancen und Risiken der marktwirtschaftlichen Produktion liegen, um die Praxis unserer Wirtschafts- und Gesellschaftsordnung so zu gestalten, daß Effektivität und Humanität keine sich gegenseitig ausschließenden Ziele sind.
Wer es also mit einer vernünftigen Zukunftsgestaltung ernst meint, muß gerade die innovatorische Kraft einer durch das Prinzip »Markt« bestimmten wirtschaftlichen und gesellschaftlichen Ordnung herausfordern. Dies ist die Antwort der Liberalen.

Der Alternativradikalismus »Rückkehr zur Kerzenlichtgesellschaft« oder »Technik-über-alles-Ideologie« ist nicht nur sachlich falsch, sondern auch gefährlich für die Stabilität unserer Gesellschaft. Technik als solche ist unter Wertgesichtspunkten neutral. Ob sie dem Menschen nutzt oder schadet, hängt davon ab, wie Menschen mit ihr umgehen, wie Menschen sie einsetzen. Technik liefert uns Mittel, aber die Zwecke setzen wir selber.

Aufgabe liberaler Politik ist es, den Mut der Menschen zu stärken, von ihrem Verstand sinnvollen Gebrauch zu machen. Nur so kann sich eine qualitativ neu bestimmte Fortschrittsidee durchsetzen, für die auch die junge Generation sich zu engagieren bereit ist.

Eine hochwertige Technik braucht eine sachverständige und weitsichtige Technologie-Politik. Denn in diesem für die nachindustrielle Gesellschaft wichtigen Bereich gewinnt das urliberale Thema des Verhältnisses des einzelnen zu Staat und Gesellschaft neue Aktualität. Gerade in diesem Bereich müssen Liberale in die Offensive: Wir müssen die Kraft zur Erneuerung unserer Gesellschaft und zum Entwerfen von Zukunftsbildern finden, und wir müssen den Mut haben, die Bürger von der Notwendigkeit solcher Erneuerungen zu überzeugen. Deshalb ist es eine zentrale Aufgabe der Zukunftsgestaltung, einen humanen und freiheitserweiternden Gebrauch von technischen Möglichkeiten zu machen. Die Chancen einer offenen Gesellschaft hängen davon ab.

Fünf Konsequenzen scheinen mir auf der Hand zu liegen:

Auf die Nutzung neuer Technologien sind wir in den verschiedensten Wirtschaftsbereichen angewiesen. Die beständige Strukturanpassung und Modernisierung unserer Wirtschaft ist unvermeidlich, weil wir sonst im internationalen Konkurrenzkampf nicht bestehen könnten und weitere Arbeitsplätze verlieren würden. Denn Subventionismus und Protektionismus sind ungeeignete, ja auf Dauer selbstmörderische Instrumente, durch die vorhandene Probleme allenfalls verschoben werden können – aber mit der Konsequenz, daß sie dann später um so schärfer zutage treten.

Andererseits aber führt die Einführung und Nutzung neuer Technologien zum Beispiel bei den Kommunikations- und Informationstechniken zwar auch zum Entstehen neuer Wachstumsbereiche,

genauso aber auch zu einer Gefährdung vorhandener Arbeitsplätze. Wer also will, daß die notwendige Einführung neuer Technologien die schwierige Situation auf dem Arbeitsmarkt nicht weiter verschärft, muß um so energischer nach branchen- und regionalspezifischen und vor allem nach flexiblen Regelungen für die Entlohnung und die Arbeitszeit suchen.
Flexible Lösungen, Arbeitszeit nach Maß heißt ja nicht – wie heute vielfach unterstellt – Rückkehr zur Arbeitgeberwillkür und Rückmarsch ins vorige Jahrhundert. Aber es heißt, daß durch dezentrale Vereinbarungen, zum Beispiel innerhalb eines Betriebes, sinnvollere, praktikablere Lösungen gefunden werden können, die den betrieblichen Notwendigkeiten der Arbeitsorganisation ebenso gerecht werden wie den Wünschen der Arbeitnehmer selbst.
Eine solidarische Neuverteilung der Arbeit ist notwendig; die Höhe der gegenwärtigen Arbeitslosigkeit, die demographische Entwicklung der nächsten Jahre und der durch neue Technologien ausgelöste Produktivitätsschub sprechen allesamt für diese These. Und schließlich spricht für arbeitszeitverkürzende Maßnahmen auch die Chance, mehr Freiheit in die individuelle Lebensplanung zu bringen. Auch hier bietet die Anwendung neuer Technologien neue Chancen. Sie verantwortungsbewußt zu nutzen, ist in erster Linie Aufgabe der Tarifvertragsparteien.
Die Einführung neuer Technologien verändert schließlich in starkem Maße herkömmliche Strukturen in den Betrieben bis hin zum einzelnen Arbeitsplatz. Auch hier liegen Chancen und Risiken dicht beieinander: Den Befürchtungen etwa einer Isolierung und Endsolidarisierung der Arbeitnehmer durch Heimarbeitsplätze, einer vermehrten Kontrollierbarkeit des einzelnen Arbeitnehmers oder des Abbaus von Schutzrechten der Arbeitnehmer über vermehrte Teilzeitarbeitsplätze oder Job-Sharing-Verträge steht die Möglichkeit der Einschränkung oder gar Beseitigung schwerster Arbeit in etlichen Bereichen industrieller Produktion gegenüber.
Auch hier also ist partnerschaftliches Handeln angezeigt. Neue Technologien dürfen den Arbeitnehmern nicht übergestülpt werden. Erweiterte Beteiligungs- und Mitwirkungsmöglichkeiten der unmittelbar Betroffenen, nicht der Funktionäre, sind deshalb ein Gebot der Stunde.

Die Förderung von Innovation, Forschung und Entwicklung gerade im Bereich der kleinen und mittleren Unternehmen muß weiter verbessert werden. Besonderes Gewicht kommt der Förderung des Technologietransfers zu: Die Umsetzung und wirtschaftliche Nutzung von Forschungsergebnissen muß beschleunigt werden. Verbesserte Kooperation zwischen Wissenschaft und Wirtschaft, Erleichterung des Personalaustausches zwischen beiden Bereichen, verbesserte Technologieberatung insbesondere für den Mittelstand, Existenzgründungshilfen für Wissenschaftler, die sich selbständig machen wollen, schließlich bessere Rahmenbedingungen für Wagnisfinanzierung und die Bereitstellung von Risikokapital – alles zusammen ergibt ein stimmiges Konzept einer zukunftsorientierten Wirtschaftsförderung.

Was wir hingegen nicht brauchen, sind neue staatliche Förderbürokratien und staatsinterventionistische Vorhaben, Forschung und Entwicklung und die Anwendung neuer Technologien durch direkte Eingriffe zu steuern. Statt dessen bedarf es der wachsenden Bereitschaft insbesondere der mittelständischen Unternehmer, die Herausforderungen neuer Technologien offensiv und zukunftsorientiert anzunehmen, die bereits vorhandenen vielgestaltigen Beratungsmöglichkeiten zu nutzen und entsprechend zu handeln – also im Wortsinne unternehmerisch tätig zu sein.

Schließlich erfordert die Einführung neuer Technologien parallel dazu eine bildungspolitische Qualifizierungsoffensive. Dies bedingt größere, auf die Entwicklung der Arbeitswelt und der Technik ausgerichtete Anstrengungen im Bereich von Bildung und Ausbildung. Denn die Arbeitsplätze der Zukunft werden in der Regel nicht etwa geringere, sondern höhere Qualifikationen erfordern.

Eine besondere Herausforderung stellt dabei ohne Zweifel die Berücksichtigung der Informationstechnik dar. Erhebliche Anstrengungen müssen sehr rasch unternommen werden, um die Lehrpläne und die Aus-, Fort- und Weiterbildung der Lehrer so zu gestalten, daß eine breite Einführung in die Nutzung, Zukunft und Konsequenzen der Informationstechnik vermittelt wird. Den gegenwärtigen Zustand aber mag ein Zitat aus dem Bericht der baden-württembergischen »Zukunftskommission« verdeutlichen: »Das Verhältnis der heutigen Schüler und Studenten zur Informationstechnik ent-

spricht dem des Analphabeten vor 300 Jahren: So wie dieser zwar wußte, daß es Bücher gab – die damals fast ausschließlich von Gelehrten, Priestern, Militär und der herrschenden Schicht genutzt wurden –, so steht der mittlere Bürger der Industriestaaten heute der Informationstechnik gegenüber: beeindruckt, besorgt, interessiert – aber letztlich unwissend.«
Das sind Herausforderungen, denen wir uns stellen müssen; hier brauchen wir zukunftsorientierte Konzeptionen, die unser Bildungswesen auf die Herausforderungen durch den technologischen Fortschritt und die damit verbundenen gesamtgesellschaftlichen Veränderungen vorbereiten.

Mit dem bisher Ausgeführten sind aber bei weitem noch nicht alle Auswirkungen neuer Technologien auch nur umrissen. Das Beispiel der neuen Technologien im Medienbereich zeigt deutlich, daß Politik – statt sich in unfruchtbaren Glaubenskriegen um die vermeintlich klare Alternative des Ja oder Nein zu verzetteln – vorausschauend einen ordnungspolitischen Rahmen für eine künftige Medienentwicklung setzen muß, um Fehlentwicklungen soweit wie möglich zu verhindern.
Die Chancen der neuen Medien werden in der öffentlichen Diskussion vielfach übersehen: Es kann möglich werden, die Informationsfreiheit und Meinungsvielfalt für die Bürger zu stärken, indem die Möglichkeit einer aktiven Beteiligung am Kommunikationsprozeß erweitert wird, indem das Bedürfnis nach verbesserter selektiver Kommunikation und Information in speziellen Fachgebieten besser befriedigt werden kann und indem Einschränkungen der Informationsfreiheit im bestehenden Mediensystem ausgeglichen werden können. Es sind also keineswegs nur wirtschaftliche, technologische und auch verfassungsrechtliche Gründe, die für die Einführung und Nutzung der neuen Medien sprechen.
Aber es müssen auch Grenzen gesetzt werden: Staatsferne und Parteiunabhängigkeit der neuen Medien sind unverzichtbar; und ebenso darf es nicht zu einseitigen wirtschaftlichen Abhängigkeiten kommen. Pluralität und Vielfalt der Programmangebote sind zu gewährleisten. Regelungen über Art und Umfang von Werbung sind ebenso erforderlich wie Bestimmungen des Jugendschutzes. Darüber hinaus

aber ist es nicht Aufgabe des Staates, sich zur Gouvernante der Bürger aufzuschwingen.

Dies alles spricht für eine Struktur der neuen Medien, die – unter einem öffentlich-rechtlichen Dach – auch privaten Anbietern Raum läßt, die möglichst dezentral angelegt ist, um lokale und regionale Angebote zu ermöglichen und zu fördern, und die vor allem den »Offenen Kanal« als Möglichkeit aktiver Bürgerbeteiligung erhält. Und dies sind zentrale Gestaltungsprinzipien, die sich in Landesmediengesetzen niederschlagen müssen.

Zwei weitere Problemkreise müssen in diesem Zusammenhang erwähnt werden.

Erstens: Parallel zu der gesetzgeberischen Arbeit an einem ordnungspolitischen Rahmen für die neuen Medien müssen Landtags- und Landesregierungen flankierende Maßnahmen treffen. Dazu gehört in erster Linie ein umfassendes medienpädagogisches Konzept, das mit den erforderlichen Finanzmitteln durchgesetzt werden muß. Denn schon jetzt ist klar, daß der Bürger umfassend auf die sinnvolle Nutzung der neuen Medien vorbereitet, ja dazu erzogen werden muß. Dabei sind vor allem Schule, Hochschule, Fort-, Weiter- und Erwachsenenbildung einzubeziehen. Medienpädagogik kann freilich nicht die Gefahren der neuen Medien verhindern. Sie kann allenfalls Hilfestellung bei der Bewältigung der Probleme leisten, die sich aus der Mediennutzung ergeben. Die letztliche Eigenverantwortung des einzelnen kann und will sie nicht ersetzen, sondern stärken.

Und zweitens: Der Datenschutz wird besonders für den Bereich der Kabelkommunikation zu einer politischen Herausforderung ersten Ranges. Schwerwiegende Gefahren drohen vor allem für die Persönlichkeitssphäre und machen ein weitestgehendes Speicherverbot von personenbezogenen Daten sowie ihre (soweit technisch möglich) Anonymisierung erforderlich. Insgesamt bedarf es einer bereichsspezifischen Sonderregelung für den Datenschutz, da das geltende Datenschutzrecht den speziellen Problemen der Kabelkommunikation nicht gerecht wird.

Nicht nur im Bereich der neuen Medien stellen sich für den Datenschutz neue Herausforderungen. Die mögliche Erstellung von Persönlichkeits-, Leistungs- und Bewegungsprofilen der Bürger (als Nutzer der neuen Medien, am Arbeitsplatz, im Gesundheits- und

Sozialbereich oder durch die Tätigkeit von Polizei und Grenzschutz) stellt eine Herausforderung gerade für Liberale dar, die einen »gläsernen Menschen« nicht wollen. Bereichsspezifische Lösungen für die verschiedensten Anwendungsbereiche neuer Technologien sind notwendig, um das Grundrecht auf Datenschutz real zu gewährleisten. Eine Abwehrhaltung gegenüber neuen Technologien hilft nicht weiter, sondern nur ein vorausschauendes Handeln, das die freiheitserweiternden Chancen neuer Technologien nutzt und zur Entfaltung kommen läßt und das zugleich die freiheitsbeschränkenden Risiken soweit nur irgendmöglich ausschaltet. Diese Herausforderungen zu meistern, ist eine der wichtigsten Zukunftsaufgaben der Liberalen.

Diese Herausforderung zu bestehen, hieße zugleich einzulösen, was Walter Scheel in seiner Dankesrede anläßlich der Verleihung des Ehrenvorsitzes der F.D.P. gefordert hat, nämlich sich der Aufgabe zu stellen, »die Liberalität in die Zukunft zu entwickeln: Zu ahnen, zu wissen, herauszufinden, was denn in der Zukunft von einem freien Menschen gefordert wird und dann Gesetzesinitiativen und Verhaltensweisen zu fördern, die genau dem gerecht werden.«

Ebenso wichtig ist auch, wie wir uns dieser Aufgabe unterziehen: Die Zukunft zu meistern ist kein Thema für Experten allein. Vielmehr müssen wir dafür sorgen, daß in allen Bereichen vor allem die Diskussion mit den Betroffenen intensiv geführt wird; daß er mitwirken und mitbestimmen kann; daß dem Bürger nichts übergestülpt wird; daß er sich nicht hilflos fühlt gegenüber Entwicklungen, die er glaubt, nicht überschauen und nicht beeinflussen zu können. Denn auch dies steht für mich fest: Wir können die Zukunft in einer liberalen Demokratie nur mit dem Bürger, nie gegen oder auch nur ohne ihn meistern. Und schließlich ist dies auch unabdingbare Voraussetzung dafür, daß der Bürger – wie Walter Scheel es einmal bezeichnet hat – »kritische Sympathie« für seinen Staat aufbringt.

Walter Scheel

Wir müssen uns entscheiden, wie wir in Zukunft leben wollen

Von Ludwig XIV. ist das Wort überliefert »L'état c'est moi« – »Der Staat bin ich«. Diesem Wort wird häufig der Satz Friedrich des Großen gegenübergestellt: »Ich bin der erste Diener meines Staates.« Mit diesen zwei Zitaten wird auf den Schulen der Übergang von der absoluten zur aufgeklärten Monarchie veranschaulicht.

Ein großer Deutscher hat Demokratie als eine Gemeinschaft von Königen bezeichnet. Er wollte damit ausdrücken, daß der Bürger eines freien Gemeinwesens der Souverän seiner eigenen Entscheidungen ist. Bezieht man jene beiden königlichen Worte auf den Bürger einer Demokratie, so erscheinen sie nicht mehr als Gegensatz, dann bedingen sie einander, dann sind sie, wie man so sagt, die zwei Kehrseiten einer Medaille.

Es ist unsere Überzeugung, daß der Bürger das Recht hat zu sagen: Der Staat bin ich. Das gilt in zweierlei Weise: Der Bürger ist der ursprüngliche Träger der staatlichen Gewalt. Alle demokratischen Institutionen haben ihren Grund und ihre alleinige Legitimation in dieser Souveränität des Bürgers; sie sind verfaßte Organe seines Willens. Unsere Verfassung ist die Form und die Regel, in der dieser Bürgerwille sich äußert. Das Wohl jedes einzelnen Bürgers ist jedoch auch das Ziel allen staatlichen Handelns. Von daher erhält es seinen Sinn. Der Staat ist dazu da, dem einzelnen die Rahmenbedingungen dafür zu geben, daß er seine Vorstellungen von Glück verfolgen und, soweit dies in dieser Welt möglich ist, verwirklichen kann. Der einzelne Bürger ist somit Ausgangspunkt und Ziel der Demokratie.

Ansprache zur Verleihung des Theodor-Heuss-Preises in München am 11. Februar 1977

Der einzelne jedoch kann sich selbst nur in der Gemeinschaft verwirklichen; er braucht, um sich als einzelner entfalten zu können, die Gemeinschaft. Die Souveränität des einzelnen findet in der Souveränität der anderen nicht nur ihre Schranke, sondern auch ihre Aufgabe. Freiheit im demokratischen Sinne ist nicht nur ein Individualbegriff, Freiheit ist im gleichen Maße ein sozialer Begriff: Die Freiheit des einzelnen bedingt die Freiheit der Gemeinschaft, und die Freiheit der Gemeinschaft ermöglicht die Freiheit des einzelnen. Leidet das eine, nimmt auch das andere Schaden.

Die Gemeinschaft ist die beste, in der die Freiheit des einzelnen und die der Gemeinschaft als eine Einheit verstanden werden. Und am freiesten ist der Bürger, der seine Fähigkeiten im freiwilligen Dienst an der Gemeinschaft verwirklicht. Freiheit und Dienen, Recht und Bindung streben in einer Demokratie jederzeit zu einem immer wieder gefährdeten Gleichgewicht, das täglich neu bestimmt und errungen werden muß. In anderen Staatsformen liegen die Dinge einfacher: Dort ist man Herr oder Diener. In einer Demokratie ist jeder Herr und Diener, ist jeder der Staat und der erste Diener des Staates.

Nur wenn wir das Verhältnis des einzelnen zur Gemeinschaft so verstehen, ist der Staat – ich zitiere ein Wort Thomas Manns – »die unzweifelhaft höchste Stufe des Menschlichen«. Nur dann ist, so fährt Thomas Mann fort, »das Problem des Staates, das politische Problem … als eine Angelegenheit des inneren Menschen, seiner Vervollkommnung, seines Besser- und Weiserwerdens zu erleben und zu begreifen und schließt es den Kreis des Menschlichen«.

Weder der schrankenlose Egoismus des einzelnen noch der totalitäre Anspruch einer Klasse, eines Staatsapparates sind mit der Demokratie vereinbar. Wir wollen beides: den einzelnen und die Gemeinschaft des Staates.

Der Theodor-Heuss-Preis zeichnet Bürger und Bürgergruppen aus, die ihre Freiheit im freiwilligen Dienst an der Gemeinschaft verwirklicht haben, Demokraten also im schönsten und besten Sinne des Wortes. Wenn man sich die Liste der Preisträger anschaut, so findet man Professoren, Schriftsteller, Journalisten, Soldaten, Politiker, Unternehmer und Bürgerinitiativen, die sich für die verschiedensten Zwecke des Allgemeinwohls eingesetzt haben. Schon aus dieser

Aufzählung wird erkennbar, jeder kann an dem Platz, an dem er in der Gesellschaft steht, in dem Beruf, den er ergriffen hat, in der Gruppe, der er angehört, seinen Beitrag leisten. Jeder der Preisträger hat durch sein Wirken klar gemacht, daß der Staat nicht nur eine Sache der Politiker und Amtsträger ist, sondern seine Sache. Dies findet seinen Ausdruck nicht in Proklamationen, deren es zur Genüge gibt, sondern in konkretem Tun. Der Phantasie sind hier keine Grenzen gesetzt.

Wenn ich den Theodor-Heuss-Preis richtig verstehe, so ist sein Hauptsinn weniger, die Geehrten zu belohnen, als Anregungen und Beispiele dafür aufzustellen, daß andere Bürger den Mut fassen, ihren Gemeinschaftswillen in die Tat umzusetzen. Es geht. Es ist schwer, aber es geht. Viel zu häufig hört man den Satz, der einzelne Bürger könne doch nichts machen; alles werde »von oben« bestimmt. Das ist nicht wahr. Aber freilich, was man machen kann, das erfährt man nicht nur durch die Theorie allein, sondern dadurch, daß man etwas macht. Und so gratuliere ich den Preisträgern und der Theodor-Heuss-Stiftung herzlich auch zu der Wahl dieses Jahres.

Wenn jeder Bürger diesen Beispielen folgte, so könnte das Wort von der Staatsverdrossenheit nicht aufkommen, das gegenwärtig die Runde macht. Denn, wenn der Bürger der Staat ist, dann bedeutet Staatsverdrossenheit ja Verdrossenheit mit sich selbst.

Ich habe jüngst gehört, daß noch nicht veröffentlichte Untersuchungen des Instituts Allensbach offenbar ergeben haben, daß sich die Unlustgefühle der Menschen in unserem Lande vermehren. Sie haben weniger Freude an ihrer Arbeit – und damit ganz allgemein weniger Lebensfreude.

Das heißt: die Menschen werden nicht nur mit dem Staat, mit den politischen und gesellschaftlichen Organisationen, mit unserer Konsum- oder Leistungsgesellschaft, mit diesem oder jenem unzufrieden, sondern mit ihrem Leben insgesamt. Der Mut, sein Leben in eigener Verantwortung zu gestalten, nimmt ab. Diese Entwicklung gilt nach der Erfahrung der Meinungsforscher nicht nur für einzelne Gruppen, sondern für alle: Selbständige und Unselbständige, Groß- und Kleinbetriebe, Hausfrauen und Unternehmer, Männer und Frauen, Junge und Alte.

Ein solcher Stimmungswandel in der Bevölkerung sollte jedem, der sich für das Allgemeinwohl verantwortlich fühlt, sehr zu denken geben. Es gibt kein Allgemeinwohl, wenn die Menschen sich unwohl fühlen. Nach den erwähnten Untersuchungen – die ja nur belegen, was viele von uns mehr oder weniger deutlich empfinden – gab es ein Unbehagen lange vor der Ölkrise, lange bevor Arbeitslosigkeit bei uns zum Problem wurde. Das allgemeine Wohl ist offenbar keine Funktion des Wohlstandes, des Lebensstandards. Sonst hätte die Lebensfreude mit steigendem Wohlstand wachsen müssen. Der Mensch braucht offenbar mehr und anderes und vielleicht Wichtigeres, um sich wohl zu fühlen.

Die Freude an Arbeit und Freizeit läßt nach. Die Neigung zur Kommunikation, zur Kontaktaufnahme mit anderen Menschen wächst. Auch das ist ein Ergebnis der Untersuchungen. Es gibt uns einen Hinweis darauf, wo die Ursachen für jenen Verlust an Lebensfreude zu suchen sind. Offenbar hat die Entwicklung der letzten Jahre zu einem Ungleichgewicht in jenem Verhältnis zwischen dem einzelnen und der Gemeinschaft geführt, von dem ich zu Anfang gesprochen habe. Vielleicht haben wir das Wohl des Menschen doch zu ausschließlich unter wirtschaftlichen Gesichtspunkten gesehen und darüber andere Grundbedürfnisse des Menschen vernachlässigt. An die Stelle des Ladens an der Ecke sind Selbstbedienungsläden und Kaufhäuser getreten. Städte und Landschaften werden durch breite Straßen getrennt, die nahezu jede Kommunikation hinüber und herüber unmöglich machen. Auf die schädlichen sozialen Wirkungen bestimmter Formen eines seelenlosen Wohnungsbaus habe ich schon mehrfach hingewiesen. Die Beispiele lassen sich beliebig vermehren. Überall findet ein Abbau menschlicher Begegnungsmöglichkeiten statt. Alles drängt zum Großen, Massenhaften. Der einzelne fühlt sich zunehmend isoliert. Die seelische Temperatur in unserem Lande sinkt.

Das ist ein politisches Problem; ich halte es für das politische Problem unserer Zeit. Die Freiheit einer Gesellschaft, in der der einzelne immer mehr isoliert und damit seiner sozialen Wirkungsmöglichkeiten beraubt wird, ist in Gefahr. Noch können wir dieser Gefahr begegnen.

Manche Worte unserer Sprache zeigen, daß man unempfindlicher geworden ist für jenes immer gefährdete Gleichgewicht zwischen dem einzelnen und der Gemeinschaft. Wie leicht geht uns das Wort von »der modernen Massengesellschaft« von den Lippen. Ein demokratischer Zustand wird damit jedoch auf keinen Fall beschrieben. Masse bedeutet ja wohl, daß die Individualität des einzelnen im Verhältnis zu den anderen Menschen untergegangen ist. Gerade das aber wollen wir nicht und dürfen wir nicht wollen.

Wenn wir der Vermassung entgehen wollen, dann müssen wir die sozialen Wirkungsmöglichkeiten des einzelnen, in denen er seine Persönlichkeit entfalten kann, wieder in den Mittelpunkt unseres politischen und gesellschaftlichen Handelns stellen. Dann müssen wir auch bei unseren ökonomischen Entscheidungen darauf achten, daß keine Entscheidungen getroffen werden, die zwar wirtschaftlich sinnvoll sind, der Vermassung jedoch Vorschub leisten können. Dann müssen wir dem Glauben abschwören, daß alles, was der Wirtschaft dient, auch der Freiheit und der Würde des Menschen diene.

Das heißt: Wir müssen alles, was wir tun, an den Grundnormen unserer Verfassung, den Artikeln 1 und 2 des Grundgesetzes, messen. Die übrigen Grundrechte sind Ausgestaltung dessen, was dort als »die Würde des Menschen«, als »die freie Entfaltung der Persönlichkeit«, als »die Freiheit der Person« bezeichnet wird. Diese Werte sind das Fundament unserer demokratischen Gemeinschaft, das heißt unseres Staates. Alles, was diesen Werten zu größerer Wirksamkeit verhilft, dient unserem Staat. Alles, was die Verwirklichung dieser Werte erschwert oder gar verhindert, schadet unserem Staat.

Ich glaube, es ist an der Zeit, daß wir alle Erscheinungen unseres Lebens auf allen Gebieten daraufhin prüfen, inwieweit diese Werte verwirklicht sind.

Darüber hat allerdings kein einzelner und keine einzelne Gruppe zu befinden, weder Regierungen, noch die Kirche, weder Journalisten noch Schriftsteller, weder Philosophen noch Sozialwissenschaftler. Sicher, es ist ein Irrtum zu glauben, unsere Demokratie, unsere Verfassung seien wertneutral. Es ist aber ebenfalls ein Irrtum zu glauben, es gäbe nur einen Weg, diese demokratischen Grundwerte zu realisieren. Je nach politischer, religiöser, philosophischer, weltanschaulicher oder sozialer Stellung wird der einzelne andere Vorstellungen als seine Mitbürger davon haben, wie diese Grundwerte zu verwirklichen seien.

Hier nun setzt die Grundwerte-Diskussion ein, deren Notwendigkeit von vielen verantwortungsbewußten Bürgern und Gruppen erkannt wird.
Es ist notwendig, daß wir uns darüber unterhalten, wie die Grundwerte unserer Verfassung in der politischen und gesellschaftlichen Wirklichkeit an allen Stellen unseres politischen und gesellschaftlichen Lebens verwirklicht werden können. Je konkreter dies geschieht, desto besser. Wenn wir feststellen, daß bestimmte Formen des Wohnungsbaus, der Bildungspolitik – zum Beispiel der Numerus clausus –, oder bestimmte Arbeitsbedingungen die freie Entfaltung der Persönlichkeit behindern, müssen wir uns Gedanken darüber machen, wie wir diese Formen und Bedingungen ändern können, damit diese schädlichen Folgen nicht eintreten.
Wenn auch niemand allein darüber zu entscheiden hat, wie die Grundwerte zu verwirklichen sind, so kann doch jeder mündige Bürger seinen Beitrag zu dieser Diskussion leisten. Und ich bin sicher: Bei einer solchen breiten öffentlichen Diskussion würden all die Gründe zutage treten, die heute die Lebensfreude der Menschen bedrohen.
Diese Sorgen und Nöte der Bürger, sie sind das eigentliche Thema der Politik. Sie sollten es wenigstens sein. Die Parteien sind nach unserer Verfassung besonders dazu berufen, bei der politischen Willensbildung des Volkes mitzuwirken. Ich möchte sie ausdrücklich dazu ermutigen, die Grundwerte-Diskussion in den Parteien zu beleben, ihre Vorstellungen zu entwickeln, den Bürgern darzulegen und um Mehrheiten für ihre Vorstellungen zu werben. Dann wird deutlich werden, was den Parteien gemeinsam ist und was sie trennt. Dann werden die politischen Alternativen klarer und einsichtiger für den Bürger sein. Erst dann kann sich der Bürger für eine bestimmte Zukunft entscheiden.
Denn das scheint mir klar zu sein: Der Verlust an Lebensfreude hängt sicher auch damit zusammen, daß die Menschen nicht mehr wissen, wie es weitergehen soll, wie es weitergehen wird. Wer keine Zukunft sieht, hat auch keine Hoffnung; und wer keine Hoffnung hat, wie sollte der Freude an seiner Arbeit und an seinem Leben haben?
Wenn wir zurückblicken, gewahren wir die gewaltige Aufbauleistung unseres Volkes nach dem Krieg. Zu Anfang war unser Land zerstört,

und wir waren arm. Heute ist das Land aufgebaut, und wir sind reich. Solange es um den Aufbau ging, brauchten wir nach dem Sinn unseres Tuns nicht zu fragen. Doch nun, da der Aufbau geschafft ist, stellt sich die Frage: Wie soll es weitergehen? Was ist denn eigentlich unser Ziel?

Technische Entwicklungen und Erfindungen beeinflußten unser Leben, ohne daß wir es so recht wahrnehmen: die ungeheure Vermehrung der Autos, die Fernsehapparate, die Flugverbindungen, das Telefon, die Pille, die Wasch- und Spülmaschinen, die Kühlschränke und vieles andere mehr, all das hat unser Leben von Grund auf verändert.

Wer hat eigentlich die Entscheidungen gefällt, die diese Veränderungen bewirkten? Ist irgend jemand für diese Veränderungen verantwortlich? Oder ist es nicht vielmehr so, daß sich diese Veränderungen einfach irgendwie ergaben, daß wir einem Fortschritt gehorchten, dessen positive und negative Auswirkungen vorher niemand eigentlich recht übersah?

Ich leugne nicht, daß diese Entwicklungen ihre positiven Seiten haben, daß sie in bestimmter Weise auch unsere Freiheitsräume erweitert haben. Ich frage mich nur, ob all das auch genauso gekommen wäre, wenn wir die Folgen dieser technischen Entwicklung vorher gekannt hätten, wenn wir vorher, in Kenntnis dieser Folgen, darüber hätten entscheiden können.

Ich will sagen: Viele der modernen Techniken haben Risiken mit sich gebracht, die vorher niemand übersah oder übersehen konnte, die niemand gewollt hat, für die niemand die Verantwortung trägt. Wir sind blind einem blinden Fortschritt gefolgt, von dem niemand weiß, wohin er uns jetzt, wenn es so weitergeht, führen wird. Nicht wir selbst, nicht die von uns gewählten Vertreter haben über diese entscheidenden Veränderungen entschieden, sondern der Fortschritt. Es ist nicht zuviel gesagt, wenn man behauptet, wir seien Gefangene des Fortschritts gewesen.

Ich habe das Gefühl, daß die Bürger in unserem Land es leid sind, einer Entwicklung überantwortet zu sein, für die niemand verantwortlich ist. Die Erregung, mit der die Diskussion über die Kernkraftwerke geführt wird, scheint mir ein deutliches Anzeichen dafür zu sein. Die Bürger wehren sich. Sie haben erkannt, daß die Einführung einer solchen neuen Technologie keine Entscheidung von Experten und Energieunternehmen sein darf, sondern daß es sich um eine politische Entscheidung handelt, für die politische Verantwortung übernommen werden muß. Ich halte das für eine sehr positive Entwicklung. Zum ersten Male spüren die Bürger, daß man nicht willenlos hinter dem Fortschritt hertrotten muß. Sie wollen die Verantwortung klargestellt haben, und zwar zu einem Zeitpunkt, zu dem noch entschieden werden kann.

Die Politiker müssen die Verantwortung übernehmen. Sie haben sie übernommen. Ich begrüße die klare Stellungnahme der Bundesregierung. Das Problem ist erkannt. Keine Entscheidung wird über die Köpfe der Betroffenen hinweg gefällt werden. Die Bürgerinitiativen haben ihren legitimen politischen Zweck erreicht: Ihr Wort und ihre Bedenken werden gehört werden, auch ohne gewaltsame Demonstrationen.

Eines möchte ich sehr deutlich sagen. Es ist kein legitimes politisches Ziel der Bürgerinitiativen, die Errichtung von Kernkraftwerken unmöglich zu machen, sei es mit friedlichen, sei es mit gewaltsamen Mitteln. Die Entscheidung darüber, ob Kernkraftwerke gebaut werden oder nicht, steht ausschließlich den legitimierten demokratischen Institutionen zu. Auch die Kernkraftgegner haben sich der Entscheidung der parlamentarischen Mehrheit zu beugen. Gefällt ihnen diese Entscheidung nicht, müssen sie versuchen, in den vorgesehenen demokratischen Bahnen ihre Meinung durchzusetzen, das heißt, eine politische Mehrheit für ihre Meinung in dieser Frage zu gewinnen.

Wenn es gestattet wäre, daß jede Gruppe ihre eigenen Interessen oder Absichten durchsetzen könnte, unbeschadet der Gesetze und Beschlüsse der legitimierten demokratischen Institutionen, dann wäre bald keine Bauordnung mehr durchsetzbar, dann könnten wir dem Staat und allem geordneten Zusammenleben »Ade« sagen.

Die Bürgerinitiativen verdienen ihren Namen nur, wenn sie aus Bürgern bestehen, das heißt, wenn sie in der Lage sind, ihre Interessen in die Interessen der Gemeinschaft einzuordnen und die Beschlüsse der Mehrheit als Recht zu respektieren. Ein Bürger, der das Recht nicht anerkennt, verdient nicht den Ehrennamen des Bürgers. Bürgerinitiativen, die das Recht nicht anerkennen, sind keine Bürgerinitiativen.

Aber wir Politiker sollten auch selbstkritisch sein und aus begangenen Fehlern lernen. Wie ist es vor nahezu zehn Jahren zur Bildungsdiskussion gekommen? Wie ist es zur Diskussion über die Kernenergie gekommen? Haben die Memoranden, die Vorsprachen in den Ministerien, haben die Kommentare verantwortungsvoller Journalisten etwas bewirkt? Haben die friedlichen Demonstrationen der Studenten oder der Bürgerinitiativen etwas bewirkt? War es nicht so, daß die staatlichen Stellen erst aufwachten, als radikale Elemente zur Gewalt griffen?

Das darf sich nicht wiederholen. Wir stellen die Demokratie selbst in Frage, wenn die Themen, die die Bürger bewegen, von den staatlichen Institutionen erst dann als Themen der Politik erkannt werden, wenn Gewalt angewendet wird.

Die Nutzung der Kernenergie wird sich politisch nur durchsetzen lassen, wenn der Bürger wahrheitsgemäß und umfassend über alle ihre Risiken informiert wird. Er hat das Recht, seine Meinung vorzutragen, und hat auch Anspruch darauf, gehört und ernstgenommen zu werden. Die Politiker müssen den Bürgern sagen, wie groß das Risiko bei Reaktorunfällen, auch im denkbar schlimmsten Fall, ist; welche Schäden bei einem »normalen« Unfall auftreten, welche Schäden bei kleinen technischen Pannen zu erwarten sind, welch hoher Grad an Sicherheit bei der Entsorgung heute technisch gewährleistet werden kann, welche Sicherheitsvorkehrungen getroffen werden sollen und so weiter. Es muß alles auf den Tisch. Es muß über alles offen und klar geredet werden. Dem Bürger sind ohne umfassende Information keine zusätzlichen Risiken zuzumuten.

Alle demokratische Politik gründet sich auf die Glaubwürdigkeit der demokratischen Institutionen. Diese Glaubwürdigkeit kann verlorengehen, nicht nur durch ausgesprochene Unwahrheiten, sondern auch durch das Verschweigen von Problemen und dadurch, daß man sie verdrängt, oder daß man, je nach politischer Opportunität, in Bund und Ländern eine unterschiedliche Politik verfolgt. Ich beobachte beunruhigt, daß sich die Positionen derselben Parteien in Bund und Ländern, zum Beispiel zur Kernenergiefrage, unterscheiden. Das muß den Bürger verwirren. Auch hier zeigt sich, daß eine Fundamental-Diskussion über die neuartigen Probleme, die die wissenschaftlich-technische Zivilisation uns stellt, in den Parteien unbedingt erforder-

lich ist, und zwar um der Glaubhaftigkeit der Parteien und damit unserer Demokratie willen.
Zur Sache selbst: Ich habe in letzter Zeit mit vielen Experten über die Frage der Kernenergie gesprochen, und ich bin, trotz nicht unerheblicher Bedenken, zu dem Ergebnis gekommen, daß es notwendig ist, Kernkraftwerke zu bauen: Ich sage: Trotz nicht unerheblicher Bedenken. Mit der Kernenergie sind Risiken verbunden. Aber auch mit der Nichteinführung der Kernenergie sind Risiken verbunden. Ich halte diese Risiken für größer und gewichtiger.
Die Vorstellung, wir könnten es uns leisten, auf die Kernenergie zu verzichten, und alles ginge weiter wie bisher, ist ein Irrtum. In den letzten dreizehn Jahren hat die Welt mehr Öl verbraucht als in allen Zeiten davor. Das ganze in der Nordsee lagernde Öl reicht nur aus, um den Zuwachsbedarf der Welt von nur einem Jahr zu decken. Die Ölvorräte machen nur sechs Prozent der Primärenergiequellen aus. Der Ölverbrauch wird zunehmen. Es ist abzusehen, wann die letzte Ölquelle erschöpft sein wird. Wenn dann nicht ausreichend Ersatzenergie zur Verfügung steht, droht unserer Gesamtwirtschaft und damit unserem politischen und sozialen System schwerster Schaden, der keinen einzigen von uns ungeschoren lassen würde.
Manche meinen, wir sollten die gegenwärtige Kernenergie-Technologie nicht weiterentwickeln und uns auf die Kernfusions-Technik konzentrieren, die, wie uns die Experten sagen, geringere Risiken enthält als die Kernspaltung. Zwar würde mit einer funktionierenden Kernfusions-Technologie die Kernenergiefrage, ja die Energiefrage insgesamt, in einem ganz anderen Licht erscheinen. Die damit zusammenhängenden technischen Probleme jedoch sind so schwierig und ihre Lösung, wenn sie überhaupt gelingt, wird so lange Zeit brauchen, daß wir erst nach dem abzusehenden Energieengpaß mit ihr rechnen können. Auch die Möglichkeit einer Kernfusion bewahrt uns also nicht vor der Entscheidung, heute für die nächsten Jahrzehnte die Weichen für unsere Energieversorgung zu stellen.
Und noch ein Grund, der wichtigste: Da die Zivilisation der Industrieländer zum großen Teil auf der Energiebasis Öl beruht, wird schon vor der Erschöpfung der Ölquellen der Verteilungskampf um das Öl immer härter werden. Dieser Gefahr für den Weltfrieden, denn dieser Verteilungskampf geht hin bis zum bewaffneten Konflikt, kann

am wirksamsten begegnet werden, wenn die Industrieländer in jener Zeit eines möglichen beginnenden Verteilungskampfes über ausreichende Ersatzenergien verfügen. Es ist nicht nur die Sorge um unsere wirtschaftliche Grundstruktur, es ist auch die Sorge um den Weltfrieden, die mich zu einem Befürworter der Kernenergie macht.

Nun könnte man sagen: Wenn das so ist, dann müssen wir eben sparen. Das müssen wir auf jeden Fall. Schon allein aus dem Grund, weil keine Generation das Recht hat, die Rohstoffe dieses Planeten für sich zu verbrauchen. Auch unsere Kinder und Enkel wollen leben. Aber wir können nicht so viel sparen, daß wir der Notwendigkeit einer Ersatzenergie entfliehen können. Je eher wir sie zur Verfügung haben, desto freier können wir später unsere Entscheidungen treffen. Denn durch die Diskussion über die Kernenergie ist uns deutlich geworden, daß wir uns fragen müssen, ob es eigentlich ein über allen Zweifel erhabenes Ziel ist, uns mit immer größeren Risiken immer größeren Wohlstand zu verschaffen. Sicher, Wohlstand ist ein vernünftiges Ziel; aber gibt es nicht eine Grenze, von der ab »Wohltat – Plage« wird? Von der ab die sozialen Kosten, die Kosten an Lebensfreude, der Preis der Angst und der Unsicherheit zu hoch werden? Immer mehr ernsthafte Menschen in unserem Lande stellen sich diese Fragen. Man sollte sie nicht mit einer leichten Handbewegung abtun. Man sollte beginnen, darüber nachzudenken. Meine Bitte, in eine Diskussion darüber einzutreten, ob und wie die Grundwerte unserer Verfassung in den verschiedenen Lebensbereichen verwirklicht sind oder nicht, enthält diese Aufforderung zur Selbstbesinnung.

Und wenn sich aus dieser Diskussion ergibt, daß es tatsächlich notwendig ist, neue Ziele zu definieren, so brauchen wir dafür eines am dringendsten: Zeit. Eine Umorientierung, die unser ganzes Leben betreffen würde, würde noch unabsehbare Probleme mit sich bringen. Um sie zu erkennen und zu lösen, brauchten wir mindestens die Zeit einer Generation. Solange werden wir, auch wenn wir uns zu einer Umorientierung entschlossen haben, ob wir es wollen oder nicht, ob wir es für richtig halten oder nicht, unsere bisherige Lebensweise weiterführen, denn sie läßt sich nicht von heute auf morgen ändern. Das aber wird ab einem bestimmten Zeitpunkt, der in nicht allzu ferner Zukunft liegt, ohne die Kernenergie nicht möglich sein.

8. Juli 1979: Bundespräsident Karl Carstens gratuliert seinem Vorgänger im Amt zum 60. Geburtstag. Neben Mildred Scheel Richard Stücklen, Hans-Dietrich Genscher, Wolfgang Mischnick, Liselotte Funcke.

3. Dezember 1980: Einführung des neuen Generaldirektors des Germanischen Nationalmuseums in Nürnberg, Gerhard Bott, durch den Vorsitzenden des Verwaltungsrates, Bundespräsident a. D. Walter Scheel. Links im Bild: Arno Schönberger, Vorgänger im Amt des Generaldirektors.

29. Oktober 1980: Walter Scheel eröffnet als Kuratoriumsvorsitzender das Symposium der Friedrich-Naumann-Stiftung in Athen. Links von ihm: der frühere griechische Ministerpräsident Kanellopoulos, der Parlamentsabgeordnete Mavros und der deutsche Botschafter Sigrist.

Empfang der Theodor-Heuss-Stiftung (in der Mitte die Vorsitzende Hildegard Hamm-Brücher) in der Evangelischen Akademie Tutzing anläßlich einer Diskussion der vier Verfassungsorgane: Bundespräsident (Walter Scheel), Bundesregierung (Helmut Schmidt), Bundesverfassungsgericht (Ernst Benda) und Bundestag (Karl Carstens).

Walter Scheel im Gespräch mit Hildegard Hamm-Brücher (1970).

Die Einführung oder Nichteinführung der Kernenergie sind aber nicht die einzigen Risiken, die uns in dieser Zeit bewußt werden. Gesunkene Öltanker bedrohen das Leben unserer Meere. Die Zwischenprodukte der chemischen Industrie erreichen in manchen Fällen einen Giftigkeitsgrad, den sich der Laie vor dem Unglück von Seveso kaum vorstellen konnte. Auf unseren Straßen starben 1976 14 500 Menschen, 480 000 wurden verletzt, viele von ihnen für ihr Leben Behinderte. Niemand vermag auch so recht abzuschätzen, welche Gefahren von dem massierten Einsatz von Computern in gar nicht so ferner Zukunft auf unsere Freiheit ausgehen können. Die Bürger konnten die ersten Smogvorwarnungen in Funk und Fernsehen vernehmen. Auch diese Beispiele lassen sich vermehren.

Ich meine: Es ist falsch, nur das Risiko der Kernenergie zu sehen, nur darüber zu diskutieren. Wir müssen erkennen, daß wir an vielen Stellen unserer Gesellschaft Entwicklungen eingeleitet haben, die ähnliche und zum Teil größere Gefahren und Risiken als die Kernenergie bergen. Und überall müssen wir uns fragen, ob wir diese Risiken auf uns nehmen wollen.

Zur Zeit wird über die Beteiligung unseres Landes an einem weltweiten Satelliten-Fernsehsystem verhandelt. Dieses System kann dazu führen, daß über zwanzig verschiedene Programme in jedem deutschen Haushalt empfangen werden können. Dies ist zunächst auch ein Zuwachs an Informationsfreiheit. Aber wissen wir eigentlich, welche Auswirkungen das auf unser gesamtes Mediensystem haben wird? Kann die zunehmende, von dem Bürger kaum noch zu verarbeitende Flut von Nachrichten, die meiner Ansicht nach schon heute das Hauptproblem unserer Meinungsfreiheit ist, nicht zur totalen Desinformation des Bürgers führen? Und noch eines: Aus jener Untersuchung über die Abnahme der Lebensfreude scheint man entnehmen zu können, daß ein wie auch immer zu deutender Zusammenhang zwischen der Gewohnheit des Fernsehens und der wachsenden Passivität und Unlust vorhanden ist.

Ich sage nicht, daß wir uns nicht dem Satellitenfernsehen anschließen sollten. Ich sage nur, daß wir uns vor unserer Entscheidung über die damit zusammenhängenden Risiken im klaren sein sollten. Über diese Risiken müssen die Bürger unterrichtet werden. Sie haben ein Recht darauf. Unsere Zukunft darf nicht das Ergebnis irgendeines

Fortschritts im Dienste ökonomischer Interessen sein, sondern sie muß das Ergebnis unserer freien Entscheidung sein.
Wir müssen die Dinge im Zusammenhang sehen; wir müssen uns darüber im klaren sein, wie wir in Zukunft leben wollen. Dieser Zusammenhang fehlt noch. Das ist einer der wesentlichen Gründe für die Unsicherheit, die den Bürger befallen hat.
Wie haben wir bisher Politik betrieben? Ich bin mir bewußt, daß ich bei meinen folgenden Ausführungen überzeichne und vereinfache. Aber das scheint mir um der größeren Klarheit willen erforderlich. Blicken wir noch einmal auf die Nachkriegszeit zurück. Damals gab es für uns ein klares Ziel: den Aufbau unseres zerstörten Landes und den Aufbau einer freiheitlichen Demokratie. Alles, was wir taten, jede Einzelmaßnahme, diente diesem Ziel. Und so haben wir uns die Probleme vorgenommen und sie gelöst, eines nach dem anderen.
Herausgekommen ist dabei ein freiheitlicher und demokratischer Rechtsstaat mit einer mächtigen Wirtschaft. Dieses Ergebnis rechtfertigt es, den Aufbau dieses Landes als eine der bedeutendsten politischen Leistungen unserer Geschichte zu bezeichnen.
Aber wir müssen uns fragen, ob diese bisher erfolgreiche Methode der Lösung von Einzelproblemen in einem demokratischen Geist für die Zukunft hinreichend ist. Wir konnten so verfahren, weil die Staatseinnahmen in jedem Jahr stiegen. Wir erkannten, daß wir zu wenig Krankenhäuser hatten, also bauten wir Krankenhäuser. Das Auto erfuhr eine ungeahnte Verbreitung. Also bauten wir Autobahnen und Straßen. Es gab zu wenig Universitäten, und diese waren zu klein. Also bauten wir neue Universitäten und erweiterten die alten. Die mit dem Fortschritt neu aufkommenden Probleme lösten wir mit dem Einsatz von mehr Geld.
Heute, wo die Ziele unklar geworden sind, werden wir nicht weiter so verfahren können, auch schon aus dem einfachen Grund, weil das Geld dafür nicht mehr vorhanden ist. Wir können nicht mehr bei den Einzelproblemen stehenbleiben, wir müssen nunmehr den Gesamtzusammenhang in der Politik erarbeiten.
Denn alles hängt ja miteinander zusammen. Je mehr Autos produziert werden, desto mehr Straßen brauchen wir, je mehr Straßen wir bauen, desto mehr Autos werden produziert. Das hat zur Folge, daß immer mehr Menschen mit dem Auto fahren und immer weniger mit

der Eisenbahn. Das ist wieder einer der Hauptgründe für das Zehn-Milliarden-Defizit der Bundesbahn. Der vermehrte Straßenbau greift auch tief in die Struktur unserer Landschaft ein. Die immer zunehmende Zahl von Autos stellt eine immer steigende Gefahr für die Reinhaltung der Luft dar, der wieder mit großem Einsatz von Mitteln begegnet werden muß. Das Auto hat die Gesamtstruktur unserer Städte und Landschaften verändert. Über all dem ist die Autoindustrie zu einer Schlüsselindustrie unserer Wirtschaft geworden, die, alles in allem, Millionen von Arbeitnehmern beschäftigt.

Dies ist nur ein Beispiel unter tausend möglichen. Man kann keine Bundesbahnpolitik machen ohne ein Gesamtkonzept der Verkehrspolitik. Man kann keine Verkehrspolitik machen ohne ein Gesamtkonzept der Wirtschaftspolitik. Man kann keine Umweltpolitik machen ohne ein übergreifendes Konzept, in das die Verkehrs- und die Wirtschaftspolitik eingehen müssen.

Keine politische Frage kann mehr als Einzelproblem behandelt werden; jede kann nur noch in einer politischen Gesamtkonzeption sinnvoll beantwortet werden. Solche politischen Gesamtbilder zu erarbeiten, erscheint mir als die große Aufgabe der Politik am Ende dieses Jahrhunderts. Dieses Problem ist so umfassend, so komplex und schwierig, daß es billig wäre, irgend jemand für das Fehlen eines solchen Konzeptes verantwortlich zu machen. Geben wir es offen zu, wir haben alle keines.

Solche Gesamtbilder können sich nur ergeben aus einer breiten Diskussion in der Öffentlichkeit. Diese Diskussion ist im Grunde nichts anderes als die Kehrseite der Grundwerte-Diskussion. Geht diese von den Grundwerten selbst aus und mißt die Realität an diesen Werten, so zielt jene darauf, die verselbständigten Teilziele in einen Gesamtzusammenhang zu bringen, der eben durch die Grundwerte bestimmt ist.

Alle müssen zur Diskussion beitragen, die Politiker, die Tarifpartner, die Wissenschaftler, die Journalisten, alle. Eine besondere Verantwortung liegt bei den Massenmedien, in denen sich die öffentliche Diskussion weitgehend abspielt und die die Informationen über diese Diskussionen den Bürgern vermitteln. Wenn politische Belanglosigkeiten zu historischen Ereignissen hochstilisiert werden, ist eine Rückbesinnung auf die Grundfragen unseres Staates nicht möglich.

Verglichen mit den Problemen unseres Bildungswesens sollte der Fall Krupinski-Franke eine Randnotiz auf Seite 5 sein und nicht wochenlang die Zeitungen beherrschen.
Wir müssen heraus aus dem Ressortdenken, wir müssen heraus aus dem Denken der Interessen- und Wählergruppen. Ja, ich glaube, daß selbst Interessengruppen heute ihre eigenen Interessen gar nicht richtig definieren können, ohne ein solches Gesamtbild der Politik entworfen zu haben. Das gilt für alle. Was die Interessen der Gewerkschaften, der Arbeitgeber, der Parteien, der Beamten, aller Gruppen in unserem Land angesichts der vorgegebenen Situation wirklich sind, das weiß im Grunde keiner. Es kann durchaus sein, daß das, was die einzelnen Gruppen gegenwärtig dafür halten, sich in relativ kurzer Zeit als ein den Interessen gerade dieser Gruppe schädlicher Irrtum erweist. Das Interesse einer Gruppe läßt sich nur vom Allgemeinwohl her bestimmen. Ich bestreite nicht, daß sich die führenden Vertreter der gesellschaftlichen und politischen Gruppen rationale und wohlfundierte Gedanken machen. Ich frage nur, ob die Grundlagen, von der diese Überlegungen ausgehen, überhaupt noch vorhanden sind. Diese Frage sollten wir uns alle stellen.
Daß sie so selten gestellt wird, hat viele Gründe. Da ist einmal die noch weithin anzutreffende Überzeugung, daß alles, was der technisch-wissenschaftliche Fortschritt bringt, gut sei. Und dann: man hat mit der bisherigen Methode Erfolg gehabt. Was könnte es Überzeugenderes geben als den Erfolg? Und glaubt man deshalb nicht auch, daß jede Änderung Schaden bringen müsse?
Den Parteien machen, mehr oder minder, Flügelkämpfe zu schaffen. Kann der Vorschlag zu einer Neubesinnung nicht zu neuen Flügelkämpfen führen? Und wenn man einen neuen Gedanken versucht, ist dann der politische Gegner nicht allzu bereit, zu behaupten, dieser Gedanke sei möglicherweise gar verfassungswidrig? Also läßt man es lieber. Und wie steht es mit der Information? Werden die Informationen über die wissenschaftlichen Forschungen, die uns die Grundlagen einer sachgerechten Diskussion unserer wahren Probleme ermöglichen, von den Wissenschaftlern, den Politikern, den Massenmedien eigentlich geliefert? Verdrängt nicht die Aktualitätssucht der Medien die eigentlichen langfristigen Probleme? (Ich bin gespannt darauf, was die Medien morgen von diesem Vortrag als wichtig bringen werden.)

Und führt das nicht wieder dazu, daß sich die Politiker hauptsächlich mit dem beschäftigen müssen, was die Medien für aktuell halten? Wer spricht heute noch von den Schwierigkeiten der Bildungspolitik? Wer spricht heute von der immer noch steigenden Drogensucht? Läßt die Flut der Gesetze unseren Abgeordneten überhaupt noch die Zeit und die Möglichkeit, in der Masse des Unwesentlichen die zwei Gesetze zu erkennen, die unsere Zukunft verändern? Stimmt der alte Gegensatz zwischen Konservativen und Progressiven eigentlich noch? Und wird dieser Gegensatz den neuartigen Problemen noch gerecht? Gibt es nicht einen neuen Konservativismus, der die überkommenen Natur- und Kulturwerte vor einem zerstörerischen technischen Fortschritt schützen will, und neue Progressive, die den Fortschritt nicht mehr wirtschaftlich, sondern nach den Kategorien der Lebensqualität beurteilen? Stehen sich Neuprogressive und Neukonservative nicht näher als Neukonservative und Altkonservative bzw. Neuprogressive und Altprogressive?

Fragen über Fragen. Wie man sie sich auch beantworten mag: der Versuch, Neues zu denken, hat es schwer in unserem Lande. Und dennoch muß dieser Versuch gemacht werden.

Denn Veränderungen, die heute schon in unserem Lande und in der Welt vor sich gehen, sind groß. Der Stimmungsumschwung in der Bevölkerung ist ein deutlicher Hinweis und eine Warnung. Wissenschaftler warnen uns vor der Erschöpfung der Rohstoffquellen. Die Grenzen der Belastbarkeit der Umwelt werden sichtbar. In zehn Jahren ändert sich die Welt mehr als früher in Jahrhunderten. Manche sprechen von einer Zeitenwende. Es mag dem einzelnen überlassen bleiben, wie tief er den Einschnitt sieht. Wichtig ist nur, daß wir das Ausmaß der Veränderungen erkennen.

Die mit diesen Änderungen heraufkommenden Probleme sind von einer solchen Größenordnung, daß wir auch unseren politischen Stil ändern müssen, wenn wir sie diskutieren. Die alte Praxis, daß auch vernünftige Vorschläge des politisch Andersdenkenden nur deswegen, weil sie von daher kommen, abgelehnt werden, ist in parlamentarischen Debatten, in denen es um die Zukunft unseres Volkes geht, nicht mehr angemessen, und – da möge sich niemand täuschen – sie wird von den Bürgern nicht mehr honoriert.

Ein vernünftiges Ergebnis werden wir nur dann erwarten können, wenn alle Seiten bereit sind, auf den Beitrag des anderen zu hören, ihn ernst zu nehmen, in den eigenen Gremien zu diskutieren und die Teile, die einem auf Grund der eigenen Überzeugung als erwägenswert scheinen, zu übernehmen. Dergleichen geschieht heute unter Ausschluß der Öffentlichkeit schon hundertfach in den Ausschüssen. Angesichts der Bedeutung der vor uns stehenden Fragen wäre es verhängnisvoll, wenn die notwendige parlamentarische Diskussion vor den Bürgern nur kontrovers und nicht, wie es die Aufgabe verlangt, in dem Bemühen um eine gemeinsame Lösung geführt würde.

Ich glaube an die freie Auseinandersetzung auf dem Markt der Meinungen. Niemand hat den Stein der Weisen. Aber alle geistigen Kräfte unseres Volkes, im Meinungskampf sich gegenseitig klärend, sie wären sehr wohl imstande, uns Bilder der Zukunft und Wege dahin zu zeigen, die wir brauchen, um Freude an unserem Leben haben zu können.

Ich bin kein Pessimist. Ich glaube, daß wir in der Lage sind, diese Aufgabe zu lösen. Wir sollten uns diese Hoffnung von Schwarzsehern nicht nehmen lassen. Ich habe Hoffnung. Doch wir können um so mehr Hoffnung haben, je eher wir damit beginnen, über die Zukunft nachzudenken, uns auf sie einzurichten, die Weichen zu stellen. Wir sollten heute, jetzt damit beginnen.

Hildegard Hamm-Brücher

Walter Scheels Beitrag zur demokratischen Kultur

Walter Scheel ist nicht nur Ehrenvorsitzender der Stiftung Theodor-Heuss-Preis seit 1979, er hat nicht nur im Rahmen ihrer Tätigkeit wichtige Grundsatzbeiträge geleistet, er ist auch und vor allem ihr siebenter Preisträger – zuerkannt im Jahre 1971. Auch damit hatte es eine typisch Scheelsche Bewandtnis, die in dieser Festschrift festgehalten werden soll.

Damals war Walter Scheel alles andere als »hoch auf dem gelben Wagen«, sondern in der wohl kritischsten Phase seiner ansonsten so steil und brillant verlaufenen politischen Karriere. Ein gutes Jahr zuvor – nach den Bundestagswahlen im Herbst 1969 – hatte er die F.D.P. aus der Opposition in die sozial-liberale Koalition geführt, die neue Ost- und Entspannungspolitik als Außenminister eingeleitet und als Parteivorsitzender das Freiburger Programm der F.D.P. auf den Weg gebracht.

Diese grundsätzliche Neuorientierung hatte die F.D.P. existentiell gefährdet – später allerdings erwies sie sich als die erste Etappe eines Gesundungsprozesses des politischen Liberalismus, der bis Anfang der achtziger Jahre anhielt.

1970 jedoch wehte der F.D.P. und ihrem Vorsitzenden eiskalter Hagel ins Gesicht: drei Landtagswahlen wurden verloren (Bayern hingegen im Dezember 1970 für die F.D.P. bravourös zurückgewonnen), der rechte Parteiflügel drohte abzufallen, die Regierungsmehrheit war knapp, die Verhandlungen mit der Sowjetunion, und gerade begonnen mit Polen, erwiesen sich als schwierig und zäh – innenpolitisch waren sie leidenschaftlich umkämpft.

In dieser Situation kam die Zuerkennung des Theodor-Heuss-Preises für Walter Scheel völlig überraschend. Sie bedeutete für ihn offenkundig eine große, vielleicht sogar *die* entscheidende Ermutigung. Jeder, der die Verleihung im Januar 1971 miterlebt hat, wird sich des strahlenden Preisträgers erinnern, der seine Freude und Genugtuung über diese Auszeichnung gar nicht zu verbergen suchte. Es war wichtig für ihn, daß der Nobelpreisträger Professor Adolf Butenandt die Zuerkennung begründete und der Herausgeber der »ZEIT«, Theo Sommer, die Festrede hielt.

Beide Ansprachen sind nicht nur interessante zeitgeschichtliche Dokumente, sie zeichnen auch ein Bild des liberalen Politikers und seines damaligen Beitrages zur Belebung der demokratischen Landschaft. Sie sind auch heute noch gültig.

Deshalb möchte ich den treuen Freund und Förderer unserer Stiftung mit den Worten ehren, die damals über ihn gesprochen wurden.

Adolf Butenandt:

»... Für die Begründung der Auswahl unserer diesjährigen Preisträger haben wir ein Motto aufgegriffen und diskutiert, das uns besonders bedenkenswert und klärungsbedürftig zu sein scheint – den Ruf nach ›mehr Demokratie‹, ergänzt durch den Ruf nach ›mehr Demokraten‹ ...

In einer Zeit, in der der Ruf nach ›mehr Demokratie‹ in allen Bereichen des öffentlichen, wirtschaftlichen, wissenschaftlichen, kirchlichen und privaten Lebens unüberhörbar geworden ist ..., muß man sorgfältig nach den Bereichen fragen, in denen mehr Demokratie zu fordern ist, und die Voraussetzungen klären, die erfüllt sein müssen, um ›mehr Demokratie‹ möglich zu machen und sinnvoll zu nutzen.

Ist der Ruf nach ›mehr Demokratie‹ – besonders für junge Menschen – nicht zu einer ideologisierten Zauberformel für ein ›herrschaftsfreies Zusammenleben‹ geworden? Mag diese Zauberformel auch einer tiefen Sehnsucht nach einem menschlicheren und gerechteren Zusammenleben entspringen, wir Älteren wissen nur zu gut, wie gefährlich es ist, gesellschaftliche oder politische Konflikte mit ideologischen Zauberformeln zu beantworten. Deshalb scheint es uns notwendig und unabdingbar zu sein, den Ruf nach ›mehr Demokratie‹ mit dem Ruf nach ›mehr Demokraten‹ zu ergänzen und zu präzisieren. Denn mehr Demokratie, das erfordert auch mehr Demokraten, das heißt

mehr mündige Bürger, die sich für die Glaubwürdigkeit und Veränderungsbereitschaft dieser Staatsform *mitverantwortlich* fühlen...
Eine Demokratie kann nur dann als gesichert gelten, wenn und so lange es eine demokratische Alternative für die Bildung von Regierungen gibt, daß also der Wechsel in der Führung einer Regierung von einer *demokratischen* Partei zu einer anderen übergeht, ohne daß die demokratische Ordnung als solche gefährdet wird. Erst dadurch wird die Bereitschaft für ein politisches Engagement gestärkt, erst dadurch wird die für die demokratische Ordnung so gefährliche Resignation über anscheinend unabänderliche politische Gegebenheiten verhindert beziehungsweise überwunden. In der Bundesrepublik Deutschland stand diese für alle Demokraten und alle demokratischen Parteien wesentliche Erfahrung über zwanzig Jahre aus...
Das Verdienst einer Alternative in der Regierungsbildung zum ersten Mal in der Geschichte der Bundesrepublik nicht nur theoretisch erörtert oder verbal gefordert, sondern tatsächlich vollzogen zu haben, fällt in erster Linie Walter Scheel zu. Er hat diesen Weg in der Erkenntnis gewagt, daß die politische Alternative für das Selbstverständnis einer noch unzureichend entwickelten demokratischen Staats- und Gesellschaftsform für die Einübung, Festigung und Bewährung der parlamentarischen Demokratie und des darin vorgesehenen Wechselspiels der Kräfte von existentieller Bedeutung sein würde. Er hat diese Einsicht über kurzfristige, ja bequemere Erwägungen gestellt – und die Konsequenzen gezogen. Damit hat er der Entwicklung demokratischen Denkens und Handelns in der Bundesrepublik neue Impulse gegeben und sehr viel Mut zu demokratischer Verantwortung bewiesen. Sein Mut zur Entscheidung und sein Stehvermögen, als richtig und notwendig erkannte Entscheidungen zu vollziehen, soll mit dem Theodor-Heuss-Preis ausgezeichnet werden...«

Theo Sommer:
»Wenn das Bonner System überleben sollte, dann mußte es den unwiderleglichen Nachweis erbringen, daß es innerhalb seines eigenen Rahmens zu grundlegendem Wandel fähig war. Die Vorstellung vom demokratischen Wechselspiel der Kräfte durfte kein unwirkliches Lesebuchbild bleiben... Aus der *Möglichkeit* der Alternative

mußte die *Wirklichkeit* der Alternative werden. Nur so ließ sich nach über zwanzig Jahren die Kluft zwischen Staatstheorie und Staatspraxis schließen, nur so konnte in der Bonner Politik Wettbewerbsdenken wieder an die Stelle von Erbhofattitüden treten, und nur so konnte die westdeutsche Demokratie den Säuretest bestehen, ohne den die Frage nach ihrer Festigkeit und Belastbarkeit bloß mit Zögern und Zaudern hätte beantwortet werden dürfen: Die Umkehrung der Machtverhältnisse.

... Wir preisen den Politiker Walter Scheel, der durch einen Akt politischer Courage in unserem Staate einen Wechsel herbeiführen half, wie er nach so langer Zeit nicht mehr länger hinausgeschoben werden durfte, sollte die westdeutsche Demokratie aus ihrer unifarbenen Selbstgefälligkeit herausgerissen und ehrlich gemacht werden. Über den Entschluß hätte das Wort Lichtenbergs stehen können: ›Ich kann freilich nicht sagen, ob es besser werden wird, wenn es anders wird. Aber so viel kann ich sagen: Es muß anders werden, wenn es gut werden soll.‹ ...

Walter Scheel hat diese Entwicklung nicht forciert, sondern reifen lassen ... Als das Wahlergebnis feststand, zögerte er nicht einen Augenblick lang, seine Absicht in die Tat umzusetzen. Er widerstand allen Pressionen und Lockungen, die ihn von dem Wege abbringen sollten, den er sich vorgezeichnet hatte. Unsere Republik hat es ihm zu danken, wenn nach zwei Jahrzehnten ein Wechsel in der politischen Verantwortung stattfinden, der ... Reifetest der Demokratie schließlich bestanden werden konnte ...

Walter Scheel ließ sich nicht beirren. Er setzte alles auf die Karte des Wandels: Seine politische Karriere wie die Existenz seiner Partei. ›Nichts geschieht ohne Risiko‹, sagte er sich, ›aber ohne Risiko geschieht wiederum auch nichts.‹ Von vornherein wappnete er sich mit jener Festigkeit des Herzens, die auch dem Scheitern gewachsen ist ...

Walter Scheel wird hierzulande noch immer verkannt ... Nach und nach erst tritt hinter dem Habitus der Gelassenheit die kämpferische Gesinnung hervor, das Stehvermögen, die Entschlossenheit zur Härte. Das Klischee von der rheinischen Frohnatur wird dem liberalen Parteiführer nicht gerecht. Dieses immerhin hat sich mittlerweile herumgesprochen ...«

Ich habe gerade diese Auszüge aus den Ansprachen zur Verleihung des Theodor-Heuss-Preises 1971 an Walter Scheel für die Festschrift 1984 zu seinem 65. Geburtstag ausgewählt, weil sie eindringlicher, als ich es heute vermöchte, beschreiben, welche Schlüsselfunktion Walter Scheel in diesen für die Funktionsfähigkeit unserer Demokratie und für ihre Fortentwicklung so entscheidenden Augenblicken hatte.

Er war es, der diesen ersten Wechsel gewollt hat, der ihn möglich gemacht und ihn schließlich durchgestanden hat.

Nachträglich gesehen, war dies sein ganz persönlicher Beitrag zur Wiedergewinnung demokratischer Alternativen – verbunden mit dem ganz persönlichen Risiko des Scheiterns.

Aber er scheiterte nicht, und so war es nur folgerichtig, daß er drei Jahre später zum zweiten liberalen Bundespräsidenten unserer jungen Republik gewählt wurde. Ähnlich wie Theodor Heuss (allerdings mit den veränderten Akzenten der Generation des Zweiten Weltkrieges) hat er sein liberales Demokratieverständnis nicht nur deklamiert, sondern mehrfach in politisches Handeln umgesetzt und auch damit Erfolg gehabt.

Für diese Übereinstimmung zwischen Denken, Reden und Handeln ist auch jene, in dieser Festschrift abgedruckte Ansprache charakteristisch, die er – nunmehr als Bundespräsident – 1977 zur Verleihung des 13. Theodor-Heuss-Preises an den Kaiserslauterner Unternehmer Karl Werner Kieffer und den Frankfurter Unternehmer Dietrich Fertsch-Röver gehalten hat.

Diese Ansprache ist wie viele andere während seiner Bundespräsidentschaft heiß diskutiert worden. Sie hat Anstoß erregt und Anstöße gegeben. Sie dokumentiert seine liberale Offenheit angesichts der damals besonders heftig umkämpften Errichtung von Kernkraftwerken. Sie belegt seine Voraussicht angesichts der ersten Symptome einer wirtschaftlichen Rezession, der beginnenden Arbeitslosigkeit und Staatsverdrossenheit. Und nicht zuletzt: hinter allem Bedenkenswerten, auch Sorgenvollen schimmert immer sein ermutigender Optimismus: »Sie wissen, ich bin kein Pessimist. Ich glaube, daß wir in der Lage sind, diese Aufgaben zu lösen. Wir sollten uns diese Hoffnung von Schwarzsehern nicht nehmen lassen... Wir können um so mehr Hoffnung haben, je eher wir damit beginnen, über die

Zukunft nachzudenken, uns auf sie einzurichten, die Weichen zu stellen ...«

Auch nach seinem Ausscheiden aus dem Amt des Bundespräsidenten hat Walter Scheel unserer kleinen Stiftung die Treue gehalten – wie unter seinen vielen menschlich liebenswürdigen Eigenschaften die Treue zu seinen schönsten und bewegendsten gehört. Ich habe dies persönlich, besonders in schweren Zeiten, dankbar erfahren. Bis heute hat er unserer Stiftung seine Freundschaft und Treue gehalten. Den von uns angetragenen Ehrenvorsitz hat er nicht nur pro forma übernommen. An entscheidenden Vorstandssitzungen nimmt er (fast) regelmäßig teil, sitzt in unserem eher familiären Kreise, prüft aufmerksam den Wein, gibt kluge Ratschläge, während unsere alte schwarze Katze auf seinen Knien schnurrt ...

Ohne Walter Scheel wäre auch die diesjährige 20. Verleihung des Theodor-Heuss-Preises weniger strahlend gewesen. Mit seiner Laudatio »des früheren Bundespräsidenten auf den künftigen in Anwesenheit des amtierenden« – hat er neuerlich seine Gabe bewiesen, unserer demokratischen Kultur neue Impulse zu geben und ihre Pflege allen Demokraten zur fröhlich-freiwilligen Pflicht zu machen:

»Gerade in einer lebendigen und lebensstarken Demokratie ist Politik Auseinandersetzung und Ringen um Macht und Mehrheit. Niemand hat das besser gewußt als der Mann, dessen Namen die Auszeichnung trägt, die heute vergeben wird. Ein Zeugnis dafür ist seine erste Ansprache als Bundespräsident, in der sich Theodor Heuss mit jenen auseinandersetzt, die gesagt und geschrieben hatten, zur Politik fehle ihm wohl die Ellenbogenkraft. Darauf hat er in der ihm eigenen spitzen Manier gesagt: ›Von der Ellenbogenpolitik haben wir reichlich genug gehabt. Ich betrachte es persönlich als einen Gewinn meines Lebens im öffentlichen Sein, daß ich ... auf der Rechten wie auf der Linken persönliche Freundschaften und Vertrauensverhältnisse besaß und heute besitze, das wird so bleiben.‹

Für Theodor Heuss war Ellenbogenpolitik Rücksichtslosigkeit, Unfairness, schlechter politischer Stil ...

Die Machtbefugnisse des Bundespräsidentenamtes sind durch die Verfassung begrenzt. Der Bundespräsident hat keine großen Entscheidungsmöglichkeiten. Aber das ist eher ein Vorteil für seine

Möglichkeiten, Einfluß auf die Politik generell – nicht die Tagespolitik – zu nehmen. Denn das Amt des Bundespräsidenten ist ein politisches Amt. Wenn er durch seinen Stil Zugang zur Öffentlichkeit findet, hat sein Wort politisches Gewicht, vor allem deshalb, weil er nicht in die Auseinandersetzungen der Parteien verstrickt ist. So kann er vermitteln zwischen den Generationen, den gesellschaftlichen Gruppen, den politischen Parteien. Er kann das Gemeinsame herausstreichen, das Verständnis für den andern fördern, wecken, und er kann diesen Staat in der Welt und auch im Innern in seiner Art als freiheitlichen Rechtsstaat mit stark sozialer Bindung darstellen.«

Wenn in unserer fünundreißigjährigen Bundesrepublik heute so etwas wie die Anfänge einer demokratischen Tradition sichtbar und erste Ansätze einer demokratischen Kultur spürbar werden, dann hat sich Walter Scheel um beides verdient gemacht.

Walter Scheel

»Global 2000«

Der Bericht »Global 2000« ist vor rund einem halben Jahr in der Bundesrepublik Deutschland veröffentlicht worden. Er hat seitdem einen reißenden Absatz gefunden. Die Friedrich-Naumann-Stiftung möchte den Bericht aber nicht unkommentiert wirken lassen, sondern mit diesem Hearing das Gespräch über »Global 2000« stärker in der breiten Öffentlichkeit anregen.

Bei der jüngeren Generation gehört »Global 2000« quasi zur Pflichtlektüre. Woher kommt dieses große Interesse? Welche Schlußfolgerungen zieht die Jugend aus diesem Bericht? Was erwartet sie in diesem Zusammenhang von den Verantwortlichen, von den Wissenschaftlern, den Unternehmen, den Gewerkschaften, den Politikern?

Wenn es uns ernst ist, mit der Jugend ins Gespräch über die Probleme zu kommen, die sie beschäftigen, dann müssen wir mit ihnen auch über den Bericht »Global 2000« sprechen.

Die Schlußfolgerung von »Global 2000« ist eine Katastrophenmeldung: »Wenn sich die gegenwärtigen Entwicklungstrends fortsetzen«, so heißt es in dem Bericht, »wird die Welt im Jahre 2000 noch überbevölkerter, verschmutzter, ökologisch noch weniger stabil und für Störungen anfälliger sein als die Welt, in der wir heute leben.«

Mancher Bürger, der dies hört, wird sich erst einmal eine Art Alibi suchen, um sich mit dieser bedrohlichen Zukunftsprognose nicht auseinandersetzen zu müssen. Er erinnert sich an Orwells »1984«; zu seiner Beruhigung stellt er fest: Orwells Zukunftsbild wird sich ja aller Wahrscheinlichkeit nach nicht realisieren, im Jahre 1981 kann

---

Ansprache zum Hearing der Friedrich-Naumann-Stiftung über den Bericht »Global 2000« in Bonn am 19. Mai 1981

man diese kurzfristige Voraussage machen. Also braucht man auch »Global 2000« nicht so ernst zu nehmen.
Andere fühlen sich von diesen Zukunftsvorstellungen für das Jahr 2000 bedrängt, ihnen nicht gewachsen. Sie stecken lieber den Kopf in den Sand, um von alledem nichts zu hören und nichts zu sehen.
Eine weitere Gruppe geht sachlich an den Bericht heran, prüft Fakten, Methoden, Zahlen und Hypothesen. Sie weist auf methodische und inhaltliche Mängel hin und hält es für höchst bedenklich, aus diesem Bericht Schlußfolgerungen für die Zukunft zu ziehen.
Die wesentlichen Einwände, die gegen den methodischen Ansatz des Berichts gemacht werden, richten sich gegen die Methode der Trendextrapolation unter Status-quo-Bedingungen. Heute erkennbare Entwicklungslinien und Verhaltensweisen werden fortgeschrieben, Hypothesen werden formuliert. Nach Meinung dieser Kritiker kann daraus nur ein Zukunftsbild entstehen, das die Gegenwart in die Zukunft verlängert, ein Zukunftsbild, in dem die heutigen Probleme automatisch in verschärfter Form zutage treten müssen. Anpassungen und Prozesse, die korrigierend wirken könnten, blieben unberücksichtigt. Bei der Beschäftigung mit den Ergebnissen dieser Studie ist die Frage nach der Relevanz der Methode und – als Konsequenz – der Ergebnisse berechtigt.
Ich habe einmal in einer früheren Rede sinngemäß gesagt, daß die, die die Zukunft nur als eine Fortschreibung der Gegenwart sehen, die geschichtsverändernde Kraft der Freiheit und der Vernunft verkennen. Ihr Wille, ihre Absicht, alles so zu lassen, wie es ist, erschwert die Entfaltung von Freiheit und Vernunft, lähmt den Willen zur Veränderung, den Willen, überhaupt etwas zu der Bewältigung der Zukunft zu tun.
Dies scheint sich mit der Methodenkritik zu decken, aber eben nur scheinbar. Mit Methodenkritik allein sind die Probleme der Zukunft nicht zu lösen, es sei denn, daß sie uns die Ansätze für eine Methode liefert, die zu besseren Erkenntnissen führen kann.
Wir können die Zukunft weder meistern, indem wir uns sträuben, beunruhigende Voraussagungen zur Kenntnis zu nehmen, noch dadurch, daß wir uns hinter der Methode verschanzen. Wir können uns nicht damit begnügen, auf Probleme, die sich in der Gegenwart stellen, zu reagieren. Wir müssen uns von den Bedürfnissen der

Gegenwart lösen, müssen uns heute den Herausforderungen der Zukunft stellen, indem wir heute versuchen, die Probleme der Zukunft zu bestimmen und heute nach Lösungen suchen. Die Menschheit ist dazu in der Lage. Aber nicht Resignation löst Probleme, eher helfen Ideen. So sah es schon Friedrich Schiller, als er vor 200 Jahren seinen Zeitgenossen den Rat gab: »... weil leider unser Himmel und unsere Erde, der eine so trüb, die andere so mager, müssen wir sie mit Ideen bevölkern ...«

Der Bericht »Global 2000« stellt die Frage nach der Zukunft. Er fordert dazu auf, sich mit der Zukunft zu beschäftigen, ungeachtet, ob man seine Ergebnisse und Schlußfolgerungen für wahrscheinlich hält oder nicht. Die Tatsache allein, daß hier der Versuch gemacht wird, die weltweite Entwicklung von Wirtschaftswachstum, Bevölkerung, Landwirtschaft und die daraus entstehenden Folgen für die Umwelt als einheitliches Ganzes aufzuzeigen, zwingt dazu, sich mit der Frage nach der Zukunft unserer Welt auseinanderzusetzen. Die Frage nach der Zukunft dieser Welt liegt mit dem Bericht auf dem Tisch, wir können sie nicht mehr ungestellt machen. Wir müssen eine Antwort finden, die dieser Fragestellung gerecht wird.

Diese Fragestellung geht uns alle an, Bürger, Experten, Wissenschaftler, Politiker. Und nur gemeinsam können alle Gruppen zu einer Bewältigung der Zukunftsfragen kommen.

»Global 2000« malt eine Katastrophenkulisse für die Zukunft, wenn wir heutige Trends nicht entscheidend verändern werden. Wie soll der Bürger mit den dort skizzierten Voraussagen fertig werden? Wie soll sich die Jugend mit einem Staat und einer Gesellschaftsform identifizieren, die sich jenen, für sie brennenden Fragen verschließen; wie sollen politische Ideen in konkretes Handeln umgesetzt werden können, wenn nicht eine genügend große Zahl der Bürger sie bejaht? Wie soll die »geschichtsverändernde Kraft der Freiheit und der Vernunft« zum Zuge kommen, wenn sich die Bürger ihrer Notwendigkeit nicht bewußt sind, nicht bewußt sein können, weil sie nicht darüber informiert sind?

Alle Erfahrung hat gezeigt, daß die Menschen Lösungen finden, wenn sie die Probleme und die Notwendigkeit zu handeln erkennen. Die Bürger sind bereit, ihr Verhalten zu ändern, sich auf künftige Entwicklungen einzustellen, Einschränkungen hinzunehmen, wenn man

Walter Scheel und Ralf Dahrendorf in Stuttgart am 3. Juli 1968.

20. März 1981: Walter Scheel besucht zusammen mit dem Maler Herbert Schneider die Westdeutsche Kunstmesse in Köln.

Bundespräsident Walter Scheel besucht das Atelier des Bildhauers Professor Fritz Reuter (Mitglied des Deutschen Künstlerbundes) in Berlin (1976).

Bundespräsident Walter Scheel empfängt die Ankaufskommission für die Kunstsammlung der Bundesrepublik (10. Januar 1975).

26. September 1981: Jahresausstellung des Deutschen Künstlerbundes in Nürnberg. Von links: Anton W. Graf von Faber-Castell, Walter Scheel, Ehrenpräsident des Deutschen Künstlerbundes, Generaldirektor Gerhard Bott, Bundespräsident Karl Carstens, Oberbürgermeister Andreas Urschlechter und Curt Heigl, Direktor der Kunsthalle.

sie umfassend informiert. Einen Beweis dafür haben sie im letzten Jahr gegeben. Es wurde erheblich weniger Öl verbraucht, die Sparappelle hatten Erfolg.
Erforderlich ist eine sachliche, vernünftige Information, die für jedermann verständlich auf die Gefahren und Lösungsmöglichkeiten aufmerksam macht und der es nicht darum geht, Sensationen zu verbreiten.
Der Bericht »Global 2000« beschränkt sich darauf, auf zukünftige Probleme hinzuweisen. Er beschäftigt sich nicht mit Lösungsansätzen. Dieses Hearing wird weitergehen. Es stellt an die Referenten und Experten die Frage, wo und wie Aktionen zur Lösung der Probleme ansetzen können. Von mir nur eine kurze Bemerkung dazu: Wir können uns nicht damit begnügen, daß wir nun eine Studie vorliegen haben. Wir müssen die angeschnittenen Probleme aufgreifen, weiterverfolgen, das Datenmaterial absichern, die Methoden für weltweite interdependente Entwicklungstrends und Zukunftprognosen verbessern.
»Global 2000« macht aber noch ein Zweites deutlich: Kein Land, kein übernationaler Zusammenschluß von Ländern kann sich selbst lobend auf die Schulter klopfen, wenn es sich nur um die Zukunft im eigenen Haus bekümmert. Es wäre zwar lobenswert, wenn die Industrieländer wenigstens bei sich zu Hause all ihre Umweltprobleme in den Griff bekämen. Aber es wäre eben nicht ausreichend. Denn Bodenerosion, Versteppung, Versalzung, Wassermangel und Bevölkerungszunahme sind nicht nur die Probleme der Entwicklungsländer; es sind auch unsere Probleme. Jedes Mehr, das zur Verschlechterung der Lebenssituation in diesen Ländern beiträgt, erhöht die Spannung zwischen Industrieländern und den Entwicklungsländern, stellt eine Gefahr für den Weltfrieden dar, legt uns die Pflicht auf, zu handeln. Aus der öffentlichen Diskussion um den Bericht »Global 2000« erhoffe ich mir nicht zuletzt einen wesentlichen Beitrag, um in der Öffentlichkeit das Bewußtsein für diesen dringenden Handlungsbedarf zu verankern.
Es ist ein Handlungsbedarf, der nicht nur unsere humanitäre und moralische Bereitschaft zu helfen herausfordert. Es ist auch eine Herausforderung an das demokratische Gesellschaftssystem und sein marktwirtschaftliches Instrumentarium. Kann es verwundern, wenn

angesichts eines weltweiten Mangels an Nahrungsmitteln und Ressourcen es auch zu einem Mangel an Vertrauen in die freiheitlichen und demokratischen Kräfte kommen kann?
Der britische Historiker Arnold Toynbee hat die These aufgestellt, daß die Menschheit bisher immer dann die wichtigsten Fortschritte gemacht hat, wenn die Herausforderungen besonders groß waren. Nun, die Herausforderungen sind da. Besinnen wir uns wieder der Kräfte unseres freiheitlichen demokratischen Gesellschaftssystems, nutzen wir sie, um die notwendigen Anpassungen einzuleiten. Darauf will dieses Hearing aufmerksam machen.

Ralf Dahrendorf

Über die Zukunft nachdenken

Daß Walter Scheel als Vorsitzender des Kuratoriums der Friedrich-Naumann-Stiftung die öffentliche Anhörung über »Global 2000« eröffnete, bedeutete nicht, daß dies für ihn ein neues Interesse gewesen wäre. Als Bundespräsident hatte er bei mehreren Gelegenheiten die Villa Hammerschmidt für diejenigen geöffnet, die über die Zukunft nachdenken, ihnen dabei zugehört, seine Fragen gestellt und seinen eigenen Beitrag geleistet. Ohnehin sprach der globale Zugriff den Mann an, der frühzeitig schon die Fragen des eigenen Landes im weiteren Kontext vor allem auch der armen Länder der Welt sehen gelernt hatte.

Walter Scheels eigener Beitrag bestand dabei stets aus einer Mischung, die gar nicht so ganz leicht zu ertragen ist. Zwar distanziert er sich in der hier abgedruckten Rede ein bißchen von der Katastrophenstimmung, die nicht nur »Global 2000« verbreitet. Aber er war auch immer durchaus illusionslos in der Analyse. Er hat sich nichts vorgemacht. Er hat also nicht so getan, als gäbe es die Fragen des Hungers der Bevölkerung, der Umweltverschmutzung nicht. Beschönigende Analyse ist ja eine der gefährlichen Verkürzungen unseres Verständnisses der Welt – aber nicht eine, der Walter Scheel jemals zum Opfer gefallen wäre. Das ist wichtig. Es erklärt nämlich die in all seiner Freundlichkeit liegende Härte, wobei das Wort im besten, kräftigsten Sinn zu verstehen ist.

Andererseits hat Scheel nie gezögert, ja mehr, es immer nötig gefunden, auch dann Hoffnung zu suchen, wenn ihm klar war, daß das Maß an Hoffnung, das zu rechtfertigen ist, in einem schrecklichen Mißverhältnis zu den Notwendigkeiten steht. Das ist selbst dann keine leere Hoffnung. »Es ist besser, eine kleine Kerze anzuzünden, als die Dunkelheit zu verfluchen«, trifft Walter Scheels Einstellung zu den großen Weltfragen ganz gut. Hier fordert er weitere, detailliertere Untersuchungen, womit er sicher Recht hat. Auch erinnert er an die simple, doch wichtige Tatsache, daß Fortschreibung des Vergangenen die Kräfte der Menschen unterschätzt. Man kann etwas tun, wie wenig es auch sein mag. Das ist nicht leerer Optimismus, das ist eine deutliche Haltung.

Überhaupt ist Walter Scheels vielberufener Optimismus, ist auch seine Fröhlichkeit oft mißverstanden worden. Daß es beide gibt und daß sie ein Teil seines Charmes, seiner Wirkung sind – wer wollte es leugnen? Indes steckt in beiden mehr Überwindung von Widerborstigem, von Leiden, mehr Härte als den meisten je klar wird. Vielleicht ist das gut so. Doch muß man es einmal sagen, damit die Haltung Walter Scheels nicht als leichter Ausweg mißdeutet wird.

Walter Scheel hat es sich zur Ehre angerechnet, den Vorsitz des Kuratoriums der Friedrich-Naumann-Stiftung zu übernehmen. Das Kuratorium versammelt viele Männer und Frauen, die in einem weiten Sinn liberal denken; es ist keine parteipolitische Einrichtung. Vom Vorsitzenden verlangt es genau jene einfühlsame Verhandlungsführung mit sicherer Hand (ja, auch hier wieder die Kombination von beidem!), die Walter Scheel zur Kunst entwickelt hat. Die Friedrich-Naumann-Stiftung hat viel Gewinn aus der Arbeit des Kuratoriums gezogen. Dessen Vorsitzender ist für sie unentbehrlich. Seine Erfahrung, sein Stil, seine Offenheit für neue Fragen, sein kritischer Rat, sein lächelndes Abraten noch, seine helfende Hand sind immer wieder nötig. Der Vorsitzende des Vorstandes jedenfalls kann sich seine Tätigkeit nicht recht vorstellen ohne Walter Scheel an der Spitze des Kuratoriums.

Er hat viele andere Erinnerungen und Beziehungen zum Jubilar, von denen hier nicht zu sprechen ist – außer dem einen Satz vielleicht: Walter Scheel, der liberale Staatsmann, hat nie nur Rollen gespielt, sondern diese immer als Mensch erfüllt und geprägt und verändert. Das allein ist in unserer Schablonenwelt Grund zur Dankbarkeit.

Walter Scheel

Über die Jurierung beim Deutschen Künstlerbund

Meist sind es ja vor allem kritische Meinungen, die über eine Jury veröffentlicht werden. Daher wahrscheinlich hat mich Herr Professor Grochowiak sofort beim Wort genommen, als ich ihm sagte, wie sehr ich von der Arbeit der Jury im Schloß Stein in Nürnberg beeindruckt war und daß ich froh war, diese Verantwortung nicht tragen zu müssen. Er bat mich, meine Gedanken auf dem Papier des Künstlerreports festzuhalten.

Eine Jury, die die Aufgabe hat, aus 787 Arbeiten von 427 Künstlern circa 300 Arbeiten auszuwählen, die ihrer Meinung nach »den Geist unserer Zeit am sichtbarsten und eindrucksvollsten manifestieren«, weiß, daß sie sich zwangsläufig der Kritik aussetzt: Da ist die Kritik des Besuchers, der sich, durch eine Arbeit provoziert oder gelangweilt, fragt, warum gerade dieses oder jenes Werk aufgenommen sei; es gebe ja viel bessere. Da ist die Kritik des Künstlers, der sich fragt, warum seine eingesandte Arbeit abgelehnt wurde, während andere und in seinem persönlichen Urteil schlechtere oder Werke von Nicht-Mitgliedern des Deutschen Künstlerbundes zu sehen sind. Da ist die Kritik der professionellen Kritiker, die die Ausstellung, jeder für sich, anders zusammengestellt hätten.

Nebenbei bemerkt: Jeder der einzelnen Juroren, mit denen ich in Nürnberg zusammensaß, hätte für sich selbst sicherlich auch eine andere Auswahl getroffen. Aber, es geht bei einer Jury von Sachverständigen eben nicht darum, daß einer aus seiner individuellen Expertensicht entscheidet, sondern daß möglichst viele Juroren mit möglichst heterogenen Meinungen gemeinsam auswählen, wobei gilt: je

Beitrag für den *Kunstreport* 2/81

gemischter, je bunter die Zusammensetzung der Jury, desto interessanter das Ergebnis.
Es wird wohl nie eine Ausstellung geben, bei der die Auswahl der Jury nicht kritisiert werden könnte. Auch wenn eine Jury sich entschlösse, alle eingesandten Werke zu zeigen, und die Ausstellungsfläche dafür ausreichte, gäbe es Kritik. Sie hieße mit Sicherheit, hier sei der Quantität vor der Qualität der Vorzug gegeben worden.
Auswahl muß sein. Erstens ist der Raum, der für die Ausstellung zur Verfügung steht, fast immer begrenzt, so auch in Nürnberg. Auch der Künstler, der sich an der Ausstellung beteiligen wollte, mußte auswählen. Da ein möglichst breites Spektrum in der Jahresausstellung des Deutschen Künstlerbundes gezeigt werden sollte, konnte jeder Künstler nur zwei Werke oder ein großes einsenden und dabei mußten sogar Größenlimits vorgegeben werden, das heißt, die künstlerische Freiheit mußte sich dem Sachzwang unterordnen. Der Künstler kennt also die Qual der Wahl, aus all seinem Schaffen nun das Werk zu bestimmen, das er in die Ausstellung geben möchte.
Und zweitens mußte eine Auswahl aus Gründen der Qualität der Ausstellung insgesamt getroffen werden. Das heißt nun aber nicht, daß mit der Auswahl eines Werkes ein qualitatives Urteil gesprochen wird. Vielmehr, die Qualität der Ausstellung liegt in der Beschränkung auf ihre Zielsetzung. Daraus folgt: In der Ausstellung sind wertvolle Arbeiten zu sehen. Dies wertet andere, nicht angenommene Arbeiten in ihrer künstlerischen Qualität nicht ab, denn anstelle des Kriteriums »wertvoll als Einzelwerk« muß für die Jury das Kriterium »wertvoll für diese Ausstellung« stehen. Daher kann es für sie auch nicht ausschlaggebend sein, ob der Autor eines auszuwählenden Werkes Mitglied des Künstlerbundes ist oder nicht. Die Jury ist nicht Richter und Wächter über »Kunst« oder »Nicht-Kunst«. Jedem Künstler und Betrachter bleibt es, unabhängig von der Jury, frei zu entscheiden, was für ihn Kunst ist.
Nun, in der Jury gibt es keine einsame Entscheidung eines einzelnen, sondern die Abstimmung erfolgt in guter demokratischer Manier nach Mehrheiten. Die Jury in Schloß Stein hatte sich darauf geeinigt, daß im ersten von den drei Durchgängen zwei Stimmen für die Übernahme in den zweiten Durchgang reichten, also: im Zweifel für den Angeklagten.

Jedes Jury-Mitglied entschied für sich allein zu jedem vorgeführten Werk. Jeder hatte die Freiheit, sich für das eine oder andere Werk zu entscheiden, ohne daß er es begründen mußte. Auch das Urteil des Schweigenden hatte gleiches Gewicht. Aber es wurde viel diskutiert, der eigene Standpunkt klargemacht, dabei ging es nicht um die Kunst der Überredung, es ging um das Verständnis.

Bei einer Auswahl durch eine Jury wird das Ergebnis, je nach Zusammensetzung dieser Expertenrunde, immer anders ausfallen. Also, es lasse sich niemand von einer Jury entmutigen. Jede von einer Jury zusammengestellte Ausstellung ist das Werk eben nur dieser Jury. Eine Jury jedoch, die, wie ich es miterlebt habe, nach den demokratischen Spielregeln verfährt, wird der Kunst ihre Autonomie belassen.

Die Ausstellung, gestaltet von der Jury in der subjektiven Freiheit, wie es für künstlerisches Schaffen unentbehrlich ist, wird zum eigenen Kunstwerk. Die Jury stellt sich mit der Ausstellung als Ganzes ebenso zur Diskussion wie der einzelne Künstler mit seinem ausgestellten Werk.

Thomas Grochowiak

Im Umgang mit Kunst und Künstlern

Natürlich kannte man sich aus der Kunstszene, lange bevor Walter Scheel Bundespräsident geworden war. Allerdings kam es kaum über eine flüchtige Begegnung, über einige salopp ausgetauschte Aperçus hinaus anläßlich von Ausstellungs- oder Kunstmesse-Eröffnungen. Den nachdenklichen, kritisch wägenden Kunstliebhaber Scheel lernte ich zum erstenmal 1971 im Kanzlerbungalow kennen. Dort waren Bilder und Skulpturen ausgestellt: die erste Ernte der Kunstankäufe für eine zukünftige Bundessammlung, für die sich – angeregt durch den damaligen Vorsitzenden des Deutschen Künstlerbundes, Professor Georg Meistermann – insbesondere Bundeskanzler Brandt und auch Bundesaußenminister Scheel »stark gemacht« hatten. Es handelte sich um jene legendäre Vernissage, bei der Willy Brandt, vor einem aus damaliger Sicht riesig groß erscheinenden Gemälde von Hann Trier stehend, aufgeräumt im Künstler-Jargon die Frage stellte, wo denn später dieser »große Schinken« untergebracht werden solle. Diese angeblich banausenhafte Ungebührlichkeit wurde ihm, wie mancher sich erinnert, von dem Rezensenten einer bundesweit gelesenen Zeitschrift, nicht ohne Wirkung, übel angekreidet.
Mit Walter Scheel kam ich, damals darum gebeten, die Kabinettsmitglieder durch die Ausstellung zu begleiten, recht schnell ins Gespräch. Seine Aufmerksamkeit war eine Weile auf ein großes, streng konstruktives Bildquadrat von Günter Fruhtrunk gerichtet, das ihn durch den minimalen Einsatz farbig kontrastierender, exakt konturierter Streifen und durch die spannungsstarke formale Klarheit zu bestechen schien. Fruhtrunk müsse doch ein idealer Partner für Architekten und Städtebauer sein, bemerkte er fragend. Mehr noch fesselte ihn gleich danach ein Bild von Fred Thieler, wo er die maltechnische und

kompositionelle Bändigung der über die große Leinwand gegossenen Farbkaskaden bewunderte und sich durch das Bild, wie er spontan äußerte, an die von ihm als ebenso dramatisch und romantisch empfundenen Tongemälde von Richard Wagner erinnert fühlte. Auf die glutenden Farben in Nolde-Aquarellen kam Walter Scheel sodann unvermittelt und nicht ohne Bezug zu sprechen, auf seine Liebe zu den expressionistischen Klassikern, deren Werke so erfüllt seien von Vitalität, von der Freude am Leben, an der Natur in ihrer Farbenpracht und der expressiven Aussagekraft. Ihn beeindruckte der freizügige Umgang mit der künstlerischen Freiheit. Er erkundigte sich, ob auch schon von Meistermann, Nay und Schumacher etwas angekauft worden sei und bekundete sein Interesse an den »merkwürdigen Kopffüßler-Bildern« von Antes (von denen er sich später für seine präsidialen Empfangsräume ein besonders farbenstarkes Exemplar ausgesucht hat). Mit dem ermunternden Zuspruch an mich und die anwesenden Kollegen von der Ankaufskommission, beherzt zuzugreifen, wenn uns aufregende Bilder und Plastiken zu Gesicht kämen, fand die Begegnung ihr Ende.

Im Januar 1975 – Walter Scheel war inzwischen Bundespräsident – sahen wir uns, von ihm eingeladen, in der Villa Hammerschmidt wieder. In gelöster Stimmung, inspiriert von der unkonventionellen, privaten Atmosphäre und einem vorzüglichen trockenen Wein, kreiste das Gespräch um die inzwischen ansehnlich angewachsene Kunstsammlung, wovon sich einige exemplarische Werke – vom Hausherrn ausgewählt – an den Wänden der Villa Hammerschmidt präsentierten. Aus Scheels Gedankengängen ist mir seine Frage: Wer bestimmt darüber, was gut ist und was nicht? haften geblieben und seine Feststellung, daß es der Kunst nie gut bekommen werde, wenn der Staat bestimmen wolle, was Kunst sei, daß darüber diejenigen zu befragen seien, die ihr Leben lang mit Kunst Umgang hätten, wobei selbst diese natürlich irren könnten. Der Bundespräsident vertrat die Meinung, daß das wichtigste Kriterium des Erwerbs für die Sammlung die Frage nach der Qualität sein müsse, wobei er zugleich einräumte, daß es gerade heute keinen allgemeinen Konsensus darüber gäbe und keine allgemeinverbindlichen Wertmaßstäbe über das, was Kunst ist und was dann Qualität.

So bliebe demnach trotz allen Sachverstandes ein Risiko, aber hierzu

wolle er ausdrücklich die Ankaufskommission ermuntern: nicht allein die gesicherten Werte zu erwerben, sei sein Wunsch, sondern auch auf morgen hin nach jungen, unübersehbaren Talenten Ausschau zu halten und ihnen eine Chance zu geben, sollte tatkräftig durch das Auswahlgremium betrieben werden.
Für ihn, so Walter Scheel, seien es jedenfalls die Bilder und Skulpturen, über die man leidenschaftlich streitet oder ihnen zustimmt, sich freut oder ärgert, sei es das Risiko, das ihm die Auseinandersetzung mit moderner Kunst spannend und lustvoll mache.
Respekt: das war höchst selten zu hören von politisch so kompetenten Persönlichkeiten, und eine Ausnahmeerscheinung, ebenso wie sie der Deutsche Künstlerbund zum Glück von seinen bisherigen Ehrenpräsidenten, Theodor Heuss und Carlo Schmid, bereits bestätigt gefunden hatte. Ich erzählte es meinen Kollegen im Deutschen Künstlerbund. Wir trachteten danach, diesen Bundespräsidenten für eine unserer nächsten Ausstellungseröffnungen zu gewinnen. Das erfüllte sich im Juni 1977, in der Paulskirche in Frankfurt, wo Walter Scheel in einem von Künstlern und Gästen überfüllten Haus die 25. Jahresausstellung eröffnete mit einer denkwürdigen Rede, die zu einem kompromißlosen Bekenntnis zur Freiheit der Kunst wurde und Mut machte.
Einige Passagen hieraus: »In unserer Verfassung ist von der Kunst nur einmal die Rede, in Artikel 5, Absatz 3, und da ist festgelegt, daß ›die Kunst... frei‹ ist. Und das ist auch alles, was ein freiheitlich-demokratischer Staat über das Verhältnis von Staat und Kunst festlegen kann. Jedes Wort mehr wäre von Übel. Unser Staat verbietet es sich grundsätzlich, in diesen Freiraum der Kunst einzugreifen. Wir gehen davon aus, daß die Kunst ein Bereich ist, in den der Staat nicht hineinzuregieren habe, weil die Freiheit des kreativen Schaffens Ausdruck dessen ist, was wir unter Freiheit verstehen... Der Künstler erweitert auch unseren Freiheitsraum, indem er uns heimisch macht in den Formen unserer Zeit... Und da sind nun auch problematische Wege denkbar, die wir in Kauf nehmen, um dem wahrhaft freien Geist seine Entfaltung zu ermöglichen... Mit der Sicherung dieser Freiheit ist keineswegs gesagt, daß alles, was im Raum dieser Freiheit der Kunst geschieht, nun auch wirklich Kunst sei, sondern nur, daß der Staat sich eines Urteils darüber enthält, ob es Kunst sei. Darüber

haben andere zu urteilen, vor allem die Künstler, auch die Kunsthistoriker und Kunstkritiker ... Es gibt keinen besseren Lehrmeister in der Kunst der Freiheit als die Kunst. Und deshalb ist die Kunst in einer freiheitlichen Demokratie keine Nebensache. Und es steht nicht gut um die Demokratie, in der sie als Nebensache behandelt wird.«
Für den Deutschen Künstlerbund waren des Bundespräsidenten Worte und Einsichten Bestätigung eines Selbstverständnisses, das im Grunde vor achtzig Jahren zur Gründung des Deutschen Künstlerbundes geführt hatte.
Die Gründer damals – Leopold von Kalckreuth, Liebermann, Klinger, Uhde, Leistikow, Stuck, Tuaillon, Kessler und andere, nach Sinn und Aufgabe des Künstlerbundes befragt, sahen im Grunde nur verschiedene Formen einer einzigen Aufgabe, eben dem Künstler seine Freiheit sichern.
Edwin Redslob, der nach den Jahren der Unterbrechung durch den Ersten Weltkrieg neben Kalckreuth, Scharff, Heckel und Hodler in der zweiten Epoche den Deutschen Künstlerbund mitgeprägt hat, die 1922 mit der Ausstellung in Hamburg den Neubeginn signalisierte, hat das Wirken des Deutschen Künstlerbundes treffend so interpretiert: »Der Glaube daran, daß alles Schaffen Wegbereitung für die Zukunft ist, bestimmt die Arbeit des Deutschen Künstlerbundes als entscheidende Idee. Der Künstler dient nicht der Gegenwart und ihren Moden, auch wenn sie noch so ›modern‹ erscheinen; sein Schaffen, so sehr es Ausdruck einer Epoche ist, steht doch zugleich auch gegen seine Zeit, aus deren Haft heraus es zu neuen Ufern führt ... Es geht nicht um Parteien, sondern um Qualität, es geht um das Bemühen, den Niederschlag vollzogener und sich vorbereitender Entwicklungen in der Kunst erkennbar zu machen und damit ein neues Weltgefühl zu veranschaulichen und zu entwickeln, dessen Art zu sehen und zu gestalten im Schaffen der Künstler bereits erkennbar ist. Es geht aber auch um die Erhaltung der Maßstäbe ... Hinzu tritt das Bestreben, die Erkenntnis der Meister und Lehrer und die Qualität ihrer Leistungen mit dem Suchen und Experimentieren der kommenden Generation zu verbinden.«
Diese Prämissen, vor allem »die Freiheit der bildenden Künstler wo und gegen wen auch immer zu verteidigen« bleiben die Leitlinien auch bei der Wiedergründung des Deutschen Künstlerbundes – der

1936 durch das Naziregime liquidiert worden war – 1950 in Berlin, und ausdrücklich wird durch den Vorstand (Hofer, Schmidt-Rottluff, Hartung, Baumeister, Kuhn, Heckel, Heiliger, Mataré und andere) betont, »daß der Deutsche Künstlerbund keinerlei einseitige Tendenzen, keine Richtungen bevorzugt oder vertritt, sondern maßgeblich die Frage nach der künstlerischen Qualität stellt«. So ist es bis heute geblieben.

Es war natürlich, daß angesichts des frappierenden Gleichklangs der Gedankengänge und Zielrichtungen, wie sie in der Paulskirche zu hören waren, der Künstlerbund mit Walter Scheel einen noch engeren Kontakt wünschte und suchte. Niemand war vorzüglicher hierzu prädestiniert als unser damaliger Ehrenpräsident, Professor Dr. Carlo Schmid. Er war – wie Walter Scheel – ein Politiker, der in geglückter Weise Staat und Kunst in einer Person verband. Kunst war für ihn nicht dazu da, den Politiker zu »schmücken«, sondern umgekehrt sah er in der Politik die Dienerin der Künste.

Seine Mentalität traf sich in vielem mit der Lebensart der Künstler. Geselligkeit und Daseinsfreude prägten die Lebensform dieses so umfassend gebildeten Künstlerfreundes, der unter anderem Baudelaire und André Malraux ins Deutsche übersetzt hat. »Die Galerien sind für mich Ariadnefäden gewesen, die mich durch das Labyrinth der Welt begleitet haben«, resümierte er, »und im Rückblick auf mein gelebtes Leben vermag ich die Stadien meiner geistigen und seelischen Entwicklung am sichersten zu erkennen, wenn ich mir ins Gedächtnis zurückrufe, welchen Malern, welchen Bildhauern eh und je meine besondere Liebe gehörte.«

Auch der legendäre erste Deutsche Bundespräsident, Professor Dr. Theodor Heuss – Ehrenpräsident des Deutschen Künstlerbundes seit 1950 – war in Lebensart und Kunstverständnis des gleichen Geistes Kind. Freiheit als ein Grundelement der Gestaltung (nicht als die Gewähr der Vollkommenheit) zu fordern und zu sichern, sah er als das Erbe einer verpflichtenden Tradition des Deutschen Künstlerbundes.

Als Carlo Schmid Ende 1979 starb, empfand nicht nur die Künstlerschaft, daß unser politisches und geistiges Leben um eine außergewöhnliche Persönlichkeit, um einen in Kunst und Literatur verliebten Kollegen ärmer geworden war.

Der Trauer folgte aus der Natur der Sache Nachdenken und Umschau nach einer ebenso integren, kunstverbundenen und geselligen Persönlichkeit, wie wir sie in Carlo Schmid besaßen.
Der Vorstand des Deutschen Künstlerbundes zögerte nicht einen Augenblick, das verwaiste Amt des Ehrenpräsidenten dem früheren Bundespräsidenten Walter Scheel anzutragen. »Wir tun gut daran, wenn wir uns klarmachen, daß wir immer noch am Beginn eines Gesprächs stehen, das noch nicht gar zu viele Früchte gezeitigt hat. Mir kommt es sehr darauf an, meinen Teil zu diesem Gespräch beizutragen... Wenn ich die moderne Kunst richtig verstehe, so stellt sie mehr Fragen, als sie Antworten gibt. Die allzu selbstsicheren Antworten sind den Künstlern verdächtig geworden. Und hier könnten die Politiker manches von ihnen lernen.«
So hatte sich der Bundespräsident Scheel in der Paulskirche geäußert. Nun, aus der Position des ehemaligen Staatsoberhauptes und zukünftig privaten, ungebundenen Präsidenten des Künstlerbundes konnten wir uns keinen besseren Mittler zwischen Künstler und Mitbürger, keinen aufrichtigeren, standfesteren Anwalt für die künstlerischen Belange und Streiter für die Freiheit von Kunst und Künstler vorstellen. Und last not least: Wer hatte je so mühelos unvermittelt und geradezu kollegial den Kontakt mit Künstlern gefunden, wie er ganz selbstverständlich bei Scheel zustande kam?
Unvergessen bleibt die Stunde in Brenners Park-Hotel Baden-Baden, wo Walter Scheel, gesundheitlich angeschlagen, von einer zwar liebenswürdig erscheinenden, jedoch streng auf das Befolgen ärztlicher Anordnungen bedachten Hausdame bewacht, im Juni 1980 sich einer Kur unterzog. Einer Abordnung des Vorstandes war es gestattet worden, ihn zu besuchen. Wir wollten ihn offiziell bitten, unser Ehrenpräsident zu werden. Wie einen gefangenen Vogel im Käfig, so trafen wir ihn in seinem Hotelzimmer an, offen, entgegenkommend wie bei früheren Begegnungen, dieses Mal eher besonnen als heiter. Ihm fehlte offensichtlich irgend etwas zum geselligen »Einstand«. Endlich holte er verstohlen und spitzbübisch lächelnd eine Flasche köstlichen Weins hinter dem Schrank hervor (die Hausdame sah erst zur Tür herein, als diese wieder verschwunden war). Walter Scheel nahm spontan und freudig bewegt unser Anerbieten an. Er folge mit dieser Berufung zum viertenmal Theodor Heuss in einem Amte nach.

Mit Carlo Schmid verbänden ihn mehr als dreißig Jahre Arbeit, teils miteinander, manchmal auch gegeneinander im politischen Getriebe. Er dürfe sich rühmen, sein Freund gewesen zu sein. Er werde, des dürften wir sicher sein, dem Künstlerbund mit wachem Interesse zur Seite stehen und sich engagiert und energisch zu Wort melden, wenn der Freiraum der Kunst in Gefahr geriete. »Ich sehe es als wesentliche Aufgabe meines Amtes als Ehrenpräsident des Deutschen Künstlerbundes an«, so Walter Scheel seinerzeit, »die Freiheit der Kunst zu verteidigen, die Freiheit für den Künstler und die Freiheit des Betrachters zu erweitern.«

Wie ernst es Walter Scheel mit seiner neuen ehrenvollen Bürde genommen hat, bewies er bereits einige Wochen später, als er in Hannover, rege Anteil nehmend inmitten der Auswahlkommission, die Sichtung und Jurierung von annähernd 2000 Exponaten durchstand. Auch in Nürnberg, das Jahr darauf, war er wieder beteiligt, in einer manchmal hektisch und aufgeheizten Atmosphäre, im Disput der Juroren ein auf Beruhigung bedachter Mann, ein hilfreiches Regulativ im Für und Wider, ein heiter wirkender, ruhender Pol und aufmerksamer Beobachter und, was der Ausstellungseröffnung in Nürnberg einen ganz besonderen, noch heute im Gedächtnis haftenden Akzent verlieh: ein überaus liebenswürdiger, großzügiger und geselliger Gastgeber. Darin hat er seine beiden Vorgänger gewiß übertroffen. Was sonst mit ihm und durch ihn im Lauf der Zeit in Bewegung gesetzt und durchgesetzt worden ist, zum Wohle nicht nur der im Deutschen Künstlerbund vereinten Maler, Bildhauer und anderen Künstler, ergibt ein imponierendes Resultat.

Daß unser ehemaliger Bundespräsident damals in Baden-Baden ohne Zögern und überzeugt das verwaiste Amt des Ehrenpräsidenten des Deutschen Künstlerbundes angenommen hat, haben die Künstler als ehrenvolle Auszeichnung empfunden. Es war auch unsere Absicht, durch die Berufung von Walter Scheel eine hochgeachtete, prägende Persönlichkeit des öffentlichen Lebens, in der politische und künstlerische Neigung in einer glücklichen Synthese integriert sind, zu ehren.

Walter Scheel

Europa hat Verantwortung in der Welt und für die Welt

Europas Verantwortung in der Welt ist das Thema dieses Kongresses. Es ist ein in die Zukunft gerichtetes Thema, zu dem wir am Eröffnungstage bemerkenswerte Ansprachen über die Erwartungen, die wirtschaftlichen, die sozialen und die politischen Herausforderungen an Europa gehört haben.

Europa hat Verantwortung in der Welt und für die Welt. Es hat sie aus seiner Geschichte und wegen seiner kulturellen, wirtschaftlichen und politischen, auch machtpolitischen Bedeutung.

Es ist kein Widerspruch, wenn wir dazu feststellen, daß Europa erst gerade wieder damit begonnen hat, Verantwortung zu übernehmen, seine Rolle im Weltkonzert zu spielen. Es macht eben einen Unterschied aus, ob man bereit ist, aktiv Verantwortung zu tragen und gewollt die Zukunft mitzugestalten, oder ob man sich von der Entwicklung nur treiben läßt, von anderen Verantwortung zuteilen läßt.

Wir stehen vor Herausforderungen, die – wie es Ministerpräsident Franz Josef Strauß bei der Eröffnung des Kongresses gesagt hat – nicht nur wirtschaftlicher und sozialer Natur sind. Sie sind auch sicherheitspolitischer, machtpolitischer und ideologischer Art.

Solchen Herausforderungen kann man nur mit einem von den Europäern selbst entwickelten und von ihnen getragenen strategischen politischen Konzept begegnen.

Über fünfunddreißig Jahre hat uns diese westliche Allianz in Europa vor Krieg bewahrt. Von unserer aktiven, schöpferischen und zu

---

Antrittsrede auf dem 26. Ordentlichen Kongreß der Europa-Union Deutschland in München am 14. Dezember 1980

Opfern bereiten Mitgliedschaft ist die Kraft des Verteidigungsbündnisses abhängig.
An dieser elementaren Grundlage unseres Seins lassen wir nicht rütteln.
Aber wir sind auch Nachbarn Osteuropas, Nachbarn des sogenannten »sozialistischen Lagers«. Das klingt banal, aber es unterscheidet uns von unseren amerikanischen Partnern. Unsere eigenen Interessen im richtigen Umfange und zum richtigen Zeitpunkt in die Politik einzubringen, erfordert ein hohes Maß an vertrauensvoller Zusammenarbeit und noch mehr »organisierte Konsultationen« mit den USA, als wir bisher schon haben – wie Dr. Hillenbrand es gestern mit Recht gesagt hat.
Damit Europa bereit und fähig ist, Verantwortung aktiv zu tragen und vollwertiger Partner zu sein, ist eine vertiefte Bewußtseinsbildung über die Rolle der Europäer in der Welt, in der breiten Öffentlichkeit und gerade bei der europäischen Jugend unerläßlich.
Auch die Glaubwürdigkeit europäischen Handelns, die von der Präsidentin des Europäischen Parlaments, Frau Simone Veil, als die wichtigste Voraussetzung dafür angesehen wurde, daß Europa Verantwortung tragen kann, fordert ein größeres Bewußtsein der Bürger in Sachen Europa. Die Glaubwürdigkeit basiert, so sagte sie, und ich teile hier ganz ihre Meinung, auf der Verteidigungsfähigkeit Europas. Und sie fügte hinzu: »Ein Ausbau der politischen Zusammenarbeit ist daher nicht denkbar, ohne daß das Problem der Verteidigung eines Tages auf europäische Ebene verlegt wird.«
Als ich nach dem Krieg mein erstes politisches Mandat als Stadtverordneter in meiner Heimatstadt Solingen übernahm, war ich von der Notwendigkeit überzeugt, daß gerade die Jugend an dem demokratischen Aufbau Deutschlands mitwirken müsse. Viele meines Alters teilten damals diese Überzeugung. Wir sahen die Zukunft Deutschlands jedoch, die wirtschaftlichen und sozialen Fortschritt versprach sowie Frieden und Freiheit garantierte, in einem politisch vereinten Europa.
Der Gedanke Europa löste damals in weiten Teilen der politisch Denkenden Begeisterung aus. Die emotionale Zustimmung ging so weit, daß Jugendliche sogar Grenzpfähle verbrannten. Eine europäische Bewegung entstand: in Deutschland wurde die Europa-Union

gegründet. Als ich im November 1950, also vor dreißig Jahren, Mitglied dieser Bewegung wurde, konnten wir uns ein vereintes Europa mit direkt gewähltem Parlament und übernationaler Regierung gewiß gut vorstellen, aber wir wußten, gut Ding will Weile haben. Wir wußten auch, daß nichts von alleine kommt, daß man sich engagieren muß, wenn eine Idee verwirklicht werden soll und daß man Ausdauer braucht. Man muß beharrlich sein.

Konrad Adenauer verwendete folgendes Bild, um den Prozeß der europäischen Einigung darzustellen. »Man kann Europa nicht bauen, wie man ein Haus baut. Man bestellt soundsoviel Beton, Sand, eiserne Träger usw., hat einen Plan und fängt an zu arbeiten. Europa, das ist eher wie ein Baum, der wächst, der eine Schicht nach der anderen ansetzt, der aber nicht konstruiert werden kann.« Dieses Bild verdeutlicht, daß sich die Integration Europas nur langsam vollziehen kann.

Lassen Sie mich dieses Bild ergänzen. Ein Baum kann nicht auf blankem Felsen ohne den notwendigen Boden wachsen. Er braucht auch die klimatischen Voraussetzungen, um jährlich eine neue Schicht anzusetzen. So wie er vor allem in seinen jungen Jahren Stützen braucht, um jedem Sturm standzuhalten, so kann auch die europäische Einigung nicht vorankommen, wenn die Idee, von der sie lebt, nicht auf fruchtbaren Boden fällt, wenn die politischen Voraussetzungen nicht stimmen.

Es bedarf des geistigen und organisatorischen Motors der Europäischen Bewegung und in ihr der Europa-Union, um die Idee von der Einheit unseres Kontinents in den Herzen der Menschen und Völker fest zu verankern. Wenn die Idee verankert ist, brauchen wir uns nicht zu sorgen, daß die noch junge Einigungsbewegung nicht allen politischen Wechselwinden zu trotzen vermag.

Europa ist auch heute noch eine Herausforderung an die Jugend. Sie soll fortführen, was bis jetzt erreicht wurde. Ich habe in diesem Zusammenhang im Deutschen Bundestag vor zehn Jahren gesagt: »Die Jugend ist vielleicht nüchterner, sie ist jedenfalls kritischer als wir es damals gewesen sind. Sie wird Europa nur akzeptieren und seine Einheit vollenden, wenn es mehr wird als ein technokratisches Unternehmen ... Wir müssen deshalb an einem Europa bauen, das über unsere Generationen hinauswächst, an einem Europa, an dem

gerade auch die Jugend ihre Hoffnungen und Erwartungen verwirklichen und mit dem sie sich identifizieren kann.«
Das gilt heute unverändert, auch wenn seither die Einigung Europas unverkennbar vorangekommen ist. Der Fortschritt in Europa könnte nirgends besser gemessen werden als im Alltag. Aber wie wahr ist hier das Wort des preußischen Historikers Heinrich von Treitschke, der vor über hundert Jahren mit Blick auf den Deutschen Zollverein schrieb: »Das neue wirtschaftliche Gemeinwesen der Nation erschien in seinem Werktagskleide unscheinbar und nüchtern; ... immer ist es das tragische Los neuer politischer Ideen, daß sie zuerst von der gedankenlosen Welt bekämpft und dann, sobald der Erfolg sie rechtfertigt, als selbstverständlich mißachtet werden.«
Zum Werktagskleid gehören heute die offenen Grenzen, weitgehend binnenmarktwirtschaftliche Verhältnisse, der hohe Waren- und Dienstleistungsaustausch, die Wanderung der Arbeitskräfte, die zunehmende Zahl von grenzüberschreitenden Unternehmensverflechtungen und anderes mehr. Es ist ein gemeinsamer Markt für annähernd 260 Millionen Menschen entstanden; im Vergleich dazu die USA mit rund 210 Millionen Menschen.
Aber gehört zum Alltagskleid inzwischen nicht auch schon das direkt gewählte Europäische Parlament und sogar der vor zehn Tagen erst beschlossene europäische Führerschein, den wir noch gar nicht in Händen haben?
Sollen wir es beklagen, wenn die Bürger selbst bei Ereignissen, die vor ihrer Verwirklichung als »historisch« empfunden wurden, so schnell zur Tagesordnung übergehen? Unser Klagen würde nichts ändern.
Wir können zwar feststellen, daß die Direktwahl des Europäischen Parlaments ein Meilenstein auf dem Wege zur politischen europäischen Einigung war. Die Europa-Union hatte in den letzten Jahren das Thema Direktwahl in den Mittelpunkt ihrer Arbeit gestellt, und sie hat entscheidend dazu beigetragen, daß es die notwendige Resonanz bei der Bevölkerung fand. Doch niemand soll glauben, daß damit die Aufgabe der Europa-Union erfüllt ist. Die Europawahl war ein bedeutender Schritt, aber sie war eben nur ein Schritt, der seinen Sinn und seine Bedeutung erst dadurch erfährt, daß wir unseren Weg konsequent weiter beschreiten.

Diesen Meilenstein haben wir erreicht. Jetzt ist eine Pause eingelegt worden. Der Alltag geht weiter. Wir müssen die nächsten Schritte vordenken, das Konzept für ein neues Nahziel erarbeiten.
Ich habe bei der Verleihung des Karlspreises 1977 in Aachen gesagt, die Direktwahl biete die Chance, daß die Idee Europa in den europäischen Völkern wieder lebendiger wird. Aber ich habe auch gesagt, daß die Direktwahl Konsequenzen haben muß, denn sonst besteht die Gefahr, daß sie die Bürger unserer Länder enttäuscht oder – noch schlimmer – langweilt.
Vor der Mitgliederversammlung des Deutschen Rates der Europäischen Bewegung vor zwölf Tagen habe ich hinzugefügt, daß ich heute das Gefühl habe, daß nicht mehr viel fehlt, bis eine allgemeine Enttäuschung Platz greift, daß sich ein Klima der Gleichgültigkeit ausbreitet und dann auch Langeweile eintritt.
Der Bürger hat das Interesse an Europa, an der politischen Einigung Europas nicht verloren. Aber er ist nicht zufrieden mit dem, was ihm geboten wird. Er kann nicht genügend Anteil an der Entwicklung nehmen. Die politischen Entscheidungen in Brüssel sind für ihn undurchschaubar und unverständlich. Er hat auch kein Verständnis dafür, wenn eine von allen Parteien, von Wissenschaftlern und Publizisten kritisierte Fehlentwicklung der europäischen Agrarpolitik nicht korrigiert wird. Er sieht nicht, wie es in Sachen Europa weitergehen soll. Ist es da ein Wunder, wenn es so zu der seltsamen Mischung von grundsätzlicher Bejahung der europäischen Einigung und Kritik an der praktischen Europapolitik kommt? Wenn die Optik reduziert ist auf den Butterberg, die Mammutbürokratie in Brüssel und den nationalen Finanzanteil: Wieviel zahlt wer in den europäischen Topf ein, und wieviel erhält wer zurück?
Kann man sich hierüber noch wundern, wenn man verfolgt, wie wenig in der Tagespresse oder im Fernsehen über die Arbeit des Europäischen Parlaments in Straßburg berichtet wird? Breiter ist schon der Raum der Berichterstattung in Brüssel. Doch das geschieht dann noch oft unter Hervorkehrung der nationalen Interessen: wie tapfer für die eigenen Interessen gekämpft wurde und wie mies andere Länder aus Eigensucht ihre Interessen vertreten.
Eine Berichterstattung, die nicht mit der europäischen Elle mißt, führt dazu, daß in der Europapolitik die eigentliche Kontrolle der

öffentlichen Meinung fehlt. Die kleinen Länder haben vielleicht noch am ehesten die europäische Gesamtschau, aber in den großen Ländern müßten die verantwortlichen Politiker den Druck der öffentlichen Meinung, und zwar einer europabewußten Öffentlichkeit, spüren.
Wenn entschuldigend von sogenannten Sachzwängen gesprochen wird, muß eine rote Lampe aufleuchten, denn politisch gesehen gibt es nur die Sachzwänge, die man akzeptiert.
Sachzwänge behindern die Entwicklung zur europäischen Union weit weniger als der Mangel an Entscheidungskraft bei den verantwortlichen Politikern.
Ich glaube, es ist höchste Zeit, die Pause nach der Europawahl zu beenden und deutlich zu machen, in welche Richtung wir uns die weitere Entwicklung vorstellen. Die Kraft für den weiteren Weg kann nur aus der politischen Idee kommen. Diese Idee heißt für uns: ein föderales demokratisches Europa, das mehr ist als ein gemeinsamer Markt, mehr ist als eine Zollunion und mehr ist als die Agrarpolitik.
Bundeskanzler Helmut Schmidt hat die Europäische Gemeinschaft vor einiger Zeit wie folgt charakterisiert: »Europa ist nicht nur ein Zweckverband zur Erhöhung des Lebensstandards, die Europäische Gemeinschaft dient der Sicherung des Friedens, der Sicherung der Freiheit, der Sicherung der Demokratie und dem wirtschaftlichen und sozialen Ausgleich. Diesen Zielen dauerhaft und besser zu dienen, als die Staaten dies je einzeln für sich tun könnten, ist die eigentliche moralische und politische Legitimation der Europäischen Gemeinschaften.«
Wie wichtig es ist, die demokratische Entwicklung in Europa zu festigen und nach dem Beitritt Griechenlands in die EG auch die Verhandlungen mit Spanien und Portugal ernsthaft voranzubringen, unterstreichen die folgenden Zahlen:
Unter den 155 selbständigen Staaten der Vereinten Nationen sind, selbst wenn man den Rahmen weit spannt, sicher nicht mehr als dreißig Demokratien. Einundzwanzig von ihnen gibt es hier in Europa. Zwölf davon mit Griechenland, Spanien und Portugal bilden in Kürze die Europäische Gemeinschaft. Wenn wir es nicht schaffen, diesen Gedanken der Demokratie in der Gemeinschaft zu festigen und gemeinsam weiterzuentwickeln, dann werden wir den Gedanken der Demokratie auf der ganzen Welt gegen andere Systeme nicht glaub-

haft verteidigen können. Nur ein immer dichteres Geflecht von menschlichen, politischen und wirtschaftlichen Beziehungen festigt Europa und festigt die Demokratie. Deshalb gibt es keine Alternative zur politischen europäischen Einigung.

Diese Überlegungen öffnen uns den weiten geistigen und politischen Horizont, den wir brauchen, um nicht in der Enge eines rein wirtschaftlichen Denkens langsam aber sicher unterzugehen. Wie die Europa-Union auf ihrem Darmstädter Kongreß nachdrücklich hervorgehoben hat, müssen wir über die wirtschaftlichen und politischen Vorstellungen hinaus auch die Kraft des kulturellen Erbes und der kulturellen Vielfalt Westeuropas, ja ganz Europas, einbringen. Das gilt auch im Verhältnis Europas zu den Vereinigten Staaten. Herr Hillenbrand hatte recht, als er sagte, daß Klagen über Veramerikanisierung oder Coca-Cola-isierung nichts nützen, sondern die Europäer versuchen müßten – ich will ihn hier wegen der besonderen Wortwahl lieber wörtlich zitieren: »...den verfeinernden Einfluß auszuüben, über den die Europäer dank ihres Geschmacks und ihrer tief verwurzelten Kultur noch immer verfügen.«

Wenn wir von einem föderalen Europa, von der Europäischen Union sprechen, so ist damit nicht an eine Superstruktur gedacht, die die nationale Identität eines Volkes erdrückt oder auflöst, sondern die Europäische Union ist diejenige Form, in der das Besondere eines jeden Volkes zur vollsten Entfaltung kommen kann.

Der Bundesstaat Europa wird nicht von heute auf morgen entstehen. Wahrscheinlich wird er auch nicht in einer Form entstehen, wie wir sie aus den traditionellen Föderationen wie der Schweiz, den Vereinigten Staaten oder der Bundesrepublik Deutschland kennen. Diese Modelle können nicht einfach auf die europäische Ebene umgesetzt werden. Wir müssen besondere Formen entwickeln.

Die Europa-Union hat für die Verfassungsdiskussion in ihrem Kieler Programm einen Beitrag geleistet. Sie sehen: Die Forderung von Herrn Loch, das Kieler Programm nicht zu vergessen, trägt Früchte. Daneben gibt es viele brauchbare Ideen und Vorschläge, die das Einigungswerk voranbringen können. Alles, was uns da weiterhelfen kann, muß auf den Tisch, damit die Debatte über die zukünftige Verfassung der Europäischen Union voll in Gang kommt. Die Diskussion über die künftige institutionelle Organisation der Gemeinschaft und damit über die Entwicklung der europäischen Verfassungsordnung muß breit angelegt und mit gedanklicher Tiefe geführt werden.

Nach der gegenwärtigen Situation haben die Mitgliedsstaaten der Europäischen Gemeinschaft einen »europäischen Souverän«, eine, um mit den Worten Jean Monnets zu sprechen, »oberste Instanz«, den Europäischen Rat. Monnet, der die geistige Vaterschaft für das Entstehen des Europäischen Rates für sich in Anspruch nehmen kann, kennzeichnete dessen Rolle so: »Man mußte ihm die ganze Verantwortung überlassen und ihm für eine gewisse Zeit Vertrauen schenken.«

Nun hat die Geschichte des Europäischen Rates gezeigt, daß er und seine einzelnen Mitglieder, die Staats- und Regierungschefs sich in der Tat nur der nationalen Politik verantwortlich zu fühlen brauchten, jedenfalls keinem Organ der Europäischen Gemeinschaft, schon gar nicht dem Europäischen Parlament.

Mit dieser kritischen Bemerkung soll keineswegs die Leistung des Europäischen Rates geschmälert werden, die vor allem in der Weichenstellung bei entscheidenden Fragen zum Ausdruck kam wie der Direktwahl des Europäischen Parlaments, der Erweiterung der Gemeinschaft und der Einführung des europäischen Währungssystems. Im Gegenteil, wahrscheinlich waren diese Entscheidungen nur möglich durch den Europäischen Rat, der die unterschiedlichen Interessen so zu Problemlösungen verknüpfte, daß schließlich eine Weiterentwicklung der Gemeinschaft möglich wurde. Die »Wurzeln der Macht«, von denen Monnet sprach, liegen nicht bei den nationalen Regierungen, sie liegen tiefer, bei den europäischen Völkern. Sie haben ihren politischen Willen durch die Wahl des Europäischen Parlaments artikuliert. Das Parlament muß nun seine Position ausbauen, und dazu wird sicher auch die Forderung nach einer Europäischen Regierung mit realen Vollmachten stehen. Der Präsident der Union Europäischer Föderalisten, Herr Professor Albertini, hat diese Forderung gestern nachmittag vertreten. Auch wenn viele unserer Mitbürger und viele Politiker diese Forderung nach der Europäischen Regierung heute noch nicht für realisierbar halten, kann die Union Europäischer Föderalisten sich der engagierten Mitwirkung der Europa-Union Deutschland sicher sein.

Die Fähigkeit Europas, seine Rolle verantwortungsvoll in der Welt zu spielen, hängt ganz wesentlich davon ab, daß es mit einer Stimme sprechen kann. Die Europäische Gemeinschaft muß dazu durch eine klare, föderative und zweckmäßige Verfassungsordnung von innen heraus gestärkt werden.

Für die Zukunft der Gemeinschaft wird das zweite Halbjahr 1981 von zentraler Bedeutung sein. Der politische Kalender der Gemeinschaft läßt verschiedene Ereignisse zusammenfallen, die ein energisches europäisches Verhalten erfordern. Nach der französischen Präsidentschaftswahl müssen die Fragen im Agrar- und Budgetbereich, beim europäischen Währungssystem sowie der institutionellen Ausgestaltung endlich geregelt werden.

Großbritannien übernimmt in der EG im zweiten Halbjahr die Präsidentschaft. Es trägt dann in hervorgehobener Position ganz wesentlich die Verantwortung für den Ablauf der Gemeinschaftspolitik. Es wird sich zeigen, ob die Gemeinschaft ihre Probleme weiter vor sich herschiebt oder ob ihr der Durchbruch nach vorne gelingt.

Fortschritte in der Europapolitik können von der Europa-Union nicht zuletzt dadurch ermöglicht werden, daß sie Experten und Politiker, Politiker und Bürger zum Gespräch zusammenführt und ein Klima schafft, das es erlaubt, sich zu verständigen. Um ein fruchtbares Klima zu schaffen, sollten wir die Gemeinschaftspolitik zwar kritisch, aber konstruktiv durchleuchten. Wir sollten die Bürger gewinnen, ihr kritische Sympathie entgegenzubringen. Ich glaube, daß es hierzu nötig wird, wieder mehr die grundsätzliche Idee der Einigung Europas herauszustellen und den Skeptikern zu verdeutlichen, welchen Stellenwert die Europäische Gemeinschaft für die Lösung der Probleme der achtziger Jahre und für die Überlebenschancen unserer Gesellschaft hat.

Ich weiß, daß wir in der Union Europäischer Föderalisten und in der Europäischen Bewegung Kräfte haben, die auch außerhalb der Bundesrepublik Deutschland bei dieser Aufgabe mitwirken. Wir sollten aber auch weiterhin versuchen, in unserem Lande mehr Mitstreiter zu gewinnen. Die Europa-Union Deutschland ist eine überparteiliche Vereinigung. Sie ist eine Bürgerinitiative für Europa. Hier Mitglied sein, heißt für die politische Einigung Europas eintreten.

Ein gutes Beispiel dafür, wie man die Öffentlichkeitsarbeit verbessern

kann, ist die Einrichtung der Europa-Beauftragten der Landesregierungen. Wir sollten den Ländern dafür dankbar sein.
Erlauben Sie mir, zum Schluß noch einen Bereich anzusprechen, in dem die Europa-Union eine besondere Verantwortung übernehmen sollte: Ich meine das Zusammenleben mit unseren ausländischen Mitbürgern.
Wenn das Ziel der europäischen Einigungspolitik nicht nur auf wirtschaftliche und technische Zusammenarbeit reduziert werden und damit kein Lippenbekenntnis bleiben soll, dann ist die Integration der ausländischen Mitbürger, insbesondere der zweiten und dritten Generation, eine der wichtigsten sozialen Aufgaben europäischer Politik überhaupt. Sie ist Bewährungsprobe vor Ort zugleich. Sie kann nur erfolgreich bestanden werden, wenn Deutsche und Ausländer zur Integration fähig und bereit sind. Dies verlangt mehr Verständnis und Toleranz auf beiden Seiten, vor allem mehr Wissen über die Probleme und Verhaltensweisen des anderen.
Durch den starken Zustrom von Asylanten in die Bundesrepublik Deutschland wurde in den letzten Monaten eine gewisse Fremdenfeindlichkeit spürbar. Allein durch staatliche Maßnahmen kann dieser Entwicklung nicht begegnet werden. Ich meine, daß wir in der Europa-Union dazu beitragen können und müssen, daß die rechtlichen, sozialen und kulturellen Bedingungen unserer ausländischen Mitbürger verbessert werden. Wir sollten zusammen mit den Organisationen, die sich bereits um diese Fragen bemühen, und mit den betroffenen Ausländern Kontakt aufnehmen und uns für eine Mitarbeit in diesem Sinne anbieten. Wir dürfen nicht länger hinnehmen, daß ausländische Arbeitnehmer im besten Fall karitativ betreut werden.
Eine solche Initiative auf Kreis- und Landesverbandsebene ist nötig. Dazu bedarf es der Forderung, daß Bundesregierung und Bundesländer gemeinsam die politischen und rechtlichen Voraussetzungen für die stärkere Integration der ausländischen Arbeitnehmer schaffen.
Ich appelliere an Ihr persönliches Engagement, sich den Problemen unserer ausländischen Mitbürger anzunehmen. Viele von diesen Problemen wären nicht vorhanden, wenn sie bereits auf kommunaler Ebene im Einvernehmen zwischen Deutschen und Ausländern erörtert würden. Es wird nicht immer leicht sein, die Mauer von Vorur-

teilen zu durchbrechen. Wir müssen auf Mißerfolge und Rückschläge gefaßt sein. Doch letztlich steht unsere eigene Glaubwürdigkeit auf dem Spiel, wenn wir auf der einen Seite die Einigung Europas fordern und in unserem eigenen Land, dort wo wir die Möglichkeit dazu haben, nicht das für Europa Notwendige tun.

Die Frage des Zusammenlebens mit den ausländischen Mitbürgern ist eines von vielen Beispielen aus dem Alltag, das zeigt, wie sehr die Lösung der Probleme letztlich davon abhängt, wie stark sich europäisches Denken durchgesetzt hat.

Ich habe vorhin gesagt, daß der Prozeß der europäischen Einigung in den vergangenen dreißig Jahren viele Vorteile brachte, die von den Bürgern zum Alltag gezählt, als selbstverständlich hingenommen werden. Ich möchte für diesen Kongreß mit der Aufforderung schließen: Lassen Sie sich durch Rückschläge nicht entmutigen, seien Sie beharrlich, helfen Sie weiter mit, daß auch europäisches Denken selbstverständlich wird.

Gaston Thorn

Pragmatiker mit klarer Linie

Walter Scheel im europapolitischen Spiegel

Idealismus, Weitblick und Zivilcourage sind drei hervorragende Eigenschaften, ohne die eine Gemeinschaft von Menschen und insbesondere eine demokratische Gemeinschaft nicht bestehen kann. Ohne sie wäre der europäische Einigungsprozeß wahrscheinlich nie in Gang gekommen. Und ohne sie bliebe jede Hoffnung auf das geeinte Europa der Zukunft bestenfalls ein Wunschtraum. Deshalb: »Idealismus, Weitblick, Zivilcourage – das brauchen wir dringend auch heute.«

Wenn Walter Scheel dies als Präsident der Europa-Union Deutschland in einer seiner jüngsten Reden sagt, in einer Zeit, wo die Gemeinschaft die schwerste Krise seit ihrer Gründung durchläuft, dann hat das auch etwas Tröstliches an sich; denn da spricht einer, der diese Eigenschaften besitzt, dem sie Autorität verleihen, und der nie gezögert hat – und auch heute nicht zögert –, sie konsequent für den Fortschritt der europäischen Einigung einzusetzen. Engagierter Europäer – »das bin ich von Anfang an gewesen«, hat er vor fünfzehn Jahren einmal in einem Interview geantwortet. Er war es als Mitglied und im Vorstand der deutschen Liberalen, auch zu einer Zeit als seine Haltung in der eigenen Partei zunächst auf Schwierigkeiten stieß, als eine Mehrheit seiner politischen Freunde noch einen Zielkonflikt sahen zwischen der Wiedervereinigung Deutschlands und der (west-)europäischen Integration. Er war es als Abgeordneter in verschiedenen Parlamenten und Versammlungen. Er war es als Bundesaußenminister und als Bundespräsident. Und er ist es bis heute geblieben, allen europäischen Irrungen und Wirrungen zum Trotz.

Walter Scheel kennt Europa. Er hat es kennengelernt, gelebt, erfahren über seine gesamte politische Laufbahn hinweg, die starken Seiten ebenso wie die Schwachstellen. Er ist eine der wenigen, wenn nicht die einzige, führende europäische Persönlichkeit, die als Parlamentarier auf allen europäischen Ebenen tätig war: im Stadtrat von Solingen, im Düsseldorfer Landesparlament, im Bundestag, in der parlamentarischen Versammlung der Montanunion und im Europa-Parlament. Überall mit dem gleichen Engagement, dem gleichen Einsatz, der gleichen Ausdauer.

Über fünfundzwanzig Jahre haben sich unsere Wege, seiner und meiner, in der Europapolitik fast ständig gekreuzt. Ein Vierteljahrhundert, das entspricht beinahe der bisherigen Geschichte des europäischen Einigungswerkes. Mit ihm zusammenarbeiten hieß intensiv arbeiten, zum Wesentlichen vorstoßen, zur Entscheidung gelangen. Das war manchmal hart, aber es war nie penibel. Im Gegenteil, der Umgang mit ihm war stets »facile«, sagen wir ohne Krampf, angenehm. »Sie sind immer ein fröhlicher Mensch«, soll Konrad Adenauer ihn gelobt haben, wie er ein Rheinländer, wie er ein engagierter Europäer. Kein Wunder, daß die beiden sich so gut verstanden. Konrad Adenauer hatte recht, doch hatte Walter Scheels Fröhlichkeit nur sehr wenig mit der leicht beschwingten Oberflächlichkeit zu tun, die ihm gelegentlich fälschlicherweise unterstellt wurde. Er war stets jemand, auf den man sich verlassen konnte, ohne Zögern. Ja bedeutet bei ihm ja, und nein hieß nein – nichts anderes. Geistig agil, von Natur aus fröhlich, aber doch mit großer Selbstdisziplin, so habe ich ihn immer wieder erlebt und geschätzt. Seit mehr als fünfundzwanzig Jahren.

Als Walter Scheel 1969 das Amt des Bundesaußenministers übernahm, hatte die europäische Gemeinschaft bereits eine Reihe von Krisen, wirklichen und vermeintlichen, durchlaufen. Doch sah es so aus, als stünden die politischen Ampeln für Europa wieder auf grün. Gewiß, die »Politik des leeren Stuhls« von 1965 und der darauf folgende unheilvolle »Kompromiß von Luxemburg«, der alles andere, nur kein arbeitsfähiger Kompromiß war, hatten ihre Spuren hinterlassen. Die Diskussion über die Beitrittsanträge Großbritanniens, Dänemarks, Irlands und Norwegens stand auf der Tagesordnung, war aber immer wieder aufgeschoben worden. Und auch eine Agrarreform schien dringend notwendig. Es fehlte also nicht an Problemen. Aber es mangelte auch nicht an dem politischen Willen,

diese Probleme anzugehen, sie zu lösen und neue Perspektiven zu erschließen.
Mit der Gipfelkonferenz der Staats- und Regierungschefs der – damals noch – Sechsergemeinschaft stand deshalb gleich zu Beginn der Amtszeit Walter Scheels ein herausragendes europäisches Ereignis auf dem Programm. Das Treffen sollte das Ende der Übergangszeit mit all ihren Reibereien und Krisen markieren, den Einstieg in die »endgültige« Phase der europäischen Einigung, einen »Wendepunkt in seiner (Europas) Geschichte«, wie es im Abschlußkommuniqué hieß. Erweiterung, Vertiefung und Vollendung der Gemeinschaft, das waren die Schlüsselworte der Stunde. Die Außenminister erhielten den Auftrag zu untersuchen, auf welche Weise – auch gerade mit Blick auf die bevorstehende Erweiterung – die politische Einigung Europas am besten vorangebracht werden könnte. Ein dreiviertel Jahr später, im Oktober 1970, legten sie ihren Bericht vor, an dessen Ausarbeitung Walter Scheel maßgeblich beteiligt war. Der Bericht wurde zum Ausgangspunkt für die europäische politische Zusammenarbeit.
Der Schritt zur politischen Zusammenarbeit war für den Außenminister Scheel in jeder Hinsicht ein wichtiger Schritt. Europapolitisch war es ein Neubeginn, ein neuer Ansatz, bescheiden gewiß und auch für ihn selbst noch unbefriedigend, aber doch ein konkreter Fortschritt mit praktischer Bedeutung: »Eine erste Phase..., die uns zu einem stufenweisen Weitergehen auf dem Wege zur europäischen Einigung verpflichtet.« Aber die politische Zusammenarbeit in Europa hatte ihr volles Gewicht auch für seine Konzeption von der Deutschland- und Ostpolitik. Walter Scheel hat daraus nie einen Hehl gemacht. Für ihn war »Europapolitik mehr als nur ein Teilstück unserer Außenpolitik. Sie ist die Grundlage unseres außenpolitischen Handelns, auch gegenüber Dritten.« Das galt natürlich erst recht für seine und Willy Brandts Entspannungspolitik gegenüber Osteuropa. Verstärkte Kooperation im Westen war Voraussetzung für mehr Handlungsfreiheit im Osten, und auch eine dauerhafte Lösung der deutschen Frage konnte nach Überzeugung »nur langfristig, im europäischen Rahmen und im Wege einer Ost-West-Verständigung erreicht werden«. All dies erklärt die zentrale Bedeutung, die Walter Scheel der europäischen politischen Zusammenarbeit beimaß.

Entscheidend war deshalb gleich zu Beginn, daß der neu begründete Konsultationsmechanismus reibungslos funktionierte: diskret, flexibel, wirkungsvoll. »We mean business«, erklärte im November 1970 nach der ersten Konsultationsrunde in München der Vorsitzende Scheel den Journalisten und bat um Verständnis dafür, daß die Beratungen vertraulich bleiben mußten. Vertraulichkeit setzt gegenseitiges Vertrauen voraus. Das zu festigen, zu vertiefen, war auch in den folgenden Jahren ein wesentliches Anliegen der regelmäßigen Zusammenkünfte.

Auch auf anderen Gebieten standen die Zeichen für Europa in den frühen siebziger Jahren recht günstig. 1970 erhielt die Gemeinschaft eine neue Finanzverfassung. Im gleichen Jahr begannen die Beitrittsverhandlungen mit Dänemark, Irland, Norwegen und dem Vereinigten Königreich. Gegen Ende 1970 wurden erste Gespräche mit den übrigen EFTA-Ländern über die Schaffung einer großen Freihandelszone in Europa geführt. All das waren ideale Aufgaben für den Außenminister Scheel. Deutschland hatte gerade den Vorsitz im Ministerrat, und Walter Scheel leitete persönlich die Verhandlungen in der schwierigen Anfangsphase. Mit Erfolg. »In Brüssel gilt Walter Scheel als einer der besten Verhandler, den die Bundesrepublik bisher dorthin entsandt hat.« Das Wort stammt von einem belgischen Politiker. Und es steht nicht alleine. Walter Scheel verstand seine Arbeit. Er hat, davon bin ich überzeugt, wesentlich dazu beigetragen, das Image Deutschlands in Europa zu verbessern und alte Vorurteile abzubauen. Aber er war nicht nur ein ausgezeichneter Verhandler für Deutschland, er war zugleich immer wieder ein Kämpfer für Europa. »Walter, du warst fabelhaft«, so die Anerkennung von Joseph Luns, damals holländischer Außenminister, am Ende der Beitrittsverhandlungen mit Großbritannien.

Er war wirklich fabelhaft, »ein gut trainierter Polit-Profi«, wie Werner Höfer ihn einmal nannte. Zweifellos war er ein »Profi«, aber einer ohne die Allüren eines Superstars. Er hielt nichts von Versuchen, »sich durch gekünstelte Faxen politisch zu profilieren«, auch in der europäischen Szene nicht. Das zeichnete ihn aus. Er konnte äußerst zäh und hartnäckig verhandeln, aber er wußte auch zwischen Wichtigem und Unwichtigem, zwischen Möglichem und Unmöglichem zu unterscheiden. »Das Mögliche anzupacken, es in Wirklichkeit zu verwandeln, bedeutet Fortschritt«, so lautete das Motto des Pragmatikers Scheel, und danach handelte er. Er wußte, daß viel Geduld nötig sein würde, um in der Europapolitik voranzukommen. Doch Geduld hatte er genug, auch in den langen Marathon-Sitzungen von Brüssel. Daß er sie mit dem ihm eigenen freundlichen Lächeln und einer guten Portion Humor verband, machte ihn zu einem angenehmen, ja sympathisch-liebenswürdigen Partner in Sachen Europa. Wo andere explodierten und schrien, blieb er ruhig, gewinnend, lachend... und kam zu deutlich besseren Ergebnissen. Ellenbogentechnik und politische Tiefschläge lagen ihm nicht. Aber auch wenn er gewöhnlich eher auf Ausgleich bedacht war, konnte er doch sehr wohl beharrlich und konsequent die eigene Linie verfolgen, freundlich-verbindlich in den Worten, aber fest in der Sache. »Er hat eine Gabe, die Wahrheit so zu sagen, daß sie nicht verletzt, aber dennoch gesagt wird«, so Thomas Dehler über den Parteifreund Scheel. Diese Gabe, die Walter Scheel immer wieder zu nutzen verstand, erklärte zweifellos einen guten Teil seines Erfolges und seiner Beliebtheit.

Wenn es sein mußte, konnte der Außenminister Scheel auch bluffen und verblüffen. Unvergessen bleibt für alle, die dabei waren, seine »Hummereskapade« in den Fischereiverhandlungen mit Norwegen. Die Norweger beanspruchten im Falle ihres Beitritts eine Zwölf-Meilen-Fischereizone für sich, was entsprechende Gegenforderungen seitens der Briten und der Iren auslöste. Die Positionen hatten sich zunehmend verhärtet, und ein Kompromiß schien unmöglich. Da erklärte Walter Scheel nach einer Verhandlungspause ruhig, aber sehr bestimmt, daß angesichts der Uneinigkeit im Ministerrat nun endlich auch die deutschen Forderungen auf den Tisch müßten. Und er verlangte eine Schutzzone von der deutsch-niederländischen Grenze über die Insel Helgoland bis zur deutsch-dänischen Grenze. Dabei gehe es ihm in erster Linie um den Schutz der bedeutenden und überaus wertvollen Hummerbestände vor Helgoland. Überraschung, Verblüffung, Verwirrung, Empörung, ich weiß nicht, wie ich die Reaktion am besten beschreiben soll. Selbst für Walter Scheels eigene Berater schien die Forderung völlig unerwartet zu kommen. Neue Unterbrechung der Sitzung, aufgeregte und auch aufgebrachte Diskussionen zwischen den Beteiligten. Nur Walter Scheel blieb ruhig, mit einer guten Zigarre beschäftigt. Ich sprach mit seinen Beratern, sprach mit ihm. Andere kamen hinzu. Wir gingen daran, einen Kompromißvorschlag auszuarbeiten; Deutschland verzichtete auf einen speziellen Schutz für Helgoländer Hummer, andere Länder steckten dafür ihrerseits zurück. Der Kompromiß wurde schließlich von allen angenommen. Inzwischen weiß ich, daß man seit über dreißig Jahren vor Helgoland keinen Hummer mehr gesehen hat. Die Helgoländer Hummer werden längst eingeführt ... aus Norwegen. »Shocking?« Eine Schocktherapie kann manchmal sehr hilfreich sein. Nur muß man sie richtig anwenden können.

Die erste Erweiterung der Gemeinschaft wurde endlich Wirklichkeit, wenn auch ohne Norwegen. Europa schien voranzukommen. Gleich zu Beginn der Geschichte der Neunergemeinschaft einigten sich die Staats- und Regierungschefs auf ein beeindruckendes Programm für die siebziger Jahre: Übergang zur zweiten Stufe der Wirtschafts- und Währungsunion nach dem Werner-Plan, enge Koordinierung der Wirtschaftspolitiken, gemeinsame Inflationsbekämpfung, Errichtung eines Fonds für die Regionalentwicklung, gemeinsame Energiepolitik, gemeinsames Handeln nach außen und – als »vornehmstes Ziel«, wie die Regierungschefs es nannten – die Verwirklichung der europäischen Union vor dem Ende des Jahrzehnts. Das war in Paris im Oktober 1972.

Die Europäische Union, das politisch geeinte Europa, das war auch Walter Scheels großes Ziel, dafür hat er sich immer wieder engagiert und hartnäckig eingesetzt. Hier, in der »finalité politique«, sah er den eigentlichen Sinn des europäischen Einigungswerkes. »Das Ziel, das wir mit der europäischen Integration anstreben, ist nicht ein wirtschaftlicher Interessenverband, sondern die politische Einheit«, erklärte er 1970 vor dem Bundestag. Er ist diesem Ziel bis heute treu geblieben. Aber er war und ist Realist genug, um zu wissen, daß der Wille zur politischen Einheit allein nicht genügt. Nur wenn es gelingt, die wirtschaftliche Basis zu schaffen, auf der er sich verwirklichen kann, verliert er das »Spekulative«, kann er die nötige »Breitenwirkung« erzielen. Oder, wie Walter Scheel es selbst 1974 ausdrückte: »Eine europäische Union, der nicht der konsolidierte Schatz gemeinschaftlicher Wirtschafts- und Währungspolitik zur Verfügung stünde, hätte keine Substanz und würde keinen wirklichen Fortschritt bedeuten.« Umgekehrt ist es aber auch ein Irrtum zu glauben, die politische

Einigung werde sich zwangsläufig aus den Fortschritten des wirtschaftlichen Zusammenschlusses ergeben. Beide sind nötig und bedingen einander.

Aus der Verwirklichung der Europäischen Union bis 1980 ist nichts geworden. Statt dessen kam die Krise – oder genauer: kamen die Krisen – der siebziger Jahre. Die Anpassungszwänge waren und sind heute noch brutal, die Zusammenbrüche häuften sich. In der wirtschafts- und gesellschaftspolitischen Katerstimmung dieser Zeit war und ist die Versuchung groß, die billige Parole: »Jeder ist sich selbst der nächste, rette sich wer kann« zum Leitwort nationalen Handelns zu machen. Europäische Lösungen wurden, feierlichen Erklärungen und Sonntagsreden zum Trotz, auf bessere Zeiten vertagt, und die Gemeinschaft begann, sich immer mehr zu einem Europa der verpaßten Gelegenheiten zu entwickeln.

Walter Scheel beobachtete diese Entwicklung mit Sorge, doch ohne Resignation. »Wenn das so weitergeht, dann wird schon der Erörterung des Themas Europa etwas Unwirkliches anhaften, dann wird der Überdruß der Menschen so groß werden, daß keine Regierung, keine politische Gruppe es noch wagen kann, von der europäischen Einigung zu sprechen.« Er wagt es auch weiterhin, und seine Analyse blieb klar und unbestechlich – »ohne diplomatische Zweideutigkeiten«, wie er sagte. »Das herkömmliche Souveränitätsdenken gründet sich auf ein System von Beziehungen unter Staaten, in welche das Mißtrauen geradezu institutionell eingewoben ist. Langfristige oder gar unauflösbare Verbindungen... sind mit diesem Denken nur schwer vereinbar. Von diesem Hemmnis müssen wir uns freimachen.« Denn »Europa kann nicht entstehen als Verlängerung des Willens einer einzigen Nation oder – mehrerer Nationen... wer Europa will, muß schon woanders ansetzen, an einem übergeordneten, dem nationalen Interesse manchmal sogar scheinbar zuwiderlaufenden Gemeingut. Wer Europa will, der muß auch verzichten und der muß auch zurückstecken.« Diese Sätze stammen aus einer Rede von 1974. Sie sind heute zehn Jahre alt. Nicht ein Wort davon hat an Aktualität verloren.

1974 war in vielerlei Hinsicht ein schwieriges Jahr. Nicht nur wirtschaftlich infolge des ersten Ölschocks, sondern auch politisch. In Bonn, London und Paris wechselten die höchsten Verantwortlichen

Walter Scheel und Gaston Thorn.

Der Präsident des Deutschen Rates der europäischen Bewegung Walter Scheel begrüßt den griechischen Landwirtschaftsminister Professor Konstantinos Simitis (vorne im Bild) als Gastredner in Bonn (1983).

9. Dezember 1980: Verleihung des
Solinger Ehrenpreises »Die Schärfste Klinge« an den luxemburgischen
Ministerpräsidenten Gaston Thorn (Mitte)
im Rittersaal von Schloß Burg; rechts Oberbürgermeister Schlößer.

Walter Scheel, Präsident der Europa-Union Deutschland,
wird vom österreichischen Bundespräsidenten Rudolf Kirchschläger
am Europatag 1982 in Wien empfangen.

Der Plan der Europäischen Kulturinitiative ist perfekt: Die Ausstellung »Der Hang zum Gesamtkunstwerk – europäische Utopien seit 1800« soll als Wanderausstellung in verschiedenen europäischen Städten gezeigt werden. Walter Scheel im Gespräch mit Carlo von Castelberg, dem Präsidenten der Zürcher Kunstgesellschaft. Rechts im Bild Harald Szeemann.

Initiatoren der Europäischen Kulturinitiative: Walter Scheel und Kurt Köber. Links im Bild Scheels Mitarbeiter Ulf Böge.

9. Februar 1983: Die Ausstellung der Europäischen Kulturinitiative wird in Zürich eröffnet. Von links: Stadtpräsident Wagner, Bundeskanzler a. D. Helmut Schmidt, die Initiatoren Kurt Körber, Walter Scheel und Rolf Liebermann.

in den Regierungen, Großbritannien wollte seinen Beitritt neu verhandeln, über den Atlantik hinweg häuften sich Mißverständnisse und Kontroversen. Das Klima des politischen Vertrauens in der Gemeinschaft sank nach der Euphorie der frühen siebziger Jahre auf den Nullpunkt, wenn nicht darunter.

Zu Beginn des Jahres hatte Deutschland zum zweitenmal während der Amtszeit Walter Scheels als Außenminister den Vorsitz im Ministerrat übernommen, und der Ratspräsident Scheel spürte sehr wohl die Gefahren, die in diesem eher psychologischen Tief lauerten. Das wechselseitige Vertrauen mußte wiederhergestellt werden. Er schlug deshalb ein informelles Treffen aller Außenminister vor, um – sozusagen außerhalb des offiziellen Rahmens von Gemeinschaft und europäischer politischer Zusammenarbeit – über alle Fragen und Probleme offen zu sprechen, möglichst ohne die ungezählten Experten oder »Spickzettel«, die sonst gewöhnlich mit von der Partie waren. Wieder gelang es ihm, seine Kollegen gegen manchen Widerstand von der Notwendigkeit und der Richtigkeit seiner Idee zu überzeugen. Das Treffen fand schließlich auf Schloß Gymnich in der Nähe von Bonn statt. Es wurde nicht nur ein Erfolg, es wurde der Anfang einer ganzen Serie informeller Treffen, es wurde die Geburt einer guten Gewohnheit, einer Art Familienrat für die Gemeinschaft. Diese informellen Treffen haben inzwischen in allen Ländern der Gemeinschaft stattgefunden. Dennoch werden sie gleichsam als Typenbezeichnung immer wieder nach dem Ort benannt, zu dem ihr Erfinder vor zehn Jahren zum erstenmal einlud: »Gymnich-Treffen«.

Ob in Gymnich-Treffen oder offiziellen Sitzungen, Walter Scheel war ein idealer Vorsitzender für den Ministerrat. In dieser Rolle traten seine Stärken am besten hervor: Überblick, Sinn für das Mögliche und ein ausgeprägtes Gespür bei der Wahl des richtigen Augenblicks. Das grimmige Festbeißen an irgendwelchen technischen Details lag ihm ebensowenig wie visionäre Höhenflüge. Sich keinen Illusionen über die eigenen Einflußmöglichkeiten hingeben, aber rechtzeitig fühlen, wenn die Dinge in Bewegung geraten, dann rasch eingreifen, um sie in die gewünschte Richtung zu lenken – so in etwa sah das Rezept aus, das den Ratspräsidenten Scheel auszeichnete. Hinzu kam ein »Fair Play« gegenüber den kleinen Staaten, das mir immer wieder angenehm auffiel, vielleicht weil ich in dieser Hinsicht etwas »vorbelastet« bin. Fest steht, daß sein Respekt vor den »Kleinen«, sein Verständnis für ihre Sorgen und Probleme in den schwierigen Monaten von 1974 wohltuend und hilfreich war. Ich habe mich mehr als einmal gefragt, was wohl aus dem Stimmungstief von damals geworden wäre, wenn es einen Mann wie ihn nicht gegeben hätte.

Trotz aller europapolitischen Enttäuschungen, die er erleben mußte, hat Walter Scheel nie aufgegeben. Es gab für ihn einfach keine annehmbare Alternative zur europäischen Einigung. »Wer aber bereit wäre, wegen der bestehenden Schwierigkeiten die europäische Gemeinschaft aufzugeben und ihren Zielen abzuschwören, der besitzt die Logik eines Mannes, der zum Selbstmord rät, weil ein Schnupfen droht«, so der Bundespräsident Scheel im Jahre 1975.

Ein Schnupfen ist an sich eine harmlose Sache. Wenn er aber nicht rechtzeitig und mit den richtigen Mitteln kuriert wird, kann er zur gefährlichen Krankheit ausarten. Die Entwicklung der Gemeinschaft in den letzten Jahren sollte unter diesem Gesichtspunkt zu denken geben. Gewiß, es gab auch nach 1975 noch Lichtblicke und große Momente, etwa die Schaffung des Europäischen Währungssystems im Jahre 1978 oder die erste Direktwahl des Europäischen Parlaments im Jahre 1979. Sie können aber nicht darüber hinwegtäuschen, daß der europäische Einigungsprozeß ins Stocken geraten ist. Das Europäische Währungssystem ist, obwohl es sich bewährt hat, bis heute unvollendet geblieben, und die Direktwahl des Parlaments brachte zwar endlich eine demokratische Legitimation für die Gemeinschaft, ließ aber das Mißverhältnis zwischen dem legitimen Rollenverständnis des Parlaments und seinen tatsächlichen Befugnissen um so krasser hervortreten.

Innenpolitische Erfolgszwänge bestimmen zunehmend die europäische Szenerie und belasten die gemeinsame Handlungsfähigkeit. »Hat die Konferenz nicht erneut gezeigt«, schrieb Walter Scheel zu Beginn dieses Jahres nach dem Fehlschlag der Gipfelkonferenz von Athen, »wie groß die Fähigkeit zur Unfähigkeit ist, wenn es darum geht, die engstirnigen nationalen Interessen dem Einigungswerk unterzuordnen?« Die Europäische Gemeinschaft kränkelt nicht nur, sie ist wirklich krank.

Die Diagnose ist ernst, aber sie ist nicht verzweifelt. Es gibt auch heute keinen vernünftigen Grund, an Selbstaufgabe zu denken und die europäische Einigung abzuschreiben. Fatalistische Lamenti können wir uns am wenigsten leisten. Vielmehr gilt es, alles und alle zu mobilisieren, um den Durchbruch zu schaffen, den Durchbruch zum Europa der zweiten Generation. Als Präsident des Deutschen Rates der europäischen Bewegung und als Präsident der Europa-Union Deutschland steht Walter Scheel auch hier wieder in der vordersten Front. Für ihn bedeuten diese beiden Ämter nicht zwei Titel mehr, die zu den vielen anderen hinzukommen, für ihn bilden sie einen neuen Rahmen, in dem er seinen alten Kampf fortsetzt, den Kampf für die europäische Einigung. Die »Königsidee des 20. Jahrhunderts«, wie Konrad Adenauer die europäische Einigung nannte, ist nicht tot.

Die Situation von heute ist natürlich nicht mehr mit der der frühen fünfziger Jahre vergleichbar, als Männer wie Jean Monnet, Robert Schuman, Alcide De Gasperi und Konrad Adenauer nach der Katastrophe des Zweiten Weltkriegs in Europa eine historische Wende einleiteten und den Grundstein für eine neue, friedliche Zukunft unserer Völker legten. Viel ist seitdem erreicht worden. Doch viel steht deshalb heute auch auf dem Spiel. »Es ist ein Irrtum zu glauben, die Welt würde darauf warten, bis sich das ehrwürdige alte Europa darauf besinnt, daß es von dieser Welt ist. Die Geschichte ist schon über manche ehrwürdige Kultur hinweg gegangen, ohne vorher anzufragen, ob's genehm ist.« Diese Warnung aus einer der jüngsten Reden Walter Scheels richtet sich an alle, die Europa auch heute noch in erster Linie als Tummelplatz für ihre nationalen Egoismen ansehen. Wir stehen wieder – oder besser: immer noch – am Scheideweg. Wir müssen entscheiden. Konsequenter Weiterbau am europäischen Einigungswerk oder Rückfall in irrige Träume von nationaler Größe, Fortschritt oder Verfall, das sind die Alternativen. Das Wort Robert Schumans gilt nach wie vor in seiner vollen Wucht: »Europa muß einen Schritt wagen oder untergehen.«

Walter Scheel gehört zu jenen, die immer wieder bereit waren, den Schritt in die Einheit Europas zu wagen, die dafür plädierten. Wir wünschen ihm, wir wünschen uns allen, daß er seinen Weg noch viele Jahre mit der gleichen Überzeugung und der gleichen Überzeugungskraft fortsetzen kann. Und daß die Zahl derer immer größer wird, die sich für die gleichen Ziele engagieren wie er, mit Idealismus, Weitblick und Zivilcourage.

Walter Scheel

Kann Kultur Europa kitten?

Mein Vortrag ist in der Einladung mit dem Stichwort »Europäische Kulturinitiative« angekündigt worden. Nun kann man aus dieser Kurzformel sicher ablesen, daß ich etwas zu Europa und zur Europäischen Kulturinitiative sagen möchte.

Sie werden aber zurecht erwarten, daß ich Ihnen erkläre, was sich hinter dem Begriff »Europäische Kulturinitiative« eigentlich verbirgt, wie sie zustandegekommen ist und welches Ziel sie verfolgt.

Auf diesen Punkt will ich mich im großen und ganzen konzentrieren, ja ich muß mich darauf beschränken, denn über »Europa« oder »europäische Kultur« umfassend sprechen zu wollen hieße, Sie hier wochenlang festzuhalten. Sie alle – und ich natürlich auch – sind aber gespannt auf die Ausstellung, die wir ja besichtigen wollen. Was nun die Ausstellung selbst angeht, so ist dazu kein anderer berufen darüber zu sprechen, als derjenige, der sie konzipiert hat: Herr Dr. Harald Szeemann.

Lieber Herr Szeemann, Ihnen, Herrn Toni Stoss und allen, die mitgeholfen haben, möchte ich an dieser Stelle herzlich danken für das große Engagement, das Sie für diese Ausstellung aufgebracht haben. Dank insbesondere aber auch dafür, daß diese Ausstellung Kernstück der Europäischen Kulturinitiative werden konnte. Die Initiative ist damit erst richtig lebens- und entwicklungsfähig geworden.

Dank sagen möchte ich auch dem Kunsthaus Zürich mit Herrn von Castelberg an der Spitze. Wir haben uns vor noch nicht ganz einem

---

Rede anläßlich der Eröffnung der Ausstellung »Der Hang zum Gesamtkunstwerk – Europäische Utopien seit 1800« in Zürich am 9. Februar 1983

Jahr hier in Ihrem gastlichen Hause auf diese Ausstellung verständigt. Sie waren von Anfang an überzeugt – wie ich übrigens auch –, daß sich das Vorhaben wird sehen lassen können, daß es erfolgreich werden wird. Es hat mich schon beeindruckt, daß Sie – bildlich gesprochen – die Tore für diese Idee, denn vielmehr als eine Idee war es am Anfang ja nicht, weit geöffnet haben. Ich habe mich innerlich darüber gefreut, daß es in einer Zeit, in der Kultur und knappes Geld fast zum Begriffspaar geworden ist, immer noch Risikobereitschaft gibt und den festen Glauben daran, daß eine Sache gut ist. Der feste Glaube war da, gepaart mit dem notwendigen Gestaltungs- und Durchsetzungswillen.

Heute findet zwar erst die Eröffnung der Ausstellung statt, aber schon jetzt kann mit einer gewissen Berechtigung gesagt werden: Die Entscheidung war richtig. Die Ausstellung ist auf großes Interesse gestoßen und wird die nächsten zwei Jahre in mehreren europäischen Städten gezeigt werden. Nach Zürich stehen als Ausstellungsorte Düsseldorf und Wien fest; mit Berlin ist ein vertraglicher Abschluß in Sicht. Paris wird vielleicht folgen.

Wenn ich von dem festen Glauben an die Idee und dem notwendigen Gestaltungs- und Durchsetzungswillen spreche, bin ich versucht, die Verbindungslinie zum Thema »Europa« zu ziehen. Ich will das noch etwas aufschieben, da ich Ihnen zunächst wohl darlegen sollte, wie es eigentlich zu der Europäischen Kulturinitiative und der Ausstellung »Gesamtkunstwerk« gekommen ist.

Wir müssen ein paar Jahre zurückgehen. Genaugenommen war es am 9. Juni 1979, also am Vorabend der ersten direkten Wahl des Europäischen Parlaments, als Professor Liebermann sozusagen einen kleinen Kieselstein ins Wasser warf in Form eines Artikels im Hamburger Abendblatt. Der kleine Kieselstein sollte Wellen schlagen.

Der Artikel trug die Überschrift: »Rolf Liebermann über die Einigung Europas. Kultur soll kitten.«

Rolf Liebermann beklagte in dem Artikel zurecht, daß »in den ganzen Wahlreden zum Europaparlament... nicht einmal die Rede von kulturellen Gemeinsamkeiten in Europa gewesen (ist), sondern nur immer vom monetären und ökonomischen Europa«.

Hat die Zeit vor der Europawahl nicht in der Tat Zweifel daran aufkommen lassen müssen, daß es so etwas wie ein europäisches

Kulturbewußtsein überhaupt gibt? Ich hatte dieselben Beobachtungen wie Rolf Liebermann machen müssen und mich gefragt, was man tun könnte, um diesen Mangel zu beheben.
Ich habe das Interview von Rolf Liebermann also mit großer Aufmerksamkeit gelesen. Er machte einen konkreten Vorschlag: Eine Organisation sollte geschaffen werden, die »sich mit überhaupt nichts anderem beschäftigen (dürfte)« – so schrieb er – als der Frage, »wie man heute europäische Kultur ›kreieren‹ könne«. Er dachte an »ein eigenes europäisches Kulturinstitut«.
Und da Rolf Liebermann als erfolgreicher zunächst Hamburger und dann Pariser Opernchef Organisationsfragen als tägliches Brot kannte, hatte er auch gleich einen Personalvorschlag zur Hand: *Ich* sollte mich darum kümmern. Herr Professor Liebermann ist heute unter uns, worüber ich mich sehr freue, und desgleichen ist hier Herr Dr. Körber, dessen europäisches Kulturbewußtsein ihn bewog, den Vorschlag Liebermanns zu unterstützen, und zwar finanziell und ohne zeitlichen Verzug.
Ich möchte Sie, Herr Professor Liebermann, und Sie, Herr Dr. Körber, herzlich begrüßen.
Übrigens ist es fast ein Lehrbuchbeispiel für unternehmerische Tatkraft, wie zielstrebig beide damals vorgegangen sind. Noch im selben Monat, also im Juni 1979, kamen sie zu einem Gespräch nach Bonn in die Villa Hammerschmidt, um mich für den gemeinsamen Plan zu gewinnen. Wie konnte ich anders als meine Mitarbeit zusagen?
Der Vorschlag von Herrn Professor Liebermann, ein europäisches Kulturinstitut zu gründen, und die Bereitschaft von Herrn Dr. Körber, dafür eine Million DM zur Verfügung zu stellen, lösten indessen eine wahre Flut von Angeboten für den Ort aus, wo dieses Institut errichtet werden sollte. Die Gefahr war nicht von der Hand zu weisen, daß die »Sitzfrage« zu einer Totgeburt der Idee führen würde. Doch die Entscheidung über den Sitz des Instituts – und darüber waren alle, die an den Gesprächen in der Folgezeit beteiligt waren, einig –, die Frage des Sitzes war nachrangig gegenüber der Aufgabe, zunächst einmal ein Konzept zu entwickeln mit dem Ziel, das Bewußtsein für die gemeinsame europäische Kultur wieder zu wekken, und zwar mit dem Anspruch auf eine gemeinsame politische Zukunft Europas.

Wir hatten zunächst den Gedanken, durch Hinzuziehung von Künstlern, Schriftstellern und Publizisten aus Ost und West eine, die breite Öffentlichkeit interessierende Initiative in Gang zu setzen und die politischen Grenzen in Europa zwischen Ost und West zu überwinden. Um dieses Ziel zu erreichen, kam es aber darauf an, »schöpferische Personen« – so will ich das mal umschreiben – aus allen Teilen Europas zu gewinnen, nicht Institutionen. Die politischen Veränderungen in den Staaten des Ostblocks, vor allem in Polen, machten den Plan aber schließlich zunichte, solche Persönlichkeiten der kulturellen Szene aus diesen Ländern anzusprechen. Wir waren daher gezwungen, unseren Anspruch – so schmerzlich das auch war – zurückzunehmen, Europa sozusagen zu verkleinern auf das westliche freie Europa. Wir haben uns damals die Frage gestellt, ob wir denn nicht den Plan einer Europäischen Kulturinitiative ganz aufgeben sollten. Wir haben sie verneint, denn Ausgangspunkt der Idee war ja die Beobachtung gewesen, daß kulturelle Fragen zu sehr vernachlässigt worden waren. Der Gedanke, die Kraft des kulturellen Erbes und der kulturellen Vielfalt Europas für die Idee der politischen Einigung wenigstens des freien Teils Europas zu nutzen, hatte nach wie vor seine Gültigkeit. Europäische Kultur war *vor* dem verengten Nationalismus des 19. Jahrhunderts mit Selbstverständlichkeit übernational. Der Kontakt zwischen Komponisten, Musikern, Malern, Dichtern usw. war enger, obwohl es damals noch nicht die technischen Möglichkeiten der blitzschnellen Kommunikation gab wie heute. Der Nationalismus war verbunden mit einem mythischen, die Geschichte verfälschenden Bewußtsein von Auserwähltsein und Überlegenheit von Staaten, Nationen oder Spracheinheiten. Nationalismus wollte durch das Ausschließen des Fremden selber das Totale sein.

In der Kultur hat das »Totale« einen ganz anderen Sinn. Totale Kunst – oder der Traum von ihr – hat mehr mit individueller sowie schöpferischer und grenzenloser Freiheit zu tun, während es die Eigenheit des totalen Staates ist, dem einzelnen Künstler den Raum des Experimentierens zu rauben. Der totale Staat ist Antithese, ist Feind der totalen Kunst.

Das Experimentieren, das Offensein für Einflüsse von überall her, das Entwerfen von Neuem, das Inkaufnehmen eines Bruches zu Gewohntem ist eine europäische Tradition. Der die Freiheit einengende Nationalismus paßte hier nicht hin. Er wirkte nicht nur störend, sondern zerstörend. Ebenso schädlich für die wirtschaftliche, politische, geistige, ja gesamte kulturelle Entwicklung Europas sind aber auch die heute wieder zunehmenden protektionistischen Tendenzen. Protektionismus würde all das zerstören, was Europa eigentlich auszeichnet und was an Fortschritten seit fast 40 Jahren erreicht wurde.

Lassen Sie mich in diesem Zusammenhang den Ethnologen Claude Lévi-Strauss zitieren. Er fragte sich, warum die aufeinander folgenden mexikanischen Zivilisationen – Maya, Tolteken, Azteken – kulturell zunehmend dürftiger wurden, während die zunächst in manchen Bereichen unterlegenere europäische Kultur immer reicher, immer komplexer wurde.

Seine Vermutung war folgende: Von der übrigen Welt isoliert, lebten die Mexikaner nur aus der eigenen Substanz, während die Europäer in ihrer Vielfalt und Offenheit für andere Zivilisationen nicht nur ihre eigenen starken Wurzeln hatten – so Athen, Rom, Jerusalem, Renaissance, Aufklärung –, sondern in der Begegnung mit dem Fremden eine Chance sahen. Sie waren bereit, sich von dem andersartigen Geist anregen zu lassen.

Das Thema »Kultur« ist heute europaweit wieder im Gespräch, mit bestimmten Zielsetzungen und praktischen Initiativen verbunden. Aber wie sollen wir das werten? Ist es eine Flucht vor den Schwierigkeiten des wirtschaftlichen und politischen Ausbaus der Europäischen Gemeinschaft? »Kultur« kam ja in den Römischen Verträgen zur Europäischen Gemeinschaft nicht vor. Wachsen wir in neue Schwierigkeiten hinein, wenn wir das Bewußtsein europäischer kultureller Identität wecken?

Manche haben die Sorge, die nationale Identität eines Volkes, einer Nation könnte von einer europäischen Superstruktur erdrückt werden. Diese Sorge ist unbegründet, denn Europa kann sich nur – ja es muß sich – auf das Selbstverständnis der europäischen Völker gründen. Die Kultur ist von jeher ganz unbekümmert auch über die Sprachgrenzen gewandert. Ich bin der Überzeugung, daß wir die einzelne nationale Kultur verfälschen, wenn wir sie aus dem europäischen Zusammenhang isolieren, wenn wir sie nur aus sich selbst verstehen wollen. Ich glaube, daß wir zum Beispiel das Italienische,

Besuch der deutschen Künstlerausstellung in Seoul (1983) anläßlich der Hundert-Jahrfeier deutsch-koreanischer Beziehungen.

Der amerikanische Präsident Jimmy Carter und Bundespräsident Walter Scheel vor der Bronzeskulptur »Montana« von Bernhard Heiliger im Park der Villa Hammerschmidt.

Empfang einer Gruppe Behinderter aus Volmarstein in der Villa Hammerschmidt (6. Juli 1977).

ZDF-Jugendsendung auf der »boot '78« in Düsseldorf (24. Januar 1978).

Familie Scheel im Park der Villa Hammerschmidt (8. August 1975).

Französische, Schweizerische oder das Deutsche nur richtig begreifen, wenn wir es als die besondere Gestalt eines Europäischen verstehen, das allen Völkern dieses Kontinents gemeinsam ist. Natürlich gibt es eine französische, eine italienische, eine deutsche Kultur usw., aber die französische, die italienische und die deutsche Kultur sind eben Teile einer europäischen Kultur. Klassik, Barock, Aufklärung, Romantik, sie sind uns allen gemeinsam. Mag Impressionismus mehr französisch, Expressionismus mehr deutsch und skandinavisch sein, es gibt doch transnationale Ursprünge, Wechselwirkungen und Verflechtungen.

Da der Nationalstaat das Besondere der eigenen Nation isoliert, es überbetont, die Akzente falsch setzt, müssen wir eine politische Form finden, in der das Eigene, das Besondere eines jeden Volkes und das Gemeinsame der europäischen Völker am besten zu seiner vollsten und reinsten Entfaltung kommen.

In den Mitgliedsstaaten der Europäischen Gemeinschaft wird diese politische Form in einer »Europäischen Union« gesehen. Zwar ist der Begriff im einzelnen nicht definiert, doch er ist Ausdruck des Ziels, die politische Zusammenarbeit dieser Staaten noch mehr zu vertiefen, zu verschmelzen, ja letztlich zu einer Einheit zusammenzuführen.

Sie wissen, daß die Europäische Gemeinschaft ein offenes Modell ist, das heißt offen für andere europäische Länder, ihr beizutreten. Die Verhandlungen sind im konkreten Einzelfall immer sehr schwierig, und sie setzen viel guten Willen voraus. Doch der Wille muß dasein, denn die Europäische Gemeinschaft ist nicht Europa, aber um Europa geht es. Es geht um einen Kontinent, der in einer Jahrhunderte dauernden Entwicklung zu gemeinsamer Zivilisation und Kultur gefunden und so viel zur Entwicklung der Welt beigetragen hat. Die Reihe der europäischen Dichter und Philosophen, Wissenschaftler, Künstler, Erfinder, Entdecker ist unendlich lang.

Und deshalb glaube ich nicht, daß die Rückbesinnung auf die gemeinsame europäische Kultur als eine Flucht zu verstehen ist, auch wenn es – bezogen auf die Länder der Europäischen Gemeinschaft – mit dem wirtschaftlichen und politischen Ausbau nicht in wünschenswerter Weise vorwärtsgeht. Die Rückbesinnung auf die gemeinsame europäische Kultur ist im Gegenteil eine Chance, der Idee der notwendigen politischen Einigung Europas neuen Auftrieb zu geben.

Man mag heute alle diejenigen politische Träumer nennen, die den europäischen Gedanken gegen die Egoisten der Nationalstaaten hochhalten – so wie jene, die in Deutschland im 19. Jahrhundert dem Ziel der Einheit der Nation und nicht der Kleinstaaterei anhingen. Und man mag diejenigen Realisten nennen, die sich wie weiland der Herzog von Sachsen-Coburg weigern, für die gemeinsame Sache auch nur 50 Gulden springen zu lassen. Aber diese Realisten laufen vor der Realität davon. Die Realität heute heißt »Europa«. Die politische Einigung Europas ist überfällig. Wie sonst wollen wir eigentlich die politischen, wirtschaftlichen und gesellschaftlichen Probleme der Zukunft lösen?

Alle verantwortlichen Politiker und Experten betonen zwar in ihren Reden immer wieder, daß die wirtschaftlichen Probleme von keinem europäischen Staat allein, sondern nur im Konzert gemeinsam gelöst werden können. Wie aber soll zu einem wohlklingenden Musikstück aufgespielt werden können, wenn die Spieler nur widerwillig und ohne Überzeugung zu ihren Instrumenten greifen? Ein großes Konzert kann sich erst beim gemeinsamen Spiel zu höchster Kunst entfalten, wenn die Vielfalt der Instrumente und Temperamente – und zwar jedes seine Eigenständigkeit bewahrend – zu einem harmonischen Ganzen finden.

Genauso entfaltet die Unterschiedlichkeit der europäischen Staaten ihre eigentliche Kraft erst, wenn Grundsätze, Rhythmen und Ziele übereinstimmen, wenn die Idee das Handeln bestimmt.

Die Kraft der Idee wird häufig zu gering geachtet. Dabei hat die Geschichte unzählige Beispiele parat. Ich will nur eines nennen, weil sich dieses Jahr der 500. Geburtstag von Martin Luther jährt: die Idee der Reformation. Die Kraft der Überzeugung, die innere Festigkeit spielten für die Durchsetzung der Idee die entscheidende Rolle.

Auch die Idee der Einigung Europas kann nur Wirklichkeit werden, wenn sie in Fleisch und Blut Eingang gefunden hat, und hierbei spielt die Kultur, die das Gefühl der Menschen anspricht, eine weit größere Rolle als ihr bisher zugedacht worden ist.

Ich glaube, daß jede gesellschaftliche Gruppe in jedem europäischen Land, so die Schriftsteller, die Journalisten, auch die Museumsleute ihr Teil zu einem vereinten Europa beitragen können. Sie alle können mithelfen, über die nationalen Grenzen hinauszudenken, sie alle können ihre Arbeit, ihre Gedanken unter dem Thema »Europa« neu überdenken. Jedes große Museum Europas ist ein europäisches Museum: der Prado, der Louvre, die Brera, die Uffizien, die National Gallery, die Eremitage, die Pinakothek, das Germanische Nationalmuseum, und wie sie alle heißen. Auch das Kunsthaus Zürich hat europäischen Zuschnitt, und es kann wie die Museen zeigen, deuten, erklären, lehren, was uns, die europäischen Völker, verbindet.

Gewiß gibt es Fortschritte im europäischen Einigungsprozeß, es gibt Fortschritte im wirtschaftlichen und sozialen Bereich, es gibt die enge ökonomische Verflechtung der Länder. Aber lebt Europa nicht mehr noch von den gemeinsamen Werten, der gemeinsamen Auffassung von Freiheit, Menschenwürde und Liberalität? Lebt es nicht von den Werten, die letztlich die europäische Kultur ausmachen? Die unschätzbare Arbeit des Europarates ist ebenso Beweis dafür wie das erst vor wenigen Tagen begangene zwanzigjährige Bestehen der deutsch-französischen Zusammenarbeit. Die wirtschaftlichen Fortschritte in Europa sind Teil des täglich erlebten kulturellen Lebens in Europa.

Ich würde mir ein wacheres Problembewußtsein der Europäer für ihr gemeinsames kulturelles Erbe wünschen. Mit der heutigen Ausstellung wollen wir dazu beitragen, denn das »Gesamtkunstwerk« verkörpert eine einzigartige europäische Idee. Vielleicht gelingt es mit der Ausstellung, die Diskussion über die Frage der kulturellen Einheit Europas anzuregen und den Wunsch der Menschen nach einem in Frieden und Freiheit vereinten und nicht »verwalteten« Europa zu stärken. Vielleicht kann Kultur im Sinne von Rolf Liebermann Europa »kitten«.

Sich für ein vereintes Europa einzusetzen, heißt mitzuhelfen, die politischen Grenzen zwischen Ost und West zu überwinden; heißt mitzuhelfen, um verstärkte menschliche Beziehungen zwischen den Bürgern aller europäischen Völker zu ermöglichen; heißt aber auch aufzupassen, daß die im freien Teil Europas erlangten Freiheitsräume der Bürger nicht wieder eingeengt werden durch nationale Egoismen, durch Protektionismus, sondern daß sie erweitert werden durch Abbau von Hemmnissen jeglicher Art, durch den Abbau von Grenzkontrollen. Sich für ein vereintes Europa einzusetzen, heißt aber nicht zuletzt, sich für den Frieden zu engagieren.

Kurt A. Körber

Kulturelle Einheit Europas

Notizen zu einer initiativen europäischen Kulturpolitik

»Ich würde mir«, sagte Walter Scheel in seiner Rede zur Eröffnung der Ausstellung »Der Hang zum Gesamtkunstwerk – Europäische Utopien seit 1800« – »ich würde mir ein wacheres Problembewußtsein der Europäer für ihr gemeinsames kulturelles Erbe wünschen. Vielleicht gelingt es mit der Ausstellung, die Diskussion über die Frage der kulturellen Einheit Europas anzuregen und den Wunsch der Menschen nach einem in Frieden und Freiheit vereinten und nicht ›verwalteten‹ Europa zu stärken. Vielleicht kann Kultur Europa ›kitten‹.«

Das sind ohne Zweifel vorsichtige Worte, kein Appell, keine Patentlösung, fast eine Frage – aber eine Herausforderung für alle, denen die Rolle der Kultur und die Einigung Europas gleichermaßen am Herzen liegt.

Inzwischen hat sich die Lage der Europäischen Wirtschaftsgemeinschaft weiter verdüstert. Wir suchen nach einem einigenden Band, das über die ökonomischen Interessenstreitigkeiten hinaus die Zusammenarbeit der Partnerstaaten gewährleisten kann. Die Kulturpolitik kann ein solches Band nicht flechten. Kultur ist kein Kitt, der einen auseinanderfallenden Gemeinsamen Markt zusammenhalten könnte. Andererseits wäre es unangemessen, die im einzelnen interessanten und zum Teil auch erfolgreichen Versuche einer gemeinsamen europäischen Kulturpolitik, seien sie von Brüssel aus konzipiert oder im Bereich des Straßburger Europarats entstanden, kleinzuschreiben.

Meiner Ansicht nach ist es ein ernstes Versäumnis, daß die zahlreichen Aktivitäten, die daneben aus den enger gewordenen freundschaftlichen Beziehungen zwischen einzelnen europäischen Ländern erwachsen sind, der Öffentlichkeit nicht in ihrer Gesamtheit und unter

Würdigung der oft beachtlichen Leistungen eindrucksvoller bekanntzumachen, etwa den Jugendaustausch, die Städtepartnerschaften und ähnliche Veranstaltungen mehr. Wir haben, meine ich, bisher nicht verstanden, ihnen den großen Rahmen zu geben, der ihrer Bedeutung entspricht.

Doch so wichtig diese Aktivitäten sind, Walter Scheel hat mit seiner herausfordernden Frage einen größeren Horizont im Auge gehabt. Gibt es nicht neben wirtschaftlichen Interessen und außenpolitischen Notwendigkeiten ein in unserer Geschichte verwurzeltes Bedürfnis nach einer kulturellen Besinnung auf Europa, und wenn dem so ist, ein gemeinsames Motiv nach kultureller Einheit Europas?

Wir sollten auf diese Frage nicht mit vorschneller Begeisterung antworten. Kulturelle Einheit – das kann kein organisiertes Gebilde sein, das bürokratisch zu ordnen wäre. Die Wissenschaft von heute ist international. Sie läßt sich nicht »europäisieren«, genausowenig wie die Kunst. Einerseits wird Europa fortfahren, in vielen Sprachen zu sprechen, andererseits müssen die Europäer ihren Blick auf die Welt richten. Eine europäische »Binnenkultur«, die sich von einer global werdenden Zivilisation kritisch unterscheiden wollte, wäre ein absurder Traum. Reden wir also nicht von einer »Verteidigung« der europäischen Kultur.

Die Einheit der europäischen Kultur besteht in der Gemeinsamkeit unseres kulturellen Erbes. In keinem europäischen Land kann man die Entwicklung der Malerei oder der Architektur studieren, Wissenschaftsgeschichte treiben, Theater, Opern und Konzerte veranstalten, ohne dies alles gesamteuropäisch zu tun. Shakespeare, Goethe und Karl Marx gehören nicht nur einer Nation. Sie gehören der europäischen Kultur an.

Was uns Europäer voneinander trennt, ist unsere politische Geschichte. Aber die alten Feindschaften und Rivalitäten, die Kämpfe um Vorherrschaft und Gleichgewicht sind nicht mehr interessant und für die Gestaltung der heutigen Politik höchstens eine Lehre, wie wir es nie wieder machen sollten. Außerdem ist die politische Geschichte Europas von der Weltgeschichte überholt worden. Sie hat aufgehört, europazentrisch zu sein.

Wenn wir trotzdem keinen Grund zur Resignation haben, dann deshalb, weil die Kulturgeschichte der Menschheit ohne Europa nicht zu denken ist. Das wird auch für die Zukunft so bleiben. Hohe Kulturen mit Weltstädten und Kunstschätzen hat es auch anderswo gegeben. Aber keine von ihnen hat eine solche Zivilisationskraft entwickelt wie die griechisch-römische Antike oder das industrielle System mit der Produktivität der Wissenschaften und der Technik. Keine andere Zivilisation hat die Idee der Freiheit des Menschen hervorgebracht: daß der Mensch das Maß aller Dinge ist. Diese Freiheit des Willens ist nicht bloß ein Vermächtnis Europas für die Welt. Es ist sein Beitrag für die Zukunft der Zivilisation. Ohne ihn droht uns die Barbarei.

Von da aus gesehen wächst Europa eine Aufgabe zu, die von Jahrzehnt zu Jahrzehnt wichtiger wird: das kulturelle Erbe der Menschheit zu verwalten. Wir neigen dazu, diese Mission an ihren materiellen Möglichkeiten zu messen. Aber es ist zunächst die Idee, für die wir uns engagieren müssen. Nicht, daß Amerika dazu nicht bedeutende Beiträge geleistet hätte. Alle Länder sind verantwortlich für ihr Erbe, für ihre kulturelle Identität. Es geht auch nicht allein um die Erhaltung von Baudenkmälern, um Archäologie und Museen, sondern eben darum, die Kulturentwicklung der Menschheit als Element der neuen Zivilisation zu verarbeiten.

Warum gibt es eigentlich so wenig europäische Universitäten in der Welt – in Indien, auf den Philippinen, in Djakarta oder in Lateinamerika? Was *ein* Land nicht finanzieren kann, sollten mehrere gemeinsam tun. In welcher Sprache dort gelehrt wird, ist weniger wichtig als die Zuwendung zur Kultur des Gastlandes. Wir haben gute Erfahrungen mit den deutschen Schulen – aber sind sie wirklich Instrumente einer dynamischen Kulturpolitik? Unsere Goethe-Institute sind ins Gerede gekommen, zu Unrecht. Wenn wir die Konzeption einer europäischen Kulturpolitik ernst genommen hätten, statt unseren nationalen Bauchschmerzen Ausdruck zu geben, hätten wir uns das ersparen können.

Um es kurz zu sagen, eine gesamteuropäische Kulturpolitik beginnt nicht mit der Ausarbeitung supranationaler Institutionen, mit multilateralen Positionspapieren oder auch mit Kongressen, die viel beschließen und wenig verwirklichen können. Sie ist zu allererst eine nationale Aufgabe. Erst wenn gesamteuropäische Kulturpolitik zum nationalen Interesse wird, wenn ein Land den Mut hat zu handeln, ohne auf den Gleichschritt der Bürokratien zu warten – erst dann haben wir eine wirkliche Chance. Reden wir nicht von irgendeinem Land, sagen wir lieber: unser Land sollte handeln.

Von Kulturpolitik, zumal gesamteuropäischer, zu sprechen, verlangt, daß wir uns einen Begriff von Kultur machen. Wir Deutsche sprechen gern von einem »erweiterten« Kulturbegriff, der nicht nur die schönen Künste, sondern ebenso Technologie und Naturwissenschaften einschließt. Im Grunde meint man damit die Gleichsetzung von Kultur und Zivilisation: unsere ganze gesellschaftliche Kultur. Für die Praxis der Kulturpolitik ist damit freilich nicht leicht zu hantieren. Die berufliche Bildung, zweckgebunden, wie sie ist, bleibt zum Beispiel noch meist draußen.

Problematischer ist jedoch etwas anderes: Das, was wir als Kulturerbe bezeichnen – die Künste, die Literatur, die Religion –, ist für die Gestaltung des modernen Lebens weithin unverbindlich geworden – nicht erst heute. Es liegt nicht in meiner Kompetenz, darüber zu philosophieren. Aber auch daran, daß unsere Kultur kritisch gegenüber der Industriegesellschaft geworden ist, läßt sich kaum zweifeln. Man sollte vielleicht in der gegenwärtigen deutschen Diskussion etwas vorsichtiger mit der Behauptung oder, je nachdem, mit dem Vorwurf sein, die Kultur stehe »links«, sei antikonservativ. Das sind ideologische Vereinfachungen, hinter denen meist bestimmte Interessen stehen. Tatsache scheint mir aber zu sein, daß wir mit der Rolle der Kultur – diesmal im engeren Sinn gemeint – in unserer techno-ökonomischen Zivilisation nicht fertiggeworden sind. Man kann das als »Krise« bezeichnen oder auch nicht: in dieser Problematik steckt auch die Ungebundenheit der Kunst in allen ihren Erscheinungen, die von der Gesellschaft nicht mehr in Pflicht genommen wird. Die Freiheit der Kultur enthält allerdings auch das Eingeständnis, daß sie aus dem Kreis der haltenden und haftenden Lebensmächte ausgeschieden ist. Das hat selbstverständlich mit der Anerkennung ihrer Leistungen nichts zu tun.

Halten wir aber fest, daß gerade deshalb Kultur eine Manifestation der Freiheit geworden ist. Diese Freiheit ist es, die den Kulturstaat ausmacht, und in diesem Sinn allein verstehen wir eine fördernde Kulturpolitik. Das gehört inzwischen zum gemeinsamen europäischen Erbe. Dazu gehören die Freiheit der Ideen und der kritischen

Kulturentwürfe, der Kulturgesinnung, ja das Ringen um die Kultur, das sich in unseren Tagen bis zum Kulturkonflikt gesteigert hat.
So tritt neben die Aufgabe des Bewahrens des kulturellen Erbes der Kampf um die kulturelle Gestaltung der industriellen Gesellschaft, um das Erziehungs- und Bildungswesen, um die Rolle der Medien. Je reifer unsere materielle Zivilisation geworden ist, desto drängender stellen sich diese Probleme. Sie sind, anders als noch im vorigen Jahrhundert, eng mit der Technik verbunden – ohne die technische Revolution wäre die heutige Rolle der Musik zum Beispiel nicht denkbar. Sie sind in gleichem Maße aber auch keine spezifisch nationalen Probleme mehr. Wir müssen lernen, sie vielmehr durch Zusammenarbeit, durch techno-kulturelle Verflechtungen zu lösen, schon deshalb, weil die nationalen Kräfte für sich dazu nicht ausreichen.
Das ist auch deshalb so wichtig, weil gerade auf diesem Gebiet die Begegnung mit den Entwicklungsländern ausgetragen werden muß. Aber dieser Wandel kann nur krisenhaft ausgetragen werden. Die Spannungen sind es, die integrieren, nicht die gelenkte Harmonisierung.
In diesen Spannungen muß sich eine gesamteuropäische Kulturpolitik entfalten. Sie ist, das möchte ich nachdrücklich wiederholen, von nationalen Initiativen abhängig, die aus den Gesellschaften heraus vorgetragen werden. Selbstverständlich bedürfen sie staatlicher Hilfestellung, und irgendwie ist natürlich auch hier die Bürokratie unser Schicksal. Das zu übersehen wäre romantisch. Es kommt jedoch auf die Akzente an, auf das Einfließen von Spontaneität, auf »unternehmerisches« Handeln, darauf, daß wir das, was im Wettbewerb auf den international gewordenen Märkten möglich ist, in den Bereich der Kultur übertragen lernen. Kunstmärkte gibt es ja längst.
Um von der Bundesrepublik zu sprechen, verfügen wir über viele Kräfte, die schon einiges zuwege bringen können: die Mittlerorganisationen der auswärtigen Kulturpolitik, Städtepartnerschaften, einige Stiftungen, die sich dieser Aufgabe ganz oder teilweise widmen. Sind das nur Tropfen auf den heißen Stein? So könnte es aussehen. Aber es braucht nicht so zu sein.
Mehr Zusammenarbeit wäre möglich, ohne die notwendige Autonomie der einzelnen Aktivitäten einzuschränken. Für eine solche Auf-

gabe wäre eine Stiftung des privaten Rechts auch deshalb geeignet weil die entsprechenden Aktivitäten von Bund, Ländern und Gemeinden ebenfalls privatrechtlich organisiert sind. Eine solche Zusammenarbeit würde dem initiativen Charakter unserer gesamteuropäischen Kulturpolitik ein markanteres Profil geben, ihre Öffentlichkeitswirkung steigern und die notwendige Rationalisierung erleichtern, weil sie die Verschiedenheit der Bestrebungen unter den Aspekt einer Arbeitsteilung bringt. Sie sollte von vornherein als deutsche Stiftung ausländische Mitglieder haben, um das Ziel einer gesamteuropäischen Kulturpolitik – die auch in Amerika und in der Dritten Welt stattfinden kann – stets im Visier zu behalten. Aber die Vorleistungen sollten wir erbringen, und nicht auf Konferenzen, Abkommen und Integration warten.

Ein solcher Vorschlag scheint manchem unrealistisch, wenn man damit anfängt, alle Bedenken und Hemmungen zu addieren. Bedenken wir aber auch, was auf dem Spiel steht. Europa hat nicht mehr viele Schlachten zu verlieren.

Walter Scheel

Die Sprache der Musik ist universal

Ungeachtet aller Erfolge auf dem Weg zur europäischen Integration wird eine Barriere nur schwer zu überwinden sein, die Sprachengrenze. Im Gegensatz zu den Aposteln, die – wie die Bibel uns überliefert – nach der Erleuchtung durch den Heiligen Geist in »fremden Zungen« reden konnten, kommen wir bei der heute beginnenden Konferenz noch nicht ohne Simultanübersetzung aus. Auch ich spreche leider nicht Italienisch. Wieviel leichter hat es da doch die Musik, deretwegen wir hier in Venedig zusammengekommen sind. Sie wird weltweit ohne Übersetzung von allen Menschen verstanden. Die Sprache der Musik ist universal, sie läßt die nationalen Grenzen außer acht.

Aber dennoch werden einige ihrer »Dialekte« – wenn ich das einmal so nennen darf – nicht von allen verstanden. Viele Menschen, insbesondere im Kreis der älteren Generation, schütteln den Kopf über gewisse Formen der populären zeitgenössischen Musik, die zum Lebensstil von Millionen junger Menschen gehört. Auf die älteren trifft der Vers zu, den der deutsche Dichter Wilhelm Busch schon im letzten Jahrhundert geschrieben hat:

> »Musik wird störend oft empfunden,
> weil sie stets mit Geräusch verbunden.«

Auf der anderen Seite finden zahlreiche junge Menschen nicht den Zugang zu der musikalischen Sprache vergangener Epochen. Sie scheint nicht zu ihrer Lebensphilosophie und ihren Gefühlen zu passen.

Rede anläßlich der Konferenz des Organisationskomitees für das Europäische Jahr der Musik 1985 in Venedig am 22. März 1983

Die zeitgenössische sogenannte »ernste Musik« – ich halte dies für eine sehr unglückliche Ausdrucksweise, weil sie eine Hierarchie unter den verschiedenen Musikarten suggeriert – ist vielen – unabhängig vom Alter – schwer zugänglich. Dies liegt wohl vor allem daran, weil sie ihnen von niemandem nähergebracht worden ist. Wer nicht gelernt hat, sie zu verstehen, kann sie dementsprechend auch nicht genießen.

Die Veranstalter des Europäischen Jahres der Musik wollen unvoreingenommen alle musikalischen Ausdrucksformen in ihre Arbeit einbeziehen. Eines unserer Ziele ist es, die Kluft zu überwinden, die sich heute noch zwischen den verschiedenen Arten von Musik, zwischen den verschiedenen Generationen und den verschiedenen Gesellschaftsgruppen auftut.

Bevor ich jedoch unsere Arbeit skizziere, will ich noch einmal kurz zurückblenden und berichten, wie es dazu kam, 1985 zum Europäischen Musikjahr zu erklären.

Das Jahr 1985 markiert ein ganz besonderes Datum in der Geschichte der europäischen Musik. Wir feiern den 400. Geburtstag des Komponisten Heinrich Schütz, den 300. Geburtstag von Georg Friedrich Händel, Johann Sebastian Bach und Dominico Scarlatti sowie den 100. Geburtstag von Alban Berg. Auf Anregung des Europäischen Parlaments haben der Europarat und die Europäischen Gemeinschaften – in Anlehnung an das Europäische Jahr des Denkmalschutzes – beschlossen, diesen äußeren Anlaß zu nutzen, um auf die glanzvolle Musikgeschichte Europas hinzuweisen und zur Bewahrung auch des musikalischen Teils des gemeinsamen kulturellen Erbes beizutragen.

Mit Recht wird oft darüber geklagt, daß Europa nicht mit einer Stimme rede. Nun, die Musik geht heute den Politikern mit gutem Beispiel voran. Mir ist als Präsident des Europäischen Organisationskomitees die Aufgabe zugefallen, für Europa zu sprechen, und ich empfinde dies gleichermaßen als Ehre wie Verpflichtung.

Der Präsident der Europäischen Kommission, mein Freund Gaston Thorn, hat mich gebeten, Ihnen seine Grüße und guten Wünsche für die Konferenz auszurichten. Er ist in der Kommission für den Aufgabenbereich Kultur zuständig und bedauert es sehr, daß er heute nicht hier in Venedig sein kann. Ich weiß, wie sehr er das Anliegen des

Europäischen Musikjahres unterstützt, nicht nur ideell, sondern mit konkreten Vorschlägen. Hierfür gebührt ihm unser Dank.
Herr Karasek, der Generalsekretär des Europarates, ist hier unter uns. Wer ihn kennt, weiß, wie engagiert und überzeugend er seit vielen Jahren vor allem für die kulturelle Zusammenarbeit unter den 21 Mitgliedsstaaten des Europarates streitet. Ich übertreibe nicht, wenn ich sage, daß ich mir unsere Arbeit ohne ihn, der ja auch zu den Initiatoren des Musikjahres gehört, gar nicht vorstellen kann. Dies gilt gleichermaßen für die bisherige Arbeit wie für das, was noch vor uns liegt. Auch Ihnen, Herr Karasek, herzlichen Dank.
Es ist die Absicht des Organisationskomitees, die breite Öffentlichkeit auf die wichtige Rolle der Musik in der Gesellschaft aufmerksam zu machen und alle betroffenen Gruppen – Autoren, Interpreten, Zuhörer, Erzieher, Forscher und auch öffentliche Stellen – für diese gemeinsame Idee zu gewinnen.
Wir erhoffen uns für 1985 nicht nur eine besondere Fülle von musikalischen Veranstaltungen. Wir wollen zum Beispiel auch die Musikforschung beleben und die Restaurierung alter Instrumente voranbringen. Unser Ziel muß es sein, der Musik eine angemessene kulturelle, soziale und wirtschaftliche Rolle zu garantieren. Hierzu gehört unter anderem, daß wir die großen Musikereignisse, die bisher vornehmlich in den Großstädten Europas zu Hause sind, auch zu den Menschen bringen, die in der Provinz leben und gerne einmal die Gelegenheit hätten, auf den örtlichen Bühnen große Musik zu erleben.
Musik genießen heißt nicht nur zuhören. Dies schließt insbesondere auch das aktive Musizieren ein. Millionen von Europäern haben Freude daran, nur zu ihrem Vergnügen Musik zu machen, als Amateure zusammen zu singen oder zu musizieren. Dies beginnt, mehr spielerisch, im frühen Kindesalter – ich erinnere nur an das große Orffsche Schulwerk –, setzt sich dann in Schüler- und Jugendchören und -orchestern, in Gesangvereinen, Kirchenchören und nicht zuletzt in Form der Hausmusik fort. Hierunter zähle ich auch die vielen jungen Menschen, die auf ihren elektronischen Instrumenten in Kellern oder auf Dachböden ihren Vorbildern aus Rock und Pop nacheifern.
Allein die Tatsache, daß sie ihre Freizeit damit verbringen, beweist, wie groß das Potential an Musikfreunden ist. Wir müssen versuchen,

dieses Potential zur vollen Entfaltung zu bringen, das heißt, bei den jungen Menschen auch Interesse für andere Arten von Musik zu wecken.

Keine Sprache, besonders wenn sie den Anspruch erhebt universal zu sein, kann ohne Autoren und Interpreten leben und sich ohne diese entwickeln. Dies gilt ganz besonders für die Musik. Es ist deshalb auch im Interesse der Gesellschaft, wenn sie ein gutes Arbeitsklima für Komponisten und Musiker schafft. Wir alle wissen, daß junge Komponisten und Musiker besondere Schwierigkeiten am Anfang ihrer Karriere haben. Sie stecken gleichsam in einem Teufelskreis. Um Arbeit zu bekommen, müssen sie bekannt sein. Aber sie werden nur bekannt, wenn sie genügend Engagements und Aufträge bekommen. Deshalb wird es ein wichtiges Anliegen des Europäischen Jahres der Musik sein, die Organisatoren von Musikveranstaltungen anzuregen, jungen Komponisten und Interpreten eine Chance zu geben.

Dabei übersehen wir keineswegs die finanziellen Schwierigkeiten, mit denen viele junge Komponisten und Musiker aufgrund der neuen Techniken kämpfen müssen. Diese Techniken ermöglichen eine Verbreitung von Aufzeichnungen, ohne daß die Künstler dafür eine Vergütung erhalten. Es ist paradox: Diese neuen Techniken vergrößern einerseits den Kreis der Zuhörer, und bringen damit Musik vielen Menschen überhaupt erst nahe; andererseits drohen sie, die Einkünfte der Komponisten und Musiker zu verringern. Wir sollten einen Versuch starten, dieses Dilemma zu durchbrechen.

Selbstverständlich kann Musik nicht isoliert von Wirtschaftlichkeitsüberlegungen gesehen werden. Es wird immer eine Reihe besonders gefragter und damit gut verdienender Komponisten, Dirigenten und Interpreten geben. Andererseits kann Musik aber auch nicht einseitig nur den Kräften des Marktes überlassen werden, denn dann bestünde die Gefahr, daß nur die gutverkäufliche Musik übrigbliebe. Musik wird wie andere Kunstformen auch immer auf privates Mäzenatentum und öffentliche Förderung angewiesen bleiben.

Ich möchte nicht schließen, ohne im Namen des Europäischen Organisationskomitees unseren italienischen Gastgebern sehr herzlich für ihre großzügige Gastfreundschaft zu danken sowie für alle Bemühungen, diese Konferenz zu veranstalten. Dieser Dank gilt dem Ministerium für auswärtige Angelegenheiten, dem Ministerium für Tourismus und Schauspiele, der Stadt Venedig, der Provinz und der Region Venedig, dem Theater La Fenice, der Stiftung Giorgio Cini, der Biennale, dem Conservatorio B. Marcello, der Stiftung Lévi und der Gesellschaft Monteverdi.

Ludwig van Beethoven hat einmal gesagt: »Musik ist höhere Offenbarung als alle Weisheit und Philosophie.« Nun, über diesen Satz läßt sich gewiß trefflich streiten. Sehr viel plastischer hat Martin Luther, dessen 500. Geburtstag wir in diesem Jahr feiern, seine Hochschätzung für Musik zum Ausdruck gebracht: »Wer nicht liebt Wein, Weib und Gesang, der bleibt ein Narr sein Leben lang.«

Ich greife auf eine andere deutsche Redewendung zurück, sage ganz schlicht: »1985 ist Musik in meinen Ohren« und bitte Sie, dies gleichermaßen als Ausdruck der Vorfreude wie als Ansporn für unsere gemeinsame Vorbereitungsarbeit für 1985 zu verstehen. In diesem Sinne wünsche ich der Konferenz einen guten Verlauf und uns allen unvergeßliche Tage in Venedig.

Rolf Liebermann

Der Künstler, Hoffnung der Menschheit?

Bevor ich es unternehme, die Rolle des Künstlers in der Gesellschaft zu beschreiben, möchte ich einmal klar die Begriffe Kultur und Kunst definieren.

Es genügt Lévi-Strauss zu zitieren, der in seinem Buch »Le Cru et le Cuit« – Das Rohe und das Gekochte – die Grenze zieht zwischen Kultur und Universalität: »Allgemein ist, was auf der Natur, auf der Spontaneität beruht; und was mit Bräuchen, Techniken und Institutionen zusammenhängt und wodurch sich eine Gruppe, eine Gesellschaft von der anderen unterscheidet, ist der Kultur zuzurechnen.«

Zur Ausschaltung der Gewalt braucht die Gesellschaft Kommunikationsformen, Symbolsystem wie die Sprache, die Heiratsregeln, die Wirtschaftsbeziehungen, die Wissenschaft, die Religion und... die Kunst.

Es scheint mir, daß diese ein wenig didaktische Demonstration notwendig war, um sich stets darüber im klaren zu sein, daß eine kulturelle Aktivität sich genausogut auf die Organisation einer Picasso-Ausstellung beziehen kann wie auf die Installation von Badezimmern in der Getreidegasse zu Salzburg oder im Bezirk Kreuzberg in Berlin.

Die Kultur ist ein Politikum, sozial, ökonomisch und kunstbezogen. Aber der Künstler, wie die Zauberer in den primitiven Gesellschaften oder die heutigen Psychopathen, finden in der Gesellschaft keine Möglichkeit, sich zu integrieren und im Rahmen des Gesellschaftslebens am Aufbau einer symbolischen Struktur teilzunehmen.

Der Kunstschaffende, der angesichts der Unzulänglichkeit und den Aggressionen der Gesellschaft in ein imaginäres Symbol-System

entflieht, stellt das notwendige Gleichgewicht in der gesellschaftlichen Organisation wieder her.
Der Künstler ist nicht nur in dieser Funktion unentbehrlich, sondern auch durch das Kunstwerk, das ein Mittel zur Erkenntnis der Welt ist. Das Werk unterrichtet uns nicht nur durch das, was es darstellt: Äpfel auf einem Teller, wie sie Cézanne mehr oder weniger naturgetreu wiedergibt, oder Hinweise auf die Lebensgewohnheiten Ludwigs XIV. bei Molière, sondern macht einen Teil der ursprünglichen Bedeutung der Welt sichtbar, der von der Wissenschaft noch nicht entziffert wurde. Die Kunst ist für den Menschen also ein Mittel zur Erkenntnis der Welt.
»Die Kunst ist nicht ein Luxus, sie ist ein Recht des Volkes.« Dies ist für mich ein Credo, das ich schon zahllose Male erklärt und wiederholt habe. Man hat aus dem Künstler einen Bettler gemacht, den Launen eines Prinzen oder ökonomischer Krisen ausgeliefert. Man hat die Kunst gekidnappt, um aus ihr eine Kostbarkeit zu machen, ein einer Elite vorbehaltenes Privileg.
Noch im Mittelalter haben die Musiker, vom Instrumentalisten bis zum Jongleur oder Buffo – sie alle galten als Musiker –, am wirtschaftlichen Leben nicht teilgenommen. Die Musik zirkulierte völlig frei für die Hohen und die Niedrigen. Zu Beginn des 14. Jahrhunderts wird sie ein Werkzeug geistlicher oder weltlicher Macht.
Denn, wenn die Musik die Organisation von Lärm ist – und man zugibt, daß Lärm, zum Paroxysmus gesteigert, eine tödliche Gefahr bedeutet –, kann die Musik Gewalttätigkeit und Mißklang in Harmonie verwandeln, ist sie also ein Element der Ordnung und kann als solches verwendet werden.
Die politische Macht hat die für den Künstler essentielle symbolische Funktion pervertiert, um ihn in das soziale System zu integrieren. Die Mächtigen bezahlen ihre Kapelle.
Wenn man der These folgt, die Jacques Attali in seinem brillanten Essay »L'économie politique de la Musique« unter dem Titel »Bruits« (Lärm) entwickelt hat, kann man drei strategische Anwendungsmöglichkeiten der Musik unterscheiden: »Eine, in der sich alles abspielt, als ob die Musik durch ein Ritual dem Versuch dienstbar gemacht werden könnte, die allgemeine Aggression zu vergessen, eine zweite, die eingesetzt wird, um uns an die Harmonie der Welt glauben zu

machen, und schließlich eine, die dazu dient, uns zum Schweigen zu zwingen, indem sie den uns umgebenden Lärm übertönt und den Menschen betäubt.«

Für Attali ist der bezeichnendste Mythos derjenige des »Rattenfängers von Hameln«, der den durch Geldbetrug neuerdings gebrochenen Frieden wiederbringt, was aber ein rituelles Opfer, nämlich den Tod der Kinder, zur Folge hat.

Indem sie vergessen macht, wird die Musik also rituelles Opfer, wenn sie an Harmonie glauben machen will, wird sie zur Repräsentation.

Bis ins 17. Jahrhundert war die Musik Besitz des Herrn, der Musiker sein besoldeter Angestellter.

Erst 1672 fanden in London die ersten Konzerte statt, für die Eintritt verlangt wurde, und der erste bekannte Konzertsaal ist 1770 in Leipzig durch eine Gruppe von Kaufleuten in der Herberge »Zu den drei Schwänen« eröffnet worden. Die Musik erhält dadurch einen neuen ökonomischen Status und wird am Spiel der Konkurrenz teilnehmen.

Zunächst behält der Verleger die Zügel in der Hand, später wird sich das Werk nach und nach von seiner materiellen Existenz (der Partitur) differenzieren, und man wird das Recht des Autors aufgrund der Tatsache seiner Kreation anerkennen – in Frankreich seit der Revolution.

Am Ende des 18. Jahrhunderts ersetzt die Staatsgewalt die natürliche Ordnung und bemächtigt sich der Harmonie als ein Mittel der Macht. Die Musik soll helfen, an die Rechtmäßigkeit der bestehenden Ordnung zu glauben. »Wie könnte«, meint Attali, »eine Ordnung, in der eine solche Musik entsteht, nicht von Gott gewollt und von der Wissenschaft gefordert sein.«

Aber ist die Struktur eines Orchesters nicht eine Metapher der Macht? Die in Ränge eingeteilten Musiker, die aus der anonymen Masse herausragenden Solisten, an ihrer Spitze der Chef, der, wie Adorno sagt, »die sadomasochistischen Bedürfnisse des Publikums befriedigt, wenn kein anderer bewunderter Führer zur Hand ist. Denn während der Dirigent als Bändiger des Orchesters agiert, meint er das Publikum, nach einem Verschiebungsmechanismus, der auch der politischen Demagogie nicht fremd ist.«

Den ersten Bruch spürt man am Ende des 19. Jahrhunderts in Wien,

im Augenblick wo die soziale Entfaltung des Bürgertums ihren Zenit erreicht zu haben scheint. Der österreichische Liberalismus ist einerseits erschüttert durch die Anfechtungen und Umtriebe der von Klimt angeführten Sezession und anderseits durch die Emanzipation der Dissonanz im Werk von Schönberg.
Die Musik wird für die Harmonie schlechte Gesellschaft, aber schon hat die politische Macht eine Ersatzlösung zur Hand. Die Musik wird dazu dienen, mit Hilfe der neuen Techniken die Menschen zum Schweigen zu bringen, sie wird zur ständigen Wiederholung degradiert.
Aufführungen haben aufgehört einen Marktwert zu bedeuten, die Musik dient einzig der Serienproduktion und der Konsumation.
Nachdem ich mit Überzeugung versucht habe nachzuweisen, daß der Künstler für die Gesellschaft unentbehrlich ist, indem ich mich nur an ästhetische Werte gehalten habe, bleibt mir noch zu differenzieren zwischen den verschiedenen Möglichkeiten der Übermittlung dieser Werte. In der Geschichte des Menschen möchte ich hier drei Wendepunkte unterscheiden: die Schrift, den Buchdruck und das Fernsehen. Es sind dies die revolutionären Instrumente, die den Übergang von der Agrargesellschaft zur industriellen und zur technologischen Periode bezeichnen. Die Ethnologen haben kein Hehl daraus gemacht: die Schrift ist eine Erfindung des Teufels. Herrschaft und Gewalt gehen auf sie zurück. Wer lesen kann, beherrscht die Analphabeten. An die Stelle des Ausrufers tritt der Schreiber.
Die Kirche hat die Macht, weil sie die Kommunikationsmittel kontrolliert.
Im 15. Jahrhundert demokratisiert der Buchdruck allmählich die Zugangsmöglichkeiten zum Wissen, macht die Konflikte zwischen den Machthabern und den Unterdrückten zu öffentlichen Konflikten und gibt dem Volke die Energie, für Freiheit und Gerechtigkeit zu kämpfen. Die Beschleunigung der Produktion und zugleich der Verbreitung der Ideen, der Wissenschaften, der Künste und der Literatur hat die industrielle Welt mit ihrer Prozession von Fortschritt und Annehmlichkeiten, Entfremdung und Unannehmlichkeiten hervorgebracht. Infolge des Buchdrucks hat die Kirche die Macht verloren.
Die letzte Veranstaltung des Zauberlehrlings Mensch, die Revolution unserer Zeit – das Fernsehen –, kann auf das Verhalten unvorherseh-

bare Auswirkungen haben, denn niemals waren das Eindringen der Ideen und die damit verbundenen Risiken der Entfremdung so augenblicklich, so radikal und so einseitig gesteuert. Auch hier muß man wieder zwischen den beiden Seiten des kulturellen Austauschprozesses unterscheiden: den Wirkungen auf die Konsumenten und auf die schöpferischen Menschen.

Mit dem Start der europäischen Fernsehsatelliten, mit dem Kabelfernsehen und der Telematik mit ihren Datenbanken wird der Bürger als der Fernsehsklave, der er ist, in kurzer Frist keine Möglichkeit mehr haben, diesem Informationsnetz zu entgehen.

Ohne hier den reaktionären Unglückspropheten spielen zu wollen, der den technischen Fortschritt ablehnt, muß doch gesagt werden, daß der arglose Fernsehzuschauer Gefahr läuft, verdummt und geknechtet zu werden. Wenn Denken in der Praxis des Denkens besteht, läuft das Gehirn die Gefahr, in der Zwickmühle all dieser elektronischen Prothesen zu verkümmern, während Gedächtnis und gesprochenes Wort an Bedeutung verlieren. Wenn es dadurch sein kritisches Urteil verliert, leistet es der Verbreitung der Ideologien, die ihm von den Herren der Maschinen aufgezwungen werden, keinen Widerstand mehr.

Was die Künstler angeht, die an der Brust des Computers aufwachsen, so haben sie zwei Möglichkeiten: entweder stehen sie der Isolierung und der Abkapselung, die sich aus dieser Un-Lebensweise ergeben, in der zwischen dem Künstler, der Natur und der Materie kein Verhältnis mehr besteht, ohnmächtig gegenüber, oder, was wahrscheinlicher ist, die Entfremdung und der Druck werden so unerträglich, daß der Künstler in die Phantasiewelt zurückgedrängt und in einem letzten Aufflammen des Lebens zur Hoffnung der Menschheit wird.

»Man wird dem entgegenhalten, daß dies Utopie sei«, sagt Robert Musil. »Eine Utopie ist ungefähr das Äquivalent einer Möglichkeit; daß eine Möglichkeit keine Realität ist, bedeutet einfach, daß die Umstände dies provisorisch verhindern, denn sonst wäre sie eine Unmöglichkeit. Löst man sie jetzt aus ihrem Zusammenhang und entwickelt man sie, wird sie wieder eine Utopie.«

Und weil ich noch immer an die Utopie glaube, daß der Künstler die Hoffnung der Menschheit sei, plädiere ich für die Kommunikation

zwischen dem Künstler und der Bevölkerung, zwischen dem Künstler und seinem Publikum.
Aber ich habe noch eine andere Utopie, die mir am Herzen liegt: Europa. Aus diesem Grund habe ich akzeptiert neben dem Präsidenten Walter Scheel – dessen Humor, Gewandtheit, Intelligenz und Schlitzohrigkeit mich seit Jahren beeindrucken, dessen Eleganz selbst die bockigsten Esel gefügig macht und dessen Freude an köstlichem Essen, einem exzellenten Tropfen und einem guten Gespräch mich immer an eine glückliche Kreuzung von Falstaff und Prospero denken lassen –, die Vizepräsidentschaft des vom Europarat und der Europäischen Gemeinschaft gemeinsam gewählten Organisationskomitees für das Jahr der Musik 1985 zu übernehmen.
Seit über einem Jahr bemühen sich die Delegierten der 21 den beiden Organisationen angehörenden Ländern, ein in die Zukunft gerichtetes und der Jugend gewidmetes festliches Jahr der Musik ins Leben zu rufen, dessen äußerer Anlaß das gemeinsame Geburtsjahr von Bach, Händel und Scarlatti 1685 ist.
Anläßlich der Pressekonferenz, die Walter Scheel 1983 in Venedig mit einer bedeutenden Rede eröffnete, gab er unserer Arbeit den entscheidenden Anstoß.
Unzählige Projekte wurden uns inzwischen vorgelegt. Wir waren uns alle einig, daß wir nur Vorschlägen zustimmen wollten, die über 1985 hinaus lebensfähig sein würden, um auf diese Weise unseren Beitrag zu leisten zu einer europäischen Kommunikation. Die europäischen Handelsbeziehungen sind in Todesgefahr; zur Konstruktion einer europäischen Politik gibt es nicht einmal Ansätze. Um ein gemeinsames europäisches Bewußtsein zu schaffen, bleibt nur ein einziger Weg: derjenige der Kultur, wie ich zu Beginn darzulegen versucht habe – dieser kulturelle Austausch, der alle unsere Lebensgewohnheiten umfaßt –, die Kunst und die Musik inbegriffen.
Ich hatte das Glück, in direktem Kontakt mit den schöpferischen und denkenden Menschen unserer Zeit zu stehen. Das Fernsehen ermöglicht es großen Menschenmengen, eine halbstündige Freundschaft mit Heinrich Böll zu schließen oder Stimme und Gesten Strawinskis zu entdecken. Das genügt aber nicht. Seit Platon ist die Stadt der Nährboden der Kultur; das Kaffeehaus in Wien, in dem Karl Kraus residierte, das Romanische Kaffee in Berlin, die Coupole und die

Künstler vom Montparnasse, das Odeon in Zürich, das die Dadaisten und später Brecht beherbergte, bis zu den Deux Magots von Jean-Paul Sartre in Paris nach dem Kriege.

Die Intellektuellen und die Künstler haben immer einen Ort erwählt, an dem Freunde und Schüler zusammenkamen, um die Welt umzugestalten.

Diese lebendige Verbindung, dieses Band zwischen Lehrer und Schüler muß erhalten werden, indem man überall und auf allen Ebenen Versammlungen am runden Tisch und Zusammentreffen begünstigt, damit die Chance besteht, irgendwie die Salons der vergangenen Jahrhunderte zu ersetzen. Man muß dieser Generation der Bilder, die nicht mehr liest, die Möglichkeit geben, die Kontinuität unserer Gesellschaft zu sichern, indem man ihr Raum zur Selbstentfaltung zur Verfügung stellt.

Meine Besorgnis über die unkontrollierten Risiken der Technik beruht wahrscheinlich darauf, daß ich mich als Leiter von Opernhäusern seit vielen Jahren darum bemühte, festliche Augenblicke zu schaffen, in denen ein Werk, seine Interpreten und sein Publikum in der Gunst eines Abends vollendeter Kommunikation durch die aktive Beteiligung den künstlerischen Wert der Aufführung vervielfachte, dadurch, daß ein Strom des gegenseitigen Einverständnisses zwischen Bühne und Zuschauer sich entfaltete. Deshalb fürchte ich die Kälte der Techniken.

Ich wünschte, daß unsere Enkel die Freiheit haben werden, mit dem französischen Philosophen Roland Barthes wählen zu können: »Es gibt eine Zeit einer neuen Erfahrung: die Zeit des Verlernens, der unvorhersehbaren Umformung des Niederschlags unseres Wissens, der Kulturen und der Überzeugungen, die man durchquert hat, durch das Vergessen. Diese Erfahrung hat, so glaube ich, einen berühmten alten Namen, den ich hier ohne jeden Komplex am Kreuzweg seiner Etymologie wieder aufzugreifen wage. Sapientia: keine Macht, etwas savoir, etwas sagesse und so viel wie möglich saveur.«

Lebensdaten von Walter Scheel

Geburtsdatum	8. Juli 1919
Geburtsort	Solingen
Beruf	Bankkaufmann und Wirtschaftsberater
Konfession	evangelisch
1939–1945	Seine Berufslaufbahn im Bankfach wurde durch den Kriegsdienst (in der Luftwaffe, zuletzt als Oberleutnant) unterbrochen.
1945–1953	Geschäftsführer einer Stahlwarenfabrik, Teilhaber und Geschäftsführer der Firmen »Intermarket« und »Interfinanz« (Marktforschung und Marktuntersuchung, An- und Verkauf von Unternehmungen), selbständiger Wirtschaftsberater
1946	Mitglied der F.D.P.
1948	Stadtverordneter in Solingen
1950	Landtagsabgeordneter in Düsseldorf
1953–1974	Bundestagsabgeordneter
1953–1974	Mitglied des Landesvorstandes Nordrhein-Westfalen der F.D.P.
1956–1974	Mitglied des Bundesvorstandes der F.D.P.
1955–1957	Mitglied der Gemeinsamen Versammlung der Europäischen Gemeinschaft für Kohle und Stahl

1958–1961	Mitglied des Europäischen Parlaments (Vizepräsident der Liberalen Fraktion, Vorsitzender des Ausschusses für die Zusammenarbeit mit Entwicklungsländern)
1961–1966 (Rücktritt)	Bundesminister für wirtschaftliche Zusammenarbeit unter den Bundeskanzlern Adenauer und Erhard
1967–1969	Vizepräsident des Deutschen Bundestages
1967–1974	Stellvertretender Vorsitzender der Friedrich-Naumann-Stiftung
1968–1974	Vizepräsident der Liberalen Weltunion, einer Vereinigung der liberalen Parteien und Organisationen aller Länder
1968–1974	Bundesvorsitzender der F.D.P.
1969–1974	Bundesminister des Auswärtigen und Stellvertreter des Bundeskanzlers
1974–1979	Bundespräsident
nach 1979	Ehrenvorsitzender der F.D.P.
	Vorsitzender des Kuratoriums der Friedrich-Naumann-Stiftung
	Vorsitzender des Verwaltungsrates des Germanischen Nationalmuseums, Nürnberg
	Vorsitzender des Aufsichtsrates der Deutschen Finanzierungsgesellschaft für Beteiligungen in Entwicklungsländern GmbH (DEG)
	Vorsitzender der Bilderberg-Konferenz
	Präsident des Deutschen Rates der Europäischen Bewegung und der Europa-Union Deutschland
	Ehrenpräsident des Deutschen Künstlerbundes
	Mitglied (21. = neutrales Mitglied) des Aufsichtsrates der Thyssen Aktiengesellschaft

nach 1979 Vorsitzender des Direktoriums für Vollblutzucht und Rennen e. V.

Vorsitzender des Kuratoriums der Albrecht-Dürer-Gesellschaft

Präsident des europäischen Organisationskomitees für das Europäische Jahr der Musik 1985

Nach 24jähriger Ehe 1966 verwitwet, seit 18. 7. 1969 wieder verheiratet mit Mildred, geb. Wirtz, Dr. med., Röntgenologin; vier Kinder.

Auszeichnungen

Sonderstufe des Großkreuzes des Verdienstordens der Bundesrepublik Deutschland

Großkreuz des Ordens vom Bande (Großbritannien)

Großkreuz mit Kette des Ordens »Isabel la Católica« (Spanien)

Großkreuz des Ordens der Ehrenlegion (Frankreich)

Großkreuz des Ordens von Oranien-Nassau (Niederlande)

sowie zahlreiche andere hohe ausländische Orden

Wolfgang-Döring-Medaille

Theodor-Heuss-Preis

Friedenspreis des Kajima-Instituts für den Weltfrieden

Internationaler Karlspreis der Stadt Aachen

Ehrendoktorwürde der Universitäten Georgetown, Maryland, Auckland, Bristol; Ehrensenator der Universität Bonn

Ehrenbürger der Städte Solingen, Bonn, Berlin, Düsseldorf, Maria-Alm (Österreich), New York, Chicago, San José (Costa Rica) und Mexico, D.F.

Buchveröffentlichungen

Konturen einer neuen Welt – Schwierigkeiten, Ernüchterung und Chancen der Industrieländer. Düsseldorf–Wien 1965

Formeln deutscher Politik. München–Esslingen 1968

Warum Mitbestimmung und wie – eine Diskussion. Düsseldorf–Wien 1970

Bundestagsreden. Bonn 1972

Reden und Interviews. Bonn 1972–1974 (Bd. 1 u. 2)

Reden und Interviews. Bonn 1974–1979 (Bd. 1–5)

Vom Recht des anderen – Gedanken zur Freiheit. Düsseldorf–Wien 1977

Die Zukunft der Freiheit. Düsseldorf–Wien 1979

Nach dreißig Jahren. Die Bundesrepublik Deutschland – Vergangenheit – Gegenwart – Zukunft, (Hrsg.). Stuttgart 1979

Die andere deutsche Frage. Kultur und Gesellschaft der Bundesrepublik Deutschland nach dreißig Jahren, (Hrsg.). Stuttgart 1981

Kurzbiographien

ARNULF BARING, geb. 1932, Dr. phil., Professor für Zeitgeschichte und Internationale Beziehungen seit 1945 an der Freien Universität Berlin. 1982 erschien sein Buch »Machtwechsel – Die Ära Brandt-Scheel«. Der hier abgedruckte Beitrag: »Diplomatie, Politik und Zeitgeschichte« erschien erstmals 1981 in: »Im Dienste Deutschlands und des Rechtes, Festschrift für Wilhelm G. Grewe«, herausgegeben von Friedrich J. Kroneck und Thomas Oppermann.
Wir danken der Nomos Verlagsgesellschaft, Baden-Baden, für die Zustimmung zum Abdruck.

RAINER BARZEL, geb. 1924, Dr. jur., seit 1957 MdB (CDU), 1962/63 Bundesminister für gesamtdeutsche Fragen, 1964–1973 Vorsitzender der CDU/CSU-Bundestagsfraktion, 1971–1973 Bundesvorsitzender der CDU, 1982/83 Bundesminister für innerdeutsche Beziehungen, seit 1983 Präsident des Deutschen Bundestages.

GERHARD BOTT, geb. 1927, Dr. phil., 1956–1959 Direktor des Historischen Museums in Frankfurt, 1959–1975 Leiter des Hessischen Landesmuseums in Darmstadt, 1975–1980 Leiter der Kunsthistorischen Museen in Köln, seit 1980 Generaldirektor des Germanischen Nationalmuseums in Nürnberg.

WILLY BRANDT, geb. 1913, 1949–1957, 1961 und seit 1969 MdB (SPD), seit 1950 Mitglied des Berliner Abgeordnetenhauses, 1955–1957 dessen Präsident, 1957–1966 Regierender Bürgermeister von Berlin, 1966–1969 Bundesaußenminister, 1969–1974 Bundeskanzler, seit 1964 Vorsitzender der SPD und seit 1976 Präsident der Sozialistischen Internationale.

KARL CARSTENS, geb. 1914, Dr. jur., Professor für Staats- und Völkerrecht, Staatssekretär 1960–1966 im Auswärtigen Amt, 1966/67 im Bundesverteidigungsministerium, 1968/69 im Bundeskanzleramt, 1973–1976 Vorsitzender der CDU/CSU-Bundestagsfraktion, 1976–1979 Bundestagspräsident, 1979–1984 Bundespräsident.

Ralf Dahrendorf, geb. 1929, Dr. phil., Professor für Soziologie, 1969/70 MdB (F.D.P.) und Parlamentarischer Staatssekretär beim Bundesminister des Auswärtigen, 1970–1974 Mitglied der Europäischen Kommission, 1974–1984 Direktor der London School of Economics and Political Science, Vorsitzender des Vorstandes der Friedrich-Naumann-Stiftung.

Hans-Dietrich Genscher, geb. 1927, Rechtsanwalt, 1959–1965 Geschäftsführer der F.D.P.-Bundestagsfraktion, 1962–1964 Bundesgeschäftsführer der F.D.P., seit 1965 MdB, 1965–1969 parlamentarischer Geschäftsführer der F.D.P.-Fraktion, 1968–1974 stellvertretender und seit 1974 Bundesvorsitzender der F.D.P., 1969–1974 Bundesinnenminister, seit 1974 Bundesaußenminister.

Thomas Grochowiak, geb. 1914, 1948 Gründer der Künstlergruppe »Junger Westen«, seitdem zahlreiche Ausstellungen im In- und Ausland, 1950–1979 Mitarbeiter der Ruhrfestspiele und Leiter von deren Kunstausstellungen, 1954–1979 Direktor der Städtischen Museen Recklinghausen und Oberhausen, (Gründung des Ikonenmuseums), seit 1954 Mitglied des Deutschen Künstlerbundes, ab 1979 dessen erster Vorsitzender, seit 1965 deutscher Generalkommissar der Kunstbiennalen Paris, Bratislava und Neu-Delhi.

Hildegard Hamm-Brücher, geb. 1921, Dr. rer. nat., Dipl.-Chemikerin, 1950–1966 und 1970–1976 MdL von Bayern (F.D.P.), 1967–1969 Staatssekretärin im hessischen Kultusministerium, 1969–1972 Staatssekretärin im Bundesministerium für Bildung und Wissenschaft, 1972–1976 stellvertretende Bundesvorsitzende der F.D.P., seit 1976 MdB, 1976–1982 Staatsminister im Auswärtigen Amt, Vorsitzende der Stiftung Theodor-Heuss-Preis.

Kai-Uwe von Hassel, geb. 1913, 1953/54 und 1965–1976 MdB (CDU), 1954–1962 Ministerpräsident von Schleswig-Holstein, 1956–1969 stellvertretender Bundesvorsitzender der CDU, 1962–1966 Bundesverteidigungsminister, 1966–1969 Bundesminister für Vertriebene, Flüchtlinge und Kriegsgeschädigte, 1969–1972 Bundestagspräsident, 1972–1976 Bundestagsvizepräsident, 1977–1980 Präsident der Parlamentarischen Versammlung der Westeuropäischen Union (WEU), seit 1979 Mitglied des Europäischen Parlaments.

Kurt A. Körber, geb. 1909, Dr. rer. pol., Industrieller, Inhaber der Hauni-Werke Körber & Co. KG., Hamburg, Gründer der Körber Stiftung zur Förderung von Wissenschaft und Forschung, Bildung und Erziehung, kulturelle Vorhaben und Einrichtungen sowie Fürsorge für ältere oder kranke Menschen, Mitinitiator der »Europäischen Kulturinitiative«.

HELMUT KOHL, geb. 1930, Dr. phil., seit 1947 Mitglied der CDU, 1966–1973 Landesvorsitzender der CDU Rheinland-Pfalz, 1969–1976 Ministerpräsident von Rheinland-Pfalz, seit 1973 Bundesvorsitzender der CDU, seit 1976 MdB, 1976–1982 Vorsitzender der CDU/CSU-Bundestagsfraktion, seit 1982 Bundeskanzler.

ROLF LIEBERMANN, geb. 1910, Professor, Dr. h.c., Operndirektor a. D., 1945–1957 Leiter der Orchesterabteilung des Schweizerischen Rundfunks, 1957–1959 Chef der Musikabteilung des NDR Hamburg, 1959–1973 Intendant der Hamburger Staatsoper, 1973–1980 Direktor der Pariser Oper, Mitinitiator der »Europäischen Kulturinitiative«.

WOLFGANG MISCHNICK, geb. 1921, 1954–1957 MdL von Hessen (F.D.P.), 1956–1961 und 1964–1968 Vorsitzender der F.D.P.-Fraktion der Stadtverordnetenversammlung Frankfurt am Main, 1961–1963 Bundesminister für Vertriebene, Flüchtlinge und Kriegsgeschädigte, seit 1964 stellvertretender Bundesvorsitzender der F.D.P., 1967–1977 Landesvorsitzender der F.D.P. in Hessen, 1963–1968 stellvertretender und seit 1968 Vorsitzender der F.D.P.-Bundestagsfraktion.

JÜRGEN MORLOK, geb. 1945, Dr. rer. pol., Diplom-Volkswirt, seit 1972 Vorsitzender der F.D.P.-Landtagsfraktion Baden-Württemberg, seit 1978 Mitglied des Bundesvorstands, seit 1980 des Bundespräsidiums der F.D.P., Landesvorsitzender der F.D.P. Baden-Württemberg.

ALAIN POHER, geb. 1909, 1945 Kabinettschef von Robert Schuman, 1948 Staatssekretär für das Haushaltswesen, 1952–1978 Mitglied des Europäischen Parlaments, 1958–1966 Präsident der christlich-demokratischen Fraktion im Europäischen Parlament, 1966–1969 Präsident des Europäischen Parlaments, seit 1968 Präsident des französischen Senats.

GEORG SCHLÖSSER, geb. 1922, selbständiger Bauunternehmer, seit 1947 Mitglied der CDU, seit 1956 Mitglied des Stadtrates, seit 1976 Oberbürgermeister der Stadt Solingen.

GASTON THORN, geb. 1928, 1959–1969 Mitglied des Europäischen Parlaments, seit 1961 Präsident der Demokratischen Partei Luxemburgs, 1969–1980 Außenminister und Außenhandelsminister, bis 1977 auch Minister für Erziehung und Sport, 1974–1979 Premierminister, 1979/80 Justizminister, seit 1981 Präsident der EG-Kommission.

Simone Veil, geb. 1927, 1974–1977 Gesundheitsminister Frankreichs, 1977 bis 1978 Minister für Gesundheit und Soziale Sicherheit, 1978/79 Minister für Gesundheit und Familie, seit 1979 Mitglied des Europäischen Parlaments, 1979–1981 erste Präsidentin des direkt gewählten Europäischen Parlaments.

Jürgen Warnke, geb. 1932, Dr. jur., Rechtsanwalt, seit 1969 MdB (CDU/CSU), seit 1982 Bundesminister für wirtschaftliche Zusammenarbeit und Entwicklung.

Richard Freiherr von Weizsäcker, geb. 1920, Dr. jur., 1965–1970 Präsident des Deutschen Evangelischen Kirchentages, seit 1966 Mitglied des Bundesvorstands der CDU, 1969–1981 MdB, 1979–1981 Vizepräsident des Bundestages, 1981–1984 Regierender Bürgermeister von Berlin, seit Juli 1984 Bundespräsident.

Willi Weyer, geb. 1917, 1950–1954 und seit 1958 MdL von Nordrhein-Westfalen (F.D.P.), 1954–1956 Wiederaufbauminister und 1956–1958 Finanzminister und stellvertretender Ministerpräsident von Nordrhein-Westfalen, 1962–1975 Innenminister und stellvertretender Ministerpräsident von Nordrhein-Westfalen, 1963–1968 stellvertretender Bundesvorsitzender der F.D.P., seit 1974 Präsident des Deutschen Sportbundes.

Bildquellen

Frontispiz: Büste von Hanne Schorp-Pflumm; Foto von Jürgen Musolf, Germanisches Nationalmuseum, Nürnberg.

Deutsche Presse-Agentur, Stuttgart: 235 unten
Verena Eggmann, Zürich: 348 unten
Germanisches Nationalmuseum, Nürnberg: Frontispiz und 290
Martin Grochowiak, Münster: 312 unten
Axel Holz, Rhein-Zeitung, Betzdorf/Sieg: 41
J. E. Kovács, Söcking bei Starnberg: 292 oben
Landesbildstelle Berlin: 255 unten
Horst Müller, Düsseldorf: 359
Presse- und Informationsamt der Bundesregierung, Bundesbildstelle, Bonn: 163 oben, 181 unten, 184 oben, 312 oben
Quade, Fotoarchiv, Berlin: 63
Josef Rick, Erkelenz: 44 oben
Michael Schey, Bonn: 360
Sven Simon, Bonn: 61 oben, 62, 163 unten, 164, 181 oben, 233, 234 oben, 235 oben, 253 unten, 289, 345
Stadtarchiv Aachen: 64
Friedl Ulrich, Nürnberger Nachrichten: 292 unten
Votava, Internationale Presse- und Bild-Agentur, Wien: 346 unten
Adolf Waschel, Wien: 254 unten
Lothar Winkler, Berlin: 311
Johannes Wolf, Koblenz: 44 unten
Alle übrigen Fotos stammen aus Privatarchiven.